Entnazifizierung
in Österreich

Dieter Stiefel

Entnazifizierung in Österreich

Europaverlag
Wien · München · Zürich

Umschlag von Wilhelm Kögl

Lektorat Peter Aschner

Printed in Austria
Satz und Druck Elbemühl Wien
ISBN 3-203-50760-9

Inhalt

DRITTER TEIL

Vorwort

Ihr, die ihr auftauchen werdet aus der Flut
In der wir untergegangen sind
Gedenkt
Wenn ihr von unseren Schwächen sprecht
Auch der finsteren Zeit
Der ihr entronnen seid.

Bertolt Brecht, *An die Nachgeborenen*

Was man in einem Vorwort zu schreiben hat, ist zumeist wichtig, denn es ist oft das einzige, das wirklich gelesen wird. Für diese Arbeit hat es aber noch eine besondere Bedeutung, denn bei einem Thema wie dem der Entnazifizierung kommt man nicht darum herum, den eigenen Ausgangspunkt darzustellen und die Methoden, mit denen man versucht hat, an dieses Problem heranzugehen, offenzulegen.

Es wird hier versucht, die Entnazifizierung in Österreich in ihrer Struktur und als Prozeß aufzuzeigen. Dabei wird der Verlauf der Entnazifizierung aus der politischen, wirtschaftlichen und sozialen Entwicklung Österreichs seit etwa 1918 verstanden und im Zusammenhang mit den Eigenheiten und der Entwicklung des Nationalsozialismus , mit dem Krieg und seinen Folgen, mit der politischen Auseinandersetzung zwischen den Alliierten nach 1945 und schließlich mit den allgemeinen wirtschaftlichen und sozialen Gegebenheiten dieser Zeit gesehen. Ohne die Bedeutung von Einzelpersönlichkeiten leugnen zu wollen, habe ich versucht, die »Eigengesetzlichkeiten« der Entnazifizierung in Österreich aufzudecken, in deren Rahmen diese Personen sich bewegen konnten. Deshalb spielen auch Namen eine recht untergeordnete Rolle, außer es handelt sich um Personen an prominenter Stelle. Das war schon deshalb unvermeidlich, weil es ein Nachdenken über die Entnazifizierung nicht verdient, in eine Diskussion um Einzelfälle oder gar um angebliche »Sensationen« abzurutschen.

Diese Selbstdisziplinierung auf Strukturen und Prozeßabläufe bei der geschichtlichen Aufarbeitung der Entnazifizierung barg freilich die Gefahr in sich, daß man sich nur auf theoretischer

Ebene bewegt und ein wesentliches Kriterium für den Verlauf der Entnazifizierung und ihrer einzelnen Maßnahmen übersieht: den emotionellen Faktor. Die Konzentration auf das Typische und Gesetzmäßige darf nicht daran hindern, auch auf gewisse individualgeschichtliche Aspekte einzugehen. Das wurde unter anderem mit der Methode versucht, möglichst viele Originalzitate in die Arbeit einzubauen und die betroffenen Personen soweit wie möglich selber sprechen zu lassen. Dabei wurden diese Stellungnahmen nicht nur als Belege herangezogen, sondern vor allem auch dann, wenn sie typisch schienen oder in ähnlicher Form häufig vorkamen. Dieses Vorgehen macht viele Probleme erst anschaulich und vielleicht auch verständlich und sollte mit der strengen Forderung nach Struktur- und Prozeßbetrachtung nicht in Widerspruch stehen.

Schließlich ist auch einiges über die Quellen zu sagen, aus denen diese Arbeit hervorgegangen ist. Es mag im ersten Augenblick verwundern, daß eine umfassende Darstellung der Entnazifizierung in Österreich bereits möglich ist, denn die österreichischen Dokumente zur Entnazifizierung sind noch immer nicht zugänglich. Aber die Entnazifizierung war – wie fast aus jeder Seite dieses Buches hervorgeht – keineswegs eine Sache der österreichischen staatlichen Stellen allein, sondern auch eine Angelegenheit der Besatzungsmächte. Zwischen den österreichischen Stellen und den Alliierten gab es eine umfangreiche Korrespondenz über alle Bereiche der Entnazifizierung. Diese Arbeit beruht daher – neben dem in Österreich veröffentlichten Material und Dokumenten aus den Archiven in London und Koblenz – vor allem auf den Entnazifizierungsakten der ehemaligen US-Besatzung, die mit Akribie und einem tiefen Glauben an Bürokratie und Statistik so gut wie alles über die österreichische Entnazifizierung gesammelt hat. Was in Österreich so sorgsam gehütet wird, liegt in den amerikanischen Archiven offen auf und ist ohne weiteres zugänglich. So war es möglich, über diesen noch weitgehend im Dunkel liegenden Bereich einen einigermaßen vollständigen Überblick zu geben. Viele Einzelprobleme sind freilich noch immer offen und wären wohl wert, intensiver dargestellt zu werden. Vielleicht kann dieses Buch dazu beitragen, die Archivsperre in Österreich zu überdenken, so daß in absehbarer Zeit auch hier, wie in der BRD, in England und in den USA, auf den Entnazifizierungsakten nur noch der Staub und nicht mehr ein Benützungsverbot liegt.

In diesem Zusammenhang ist noch einiges über das vorliegende Zahlenmaterial zu sagen. Ich fühle fast die Verpflichtung, mich für die vielen Tabellen und Statistiken zu entschuldigen, die in die Arbeit aufgenommen worden sind. Aber ohne sie erschien die Darstellung des Themas nicht möglich. Es ist gerade bei der Entnazifizierung notwendig, eine Relation herzustellen zwischen der Verkündung von Maßnahmen und dem, was dann wirklich geschah; und das geht nicht ohne Zahlen, ohne ein gewisses Maß an Quantifizierung. Es war ja gerade das Eigentümliche an der Entnazifizierung, daß große »gerechte« Konstruktionen der politischen Säuberung theoretisch konstruiert wurden, dann aber bei der Anwendung auf die realen wirtschaftlichen und sozialen Verhältnisse sich veränderten oder als völlig undurchführbar herausstellten. Es ist das an sich die Grundsituation einer Karikatur; allerdings machten die Leute damals wenige Karikaturen zur Entnazifizierung, es war ihnen wohl nicht zum Lachen, und wenn, dann waren es sehr bittere Zeichnungen.

In dieser Situation, in der Situation der Entnazifizierung, war die Statistik noch weit mehr ein Mittel der politischen Auseinandersetzung als sonst. Mit dem vorhandenen Zahlenmaterial zur Entnazifizierung in Österreich konnte man alles beweisen, je nachdem, von wem die Zahlen kamen und wann sie erstellt wurden. Um dem zu entkommen, wurde versucht, ein System von Statistiken zusammenzustellen, die zueinander in einem Plausibilitätsverhältnis stehen. Jede Statistik, die übernommen wurde, erschien auch in bezug auf die anderen vorhandenen Daten glaubwürdig. Als ein gewisses Indiz der Verläßlichkeit diente auch der Umstand, daß eine Statistik von beiden Seiten, von den Österreichern und den Alliierten, akzeptiert worden war.

Aber nicht nur die Entnazifizierung, sondern auch die Einstellung zu ihr und das Interesse an ihr haben ihre eigene Geschichte. Die Entnazifizierung war in den ersten Nachkriegsjahren ein dominierendes und in alle Bereiche hineingreifendes Thema. Es gab kaum etwas, das von der Entnazifizierung nicht berührt wurde. Mit der zunehmenden Normalisierung der Verhältnisse in Österreich und dem stufenweisen Abbau der Entnazifizierung wurde das Problem allmählich auf die Ebene der politischen – parteipolitischen – Auseinandersetzungen reduziert, und gegen Ende der fünfziger Jahre war es bereits weitgehend verschwunden und in Vergessenheit geraten. Es trat fast so etwas wie eine Tabuisierung dieses Themas ein, die ihre Ursache sicherlich in einer gewissen Funktion der Vergangenheitsbewältigung hatte. Es war viel geschehen, man hatte viel darüber geredet, es sollte endlich vorbei sein, man wollte endlich Ruhe haben. Nicht nur die Diskussion, sondern auch das Wissen über die Entnazifizierung nahm deutlich ab. Seit einiger Zeit kann jedoch ein wiedererwachendes Interesse an allen Geschehnissen etwa von den dreißiger Jahren an festgestellt werden, besonders am Faschismus und damit im Zusammenhang auch an der Entnazifizierung. Man kann das als das Interesse der zweiten Nachkriegsgeneration bezeichnen, als das Interesse der Nachgeborenen. Es mögen zwar nicht ganz jene Nachgeborenen sein, die Brecht vor Augen hatte, die Generation, die so weit ist, »daß der Mensch dem Menschen ein Helfer ist«, aber es sind die Nachgeborenen in dem Sinn, daß sie die politischen und sozialen Umwälzungen selbst nicht mehr miterlebt haben, Spuren davon aber immer noch in ihrer eigenen Gesellschaft finden. In diesem Sinn tritt die Diskussion um die Entnazifizierung in ein neues Stadium, ist eigentlich selbst wieder Entnazifizierung. In diesem Sinne geht die Entnazifizierung bis heute weiter.

Wien 1981 *Dieter Stiefel*

Erster Teil

Vorstellungen

1. Revolutionäre oder bürokratische Entnazifizierung

Es gab etwa ein Jahr nach Kriegsende in der österreichischen Diskussion um die Entnazifizierung die Ansicht, eigentlich wäre eine schnelle, eine revolutionäre Lösung besser gewesen:

»Nicht nur für die allgemeine Gesundung Österreichs, sondern auch für die zahllosen Mitläufer der Nazipartei, die in der lähmenden Atmosphäre der Ungewißheit und der Zufälligkeit dahinlebten. Durch ein befreiendes Gewitter, durch eine entschlossene Volkserhebung hätten wir die Hauptschuldigen hinweggefegt und Zehntausende Mitläufer, die selbst Betrogene waren und Irregeführte, hätten dem Volk geholfen, über ihre Henker und Henkersknechte, über Schmarotzer und Kriegsverbrecher Gericht zu halten[1].«

»Hätten wir uns selbst befreit, dann hätten wir das Naziproblem in kurzer Zeit mit viel schärferen, mit schlimmeren Mitteln gelöst, als wir es jetzt lösen müssen[2].«

Und tatsächlich deutete der faschistische Spruch vom »Frieden«, der »schrecklich« sein würde, durchaus auf eine solche Möglichkeit hin.

»Auch die Nationalsozialisten selbst haben in schwachen Stunden, in Stunden der Erkenntnis, mit einer solchen Liquidierung gerechnet und rechnen müssen[3].«

Man konnte feststellen, daß die Nationalsozialisten, die Wien 1945 fluchtartig verlassen hatten, »von vornherein mit der Vergeltung in einer Form gerechnet hatten, die ihr Leben bedrohen würde[4]«, und stellte die Frage: »Wie hat sich eigentlich der antifaschistische Österreicher so im Durchschnitt gegen Ende des Krieges, etwa im Jahr 1944, die Liquidierung vorgestellt?« Wohl in Form einer revolutionärer Lösung, »einer Liquidierung, in der Bäume und Gaskandelaber eine Rolle gespielt hätten[5]«. Die *Arbeiter-Zeitung* schrieb dazu: Ein Weg, mit dem Naziproblem fertig zu werden, wäre gewesen, »daß im Augenblick der Befreiung das österreichische Volk in revolutionärer Erhebung mit den Nazis ›Mode gemacht‹ hätte: eine volkstümliche, radikale, gründliche Abrechnung und Säuberung und dann Schluß[6]«.

»Das schier unvorstellbare Maß an Haß, das der Nationalsozialismus während des Krieges in der Bevölkerung angehäuft hatte,

Neues Österreich, 3. Mai 1945

ließ nach der Niederwerfung der deutschen Wehrmacht eine gründliche persönliche Abrechnung mit allen Schuldigen voraussehen. Aber die in den Kampftagen und danach dräuende Gefahr für Heim, Gut und Menschen hat diese persönliche Abrechnung verhindert[7].« Die Umstände der Befreiung haben die »volkstümliche Lösung, die diese Frage sonst gefunden hätte, vereitelt«, »der Großteil der österreichischen Bevölkerung aber war enttäuscht, weil wieder einmal ›nichts geschehen ist[8]!‹«. Wieder einmal war in Österreich die fällige Revolution ausgeblieben, ein Umstand, für den einige Erklärungen angeboten wurden: »Am Tage der Befreiung, als die Befreiungsarmee einzog, als dieser Nationalsozialismus seiner brutalen Machtmittel beraubt war, als der Nationalsozialist nackt mit schlotternden Knien vor uns stand, als dieses unbewußte Angstgefühl in uns gewichen war –, da regte sich in uns Österreichern wieder unser österreichisches Wesen: Es war der österreichische Mensch, der von diesem System immer abgeleugnet wurde, der jetzt zur Geltung kam – damals, als die Vergeltung, die wir uns so blutig vorgestellt hatten, praktisch gesprochen ausblieb[9] . . .«

Es kam anders; aber wohl nicht so sehr wegen des österreichischen Wesens, sondern weil Österreich von außen befreit worden war, weil »die Alliierten schneller zur Stelle waren als die antifaschistische Revolution[10]«. Denn in Österreich gab es zu Ende des Krieges wohl ein Chaos, aber kein Machtvakuum. Den deutschen Truppen folgten unmittelbar die alliierten Armeen. Der deutsche Generalstab hatte das österreichische Gebiet zum Rückzugsgebiet bestimmt, zum letzten Zentrum des Widerstandes, und die Alliierten drängten die Reste der deutschen Wehrmacht von allen Seiten in das Land, von Norden und Westen die Amerikaner und Franzosen, von Osten die Russen und von Süden die Briten. Bis zur Kapitulation wurde das so lange vom Krieg weitgehend verschont gebliebene Österreich voll in die Kriegshandlungen einbezogen, mit den entsprechenden Folgen. Das Land war überflutet mit Flüchtlingen und Soldaten, die zentrale Verwaltung war zusammengebrochen, die öffentliche Versorgung, wie etwa die Nachrichtenübermittlung, lag in totalem Durcheinander, die Industrie stand still und die wirtschaftlichen Rahmenbedingungen befanden sich ganz allgemein in einem Zustand völliger Auflösung.

In dieser Situation wünschten die Alliierten nichts weniger als eine unkontrollierte Revolution. Die verantwortlichen Militärs waren vorerst gar nicht so sehr an der Entnazifizierung interessiert, vor allem, wenn sie die Wiederherstellung normaler Verhältnisse behinderte, sondern sie wollten »getting things done[11]«, wieder geordnete Verhältnisse schaffen und zivile Verwaltungen einsetzen. Die politische Einstellung der Bevölkerung wurde damals zum Großteil einfach danach beurteilt, inwieweit sie bereit war, mit den Alliierten zusammenzuarbeiten. Die Verhaftung und Internierung bekannter Nationalsozialisten war vorerst überwiegend eine Sicherheitsmaßnahme der Militärs. Nationalsozialisten in weniger exponierten Stellungen wurden zumeist auf ihren Posten belassen. Im Bereich der Zivilverwaltung, vor allem auf Landes- und Gemeindeebene, wurden zum Teil von den Alliierten auch Personen wieder in Positionen gesetzt, die sie bereits vorher innegehabt hatten, ohne daß viel nach NS-Parteimitgliedschaft gefragt wurde, nur um bald wieder Ordnung herzustellen.

Diese vom militärischen Sicherheitsbedürfnis bestimmte Entnazifizierungsphase dauerte bis etwa Mai–Juni 1945. Dann etablierten sich die alliierten Besatzungen und begannen ihre Nachkriegsplanungen für Österreich ins Werk zu setzen. Und hier lag wohl das eigentliche Hindernis für eine »volkstümliche« österreichische Entnazifizierung. Denn die Alliierten, vor allem die Briten und die Amerikaner, hatten während des Krieges ihre eigenen Vorstellungen von der Überwindung des Nationalsozialismus ausgearbeitet, die sie nun zu verwirklichen versuchten. Und auch die provisorische österreichische Regierung erließ als eine ihrer ersten Amtshandlungen ein Gesetz zu einer »geordneten« Entnazifizierung. Wenn daher die Entnazifizierung in Österreich überhaupt eine Umwälzung bedeutete, so nicht in Form einer Volkserhebung, sondern in Form einer von oben gelenkten »bürokratischen Revolution«.

Bereits hier wird deutlich, daß die Entnazifizierung in Österreich kein einheitlicher Prozeß war. Er gliederte sich in verschiedene Phasen, in denen verschiedene Stellen aktiv waren und in denen auch unterschiedliche Vorstellungen mit der Entnazifizierung verbunden waren. Nach der ersten militärischen Sicherheitsphase, in der hauptsächlich Internierungen vorgenommen wurden, kam eine Phase von Mai 1945 bis Februar 1946. Das war die Zeit, in der fünf verschiedene Instanzen in Österreich die Entnazifizierung durchzuführen versuchten, die Alliierten und die österreichische Regierung, mit zum Teil einander überschneidenden, zum Teil sogar einander widersprechenden Maßnahmen.

Die bald deutlich gewordene Problematik dieser Vorgangsweise führte dazu, daß im Februar 1946 der österreichischen Regierung die Entnazifizierung für ganz Österreich übertragen wurde und die Alliierten sich auf eine Kontrollfunktion zurückzogen. Von da an versuchte die österreichische Regierung, ihre Entnazifizierungsgesetze vom April 1945 im ganzen Land anzuwenden. Trotzdem war das Ergebnis nicht ganz befriedigend, und so kam es im Februar 1947 zu einem neuen Entnazifizierungsgesetz; das war gleichzeitig der Höhe- und Wendepunkt in der österreichischen Entnazifizierung. In dieser Phase erfolgte die weitestgehende Durchführung der Entnazifizierung, die mit den Amnestien im Sommer 1948 – Jugendamnestie, Minderbelastetenamnestie – im wesentlichen abgeschlossen wurde.

Damit blieben nur noch die sogenannten »belasteten« Nationalsozialisten übrig. Die Entnazifizierung wurde nur noch im Wahlkampf 1949 hochgespielt, weil die Stimmen der etwa

500.000 ehemaligen Nationalsozialisten, die nun wieder wahlberechtigt waren, eine neue politische Situation schaffen konnten. Nach den Nationalratswahlen 1949 war die Entnazifizierung in Österreich kein eigentliches Problem mehr. Zwar liefen noch eine ganze Reihe von Sühne- und Strafmaßnahmen bis in die fünfziger Jahre, und auch die Volksgerichte wurden erst 1955 aufgelöst, aber das Entnazifizierungsproblem verschwand von der politischen Bühne. Die öffentlichen Stellen gaben kaum mehr Informationen, und in den Tageszeitungen gab es nur noch vereinzelt kurze Mitteilungen, weit weg von den Titelseiten. Die Entnazifizierung in Österreich war damit scheinbar vollendet.

In diesem Buch wird versucht, die Entwicklung der Entnazifizierung in Österreich von 1945 bis in die fünfziger Jahre in den Grundzügen nachzuzeichnen und dabei auch einige prinzipielle Fragen zu stellen.

Die Arbeit teilt sich im großen und ganzen in drei Bereiche. Im ersten sollen die Vorstellungen zur Entnazifizierung aufgezeigt werden, die grundsätzliche Haltung der Alliierten und der österreichischen Parteien als Aktionspartner bei der Entnazifizierung.

Der zweite Abschnitt ist in mehr oder weniger chronologischer Reihenfolge, dem Verlauf der Entnazifizierung entsprechend, den schon beschriebenen Phasen bis zur Durchführung des NS-Gesetzes 1947 gewidmet. Neben der Darstellung der generellen Entwicklung wird hier auch auf die spezifischen Bereiche – Wirtschaft, Beamte usw. – und auf die konkreten Auswirkungen der Entnazifizierung eingegangen.

Im letzten Teil soll aufgrund der Behandlung der Amnestien, der Entnazifizierungsproblematik bei der Nationalratswahl 1949 und einiger theoretischer Fragestellungen versucht werden, auch zu generellen Aussagen zum Entnazifizierungsproblem zu gelangen, letztlich zu der Frage, die hinter dem ganzen Buch steht: der Frage nach den Möglichkeiten und Grenzen politischer Umerziehung.

ANMERKUNGEN

1 Fischer, 28. Sitzg., 24. Juli 1946, S. 598.
2 Hackenberg, 28. Sitzg., 24. Juli 1946, S. 605.
3 Koref, SPÖ, 28. Sitzg., 24. Juli 1946, S. 594.
4 Aichhorn, ÖVP, 24. Juli 1946, S. 592.
5 Koref, SPÖ, 28. Sitzg., 24. Juli 1946, S. 594. – Siehe dazu auch W. Friedmann, *The Allied Military Government of Germany*, London 1947, S. 122–123; Julius Fürstenau, *Entnazifizierung*, Berlin 1969, S. 29/30 und 33, der davon spricht, daß viele Deutsche 1945 der Ansicht waren, »daß nur eine Selbstreinigung dem deutschen Volk sein politisches Selbstvertrauen wieder geben könnte«.
6 *Arbeiter-Zeitung*, 5. Jänner 1946.
7 *Arbeiter-Zeitung*, 3. April 1946.
8 Ebenda.
9 Aichhorn, ÖVP, 28. Sitzg., S. 190/1.
10 Fischer, a. a. O. – Die Frage nach der Revolution wurde ausdrücklich oder stillschweigend mit einem Blick auf die revolutionäre Situation nach dem Ersten Weltkrieg gestellt. Die Situation 1945 war in dieser Hinsicht mit der 1918/19 jedoch nicht zu vergleichen. Nicht nur war das »revolutionäre Potential« schon allein dadurch reduziert, daß ein ganz wesentlicher Teil der aktiven, sprich wehrfähigen Bevölkerung sich irgendwo in Kriegsgefangenschaft befand. Auch war für viele 1918 mit der österreichischen Monarchie auch ihre Welt zusammengebrochen, während 1945 die »alte Republik« wiedererstand.
11 Griffith, S. 68

2. Die Besatzungsmächte

Die »nichtalliierte« Entnazifizierungspolitik der Alliierten

Das gemeinsame Band, das die gesellschaftspolitisch so unterschiedlichen Alliierten USA, Großbritannien und UdSSR zusammengehalten hatte, war der Kampf gegen den Faschismus gewesen, »der Wille, den deutschen Militarismus und Nationalsozialismus zu zerstören[1]«.

Dieses Ziel war mit der Niederlage des Deutschen Reiches noch nicht erreicht, sondern mußte zwangsläufig über die Kapitulation noch hinausgehen: in Form der Entnazifizierung. Im Februar 1945, als das Kriegsende bereits greifbar nahe war, versuchten die »großen Drei«, ihre Vorstellungen auch in der Entnazifizierung zusammenzufassen: »Wir sind entschlossen, die nationalsozialistische Partei, die nationalsozialistischen Gesetze, Organisationen und Einrichtungen zu beseitigen, alle nationalsozialistischen und militärischen Einflüsse aus den öffentlichen Dienststellen sowie dem kulturellen und wirtschaftlichen Leben des deutschen Volkes auszuschalten[2]«, wurde in der Konferenz in Jalta festgelegt. Und schon ein halbes Jahr später trafen sich dieselben Mächte in Potsdam, um die Entnazifizierung des nun bereits besiegten Deutschland und damit auch des wiedererstandenen Österreich genauer zu formulieren[3]:

○ Zuerst und vor allem die Auflösung der NSDAP und aller sonstigen nationalsozialistischen Organisationen, die Vorsorge, daß diese nicht in einer anderen Form wieder entstehen könnten, und die Verhinderung jeder nationalsozialistischen oder militärischen Aktivität oder Propaganda.

○ Die Entfernung aller Naziführer, aller einflußreichen Förderer des Systems, aller führenden Beamten und aller anderen Personen, die als Gefährdung der Besatzung oder ihrer Ziele betrachtet wurden, aus staatlichen Stellen und verantwortlichen Positionen der Privatwirtschaft.

○ Die Aufhebung aller Nazigesetze, welche die Basis für das Hitlerregime dargestellt hatten, sowie solcher Gesetze, welche eine Diskriminierung aufgrund der Rasse, der Religion oder der politischen Überzeugung darstellten. Solche Diskriminierungen sollten weder auf gesetzlicher noch auf administrativer Ebene toleriert werden.

○ Und schließlich die Kontrolle des gesamten Informationswesens und des kulturellen Bereiches. Insbesondere sollte das Schulwesen überwacht werden, um Einflüsse nationalsozialistischer oder militaristischer Art zu eliminieren und eine erfolgreiche Entwicklung demokratischer Ideen zu ermöglichen.

Damit war ungefähr die gemeinsame Basis der alliierten Entnazifizierungspolitik umschrieben. Dieser gemeinsame Willensausdruck wurde aber dadurch eingeschränkt, daß er überwiegend aus negativen Maßnahmen und Verboten bestand und so allgemein gehalten war, daß er praktisch jede Art der Ausführung gestattete. Außerdem hatten die Franzosen das Potsdamer Abkommen nicht unterschrieben.

Diese trotz allem prinzipielle Linie der Alliierten zur Entnazifizierung galt für das ganze Reich, die »Ostmark« miteingeschlossen. Aber die Entnazifizierungssituation in Österreich unterschied sich von der in Deutschland auch für die Alliierten in zwei Bereichen ganz wesentlich. Vor allem bestand in Österreich bereits seit April 1945 eine eigene Zentralregierung mit eigenen Vorstellungen von der Entnazifizierung, auch wenn ihr Machtbereich noch einige Zeit stark eingeschränkt war. »Das Problem Österreichs unterscheidet sich völlig von dem Deutschlands«, stellte einer der führenden britischen Militärs in Österreich 1946 fest. »Der ehemalige deutsche Staat wird als vier getrennte Zonen mit einem Minimum an Koordination im Zentrum regiert, während Österreich ein unabhängiger Staat ist, ein wirklich souveräner Staat, obwohl ein Teil seiner Souveränität vom Alliierten Rat ausgeübt wird, mit einer eigenen Zentralregierung, deren Autorität sich über das ganze Land erstreckt[4].« – »Österreich hatte einen uneinholbaren und bis heute uneinholbar gebliebenen Vorsprung an Staatlichkeit, der das Land in eine gänzlich andere Lage versetzte[5].« Deutschland anderseits erfuhr die »Behandlung eines ehemaligen Feindes, hat keine Zentralregierung, ist wirtschaftlich und auch sonst durch verschiedene Zonengrenzen geteilt und wird voraussichtlich für eine lange Zeit unter Kontrolle von außen stehen[6]«.

Während sich in Westdeutschland erst 1948 eine Zentralregierung etablierte, war die österreichische Regierung bereits seit April 1945 politisch tätig, und während die deutschen Länder erst ab 1947 an der Entnazifizierung beteiligt wurden, war zu diesem

Zeitpunkt der Höhepunkt der österreichischen Entnazifizierung bereits überschritten. In Östereich gab es daher von Anfang an neben den Alliierten noch einen weiteren politischen Aktionspartner.

Der wesentlichste Unterschied zu Deutschland aber war, daß die Entnazifizierung eben nicht in der »Ostmark« als Bestandteil des Deutschen Reiches, sondern in der wiedererstandenen Republik Österreich durchgeführt wurde. »Österreich ist kein ehemaliges Feindesland *(ex-enemy),* sondern anerkannt als Hitlers erstes Opfer, dem die Alliierten die Befreiung versprochen haben[7].«

In der Moskauer Deklaration von 1943 war festgestellt worden, daß Österreich als erstes freies Land der typischen Aggressionspolitik Hitlers zum Opfer gefallen sei[8]. Alle öffentlichen Stellungnahmen der Alliierten sprachen von der »Befreiung« Österreichs. Österreich war ein besetztes, aber zugleich ein befreites Land, auch wenn sich die Alliierten, zumindest in der ersten Zeit, mehr als Besetzer denn als Befreier benahmen. Für die Alliierten bedeutete damit Entnazifizierung in Österreich nicht nur Befreiung vom nationalsozialistischen Geist, sondern auch »Entpreußung«, daher die in der ersten Zeit nach dem Krieg rigoros gehandhabte Abschneidung Österreichs von Deutschland. Das Ziel war nicht nur die Eliminierung des Nationalsozialismus im engeren Sinn, sondern auch die Aufhebung und Ausmerzung des deutschen Einflusses in Österreich in jeder Form. Diese Haltung machte etwa eine Botschaft des Alliierten Rates an das österreichische Volk vom 11. September 1945 deutlich:

»Alle Wurzeln des Nazismus, des gesamtdeutschen Einflusses, alle Manifestationen des deutschen Militarismus müssen ausgerissen werden, um jede Grundlage für eine Wiederholung der deutschen Aggression zu vernichten[9].«

Dies wurde auch in der Bestimmung deutlich, alle Deutschen und alle politisch Belasteten, die vor dem März 1938 deutsche Staatsangehörige gewesen waren, aus Österreich auszuweisen[10].

Für die gesamte österreichische Politik der ersten Nachkriegszeit und besonders auch für die Entnazifizierung war daher wesentlich, welche Haltung die einzelnen Alliierten Österreich gegenüber einnahmen und wieweit sie bereit waren, dem Land eine Sonderstellung einzuräumen. Dies war nun bei den einzelnen Besatzungsmächten recht unterschiedlich. Im großen und ganzen wurde die für das gesamte Deutsche Reich konzipierte Entnazifizierungspolitik mit einigen Änderungen und Anpassungen auch in Österreich angewendet. Österreich war sozusagen Nebenkriegsschauplatz der alliierten Entnazifizierung, wobei die für Deutschland festgelegten Bestimmungen weitgehend übernommen wurden, ohne immer auch einen Sinn zu ergeben. Dabei gab es allerdings ebenso, wie für Deutschland schon mehrfach aufgezeigt wurde[11], auch in Österreich letztlich keine einheitliche Entnazifizierungspolitik der Alliierten.

Dennoch waren die ersten Maßnahmen der Besatzungsmächte sehr ähnlich. Das aber nur deshalb, weil sie nicht von Programmen, sondern von unmittelbaren militärischen Sicherheitsbedürfnissen diktiert waren[12]. Unmittelbar bei Kriegsende ging man vorerst einmal daran, den NS-Staat von der personellen Seite her zu zerschlagen und zu entmachten und jeden zukünftigen Widerstand im Keim zu ersticken. Denn die NS-Propaganda und die lange, weit über jede militärische Vernunft hinausgehende Kriegsdauer hatten dazu geführt, daß die Alliierten ihre Besatzung in der Annahme eines starken und fanatischen Widerstandes der Nazi im Untergrund (Werwolf)[13] geplant hatten. Die Alliierten versuchten daher, bei Kriegsende alle wichtigen Nazi zu verhaften, wenn sie ihrer habhaft wurden.

Am systematischsten gingen hierbei die Amerikaner und die Briten vor. Diese hatten bereits während des Krieges ein Verhaftungsprogramm ausgearbeitet, das zwei Gruppen vorsah[14]. Die erste umfaßte alle, die wichtige Positionen in der nationalsozialistischen Bewegung oder in der Reichsregierung innegehabt hatten. Ihre Verhaftung erfolgte aufgrund ihrer Stellung und nicht aufgrund individueller Schuld. Die zweite Gruppe wurde nach Namen und persönlich gesucht und stand auf einer schwarzen Liste (Londoner Liste). Viele Nazi schienen natürlich in beiden Gruppen auf. Insgesamt waren diese Maßnahmen für etwa 600.000 Personen im ganzen Deutschen Reich vorgesehen. Außer diesen »category arrests« stand es den Militärbehörden auch frei, nach Bedarf »discretory arrests« durchzuführen, also Verhaftungen nach freiem Ermessen.

Die Verhaftungswelle der Alliierten in der ersten Besatzungsphase in Österreich hielt sich allerdings in Grenzen. Bis Mai–Juni 1945 dürfte die Zahl der Verhaftungen 10.000 nicht überschritten haben[15]. Die ersten Maßnahmen waren durch die allgemein verworrene Lage bei Kriegsende schwer behindert. Nicht nur hatte eine große Zahl deutscher Soldaten auf österreichischem Gebiet kapituliert, sondern es befanden sich im Land auch mindestens eine halbe Million Flüchtlinge und »versetzte Personen«, sogenannte *Displaced Persons,* Menschen vieler Nationen, die vom

Krieg irgendwie vertrieben worden waren[16]. In dieser Situation gelang es anfangs vielen Nationalsozialisten, unterzutauchen. Erst nach Beruhigung der Lage und der Einsetzung der vier Militärregierungen mit den entsprechenden politischen, für die Entnazifizierung zuständigen Abteilungen setzten die Entnazifizierungsmaßnahmen der Alliierten im großen Stil ein.

Vom Beginn der Besatzung bis zum 1. April 1946 kann man in Österreich von einer autonomen Phase der alliierten Entnazifizierung sprechen. In dieser Zeit führte jede Besatzungsmacht in ihrer eigenen Zone selbständig ihre Pläne zur politischen Umerziehung der Österreicher durch. Danach wurde der österreichischen Bundesregierung die Kompetenz für eine einheitliche Durchführung der Entnazifizierung in ganz Österreich übertragen. Nimmt man die Zahl der im Zuge der Entnazifizierung Verhafteten als Gradmesser der Aktivität, so hatten die Alliierten bis Februar 1946 etwa 18.000 Personen festgenommen: 9462 die Amerikaner, 6413 die Briten und etwa 7000 die Franzosen[17]. Etwa 90 Prozent davon entfielen auf »category arrests«, also Verhaftungen aufgrund eines konkreten Entnazifizierungsprogrammes. Für die Russen gibt es keine genauen Daten. Ihre Verhaftungstätigkeit war jedoch äußerst gering und dürfte sicher unter 1000 gelegen sein[18]. Dieser so erstaunliche Unterschied zwischen den Aktivitäten der Amerikaner und der Russen war auf die unterschiedliche Entnazifizierungsmentalität zurückzuführen, auf die nun etwas ausführlicher eingegangen werden soll.

Die amerikanische Besatzung hatte detaillierte Vorschriften und Programme für die Entnazifizierung nach Österreich mitgebracht. Die Grundlinie ihrer politischen Vorgangsweise war: Registrierung aufgrund eines Fragebogens – Entlassung aus wichtigeren Positionen in Staat und Wirtschaft – Verhaftung und Festhaltung in Internierungslagern[19]. Kernstück der amerikanischen Vorgangsweise war ein sechsseitiger Fragebogen, der aber von Anfang an viel Kritik hervorrief. Es war ein Versuch der US-Politik, die Entnazifizierung einer geordneten Lösung zuzuführen. Die Bevölkerung wurde in ein bürokratisches Schema gebracht, »ein Schema, das mit Fragebogen mit 150 Fragen (darunter viele dumme und ungehörige) anfing, die jeder Deutsche zu beantworten hatte[20]«. Die Fragen betrafen alle möglichen Verbindungen mit nationalsozialistischen Organisationen oder Betätigungen. Die durch Bogen Befragten wurden entsprechend ihrer Belastung und Gefährlichkeit eingeteilt und hatten zumindest im Prinzip mit entsprechenden Folgen zu rechnen: mit empfohlener oder auch

MILITÄRREGIERUNG — ÖSTERREICH Form: MG/PS/A/4

Military Government — Austria

Abzuliefern bis zum ______________ 194__ Aktennummer ______________
To be rendered by *194* *File No.*

FRAGEBOGEN

Personal Questionnaire

WARNUNG. Im Interesse der Klarheit ist dieser Fragebogen auf Deutsch und Englisch verfaßt. In Zweifelsfällen ist der englische Text maßgebend. Unterlassungen, unrichtige oder unvollständige Angaben führen zu gerichtlicher Verfolgung Falls mehr Raum benötigt wird, sind weitere Bogen anzuheften.

JEDE FRAGE IST ZU BEANTWORTEN
ALLE ANGABEN SIND IN BLOCKSCHRIFT ZU MACHEN

I. TEIL

WARNING. In the interest of clarity this questionnaire has been written in both German and English. If discrepancies exist, the English will prevail. Omissions or false or incomplete statements will result in prosecution. Add supplementary sheets if there is not enough space in the questionnaire.

EVERY QUESTION MUST BE ANSWERED
ALL ANSWERS MUST BE IN BLOCK LETTERS

PART. 1

1. Persönlich
Personal

Name ______________
Name Zuname / Surname — Vornamen / Christian Names — Titel / Title

Ausweiskarte Nr. ______________
Identity-Card No.

Geburtsdatum ______________ Geburtsort ______________
Date of Birth *Place of Birth*

Staatsangehörigkeit am 1. März 1938 ______________
Nationality on 1 March 1938

Gegenwärtige Anschrift ______________
Present Address

Ständiger Wohnsitz ______________
Permanent Residence

Haben Sie einen Reisepaß? ______________ Wenn ja, Nummer angeben ______________
Have you a passport? *If so, give number*

Beruf ______________
Occupation

Name des Arbeitgebers ______________
Name of employer

Anschrift des Arbeitgebers ______________
Address of employer

Gegenwärtige Stellung ______________
Present position

Zeitpunkt der Anstellung ______________ Jahresgehalt ______________
Date Appointed *Yearly Pay*

Stellungen, die Sie seit 1. Jänner 1932 innehatten ______________
Positions held since 1 January 1932

Glaubensbekenntnis im Jahre 1933 ______________ Glaubensbekenntnis heute ______________
Religion 1933 *Religion today*

2. Mitgliedschaft in der NSDAP (NATIONALSOZIALISTISCHE DEUTSCHE ARBEITERPARTEI)
Nazi Party affiliation

Waren Sie jemals ein Mitglied der NSDAP? ______________
Have you ever been a member of the NSDAP?

Seit wann? ______________ Mitglieds-Nr. ______________
Since when? *Party No.*

Haben Sie sich jemals um Aufnahme in die NSDAP beworben? ______________
Have you ever applied for membership in the NSDAP?

Wann?
When?

Wo?
Where?

Haben Sie irgendwelche Ämter oder Stellungen in der NSDAP innegehabt? Falls ja, geben Sie Titel und Pflichten an.
Have you held any position or positions in the NSDAP? If so, give title and duties.

3. Tätigkeit in NSDAP-Hilfsorganisationen

a) Waren Sie ein Mitglied der folgenden Organisationen und in welchem Ausmaße haben Sie an deren Tätigkeiten teilgenommen?

Nazi Auxiliary Organization Activities

a) Indicate whether you were a member and the extent to which you participated in the activities of the following:

	Mitglied *Member*		Dauer der Mitgliedschaft *Period of Membership*	Ämter bekleidet *Offices held*	Dauer *Period*
	Ja *Yes*	Nein *No*			
SS (Schutzstaffeln) (Falls ja, geben Sie Ihre Mitgliedsnummer an) *(If "yes" give your number)*					
SA (Sturmabteilung)					
HJ (Hitler-Jugend)					
NSDStB (NS Deutscher Studentenbund)					
NSDoB (NS Dozentenbund) .					
NSF (NS Frauenschaft) . . .					
NSKK (NS Kraftfahrerkorps) .					
NSFK (NS Fliegerkorps) . .					
RDB (Reichsbund d. Beamten)					
DAF (Deutsche Arbeitsfront) .					
KdF (Kraft durch Freude) .					
NSV (NS Volkswohlfahrt) . .					
NSKOV (NS Kriegsopferversorgung) . . .					
NSBDT (NS Bund d. Technik)					
NSLB (NS Lehrerbund) . . .					
NSD RECHTSWAHRERBUND .					
NSDAB (NSD Ärztebund) . .					
VDA (Volksbund für das Deutschtum im Ausland) . .					
DFW (Deutsches Frauenwerk)					
REICHSKOLONIALBUND . .					
RDF (Reichsbund deutscher Familien)					
NSRL (NS Reichsbund für Leibesübungen)					
NS REICHSBUND DEUTSCHER SCHWESTERN . .					
NS ALTHERRENBUND DER DEUTSCHEN STUDENTEN					
RAD (Reichsarbeitsdienst) . .					
DGT (Deutscher Gemeindetag)					
NS REICHSKRIEGERBUND .					
DEUTSCHE STUDENTENSCHAFT					
REICHSDOZENTENSCHAFT .					
DRK (Deutsches Rotes Kreuz)					
DEUTSCHE CHRISTENBEWEGUNG					
DEUTSCHE GLAUBENSBEWEGUNG					
ARBEITSGEMEINSCHAFT NS STUDENTINNEN					

b) Waren Sie jemals Mitglied irgendeiner anderen oben nicht angeführten Organisation?

b) Were you ever a member of any other organization not listed above?

Name der Organisation ______________ Daten ______________
Name of Organization *Dates*

Bezeichnung des Amtes oder der Anstellung ______________ Dienstort ______________
Title of position *Location*

4. Wurden Ihnen jemals irgendwelche Titel, Ränge, Auszeichnungen, Zeugnisse oder andere Würden von irgendwelchen der obengenannten Organisationen zuteil? Ja? ______ Nein? ______ Falls ja, geben Sie an, was Ihnen verliehen wurde (Titel usw.), das Datum, den Grund und Anlaß für die Verleihung.

Have you ever been the recipient of any titles, ranks, medals, testimonials or other honours from any of the above organizations? Yes, No. If so, state the nature of the honour, the date conferred and the reason and occasion for its bestowal.

____

5. **Schriftwerke**

Verzeichnen Sie hier alle Veröffentlichungen, die ganz oder zum Teil von Ihnen geschrieben, zusammengestellt oder herausgegeben wurden.

Vom 1. Jänner 1932 bis heute.

Writings

List all publications written in whole or in part, or compiled or edited by you

Titel *Title*	Verleger *Publisher*	Datum *Date*	Verbreitung *Circulation*

6. **Reden**

Verzeichnen Sie hier alle Ansprachen und Vorlesungen, die Sie seit 1. Jänner 1932 bis heute gehalten haben.

Speeches

List all addresses and lectures made by you from 1 January 1932 to date.

Titel *Title*	Datum *Date*	Ort *Place*	Zuhörerschaft *Audience*

7. **Einkommen**

Wie hoch war Ihr Einkommen aus allen Einkommensquellen im Jahre 1934? ______________

Income

What was your income from all sources in 1934?

____

Wie hoch war Ihr Einkommen aus allen Einkommensquellen im Jahre 1943? ______________

What was your income from all sources in 1943?

____

Verzeichnen Sie Ihr Vermögen jeglicher Art, einschließlich von Schmuckstücken mit einem Wert über ______________ Bargeld und Wertpapieren, Grundstücken und Gebäuden unter Angabe des Schätzwertes jedes einzelnen Stückes. (Gewöhnlicher Hausrat und Kleidungsstücke sind von der Anmeldung ausgenommen.)

Give list of your property of all kinds, including items of jewellery over $ 100 in value, cash and securities, land and building (but excepting ordinary household furniture and clothing) with estimated value of each item.

Vermögen *Property*	Schätzwert *Estimated value*

8. Verzeichnen Sie hier alle Vermögensstücke, welche Sie seit dem 31. Dezember 1942 durch Verkauf, Schenkung oder sonstwie an dritte Personen übertragen haben.

List of property which you have transfered by sale, gift, or other means, since 31 December 1942.

Vermögen *Property*	Wert *Value*	Durch Verkauf, Schenkung oder sonstwie an dritte Personen übertragen *Sale, gift or other means*	Datum *Date*	An wen übertragen *To whom transfered*

9. **Vorstrafen**

Sind Sie jemals wegen einer strafbaren Handlung verurteilt worden? Falls ja, dann geben Sie alle Einzelheiten an.

Criminal Convictions

Have you ever been convicted of a criminal offence? If so, give details.

Datum der Verurteilung *Date of Conviction*	Gericht *Court*	Urteil *Sentence*	Strafbare Handlung *Offence*	Datum der Haftentlassung *Date of Release*

10. **Militärdienst**

Haben Sie seit dem 31. Dezember 1932 Militärdienst geleistet? Falls ja, geben Sie Ihre Militärnummer an.

Military Service

Have you rendered Military Service since 31 December 1932? If Yes, give your personal number

In welchem Heere?
In which Army?

Abteilung?
Branch?

Haben Sie an der Militärregierung in irgendeinem von Deutschland besetzten Lande einschließlich Österreich und Sudetenland teilgenommen? (Ja oder Nein.)
Wenn ja, geben Sie Einzelheiten über innegehabte Ämter, Art Ihrer Tätigkeit, Gebiet und Dauer des Dienstes an:

Did you serve as a part of the Military Government in any country occupied by Germany including Austria and Sudetenland? Yes, No. If so, give particulars of offices held, duties performed, territory and period of services.

Waren Sie vom Militärdienst enthoben?
Were you deferred from Military Service?

Wann?
When?

Warum?

1. Wieviel haben Sie in den folgenden Jahren für eine Parteiorganisation (verzeichnet oben unter 3) oder für die Winterhilfe gespendet?

How much did you contribute to any Party Organization (listed above under 3) and to Winter Help in?

1942 Name der Organisation *1942 Name of Organization*	Betrag *Amount*	1943 Name der Organisation *1943 Name of Organization*	Betrag *Amount*

2. **Österreichische politische Organisationen**

Waren Sie jemals ein Mitglied irgendeiner österreichischen politischen Partei vor dem 1. März 1938? ____________

Austrian Political Organizations

Were you ever a member of any Austrian Political Party before 1 March 1938?

Name der Partei? ____________
Name of Party?

Datum des Eintrittes — Zeitdauer der Mitgliedschaft ____________
Date of Joining — Period of Membership

Ämter oder Stellungen innegehabt ____________
Position held

3. **Österreichische Wehrorganisationen**

Waren Sie ein Mitglied einer der folgenden Organisationen?

Austrian Armed Organizations

Were you a member of any of the following Organizations?

Organisation *Organization*	Ja oder Nein *Yes or No*	Datum des Eintrittes *Date of Joining*	Rang *Rank*
Heimwehr			
Republikanischer Schutzbund			
Freiheitsbund			
Roter Frontkämpferbund			
Vaterländische Frontmiliz			

4. Geben Sie hier Tatsachen an, die antinationalsozialistische Haltung oder Tätigkeit zum Gegenstand haben. (Die Antwort ist freigestellt, aber alle Angaben müssen der Wahrheit entsprechen.)

State any facts indicating Anti-Nazi attitude or activity (answer optional but all statements must be true).

____

____

Die hier gemachten Angaben sind wahrheitsgetreu und vollständig.

The statements on this form are true and complete.

Anschrift ____________
Address

Gezeichnet ____________
Signed

Datum ____________
Date

Zeuge ____________
Witness

II., III. und IV. Teil dieses Fragebogens sind ausschließlich für den Gebrauch der Alliierten Streitkräfte bestimmt.

Part II, III and IV of this questionnaire are for the use of the Allied Forces only.

unbedingter Entlassung vom Arbeitsplatz und unter Umständen mit Verhaftung und Internierung. Darum füllte niemand freiwillig einen solchen Fragebogen aus; aber über die Lebensmittelkarte, die Arbeitsbewilligung und auch die Wohnung konnte man doch einen Großteil der Betroffenen erfassen.

Nachdem ein Fragebogen nun aber gerade ein Instrument ist, um viele verschiedene individuelle Informationen zu standardisieren und auf einen Nenner zu bringen, war für die spezifische Entnazifizierungsproblematik Österreichs darin nur relativ wenig Platz. So gab es eine ganze Reihe von Fragen, die sich auf die Jahre 1932 und 1934 bezogen, die in Deutschland sicherlich Schlüsseldaten in der Entwicklung des Nationalsozialismus darstellten, für Österreich aber vier beziehungsweise sechs Jahre vor dem Anschluß an Deutschland lagen. Die Fragen zu diesen Jahren, die in Deutschland eine entsprechend strengere Handhabung rechtfertigen sollten, gaben in Österreich in bezug auf den Nationalsozialismus wenig Sinn. Anderseits wurde aber durchaus die österreichische Entwicklung miteinbezogen, so etwa in der Frage nach der Mitgliedschaft bei österreichischen Wehrorganisationen vor 1938 – Heimwehr, Vaterländische Front usw. Die Mitgliedschaft bei österreichischen antidemokratischen Organisationen der Vor-Hitler-Zeit sollte nach amerikanischen Vorstellungen durchaus auch in die Entnazifizierung miteinbezogen werden. So verlangten die Entnazifizierungsvorschriften der US-Militärregierung »die Entlassung und Ausschließung von wichtigen Positionen für alle Personen, die einen aktiven und führenden Anteil an den undemokratischen Maßnahmen des faschistischen Regimes der Vor-Hitler-Zeit (*pre-Nazi-Fascist-Regime*) oder in deren paramilitärischen Organisationen wie Heimwehr und Ostmärkische Sturmscharen genommen haben[21]«.

In der tatsächlichen Durchführung gingen die Amerikaner aber von diesen Gedanken ab, weil sie sich überzeugen konnten, daß sie damit entscheidende Persönlichkeiten des Wiederaufbaus der Republik Österreich ausgeschaltet hätten[22] und dem trotz allem antinationalsozialistischen Charakter des Ständestaates nicht ganz gerecht geworden wären. Im Prinzip aber hatten die Amerikaner in Österreich denselben Ansatz zur Entnazifizierungspolitik, wie sie ihn für Deutschland festgelegt hatten, »as modified to meet conditions applicable in Austria[23]«.

Diese scheinbar korrekte und gerechte Vorgangsweise der US-Behörden hatte ihre Problematik vor allem in dem Umfang, in dem man die Entnazifizierung angehen wollte. »Dieses ohnehin schon ins Gigantische gehende Vorhaben wurde noch mehr aufgebläht von der These der Kollektivschuld, der 1945 bei den Amerikanern weit verbreiteten Ansicht, daß jeder einzelne Deutsche auch irgendwie Schuld an diesem Krieg hatte[24].«

Vor allem aber lag bei der Entnazifizierung der Teufel im Detail. Es gab zu viele, die bei der Partei gewesen waren, ohne viel mit dem Nationalsozialismus zu tun gehabt zu haben. Opportunismus, Glück und Zufall hatten dabei eine große Rolle gespielt. Und es gab mindestens ebenso viele, die nicht bei der Partei gewesen waren und den Nationalsozialismus dennoch recht tatkräftig unterstützt hatten. Die konkrete Feststellung des Schuldausmaßes des einzelnen aufgrund des Fragebogens brachte die Amerikaner in arge Schwierigkeiten. Als sie mit ihrer Entnazifizierung in Deutschland und Österreich begannen, »hatten sie zwar einen ungefähren Begriff von der numerischen Ausdehnung ihrer intendierten Säuberungsmaßnahmen (sie rechneten mit etwa zwei Millionen), sie wußten auch von der Einheit von Partei und Staat, und man hatte sie belehrt, daß der Bürokratie auf dem europäischen Kontinent nach Ausdehnung und Tradition eine besondere Bedeutung zukomme. Aber sie hatten keine Vorstellung, in welche trivialen Probleme sie die Kombination dieser drei Faktoren bringen würde, sobald sie sich einmal am Wiederaufbau des Feindeslandes engagierten[25]«.

Letztlich aber scheiterten die Amerikaner am Umfang ihrer ehrgeizigen Entnazifizierungspläne. Sie hatten sich kein geringeres Ziel gesetzt als die Durchkämmung der gesamten Bevölkerung in einem für sie fremden Land. »Noch nie wurde etwas Ähnliches versucht«, schrieb 1947 einer der an der deutschen Entnazifizierung Beteiligten, »noch nie ist ein bestimmtes politisches System zum Feind erklärt worden, und noch nie hat ein bestimmtes System das Leben eines so großen Volkes in so vielen Aspekten erfaßt[26].«

Die Amerikaner hatten damit ein Arbeitspensum auferlegt, das selbst sie nicht bewältigen konnten. Sie waren in einer Haltung an die Entnazifizierung herangegangen, die von vielen Kritikern als »Kreuzzugmentalität« bezeichnet wurde. Was ihnen vorschwebte, war eine Inquisition mit der Perfektion des 20. Jahrhunderts. Je systematischer sie aber vorgingen, desto unvermeidlicher wurde die Schlußfolgerung, daß die ursprüngliche Absicht, jeden zu entfernen, der in irgendeiner Weise mit der Nazipartei oder anderen Naziorganisationen zu tun gehabt hatte, undurchführbar war[27].

In der deutschen US-Zone wurden bis Anfang 1946 etwa 1,6

Millionen Personen mit Fragebogen erfaßt. Das waren aber erst 10 Prozent der dortigen Bevölkerung[28]. In Deutschland ging die US-Besatzung daher bereits 1946 daran, praktische Konzessionen zu machen, die Zahl der Betroffenen zu reduzieren und einheimische politische Kräfte auf Länderebene zur Entnazifizierung heranzuziehen.

In Österreich war das amerikanische Dilemma nicht so offensichtlich, da bereits ab Februar 1946 die Entnazifizierung für das ganze Land der österreichischen Regierung übertragen wurde und die Alliierten sich auf eine Kontrollfunktion zurückzogen. Bis dahin (März 1946) hatten die Amerikaner in Österreich 81.770 ausgefüllte Fragebögen in Händen, damit aber nur von 8,5 Prozent der Bevölkerung ihrer Zone und nur etwa zwei Drittel derer, die von den österreichischen Behörden bis Ende des Jahres 1946 in diesem Gebiet als Nationalsozialisten registriert wurden. Von den erfaßten Fragebögen hatten die Amerikaner bis zu diesem Zeitpunkt erst 27.703 oder etwa ein Drittel wirklich bearbeitet, was zu 8000 Entlassungen von Positionen in Staat und Wirtschaft und zu 9738 Verhaftungen geführt hatte[29].

Im ganzen können die Verfolgungsmaßnahmen gegen Nationalsozialisten in den einzelnen Besatzungszonen vom Beginn der Besatzung bis zur Kompetenzübertragung an die österreichische Regierung (erste, militärische Phase plus autonome Entnazifizierungsphase der Alliierten) folgendermaßen dargestellt werden (Tabelle 1, siehe nächste Seite).

Die Tabelle verlangt jedoch einige Bemerkungen.

Einmal fällt für die Franzosen die erste, militärische Sicherheits-Entnazifizierungsphase weg, da sie ihre österreichische Zone erst nachträglich zugesprochen erhielten und die vorhergegangene amerikanische Besatzung dies in ihrem Zonengebiet erledigt hatte. Bei der russischen Zone anderseits löste sich das Entnazifizierungsproblem zum Teil von selbst, weil die meisten wichtigen Nationalsozialisten sich vor der russischen Besatzung in die westlichen Bundesländer abgesetzt hatten[30]. Auch sind die für die Sowjetunion in der Tabelle angeführten Zahlen nur bedingt mit denen der anderen Alliierten vergleichbar, weil die Maßnahmen zum überwiegenden Teil nicht von ihnen, sondern bereits von der provisorischen österreichischen Bundesregierung durchgeführt worden waren – das gilt auch für Wien –, während die anderen Alliierten selbständig vorgingen. Die Russen selbst hatten außerhalb Wiens bis zum September 1946 nur 861 Verhaftungen und 580 Entlassungen durchgeführt.

Entnazifizierungsmaßnahmen der Alliierten in den einzelnen Besatzungszonen vom Beginn der Besatzung bis zum 7. 4. 1946 (französische Zahlen bis zum 10. 11. 1945) außer Wien

	US	Brit.	Franz.	Sowjet.	Summe
Bevölkerung	953.376	1,320.362	479.747	1,932.119	4,685.604
Registrierte Nationalsoz.	108.367	139.481	65.543	114.858	428.249
Verhaftungen	12.599	7.200	2.967	10.110	32.876
Entlassungen	13.000	12.447	8.842	7.692	41.981
Registrierte Nationalsoz. in % der Bevölkerung	11,4	10,6	13,7	6,0	9,1
Verhaftungen in % der registrierten Nationalsoz.	11,6	5,2	4,5	8,8	7,7
Entlassungen in % der registrierten Nationalsoz.	12,0	8,9	13,5	6,7	9,8

Quelle: *Denazification, General,* November 1946, 60258-2/033.2, Sowjetzone: Zahlen September 1946; Entlassung = Entfernung aus dem Amt oder vom Arbeitsplatz.

Trotz aller Einschränkungen ist aber zu sehen, daß die Amerikaner von allen Alliierten die strengste Entnazifizierung durchgeführt hatten. Und dennoch war sie im Verhältnis zur Zielsetzung und auch zu den Maßnahmen, die dann die österreichische Regierung auf diesem Gebiet setzte, eher gering, wenn man nicht gar von einem Scheitern der amerikanischen Entnazifizierungspolitik in Österreich in dieser Phase sprechen muß. Von den etwas mehr als 80.000 Fragebögen übergaben sie Anfang 1946 der österreichischen Regierung etwa zwei Drittel noch unbearbeitet. Das sollte bei der Beurteilung der späteren Vorwürfe der US-Besatzung wegen der Langsamkeit der österreichischen Entnazifizierung Berücksichtigung finden.

In ihrer Grundlinie zogen auch die Briten mit der amerikanischen Entnazifizierungspolitik mit, allerdings mit weniger Überzeugung und mehr Konzessionen an die Durchführbarkeit. Aber die britische und die US-Besatzung in Österreich arbeiteten in der Entnazifizierung zum großen Teil nach gemeinsamen Direktiven[31]. Sie gingen daher auch mit Fragebogen vor und hatten in ihrer Zone bis zum Februar 1946 etwa 83.000 Personen auf diese Weise erfaßt, mit 6 Prozent der Bevölkerung ihrer Zone weniger als die Amerikaner. Aber die Briten waren von dem System lange nicht so überzeugt und führten es zum Teil sogar mit Unbehagen durch. Die Engländer sahen ihre Entnazifizierungspolitik als destruktiv und präventiv, aber nicht als punitiv an[32]. Was auch sie bei der Entnazifizierung in Österreich anstrebten, war eine Zerschlagung des nationalsozialistischen Staates und der Grundlagen, auf denen er beruht hatte, aber im Prinzip keine politischen Strafmaßnahmen. Sie führten daher Entlassungen und Beschäftigungsverbote durch und errichteten auch Internierungslager, sahen aber von direkten Strafmaßnahmen ab. Dennoch war die britische Besatzung spätestens 1946 davon überzeugt, daß auch diese Maßnahmen »so völlig im Gegensatz zur britischen Geisteshaltung« waren, daß dieses Entnazifizierungssystem nicht mit der britischen politischen Tradition und Haltung übereinstimmte und eigentlich nicht ihr System war[33]. Aber es war das System, mit dem die britischen Militärs im ersten Nachkriegsjahr in Österreich zu arbeiten hatten, und es war letztlich der Ausdruck des britischen Bemühens, mit den Amerikanern eine gemeinsame Entnazifizierungslinie zu finden.

Die Briten versuchten aber weit mehr als alle anderen Alliierten, die politische Zielsetzung, die mit der Wiedererrichtung Österreichs verfolgt worden war, in den Vordergrund zu stellen. Großbritannien gehörte zu den Ländern, die sich schon sehr früh während des Krieges mit der Wiedererrichtung Österreichs in irgendeiner Form beschäftigt hatten[34].

Seit Churchill 1939 in einer Rede verkündet hatte, auch Österreich gehöre zu den Ländern, für die Großbritannien das Schwert gezogen habe[35], befaßte sich das Foreign Office mit den verschiedenen Möglichkeiten einer Wiedererrichtung Österreichs. Zum Teil sicherlich mit dem Ziel der politischen und militärischen Schwächung Deutschlands nach dem Krieg, zu einem großen Teil aber auch aus einem politisch-historischen Verständnis für Mitteleuropa heraus. In einem Bericht des britischen Parlaments über Österreich in den Jahren 1945–1946 hieß es dazu: »Es ist im wesentlichen die Kombination von materieller Macht und technischer Fertigkeit mit politischer Unreife und Amoralität, was die deutsche Gefahr ausmacht. Österreich anderseits ist wirtschaftlich schwächer und militärisch unbedeutend, und trotz eines starken pangermanistischen Elements ist seine politische Tradition nicht ohne Blick für das, was in diesem Land als wesentliche menschliche Tugenden angesehen wird[36].« Man gestand Österreich daher prinzipiell – wenn auch mit Einschränkungen – zu, »to be much more democratically minded than Germany[37]«.

Die Attraktivität des Nationalsozialismus in Österreich schon vor dem Anschluß führte man weitgehend auf die damals triste wirtschaftliche Lage des Landes zurück. Die Briten unterschieden damit zwischen »unverbesserlichen« *(intractable)* und »heilbaren« *(curable)* Nazi[38] und stellten einen unmittelbaren Zusammenhang zwischen wirtschaftlicher Not und Anfälligkeit für den Nationalsozialismus her. Die britische Haltung gegenüber Österreich wies damit eine Kontinuität zur Vorkriegszeit auf: schon in den dreißiger Jahren war in England auf die politischen Gefahren der schlechten wirtschaftlichen Situation Österreichs hingewiesen worden[39]. Der englischen Meinung nach war daher »wirtschaftliche Prosperität für die Überwindung des Nationalsozialismus in Österreich die wesentlichste Voraussetzung[40]«. Dementsprechend sahen sie ihre Aufgabe darin, »den Nazi-Virus auszumerzen und Österreich wirtschaftlich und politisch zu befähigen, ein unabhängiges Leben mit einem akzeptablen Lebensstandard zu führen«. Daher waren die Engländer viel mehr bereit, die Entnazifizierung flexibel zu handhaben und sie in Einzelfällen nicht in voller Härte durchzuführen, wenn dadurch der Wiederaufbau der Wirtschaft und der öffentlichen Verwaltung behindert worden wäre[41]. Auch blockierten die Briten von 1946 an wiederholt Entscheidungen der anderen Alliierten mit ihrem Vetorecht, wenn diese versuchten, die österreichischen Behörden zu einer strengeren Durchführung der Entnazifizierungsmaßnahmen zu zwingen.

Daneben ist für die britische Politik der ersten Nachkriegszeit die finanzielle Seite nicht zu übersehen. Der Zweite Weltkrieg hatte Großbritannien große finanzielle Opfer gebracht, und die Regierung war bemüht, die Kosten der Besatzung so weit und so schnell wie möglich zu senken[42]. Das eigentliche Ziel der britischen Politik in Österreich war daher, so früh wie möglich wieder abzuziehen. Auch für die Entnazifizierung bedeutete das spätestens ab 1946, »je früher alle Verantwortung der österreichischen Regierung übertragen wird, desto besser[43]«.

So arbeiteten die Amerikaner und die Briten zwar im Prinzip nach den gleiche Richtlinien, die tatsächliche Praxis in den beiden Zonen sah jedoch recht unterschiedlich aus. Noch größere Unterschiede ergaben sich allerdings gegenüber den beiden anderen Alliierten, die viel pragmatischer und weit mehr mit Hilfe der örtlichen Bevölkerung vorgingen.

Die beste Grundlage für einen dauerhaften Frieden

Neues Österreich, 3. August 1946

Am meisten fällt hier das Vorgehen der Franzosen ins Auge, die zwar scheinbar eine ähnliche Zielsetzung in der Entnazifizierung verfolgten, aber ohne deren langfristige Planung. Seit der Übernahme ihrer österreichischen Besatzungszone führten sie in Tirol und Vorarlberg mit Hilfe »gemischter Kommissionen«, in denen sowohl Franzosen als auch Österreicher vertreten waren, die Entnazifizierung durch. Diese Vorgangsweise gab ihnen einen erheblichen Einfluß auf das wirtschaftliche und politische Leben ihrer Zone. Von der Organisation her betrieben die Franzosen eine Mischung zwischen der amerikanischen und der russischen Entnazifizierungspolitik.

Allerdings hatten die Franzosen 1945 kein vorgefertigtes Entnazifizierungsprogramm. Sie reagierten unmittelbar auf die gegebenen politischen und wirtschaftlichen Verhältnisse, mit einem großen Spielraum für die örtliche Militärregierung. Diese Vorgangsweise war vielleicht willkürlicher und ungerechter, aber auch flexibler. Auch in der französischen Zone gab es Entlassungen und Verhaftungen, aber um der Arbeitsleistung willen war die französische Besatzung oft geneigt, fähige Verwaltungsbeamte trotz dubioser Aktenlage wieder einzustellen, vorausgesetzt, sie waren bereit, mit den Besatzungsbehörden zusammenzuarbeiten[44]. Das französische Verhalten – man könnte es kurzfristigen Pragmatismus nennen – war an unmittelbaren Erfordernissen orientiert und wies kaum eine langfristige politische Linie auf. Die Beendigung der Tätigkeiten der gemischten Kommissionen schon vor der Übergabe der Entnazifizierung an die österreichische Bundesregierung läßt aber erkennen, daß die Franzosen mit ihrer Tätigkeit durchaus zufrieden waren[45].

Der französische Pragmatismus war letztlich aus der politischen und wirtschaftlichen Lage Frankreichs selbst zu erklären. Die lange Besetzung durch deutsche Truppen und die Kriegstätigkeit auf französischem Gebiet hatten eine langfristige Nachkriegsplanung Frankreichs schwer behindert. In bezug auf die Entnazifizierung spielte aber auch eine wesentliche Rolle, daß Frankreich nach Beendigung der deutschen Besetzung 1944 selbst eine politische Säuberung, eine Art Entnazifizierung im eigenen Land, durchgeführt hatte. Nach der Abrechnung mit den »Kollaborateuren«, also den Franzosen, die mit der deutschen Besatzung zusammengearbeitet hatten, kamen die Franzosen mit wenig Illusionen über die Zweckmäßigkeit solcher Maßnahmen in ihre Besatzungsgebiete.

Während die drei anderen Mächte in ihrer Propaganda, in Flugschriften, in Plakaten und Reden edle Vorsätze und politische Ideale verkündeten, kam Frankreich mit einem Minimum an Ideologie und einem Maximum an Realismus nach Deutschland und Österreich[46]. Damit blieben die Franzosen in ihrer Entnazifizierungspolitik irgendwo auf der Ebene stehen, auf der die anderen Alliierten ihre ersten militärischen Sicherheitsmaßnahmen unmittelbar nach dem Krieg durchgeführt hatten.

Sie reagierten auf die unmittelbaren Bedürfnisse, ohne langfristige Überlegungen zugrunde zu legen. Während die Ursache für dieses Verhalten der anderen Alliierten im April–Mai 1945 die undurchsichtige Lage in Österreich war, lag die Ursache des französischen Verhaltens in der unsicheren politischen Lage ihres eigenen Landes. Während daher die Franzosen im Alliierten Rat Österreich gegenüber auf eine strenge Linie in der Entnazifizierung drängten, war ihre eigene Vorgangsweise voll von Konzessionen und Widersprüchen.

Auch die russische Haltung zur Entnazifizierung zeichnete sich durch einen deutlichen Pragmatismus aus, aber durch einen, den man als einen langfristigen bezeichnen muß. Denn während die sowjetische Vorgangsweise sicherlich stark zweckorientiert war, lagen ihr auf der anderen Seite wahrscheinlich die konkretesten politischen Vorstellungen aller Alliierten zugrunde, vielleicht mit Ausnahme der Engländer.

Die Alliierten wollten 1945 die politischen Verhältnisse in Europa neu regeln. Der Vergleich mit dem Wiener Kongreß von 1815 drängt sich auf, wo die damaligen Sieger über Frankreich im wesentlichen die politischen Verhältnisse der Zeit vor der Französischen Revolution wiederherstellen wollten. Auch die westlichen Alliierten hatten bei der Entnazifizierung 1945 ein quasi restauratives Ziel vor Augen, in dem Sinn, daß sie demokratische Verhältnisse der vorfaschistischen Zeit wiederherstellen wollten. Das Paradoxon liegt nun darin, daß der Faschismus selbst eine atavistische und reaktionäre Bewegung war, insbesondere im Verhältnis zu der vorangegangenen demokratischen Periode. Damit endet allerdings die Parallele zum Wiener Kongreß, denn dieser wollte den demokratischen Fortschritt aufhalten oder zumindest bremsen. Mit der Entnazifizierungspolitik der Alliierten sollte aber eine reaktionäre Erscheinung beseitigt und wieder eine demokratische Entwicklung ermöglicht werden.

Hier bestand nun aber ein wesentlicher Unterschied zwischen der sowjetischen Entnazifizierungspolitik zu jener der anderen Alliierten. Die Sowjetunion strebte in Österreich keine Wiederherstellung der politischen Verhältnisse von vor 1933 an, denn auch das wäre in ihren Augen reaktionär gewesen. Sie wollte politische Veränderung, nicht Wiederherstellung. Sie strebte eine fortschrittliche Gesellschaftsordnung in ihrem gesellschaftspolitischen Verständnis an und ging daher über die Zielsetzung der westlichen Alliierten hinaus. Man kommt nun hier in die historische Streitfrage hinein, die sich um die Meinung dreht, »die sowjetische Besatzungsmacht sei mit dem klaren Auftrag nach Österreich gekommen, das Land zu sowjetisieren, das heißt, seine soziale und wirtschaftliche Struktur zu ändern und Kommunisten an die Macht zu bringen[47]«. Auch Adolf Schärf sprach davon, »daß die nach Österreich zurückgekehrten kommunistischen Emigranten Richtlinien gleicher Art mitbrachten, nach denen die kommunistischen Parteien in den späteren Volksdemokratien handelten[48]«.

Die Argumente gegen diese Meinung sind vor allem, daß man nicht einfach die Ziele der Sowjetunion in anderen besetzten Ländern auf Österreich übertragen kann, daß die Bodenreform und die Enteignung des Privateigentums fehlte und daß schließlich die Tatsache übersehen werde, »daß die sowjetische Besatzungsmacht in der Zeit vor der Errichtung der Alliierten Kommission ein Besatzungsregime etablierte, das bei weitem liberaler war als das der westlichen Alliierten und das erst allmählich proportional zu dem Anwachsen der interalliierten Spannungen zuungunsten Österreichs modifiziert wurde[49]«. Österreich wäre also nicht nur in der historischen Entwicklung bis zum Staatsvertrag, sondern schon in der sowjetischen Planung ein »Sonderfall« gewesen, was durch den Ausbruch des Kalten Krieges lediglich verdeckt wurde. Ohne zu sehr auf diesen Problemkreis einzugehen, muß man doch feststellen, daß es eine ganze Reihe von Hinweisen gibt, die zeigen, daß es sehr wohl eine zielstrebige, auf eine starke Bindung an die östlichen Länder zielende sowjetische Österreichpolitik gab; etwa die hohe Truppenstärke in der russischen Zone, die tatkräftige, wenn auch vorsichtige Förderung kommunistischer Kräfte und wirtschaftlicher Maßnahmen, wie etwa in bezug auf das deutsche Eigentum oder die Währungsreform. Der wesentliche und wahrscheinlich entscheidende Unterschied zu den Ländern Ost- und Südosteuropas war, daß Österreich nicht von der Sowjetarmee allein, sondern von allen vier Alliierten besetzt war. Doch läßt das sowjetische Vorgehen in der Entnazifizierungsfrage die Annahme einer weiterreichenden politischen Zielsetzung durchaus zu.

Betrachtet man die sowjetische Entnazifizierungspolitik für sich allein, so erscheint sie widersprüchlich, eine »sonderbare Haltung[50]«, ein Schwanken zwischen Gnade und Verfolgung, gekennzeichnet durch Amnestie und gemäßigte Politik bei gleichzeitiger Willkür und Vorwürfen gegen zu milde und unzureichende Entnazifizierungsmaßnahmen und der Forderung nach einer radikalen und endgültigen Lösung der Nazi-Frage. Die diesem Vorgehen eigene Logik wird jedoch sichtbar, betrachtet man sie vor dem Hintergrund einer politischen Zielsetzung der sowjetischen Besatzung in Österreich. Das erste sowjetische Entnazifizierungsziel war, was man in dieser generellen Form als die gemeinsame alliierte Linie bezeichnen kann: die Eliminierung der NS-Elite. Aber bereits in diesem Punkt ging die russische Besatzungsmacht anders vor. Es war eine Grundlinie der sowjetischen Politik, zur Durchsetzung ihrer Ziele jeweils auch einheimische politische Kräfte heranzuziehen. Dementsprechend schnell gestatteten und förderten sie auch die Errichtung einer österreichischen Regierung unter der Leitung von Karl Renner, der ihr Vertrauen besaß. Diese provisorische österreichische Regierung war in der russischen Zone von Anfang an in der Lage, ihre Entnazifizierungsmaßnahmen durchzuführen. Das war nicht »Distanz zu« oder »Respekt vor österreichischen Angelegenheiten[51]«, sondern entsprach dem langfristigen pragmatischen Vorgehen der sowjetischen Besatzung. Sie führte die Entnazifizierung mit Hilfe einheimischer »antifaschistischer Kräfte« durch – Regierung, Gewerkschaften, Betriebsräte usw. – und nahm selbst nur vereinzelte, zum Teil auch willkürliche Maßnamen wie etwa Verhaftungen vor. Damit erreichte sie eine den örtlichen Gegebenheiten angepaßte Vorgangsweise, ohne sich selbst zu sehr zu belasten.

Entscheidend für die russische Haltung in Österreich war aber vor allem, daß mit der KPÖ eine einheimische politische Partei vorhanden war, die auf derselben ideologischen Grundlage stand und bereit war, mit der sowjetischen Besatzung zusammenzuarbeiten. Ihre Vertreter waren zum Teil sogar im Exil in Moskau geschult worden, und sie waren an der österreichischen provisorischen Regierung mit etwa einem Drittel beteiligt. Und Karl Renner selbst bestätigte, daß die Sowjetmacht eine beträchtliche Zahl von kommunistischen Parteimännern mit sich brachte, die seinerzeit nach Rußland geflohen waren. »Durch sie waren die russischen Kommandanten über die Gliederung und wirkliche Gesinnung der Bevölkerung weitaus besser unterrichtet als die drei anderen Kommandanten[52].«

Daß es gerade unter der Regierung Renner vorkam, daß die Kommunisten nicht bevorzugt wurden und die KPÖ sich auch nicht immer bei der russischen Besatzungsmacht mit ihren Vorstellungen durchsetzen konnte[53], widerspricht dem nicht, sondern zeigt nur das Vertrauen, das die Sowjets der Regierung Renner entgegenbrachten. Man könnte auch argumentieren, daß die russische Besatzungsmacht sich 1945 ihrer Sache noch sehr sicher gewesen sei. Nach Abgang der Regierung Renner aber läßt sich die Zusammenarbeit zwischen der KPÖ und der sowjetischen Besatzungsmacht, etwa in der Frage der Minderbelastetenamnestie, eindeutig nachweisen.

Die Grundlinie der sowjetischen Entnazifizierungspolitik war die schnelle und formlose Wiederintegrierung der sogenannten »kleinen Parteigenossen«. Schon im Befehl Nr. 1 des russischen Kommandanten von Wien im April 1945 hieß es, einfache Mitglieder der NSDAP sollten wegen ihrer Zugehörigkeit zu dieser Partei nicht verfolgt werden: »Das von den Nazis verbreitete Gerücht, daß die Rote Armee angeblich alle Mitglieder der NSDAP vernichtet, ist Lüge. Die Nationalsozialistische Partei wird aufgelöst, doch die einfachen Mitglieder der Nationalsozialistischen Partei bleiben unbehelligt, wenn sie sich gegenüber den Sowjettruppen loyal verhalten[54].«

Ähnliche Aufrufe hatten zwar auch die anderen Alliierten erlassen, aber die Russen hielten sich weitgehend daran. Sie waren sich bewußt – vielleicht aus eigener Erfahrung während der russischen Revolution –, daß Mitläufer eben Mitläufer sind, die nicht nur beim alten, sondern auch beim neuen politischen Regime mitlaufen. Sie galt es nicht zu bestrafen, sondern politisch einzugliedern. Eine Vorgangsweise, die ihnen von den anderen Alliierten den Vorwurf einbrachte, daß sie bei der Entnazifizierung »eine Tendenz zur Vergebung vergangener Sünden zeigten, wenn ein Übertritt vom Nazismus zum Kommunismus erfolgt[55]«. Auf die Sisyphusarbeit einer vollständigen Entnazifizierung aller Nazi ließen sie sich selbst aber nicht ein. Die Durchführung übergaben sie österreichischen Stellen. »Die Russen werden nicht müde, die westlichen Mächte der unzureichenden Entnazifizierung anzuklagen, aber sie waren sehr bemüht, den komplexen und nicht enden wollenden Prozeß zu vermeiden, in welchem sich die Briten und Amerikaner verfingen wie in einem riesigen Spinnennetz[56]«.

Die erste Phase der sowjetischen Entnazifizierungspolitik dauerte bis zur ersten österreichischen Nationalratswahl nach dem Krieg im November 1945. Bei dieser Wahl erreichte die Kommunistische Partei Österreichs, die bis dahin maßgeblich an der provisorischen Regierung beteiligt war, nur vier der 165 Parlamentssitze und sank damit fast zur politischen Bedeutungslosigkeit herab. Damit veränderte sich aber, als Konsequenz der allgemeinen politischen Zielsetzung, die sowjetische Haltung zur Entnazifizierung in Österreich. Zumindest in der Entnazifizierung ist daher die Novemberwahl 1945 eine echte Zäsur der sowjetischen Österreichpolitik[57].

»Bis zu den allgemeinen Wahlen und der Bildung der Figl-Regierung im November 1945 hatte der russische Vertreter kein klares Programm einer Entnazifizierung nach Kategorien und war damit zufrieden, die Entnazifizierung weitgehend den Österreichern zu überlassen. Tatsächlich drückten sie bei mehr als einer Gelegenheit ihre Mißbilligung über die Einmischung des Alliierten Rates aus, in einem Bereich, den sie als rein österreichische Angelegenheit betrachteten. Die Bildung der Figl-Regierung, welche die fast vollständige Eliminierung der kommunistischen Vertreter im österreichischen Parlament bedeutete, veranlaßte die Russen, ihre Taktik zu ändern. Seit Dezember 1945 haben sie die Führung bei den Beschwerden über die Wirkungslosigkeit der österreichischen Entnazifizierungsmaßnahmen übernommen. Die zugelassene Langsamkeit wurde von ihnen als nützlicher Stock benützt, um die österreichische Regierung zu prügeln und in Mißkredit zu bringen[58].«

Nach der schweren Wahlniederlage der Kommunisten war die sowjetische Haltung gegenüber der österreichischen Entnazifizierung von Verdächtigungen und Zweifel gekennzeichnet[59]. Die russische Bewertung der Entnazifizierung richtete sich also ganz entschieden nach dem Grad des politischen Einflusses der örtlichen kommunistischen Partei. Ein Vergleich zwischen Österreich und der deutschen Sowjetzone zeigt das recht deutlich. Dort wurde bereits im August 1947 eine Amnestie für einfache Mitglieder der NSDAP ausgesprochen, mit der Begründung, daß die Bodenreform, die Sozialisierung und die Bestrafung der Kriegsverbrecher in der russischen Zone diese Entwicklung möglich gemacht habe[60]. Österreich befand sich zu diesem Zeitpunkt gerade auf dem Höhepunkt der Entnazifizierung. Wenige Monate vor der Amnestie in der deutschen Sowjetzone erließ der österreichische Nationalrat ein Gesetz, das unter anderem auf sowjetischen Druck das strengste Entnazifizierungsgesetz geworden war, das jemals erlassen wurde, die deutschen Zonen inbegriffen. Die Amnestie kam in Österreich erst mehr als ein Jahr später. Daher ist die These, daß die russische Bewertung der Entnazifizierung sich nach dem Grad des Einflusses der einheimischen Kommunistischen Partei richtete, durchaus vertretbar. In der deutschen Sowjetzone hatten die Kommunisten die Vorherrschaft erlangt, was zu einer NS-Amnestie führte. In Österreich war ihre Bedeutung durch die Wahl in einem unvorhergesehenen Ausmaß reduziert worden, was die sowjetische Seite bewog, die Entnazifizierung als politisches Druckmittel einzusetzen. Für die Sowjetunion war daher die Entnazifizierung kein Kreuzzug wie für die Amerikaner, sondern eine politische Waffe in der Auseinandersetzung um die zukünftige Gesellschaftsordnung Österreichs.

Von Dezember 1945 an bestand daher die sowjetische Politik im Alliierten Rat darin, ständig eine strengere Durchführung der österreichischen Entnazifizierung zu verlangen, die österreichische Regierung zu tadeln und immer wieder neues statistisches Material über den Stand der Entnazifizierung anzufordern, um Entscheidungen zu verzögern. Am sowjetischen Konzept, die Entnazifizierung von den Österreichern selbst durchführen zu lassen, konnte sich nichts mehr ändern, dafür war es im Dezember 1945 wohl schon zu spät. Mit der Novemberwahl begann daher in Österreich schon eine Art »Kalter Krieg«, mit der Konsequenz, daß die Alliierten bei der Entnazifizierung die Rollen tauschten.

1945 hatte vor allem die US-Besatzung eine strengere Entnazifizierung in Österreich verlangt, die Russen hatten das abgelehnt. Ab November 1945 ging jedoch die sowjetische Politik in bezug auf Entnazifizierung und Neonazismus zu ständigen Vorwürfen über, die uns noch durch das ganze Buch begleiten werden. Die einzelnen Vorwürfe waren aber auch für die Russen nicht von allzu großer Bedeutung, entscheidend war die Grundlinie, die sie damit verfolgten. Sie nutzten die Entnazifizierung unter anderem als Vorwand, um den Abschluß eines österreichischen Staatsvertrages hinauszuziehen. Die Folge war aber, daß die westlichen Alliierten durch diese Politik auf die Seite der österreichischen Regierung gedrängt wurden, obwohl sie mit deren Entnazifizierungsmaßnahmen auch nicht immer einverstanden waren.

Von 1946 an gab es daher im Alliierten Rat ständige Entnazifizierungsvorwürfe des sowjetischen Elements und fast ebenso ständige Ablehnungen der anderen Alliierten, vor allem der Amerikaner und Briten. Die Franzosen machten oft den Versuch, eine unabhängige Politik zu demonstrieren. Im Februar 1948 formulierten die Amerikaner letztlich ihre generelle Entnazifizierungslinie gegenüber den sowjetischen Vorwürfen:

»Es ist die Überzeugung der USA, daß die Entnazifizierung in Österreich bis zu einem Punkt fortgeschritten ist, wo die Möglichkeit des Wiederentstehens der Nazi-Ideologie nicht mehr länger eine Bedrohung für die demokratische Regierung oder die demokratischen Einrichtungen darstellt. Das US-Element hält dafür, daß der österreichischen Regierung volle Möglichkeit gegeben werden soll, die Prinzipien und Absichten ihrer Entnazifizierungsgesetze anzuwenden und aufrechtzuerhalten, ohne Einmischung der Besatzungsmächte ... Von außergewöhnlichen Umständen abgesehen, wird das US-Element jede weitere Anweisung an die österreichische Regierung, bei der Entnazifizierung allgemein oder in besonderen Fällen tätig zu werden, weder anregen noch unterstützen[61].«

Da die Anweisungen des Alliierten Rates der Einstimmigkeit bedurften, eröffnete die Uneinigkeit der Alliierten der österreichischen Regierung einen relativ großen Spielraum in der Durchführung der Entnazifizierung, der im wesentlichen nur durch die Überlegungen in bezug auf Staatsvertrag und Abzug der Besatzungstruppen eingeschränkt war. Letztlich erreichten aber auch die Alliierten ihr Ziel einer einheitlichen Durchführung der Entnazifizierung in ganz Österreich im April 1946 mit der Übertragung dieser Aufgabe an die österreichische Bundesregierung unter der Kontrolle des Alliierten Rates. Damit erhielten aber auch die österreichischen politischen Parteien, auf die nun einzugehen sein wird, einen recht großen Einfluß auf die Entnazifizierung.

ANMERKUNGEN

1 Stolper, *Die deutsche Wirklichkeit,* Hamburg 1949, S. 298.
2 Stolper, ebenda.
3 Potsdamer Abkommen, Teil III, Sec. A, par. 3, 7, 12, und Plischke, S. 810.
4 *Minutes taken . . .,* 7. Sept. 1946, S 1.
5 Rauchensteiner, S. 188.
6 *A Review of Austria,* American Legation, Vienna, September 1, 1947, 260-USACA-Box 860, S. 3, NA.
7 *A Review of Austria,* American Legation, Vienna, September 1, 1947, a. a. O.
8 Keelsens Archiv der Gegenwart, 1943, S. 367.
9 *Report on the International Affairs Directorate of the Progress of Denazification,* 66755-2/30, NA.
10 *Directive to Commander in Chief of US-Forces of Occupation regarding the Military Government of Austria,* 24. Juni 1945, 5. Denazification, R 60-USACA, 60258-2, NA.
11 Niethammer, S. 13.
12 Winterton, *Minutes . . .,* S. 11.
13 Montgomery, *Forced to be free,* S. 69.
14 Plischke, S. 812.
15 Die Amerikaner hatten von Mai bis Juli 1945 2861 Personen aus politischen Gründen verhaftet. Von den anderen Alliierten liegen keine Zahlen vor. Es ist jedoch kaum anzunehmen, daß ihre Verhaftungstätigkeit weit über jener der Amerikaner lag. (*Report in Denazification in US-Zone of Austria,* 19. November 1946, 60258-2/083,2.) NA.
16 *Statistical Report on Displaced Persons and Refugees in Austria,* United States Forces in Austria, Displaced Persons Division, Dec. 1947. Bis zum November 1947 waren über eine Million solcher »DPs« in Österreich, wobei bis zu diesem Zeitpunkt bereits wieder 73 Prozent repatriiert oder angesiedelt worden waren. Ein weiterer US-Bericht von 1947 gibt an, daß bereits bei Ende des Krieges etwa eine Million »versetzter Personen« in Österreich gestrandet war. In Oberösterreich sollen es allein mehr als 300.000 gewesen sein. Ende 1947 befanden sich noch etwa 400.000 nicht repatriierbare DPs in Österreich. – *A Review of Austria,* American Legation, Vienna, September 1, 1947, S. 6, 260-USACA-Box 868; *Memorandum Military Government,* Civil Government Security, 7. Sept. 1945, 260-USACA-60236-2, NA.
17 Nicholls to Bevin, Wien, 5. Februar 1946, FO 371/55188.
18 Ein Bericht der österreichischen Bundesregierung über die Verhaftungen der Alliierten im Rahmen der Entnazifizierung vom Beginn der Besatzung bis zum 15. August 1946 wies bei den Sowjets lediglich 861 Fälle auf. *Report of the International Affairs Directorate of the Progress of Denazification,* 66755-2/30, NA.

19 *Direcitve to Commander in Chief of US-Forces of Occupation regarding the Military Government in Austria,* 5. Denazification, 24. Juni 1945, R 60 – USACA-60258-2, NA.
20 Gustav Stolper, S. 78.
21 *Directive to the Commander in Chief of US-Forces of Occupation regarding the Military Government in Austria,* 24. Juni 1945, R 60-USACA-60258-2, NA.
22 Karl Gruber, *Ein politisches Leben,* S. 51, 61 f. – Diese Bestimmungen hätten ohne weiteres etwa auf Leopold Figl oder Heinrich Gleißner angewendet werden können. Siehe Rauchensteiner, *Sonderfall,* S. 135.
23 In Österreich erfolgte die Entnazifizierung durch die US ebenso nach den entsprechenden Direktiven der Joint Chiefs of Staff und ging nach den mandatory arrest and removal categories vor, die vom Supreme Headquarters Allied Expeditionary Forces festgelegt worden waren. *Short Summary of the History of Austrian Denazification Legislation,* 1. dec. 1949, 260-USA-CA-60236-1, NA.
24 Friedmann, S. 224 f.
25 Niethammer, S. 144.
26 Friedmann, S. 224.
27 Friedmann, S. 114.
28 Plischke.
29 USC, März 1946, S. 44; und *Report of Denazification in US-Zone of Austria,* 19. November 1946, 60258-2/033.2, NA.
30 Die Zahl der österreichischen Flüchtlinge in der österreichischen US-Zone erreichte im Juli 1945 mit 141.793 Personen ihren Höhepunkt. *Report of US-Commission 1946,* S. 60.
31 Die Maßnahmen beruhten auf: *AFHQ-Directives, Instruction Austria No 6* vom 24. Mai 1945, welche wiederum auf einer SHAEFF-Direktive basierte, die wiederum auf die berühmt-berüchtigte »US-Joint Chief of Staff«-Anweisung JCS 1967 zurückging.
32 *Denazification of Austria,* British Element, Allied Commission for Austria, FO 371/55192, PRO.
33 Ebenda.
34 Diskussion im Foreign Office.
35 Fritz Fellner, *Österreich in der Nachkriegsplanung der Alliierten, 1943–1945,* in: *Österreich und Europa, Festschrift für Hugo Hantsch,* Wien 1965, S. 583.
36 *Fourth Report*, S. 12.
37 *Minutes of Evidence,* S. 19 f.
38 *Fourth Report,* S. 10.
39 Vgl. Dieter Stiefel, *Arbeitslosigkeit,* S. 133.
40 *Fourth Report,* S. 10.
41 *Denazification, General,* November 1946, NA, 60258-2/033-2.
42 *Fourth Report,* S. 10.
43 *Fourth Report,* S. 16.
44 Friedmann, S. 34.
45 *Denazification, General,* November 1946, 60258-2/033.2, NA.
46 Friedmann, S. 29.
47 Befürworter dieser Meinung etwa Bader, *Austria;* Stearman, *Sowjetunion und Österreich,* zit. bei Aichinger, S. 258.
48 Adolf Schärf, *Österreichs Erneuerung,* Wien 1960, S. 73. Siehe auch Rauchensteiner, *Sonderfall,* S. 214, der feststellt, daß auch Außenminister Gruber,

Innenminister Helmer und bedingt auch Bundeskanzler Figl der Überzeugung waren, daß die Sowjets längerfristige Pläne verfolgten.

49 Aichinger, S. 258.

50 Aichinger, S. 264.

51 Aichinger, S. 256.

52 Karl Renner, *Österreich von der Ersten zur Zweiten Republik,* Wien 1953, S. 232.

53 Aichinger, S. 266.

54 Proklamation Marschall Tolbuchins an die Wiener Bevölkerung, zit. bei Adolf Schärf, *Österreichs Wiederaufrichtung im Jahre 1945,* S. 177.

55 *Denazification, General,* November 1946, 60259-2/033.2, NA.

56 Friedmann, S. 122.

57 Aichinger, S. 370, bezweifelt eine solche Zäsur in der sowjetischen Österreichpolitik.

58 FO 371.

59 US-Forces in Austria, Legal Division, *A Review of Denazification in Austria,* 9. November 1949 260-USACA-60236-1/39, NA.

60 Friedmann, S. 125.

61 *US Position on Denazification,* Februar 1948, 66755-2/30, NA.

3. Die Parteien

Parteipolitisch war die Entnazifizierung eine heikle Frage, und alle Parteien waren daher letzten Endes froh, als 1948 mit der Minderbelastetenamnestie und 1957 mit der NS-Amnestie der Schlußstrich gezogen wurde. Bis zu diesem Zeitpunkt hatte es viele innenpolitische Auseinandersetzungen über dieses Problem gegeben, da jede der politischen Richtungen eine andere Linie verfolgte.

Diese Auseinandersetzung um die »richtige« Entnazifizierung erfolgte weitgehend in der Öffentlichkeit und erregte große Aufmerksamkeit. Um so wichtiger erscheint es aber, bevor auf diese Auseinandersetzung eingegangen wird, das Prinzipielle und Gemeinsame aller an der Entnazifizierung in Österreich beteiligten politischen Richtungen voranzustellen. Dieses lag darin, daß die Parteien einander – zumindest prinzipiell – als antifaschistisch anerkannten, das Österreichertum als Gegenpol zum Nationalsozialismus betonten und zwischen »großen« und »kleinen« Nationalsozialisten, Schuldigen und Mitläufern unterschieden.

A. Die Parteien und der Faschismus

Austrofaschismus und Nationalsozialismus

In der ersten Legislaturperiode nach dem Krieg gab es in Österreich nur drei Parteien: die Volkspartei, die Sozialdemokraten und die Kommunisten. Das waren die Parteien, die 1945 aus der politischen Tradition der demokratischen Vorkriegszeit wieder erstanden waren und im Verlauf dieses Jahres die Anerkennung der Alliierten erlangten. Nach einer Verfügung des Alliierten Rates vom 11. September 1945 wurde diesen drei »antifaschistischen, demokratischen Parteien Österreichs[1]« erlaubt, ihre Tätigkeit auf alle Besatzungszonen auszudehnen. Was diese drei sonst so unterschiedlichen Parteien in den Augen der Alliierten gemeinsam hatten, war ihre antifaschistische Haltung. Und das Prädikat »antifaschistisch« gestanden diese drei Parteien auch einander zu.

So hieß es in der ersten Regierungserklärung der Zweiten Republik im April 1945: »Die Gesamtregierung ist aus Vertretern aller antifaschistischen Parteien zusammengesetzt[2] . . .« Diese gegenseitige Einschätzung erfolgte zu einem großen Teil aufgrund der gemeinsam erlittenen Verfolgung während der nationalsozialistischen Zeit. Viele der österreichischen Parteipolitiker des Jahres 1945 waren lange in der Emigration gewesen, viele hatten die nationalsozialistischen Gefängnisse und Konzentrationslager erleben müssen. Für die ersten Nachkriegsjahre schien der Nachweis einer erlittenen politischen Verfolgung geradezu eine Qualifikation für politische Betätigung. Diese gegenseitige antifaschistische oder besser antinationalsozialistische Anerkennung stellte eine politische Basis für das gemeinsame politische Handeln in den schwierigen ersten Nachkriegsjahren dar.

Eine Handvoll Kreaturen waren die Ursache,
daß zehntausende Männer, Frauen und Kinder in den Gefängnissen und Konzentrationslagern elend zugrunde gingen

Arbeiter-Zeitung, 7. August 1945

Die persönlich erlebte Verfolgung war aber nur eine Ebene des Antinationalsozialismus. Daneben machte jede politische Richtung für sich auch aktiven Widerstand gegen den Nationalsozialismus geltend. Das betraf nicht so sehr den Widerstand in Krieg und Untergrund, der nur bei der Argumentation der Kommunisten eine größere Rolle spielte, sondern den Widerstand als politische Bewegung und als ideologische Weltanschauung, so weit und so lange das nur möglich war. Diese Funktion des Widerstandes machten alle drei Parteien jeweils für sich und ihre Wählerbasis geltend, stellten sie jedoch für die anderen politischen Richtungen zumindest teilweise in Zweifel. Auf die Diskussion, die sich etwa um den »Austrofaschismus« drehte, werden wir noch eingehen.

Einig waren sich jedoch alle Parteien in der Darstellung des Österreichertums als Antithese zum Nationalsozialismus. Diese Darstellung rührte an die Frage, inwieweit der Nationalsozialismus in Österreich eine bodenständige Bewegung und inwieweit er erst durch den Anschluß nach Österreich gekommen war. Sicherlich gab es schon vor 1933 einen Nationalsozialismus in Österreich. Es gibt Schätzungen, wonach bei freien Wahlen nach 1933 bis zu einem Drittel der Wähler nationalsozialistisch gestimmt hätte. Aber aus eigener Kraft war der Nationalsozialismus in Österreich nicht an die Macht gekommen, sondern erst durch die politische und militärische Intervention des Deutschen Reiches. Und Bundeskanzler Renner stellte 1946 vor dem Alliierten Rat fest, »daß bei einem kürzlich entdeckten deutschen Bericht festgestellt wurde, daß, obwohl 99 Prozent im März 1938 für die Nazi gestimmt haben (aufgrund von Angst oder taktischen Gründen), nur 15 Prozent wirkliche Nazi waren[3]«.

In der politischen Auseinandersetzung mit den Alliierten nach dem Krieg brachte die These von Österreich als »erstem Opfer des Hitlerfaschismus« aber einige Vorteile. Man konnte den Vorwurf des Nationalsozialismus zumindest teilweise zurückweisen, mit der Hand auf Deutschland zeigen und sagen: »Der Nationalsozialismus war in Österreich immer bloß ein Exportartikel Deutschlands, er war eben immer eine Angelegenheit des Zwanges, der aus Deutschland nach Österreich gebracht wurde. Das österreichische Volk hat den Nationalsozialismus zum übergroßen Teil abgelehnt, es ist ihm innerlich immer fremd gegenübergestanden, geschweige denn, daß es in Österreich gelungen wäre, die Sache des Nationalsozialismus zu einer Herzenssache zu machen[4].«

Diese Darstellung des Österreichers läßt sich bei allen Parteien nachweisen. So formulierte etwa der Generalsekretär der ÖVP, Felix Hurdes, 1945 recht typisch für seine Partei: »Schluß mit dem nazistischen Ungeist! . . . Lebendig werden muß wieder der österreichische Mensch, der mit seiner in der ganzen Welt anerkannten Friedfertigkeit, mit seinem Sinn für Gerechtigkeit und Menschlichkeit in der Lage ist, das innerstaatliche Leben und das Leben

Neues Österreich, 28. Juli 1946

mit den übrigen Völkern wieder neu zu gestalten. Leben und leben lassen war stets ein Grundsatz der Österreicher[5].«

Und der Kommunist Ernst Fischer schrieb schon im Mai 1945: ». . . Es war eine große Hilfe für die Nazi, daß es in Österreich vielfach Mode war, das Österreichertum zu verleugnen und von Deutschland alles Heil zu erwarten. Das erwartete Heil ist unserem Volke zum schlimmsten Unheil geworden. Wir müssen daraus die Lehre ziehen, das neue Österreich auf den Grundlagen eines nationalen österreichischen Selbstbewußtseins zu errichten, uns ein für allemal von der sogenannten deutschen Mission Österreichs lossagen und aus ganzem Herzen Österreicher sein[6].« Allerdings waren bei der Darstellung des Österreichertums wirkliche ideologische Auffassung und taktisches Vorgehen gegenüber den Alliierten im Hinblick auf den Staatsvertrag und den baldigen Abzug der Besatzungstruppen schwer zu unterscheiden.

Nach dem Zweiten Weltkrieg sahen sich von allen Parteien die Sozialdemokraten im deutlichsten Kontrast zum Nationalsozialismus. Sie hielten viel darauf, als »sauberste Partei« zu gelten. »Die Sozialistische Partei hat vom Augenblick ihres Wiederentstehens nach der Befreiung den strengsten Maßstab angelegt. Kein

Quelle: Hölzl, Propagandaschlachten, S. 19

Die SPÖ verstand sich, wie dieses Wahlplakat aus dem Jahre 1945 darstellte, als die Partei, welche den Karren mit dem freien Österreich, mit Gesetz, Kultur und Gerechtigkeit wieder aus dem nationalsozialistischen Dreck herauszog.

einziger der sehr wenigen Überläufer, die es aus den sozialistischen Reihen gab, hat in unserer Partei wieder einen sichtbaren Platz einnehmen dürfen. An den leitenden Stellen unserer Partei, ihrer Organisationen und ihrer Presse gibt es keinen, dem ein Makel aus seiner Vergangenheit zwischen 1934 und 1945 anhaftet. Wir sagen das ohne Selbstgefälligkeit; es ist für eine sozialistische Partei selbstverständlich[7].« Die SPÖ verstand sich, wie es ein Wahlplakat aus dem Jahre 1945 darstellte, als die Partei, welche den Karren mit Österreich, Gesetz, Kultur und Gerechtigkeit wieder aus dem nationalsozialistischen Dreck herauszog[8].

Die Sozialdemokraten konnten eine praktisch ununterbrochene demokratische Tradition in Österreich nachweisen und nahmen für sich in Anspruch, »die kompromißlose Vorkämpferin und Kämpferin gegen den Faschismus jeder Couleur[9]« gewesen zu sein. »Wir Sozialisten, die Sozialdemokraten der Ersten Republik, haben vielfach eindringlich vor dem Faschismus, vor dem Nationalsozialismus gewarnt, aber wir sind nicht gehört worden[10].« Der Vorwurf richtete sich in erster Linie gegen die Volkspartei als Nachfolgerin der Christlichsozialen Partei, die am Aufbau des autoritären Ständestaates in Österreich ab 1933/34 beteiligt gewesen war. Ob dieser Ständestaat ein »Austrofaschismus« war, ist auch heute noch eine politische Streitfrage[11].

In den Augen der Sozialistischen Partei, die in dieser Zeit verfolgt worden war, war sie es auf jeden Fall. »Wer war es, der in Österreich den Weg des Nationalsozialismus geebnet hat[12]?« lautete die Frage der Sozialdemokraten, und die Antwort hatten sie gleich bereit: »Der Austrofaschismus benützte die verzweifelte wirtschaftliche Lage Hunderttausender, um gegen die ihm verhaßte Demokratie zum entscheidenden Schlag auszuholen. Die materielle Not hatte geistige Verwirrung und seelische Verzweiflung zur Folge. Es kam zum Jahre 1934. Ein mutwilliger Bürgerkrieg, entfesselt von einigen leichtsinnigen, monarchistisch orientierten Aristokraten, denen die Politik ein lustiges Spiel war und die es verstanden, einige reaktionär gesinnte bürgerliche Politiker für ihre Ziele vorzuspannen, brachte viel Unglück über unsere Heimat. Kanonen feuerten aus ihren Rohren gegen die Arbeiterwohnhäuser der Gemeinde Wien. Am Abend des 12. Februar war die Demokratie in Österreich zur Strecke gebracht und in wenigen Wochen liquidiert. Alle demokratischen Bollwerke waren systematisch zerschlagen. Der siegreiche Austrofaschismus hat die tragische Schuld auf sich geladen, der Wegbereiter des Nationalsozialismus gewesen zu sein[13].«

Für die Sozialdemokraten war der Faschismus »die Fäulnis der bürgerlichen Klassen«, und so »gab es einen österreichischen Faschismus, ehe der deutsche Nazifaschismus bei uns einbrach«, wie die *Arbeiter-Zeitung* 1948 schrieb: »Zwischen den Kleriko- und Heimwehrfaschisten auf der einen, den Nazi auf der anderen Seite gab es immer wieder Verhandlungen und Versöhnungsversuche, ehe es zu einem schwächlich geführten Kampf, zum verspäteten kläglichen Versuch eines Widerstands kam. Die ganze Geschichte der Regierung Dollfuß und Schuschnigg ist erfüllt von diesem Schwanken, dieser Unklarheit, diesem Jammer ... Bis in die höchsten Kreise der Regierung wußte keiner vom anderen genau, wie weit er noch schwarz oder grün und wie weit er schon braun sei; wie weit sein Entgegenkommen gegenüber den Nazi mißverstandener taktischer Kompromiß zur Rettung Österreichs oder schon Spekulation auf die Machthaber von morgen sei. Die Grenzen verschwammen ... Wir haben diese Überlebenden eines Verrats an der Demokratie und zweier Diktaturen, die heute wieder die Politik und die Verwaltung der Zweiten Republik bevölkern, die Weiterdienenden des Faschismus genannt. Sie bilden das Problem der ÖVP ... Wir verstehen nicht, wie die leitenden

Männer der Volkspartei, die selbst in den Konzentrationslagern des deutschen Faschismus gelitten haben – und sie bilden heute die Mehrheit unter ihren Ministern –, jene Leute in Funktionen der eigenen Partei ertragen ... Aber wir Sozialisten verstehen den tieferen Grund dieser inneren Zwiespältigkeit der Volkspartei und wir haben ihn wiederholt offen ausgesprochen: Es ist die Tatsache, daß sie selbst geschichtlich einen Faschismus im Lcibc hat[14].«

Das war in einer Zeit, in der es kaum einen gefährlicheren Vorwurf für eine Partei geben konnte als den, mit dem Faschismus in Verbindung zu stehen, starker Tobak. Aber die Österreichische Volkspartei war durch diese harte sozialistische Kritik in ihrem Selbstverständnis keineswegs beeindruckt. Ganz im Gegenteil. Für sie mutete es geradezu »lächerlich an, wenn man den Satz hört, der Austrofaschismus sei der Wegbereiter des Nationalsozialismus gewesen[15]«. »Im Interesse der geschichtlichen Wahrheit«, so verlangte die bürgerliche Partei, darf »all das Positive, das besonders auch in den Jahren 1934 bis 1938 im Kampf gegen den Nationalsozialismus geleistet wurde, nicht einfach aus irgendwelchen parteipolitischen Abneigungen und aus Groll verschwiegen oder gar umgedeutet werden[16]«, und sie stellte fest, »daß das kleine Österreich in den Jahren 1934 bis 1938 verhindert hat, daß Hitler schon einige Jahre früher seinen Raubzug gegen Europa beginnen konnte[17]«. Der Ständestaat habe vier Jahre lang »die Überrumpelung Österreichs durch Hitler verhindert und den Westmächten die Möglichkeit geboten, Maßnahmen zur Einkreisung und Vernichtung des faschistischen Systems eingehend vorzubereiten[18]«. Eine Wahlparole lautete 1945 daher auch: »Nie wieder Diktatur, Faschismus, Terror, Krieg – wählt ÖVP[19].«

Die Volkspartei nahm für die bürgerliche Richtung in Anspruch, den Kampf gegen den Nationalsozialismus lange Zeit allein getragen zu haben, während die linken Gruppen »von 1934 bis 1938 im Kampf gegen den Nationalsozialismus mit verschränkten Armen abseits standen[20]«.

Das war allerdings ein etwas unfairer Vorwurf, denn schließlich hatte der Ständestaat die Sozialdemokratische Partei verboten und konnte kaum erwarten, daß die Arbeiterbewegung nun im Rahmen eines »Alternativfaschismus« gegen den Nationalsozialismus auftreten würde. Und es beantwortete auch nicht die Frage, ob ein demokratisches Österreich unter Einbeziehung der Sozialisten in dieser Zeit nicht bedeutend mehr Widerstand gegen den Nationalsozialismus – von innen wie von außen – hätte leisten können.

Ganz so drückte es auch ein amerikanischer Beobachter aus: »Die Tatsache, daß der Nationalsozialismus in Österreich zum Teil bodenständig und zum Teil importiert war, zusammen mit der Tatsache, daß die drei großen politischen Parteien nach dem Zweiten Weltkrieg nicht gleichermaßen von der Entnazifizierung betroffen waren, hatte die Lösung der österreichischen Entnazifizierung kompliziert. Die Sozialisten erinnerten sich ihrer Zeit in den Konzentrationslagern unter Dollfuß und Schuschniggs Christlichsozialen, und viele von ihnen, in Übereinstimmung mit der Parteiansicht über den Anschluß, gingen zeitweise gemeinsam mit der Nazipartei. Die ideologisch konservativen Ideen am nächsten stehende Volkspartei als Erbin der Christlichsozialen Partei, die den letzten Regierungswiderstand gegen den Nationalsozialismus geleistet hatte, zögerte 1945/46 nicht, ihr Märtyrertum unter den Nazi auszuwerten[21].«

Aber letztlich folgte die parteipolitische Auseinandersetzung in Österreich um das Verhältnis der Parteien zum Nationalsozialismus dem Muster, wie es auch für Deutschland festzustellen war. »Alle früheren politischen Richtungen haben Parteigänger an die ›Bewegung des Rattenfängers‹ verloren[22]«, wie es Gorbach einmal ausdrückte. Es gab Nazi, Nicht- und Antinazi in erheblicher Zahl in allen Gruppen und Schichten, und man suchte die »echten« Nazi jeweils bei den anderen, die »formalen« aber in der eigenen gesellschaftlichen Basis[23]. Und wie die Sozialisten der Volkspartei vorwarfen, daß ein ganzer Flügel der Heimwehr, der steirische Heimatschutz, mit Sack und Pack zu den Nazi übergelaufen war[24], konterte die Volkspartei, sie sei bereit, zu belegen, »wer im Jahre 1938 als fanatischer Gegner des Nazismus in die Kerker und Konzentrationslager gewandert ist und dort jahrelang festgehalten wurde«. Und sie wollte offen die Frage diskutieren, »wo in dieser Zeit ein großer Teil jener Männer gewesen ist, die jetzt sich als die alleinigen Hüter der Demokratie gefallen[25]«.

»Wir sind diesen Weg bis ans Ende gegangen, und wir sind ihn durch diese vier Jahre allein gegangen . . . Wir, die Wegbereiter, sind ja dann in den Tagen der Herrschaftsübernahme in den Arresten eingesperrt worden, nach Dachau und nach Buchenwald gekommen, und Ihre Leute sind mit Blumen in die Remisen geführt worden. Man hat sie so empfangen, weil sie abseits gestanden sind[26].«

Das war eine Anspielung auf eine Vorgangsweise der Nationalsozialisten beim Anschluß Österreichs, die als »Neubacher-Aktion« bezeichnet worden war[27]. Die Nazi wußten, daß der Erfolg der NS-Regierung in Wien und den österreichischen Industriezentren von der Reaktion der österreichischen Arbeiter abhing. Das wirtschaftliche Versagen des Ständestaates bot sich dabei als Ansatzpunkt an. Die Nazi sorgten daher dafür, daß die Gemeindebetriebe viele Sozialisten wieder einstellten, die am Februar-Aufstand 1934 teilgenommen hatten und deshalb entlassen worden waren. Und sie sprachen öffentlich ehemalige sozialistische Kämpfer in den Betrieben an: »Ihr wart Sozialisten, und insofern könnt ihr auch Sozialisten bleiben – in unserem Sinne –, denn es möge sich niemand darüber täuschen, daß der Nationalsozialismus ein Sozialismus ist[28].« Augenscheinlich hatte dieses Vorgehen während der ersten Monate Erfolg. »Aus den Arbeitern wurden zwar keine Nationalsozialisten, aber ihr ideologischer Widerstand erlahmte, und ihr Klassenbewußtsein wurde eingeschläfert durch die Vorteile, die das Regime ihnen bot[29].« Denn auch die Sozialistische Partei nach 1945 räumte ein, daß sich die »groteske Situation« ergeben habe, »daß der Haß gegen einen Faschismus, der alle liebgewordenen Einrichtungen der sozialistischen Arbeiterbewegung vernichtet hatte, manch guten Österreicher in das Lager des anderen Faschismus getrieben hat[30].« Und in der Volkspartei herrschte standhaft die Meinung: »Die Nazi warben tatsächlich 1938 um die Roten . . . Es ist leicht verständlich, daß viele Sozialdemokraten glücklich waren, ihren Posten wieder zu erhalten, aber es ist eine Tatsache, daß die Klerikalen schwarz blieben, während viele Sozialisten der NSDAP beitraten[31].« Inwieweit diese Auffassung eine »Tatsache« ist, wird sich bei der beruflichen Aufgliederung der registrierten Nationalsozialisten etwas später genauer beurteilen lassen.

Letztlich aber war das stärkste Argument der Volkspartei gegen den Vorwurf des Faschismus ihr Anspruch, eine neue Partei zu sein und nicht bloß als Nachfolgerin der Christlichsozialen Partei oder gar des Ständestaates zu gelten[32].

Die Österreichische Volkspartei verstand sich nach 1945 »als das zeitgemäße politische Instrument einer Fortsetzung des Konservativismus in Österreich. Jede Zeit hat eben ihr eigenes Instrument. Wir sind in dieser Hinsicht elastischer, wir bleiben nicht starr gebunden die ehemalige konservative Partei. Wir wissen, daß ja auch die Christlichsoziale Partei seinerzeit eine zeitbedingte Erscheinung war, wir wissen aber auch, daß die Vaterländische Front eine politische Richtung war, und wir haben uns nun nach unserer Ansicht und wie uns auch vom Volk selber bezeugt wird, jene Organisation geschaffen, wie das Volk jetzt am besten zu betreuen ist. Wir sind jetzt eine andere Partei, und das wollen Sie zur Kenntnis nehmen[33].«

B. Die Parteien und die Nazi

Die Mitläufer oder »Hoch klingt das Lied vom kleinen Mann«[34]

Aber Nazi war nicht gleich Nazi.

Zu unterschiedlich waren die Ursachen und Beweggründe, die den einzelnen mit dem Nationalsozialismus in Verbindung gebracht hatten. Das war den österreichischen Parteien sehr wohl bewußt, und man versuchte daher, zwischen aktiven Nationalsozialisten und bloßen Mitläufern zu unterscheiden: »Es war bereits die Absicht der provisorischen Staatsregierung, die belasteten Nationalsozialisten von den Minderbelasteten zu trennen und der großen Masse der bloßen Mitläufer den Weg zurück zur demokratischen Volks- und Staatsgemeinschaft zu ermöglichen. Die Verwirklichung dieser Absicht ist eine staatspolitische Notwendigkeit, die von allen Kennern der österreichischen Verhältnisse bestätigt wird[35].«

Diese Absicht der provisorischen Staatsregierung war der Ausdruck der Haltung aller drei Parteien in dieser Frage, wobei »die Verurteilung jener Elemente, die Schuld an dem Terrorregime in Österreich[36]« trugen, außer Frage stand, es aber darum ging, die Gruppe der Mitläufer, derjenigen, die aus Zwang oder Opportunitätsgründen der NSDAP »als Mitglied oder Anwärter beigetreten sind, ohne sich jemals nationalsozialistisches Gedankengut angeeignet zu haben[37]«, gesondert zu behandeln. Am farbigsten, in fast dichterischer Weise, umschrieb der Kommunist Ernst Fischer vor dem Parlament diese Unterscheidung:

»Da waren die Männer des Kapitalismus, die von der Welteroberung, von schrankenloser Macht, von unbegrenztem Profit geträumt haben; da waren alle die verbissenen Reaktionäre, die alten, eingefleischten Antimarxisten, die Todfeinde aller demokratischen Freiheitsrechte; da waren die Henker, die rasend gewordenen Feldwebel und Spießbürger, die Männer aus der Unterwelt einer verfaulenden Gesellschaft; da waren die Deutschnationalen mit ihrem Rassendünkel und ihrem chauvinistischen Größenwahn. Da waren die Streber, die immer dabei sind, wenn es nach Macht und Vorteil riecht, die Wendigen, die sich nach jedem Wind drehen, die Charakterlosen, die bereit sind, jedem System den Eid zu schwören und jedem System den Eid zu brechen.

Aber da waren auch andere, und diese anderen waren die Masse der Mitläufer, und diese anderen waren die Mehrheit. Da waren die kleinen unpolitischen Leute, die um ihre Existenz und ihre Familie zitterten und dem Druck nachgegeben haben. Da waren die Leichtgläubigen, die vom Nationalsozialismus irgendeine gesellschaftliche Besserung erwarteten. Da waren manche Männer voll Haß gegen das Dollfuß- und Schuschnigg-Regime, gegen diesen kleinlichen und tückischen Halbfaschismus, und da waren schließlich nicht wenige junge Menschen voll Sehnsucht nach irgendetwas Neuem, nach irgendetwas Mitreißendem und voll aufrichtiger Gläubigkeit, der Nationalsozialismus sei vielleicht doch eine Art Antikapitalismus, er werde vielleicht doch in irgendeine Art Sozialismus hineinführen[38].«

Wenn auch die anderen politischen Richtungen diese Unterscheidung anders formulierten, so war sie doch im Prinzip der gemeinsame Standpunkt der Parteien gegenüber den ehemaligen Nationalsozialisten. Am konsequentesten verfolgte diese politische Linie die Volkspartei, die seit 1945 fast stereotyp die Formel gebrauchte: Es sei erforderlich, eine klare Unterscheidung zu machen zwischen den aktiv tätigen, schuldigen Nationalsozialisten und »jenen Männern und Frauen, die unter dem Zwang des Terrors zur NSDAP gepreßt wurden . . ., brave und anständige Österreicher, denen man höchstens eine gewisse Schwäche anlasten darf[39]«. Und Bundeskanzler Figl stellte fest: »Dabei kommt es uns nicht auf den kleinen, einfachen Mitläufer an, der aus Angst oder Zwang ein unverdautes Programm nachplärrte, sondern auf jene Kreise, die oft nicht einmal der NSDAP angehörten, aber viel schlimmer und gefährlicher den imperialistisch-nazistischen Geist, den autoritären Geist einer Sonderklasse vertreten haben[40].« »In der Nazifrage interessieren uns die Führer, die Verantwortlichen, die Aktivisten und nicht der kleine Streckenwärter oder die Portiere[41].«

Aber auch die Sozialistische Partei stand im Prinzip fest auf der Unterscheidung zwischen »Nazi« und »Halb-Nazi«[42]: »Von vornherein gab es ja die ungeheuer große Zahl der Grenzfälle, die sich um zwei typische Fälle gruppieren: den Lumpen, den das Gesetz nicht faßt, weil er zwar arisiert, denunziert, tyrannisiert, am Nazismus profitiert und Menschen terrorisiert hat, aber klug genug war, niemals der Nazipartei oder einer ihrer Gliederungen beizutreten. Auf der anderen Seite den eingeschriebenen Nazi, dem das Gesetz unrecht tut, weil er sich anständig verhalten und niemals jemandem etwas zuleide getan hat. Wer von uns kennt nicht aus seiner eigenen Umgebung die beiden Fälle in vielerlei Formen und Abwandlungen[43]?«

Allerdings wurde das Mitläufertum bei der Sozialistischen Partei nicht ganz so bejaht, und es wurden dazu auch einige kritische Stimmen laut: »Und immer wieder wird darauf hingewiesen, daß der geeichte Parteinazi, der Illegale, der aus seiner Gesinnung kein Hehl machte, oft keineswegs schlimmer war als der charakterlose Mitläufer, der gestern nicht genug Heil Hitler! rufen und von der Nazikorruption profitieren konnte, und der sich heute als Demokrat oder gar als immer schon Kommunist, Sozialist oder Volkspartei-Patriot gebärdet. Der kleine Nazi war es oft, der die Menschen in seinem Haus, die Nachbarn in seiner Gasse am schlimmsten schikaniert, tyrannisiert und denunziert hat[44].«

Repatriierung

1938: „Heim ins Reich!"

1946: „Wir bleibn viel lieber doda, weils da viel besser is"

Neues Österreich, 14. Juli 1946

In Nürnberg und anderswo

„Er hat mir's doch befohlen!"

Neues Österreich, 20. Juli 1946

Dieses Mitläufertum war aber keineswegs eine rein österreichische Erscheinung. Mitläufer im Dritten Reich gewesen zu sein, war etwas Erstrebenswertes, wie auch bei der Entnazifizierung in Bayern festgestellt wurde. Der Begriff »Mitläufer« war das Stereotyp der Entnazifizierung schlechthin: »Im Rückblick erschien es den meisten Betroffenen so, als seien sie aus irgendwelchen Umständen Hitler nachgelaufen (bzw. dazu gebracht worden). Wahrscheinlich kann dies unter dem Blickwinkel des Führerprinzips nicht einmal als ein falsches Bewußtsein angesehen werden; das Kuriose war vielmehr, daß der Mitläufer-Bescheid – etwa dem früheren Freispruch aus Mangel an Beweisen vergleichbar – ... nicht als eine Verurteilung oder Beschimpfung, sondern als ersehnte Erleichterung bewertet wurde. Dieweil das Mitlaufen das dem NS-System adäquate politische Verhaltensmuster gewesen war ..., bezeichnete es eine Verhaltensweise, aus der kaum ein Vorwurf gemacht werden könne[45].«

Aber die österreichischen Parteien gingen noch einen Schritt weiter und formulierten sogar die Entschuldigungen und Erklärungen für das Mitläufertum in der NS-Zeit. Die theoretisch am meisten durchdachte Interpretation gab die Sozialistische Partei, die mit den sozio-ökonomischen Verhältnissen der Vor-Hitler-Zeit argumentierte:

»Schuld daran trugen die sozialen und wirtschaftlichen Verhältnisse, in denen sich Österreich damals befand. 600.000 Menschen, beinahe jeder dritte Arbeitsfähige, waren seit Jahren arbeitslos. Der Geschäftsumsatz und der Absatz landwirtschaftlicher Produkte sank von Jahr zu Jahr und erschütterte die Existenzgrundlagen der Selbständigen und der Bauern. Ausgeschlossen von der Möglichkeit, in absehbarer Zeit wieder festen sozialen Boden zu gewinnen, waren diese Menschen von einer zermürbenden Hoffnungslosigkeit erfüllt. War es ein Wunder, wenn sehr viele von ihnen jener verlogenen, aber mit den raffiniertesten massenpsychologischen Methoden ausgestatteten Goebbelspropaganda unterlagen, die ihnen das Paradies auf Erden versprach? . . . Es möge der Satte, der nie sein Brot mit Tränen aß und den wirtschaftlichen Notzustand jahrelanger Arbeitslosigkeit nie gekannt hat, den Mut besitzen, über diese Menschen ein erbarmungsloses Gericht zu halten[46].«

Verstärkt wurde diese sozio-ökonomische Interpretation noch durch das Gebiet, auf dem der Nationalsozialismus seine eigentli-

Arbeiter-Zeitung, 1. September 1945

Neues Österreich, 4. Mai 1945

chen Siege gefeiert hatte, die Propaganda: »Vergessen wir nicht . . ., daß die ganze moderne Technik in den Dienst hemmungsloser Propagandamethoden gestellt worden ist. Daher darf es bei nüchterner und objektiver Betrachtung nicht wunder nehmen, daß viele Menschen, die ja damals vielfach nicht um das wahre Wesen des Nationalsozialismus wußten, dem Rattenfänger von München auf den Leim gegangen sind[47].«

Und schließlich wurde auch das Verhalten der Großmächte in die Argumentation für den kleinen Mitläufer miteinbezogen. »Ich erinnere daran, daß der kleine Mann gesehen hat, wie sich die Großmächte mit Adolf Hitler an den Verhandlungstisch setzten, wie sie das Dritte Reich anerkannt haben, sich mit den sogenannten unabänderlichen Tatsachen abgefunden, ja sogar mit Adolf Hitler einen Nichtangriffspakt abgeschlossen haben. Darf man sich dann schließlich und endlich über die Haltung des sogenannten kleinen Mannes wundern[48]?« »Als der Nationalsozialismus in seinem Siegeszug im Jahre 1938 Österreich gewaltsam anschließen konnte, als 1938 und 1939 Daladier und Chamberlain nach Godesberg und nach München fuhren, ja, hat man da nicht die letzten Dämme für jene eingerissen und sie damit ermuntert, Mitglieder einer Partei zu werden, die schier alles zu erobern vermochte[49] . . .?«

Und auch die Vertreter der Volkspartei fragten: »Können wir aber vom kleinen Mann verlangen, daß er sich seiner Handlung voll bewußt war, wenn wir bedenken, daß im Herbst 1938 die Vertreter zweier großer Staaten, Englands und Frankreichs, einen Vertrag mit Hitler schlossen . . ., daß Rußland im Jahre 1939 ebenfalls mit diesem Mann ein Freundschaftsabkommen abschloß[50]?«

Dabei muß allerdings eingeräumt werden – wenn ein Vergleich zwischen staatlichem und individuellem Verhalten überhaupt zulässig erscheint –, daß diese Großmächte letztlich die Konsequenz aus ihrem Verhalten gezogen hatten und zu einem langen Krieg gegen den Nationalsozialismus angetreten waren, während die Mitläufer bis zum bitteren Ende »mitliefen«. Oder, wie es ein österreichischer Parlamentarier ausdrückte: »Die Staaten, die diese Unterschriften unter das Dokument setzten, haben, wenn wir so sagen dürfen, ihr Ausmaß an Schuld durch ihren Einsatz zur Vernichtung dieses Systems zur Gänze abgetragen. Unsere Minderbelasteten haben einen Teil dieser Schuld auf sich gelassen[51].«

Letztlich wurde aber auch argumentiert, daß eine Parteimitgliedschaft noch nichts Wesentliches aussage und nur etwas Formales sei, »das erst durch Gesinnung, Verhalten, allenfalls soziale Stellung qualifiziert werde; Anpassung erschien als Normalfall, als ein bürgerliches Kavaliersdelikt[52]«. »Was haben diese Minderbelasteten Positives an Schuld auf sich geladen?«, fragte der ÖVP-Abgeordnete Aichhorn 1946 vor dem Parlament: »Ihre positive Schuld besteht darin, daß sie eine Unterschrift auf ein Anmeldeblatt einer politischen Partei gesetzt haben. Wollen wir, bitte, einen Augenblick außer acht lassen, daß diese Partei wider jedes Völkerrecht bestand, so müssen wir uns klar sein, daß diese Menschen nichts anderes getan haben als das, was wir in diesem Haus alle und was alle Politiker der ganzen Welt von den Umworbenen verlangen, nämlich, daß sie der Partei, die der einzelne vertritt, beitreten. Da die Mittel, die dazu verwendet werden, oft solche sind, daß man dem Umworbenen Vorteile seines persönlichen Befindens und seiner sozialen Stellung bietet . . ., ist es klar, daß der einzelne, der kleine Mann, diesem Vorteil nachläuft und daß daher letzten Endes der Funktionär, der Mann, der diese Vorteile dem anderen versprochen hat, die Verantwortung trägt[53].« Jeder kannte solche Mitläufer, »Leute in der Partei, die sich nicht aktiv für politische Ziele engagiert hatten und nur deshalb Mitglied geworden waren, um sich z. B. vor Belästigungen zu schützen oder ihre Karriere zu fördern. Einen solchen Parteigenossen nannte man dann einen formalen oder auch einen kleinen[54]«. Und Staatskanzler Renner äußerte sich über die registrierten Nationalsozialisten:

»Die allergrößte Anzahl ist dem wirtschaftlichen, gesellschaftlichen oder selbst dem persönlichen Zwang erlegen. Alle Persönlichkeiten, welche in irgendeiner öffentlichen oder wirtschaftlichen Stellung von Bedeutung oder bei einem Kriegsbetrieb in Arbeit standen, waren einfach bei Verlust ihrer Stellung der Partei anzugehören genötigt. Sie haben diesem erpresserischen Zwang nicht widerstanden, aber wie kann man von Gelehrten, Künstlern, Gewerbetreibenden, Kaufleuten, die sich selten mit politischen Fragen abgegeben hatten, oder von dem Schrecken der Arbeitslosigkeit und dem Konzentrationslager bedrohten Arbeitern verlangen, daß sie heldenhaft ihre Existenz in die Schanze schlagen, um sich der Werbung einer Partei zu entziehen, die mit solchem Elan und noch dazu mit so verblüffenden Anfangserfolgen die öffentliche Meinung des Landes beherrschte[55]!«

Und schließlich sprach der sozialistische Abgeordnete Koref ein Wort aus, das im Zusammenhang mit den kleinen Nazi oft zitiert werden sollte: »Seien wir ehrlich, meine Damen und Herren, es ist nicht jedermanns Sache, ein Held zu sein[56]!«

C. Die Parteien und die Entnazifizierung

Amnestie oder politische Umerziehung

Mit der Unterscheidung zwischen den »großen« Nazi und den »Mitläufern« war das Entnazifizierungsproblem aber nur teilweise gelöst. Die gerichtliche Verfolgung der »wirklichen« Nationalsozialisten und derjenigen, die eine direkte Schuld auf sich geladen hatten, war unbestritten, und mit dem Verbots- und dem Kriegsverbrechergesetz lagen hierfür auch die entsprechenden Instrumente vor. Aber was sollte mit denen geschehen, die als Mitläufer einzustufen waren?

Hier schieden sich die Geister und hier kamen die Parteien 1945 in ihren ersten großen Konflikt. Bei den Vorbereitungen zur österreichischen Nationalratswahl 1945 stellte sich allen Parteien die Gretchenfrage: Wie hältst du es mit dem Wahlrecht der ehemaligen Nationalsozialisten? Bei den Parteiverhandlungen über diese Frage[57] zog sich die Volkspartei auf ihre politische Formel zurück und beantragte die Zuerkennung des Wahlrechtes für alle, »die unter Zwang und Terror der NSDAP als Mitglied beigetreten waren, ohne sich jemals nationalsozialistisches Gedankengut angeeignet zu haben[58]«. Diametral gegen diese Ansicht waren die Kommunisten. Sie verlangten, daß bei den ersten demokratischen Wahlen im wiedererstandenen Österreich die Nationalsozialisten kein Stimmrecht haben dürften. »Die Sozialisten, unter denen es Meinungen gab, die sich mit jenen der Kommunisten deckten, versuchten eine Vermittlung. Da eine solche nicht zustande kam, traten sie dem Standpunkt bei, bei den ersten Wahlen sollten die Nationalsozialisten nicht mitwählen[59].« Die Haltung der Volkspartei widersprach dem gemeinsamen Ziel aller Parteien, die Wahlen so rasch wie möglich durchzuführen. Wie aber sollte in absehbarer Zeit bestimmt werden können, wer nur »unter Zwang und Terror« Parteigenosse geworden war, und noch dazu, »ohne sich jemals nationalsozialistisches Gedankengut angeeignet zu haben«? Die von der Volkspartei angestrebte individuelle Lösung war sicherlich gerechter, aber kurzfristig unpraktikabel.

Der damalige Bundeskanzler Karl Renner sagte dazu: »Jeder Partei war es von vornherein eine sichere Richtschnur, den wirklichen Nationalsozialisten, das heißt den Faschisten, die das Wählen überhaupt verachteten und sich zum Prinzip der autoritären Führung bekennen, das Wahlrecht zu versagen. Die Schwierigkeit besteht jedoch darin, die wirklich innerlichen Nationalsozialisten von denen zu unterscheiden, die durch Widrigkeiten und Umstände des Lebens in diese Bewegung hineingeschlittert sind. Ja wenn es einen Röntgenapparat für Gesinnungen gäbe, dann wäre die Feststellung, wer ein wirklich überzeugter Nationalsozialist und wer ein wirklicher Gegner der Demokratie ist, leicht[60].«

Schließlich gab die ÖVP nach, um die zu diesem Zeitpunkt politisch außerordentlich wichtigen Parlamentswahlen nicht zu verzögern und vor den Alliierten nicht den Eindruck der Uneinigkeit zu erwecken, und stimmte der kollektiven Lösung zu: »Den ehemaligen Nationalsozialisten (Parteimitgliedern, Parteianwärtern, Angehörigen der Wehrverbände) wird das Wahlrecht entzogen[61].«

Die VP hatte damit den Ausschluß aller Nationalsozialisten vom Wahlrecht gebilligt, sah sich aber in der Haltung einer Opposition, die überstimmt worden war. »Zum ersten Mal haben die Sozialistische Partei und die Kommunistische Partei eine gemeinsame Front bezogen, gemeinsame Front in einer Frage, die grundsätzlich entscheidend ist für die künftige Gestaltung der österreichischen Politik und bezeichnend für die Auffassung wahrer demokratischer Gesinnung[62].« Dementsprechend brachte sie gleichzeitig auch ein Minderheitsvotum ein: »Die Österreichische Volkspartei sieht in der Zuerkennung des Wahlrechtes die erste Voraussetzung wahrer demokratischer Freiheitsrechte. Sie begrüßt es deshalb, daß allen Gegnern eines freien, demokratischen und unabhängigen Österreich das Wahlrecht entzogen und damit die Versuche einer Hemmung der demokratischen Entwicklung unseres Heimatlandes verhindert werden. Die ÖVP bekennt sich aber auch zu dem Standpunkt, daß allen jenen Österreichern, die sich seit vielen Jahren vorbehaltlos und ohne Einschränkung auf den Boden des neuen Österreich stellten, die Mitarbeit in diesem neuen Österreich ermöglicht wird. Dies gilt auch für jene Kreise, die unter Zwang und Terror der NSDAP als Mitglieder oder Anwärter beigetreten sind, ohne jemals nationalsozialistisches Gedankengut sich angeeignet zu haben. Die ÖVP hält es aus Gründen der allgemeinen Menschlichkeit für untragbar, daß diese Männer und Frauen auf eine Stufe gestellt werden mit politischen Verbrechern, Hetzern und Funktionären, die die Schuld tragen an dem furchtbaren Geschehen der letzten Jahre in Österreich und in Europa[63].«

Dieses Minderheitsvotum war »eine Demonstration, wie man sie im Rahmen der provisorischen Regierung noch nie erlebt hatte[64]«, allerdings eine, die von den anderen Parteien als Schaukelpolitik und als unfair angesehen wurde. Von ihrem Standpunkt aus hatte sich die bürgerliche Partei in der Frage des NS-Wahlrechtes ein Hintertürl offen gelassen, sie hatte weder »Ja« noch »Nein« gesagt, oder besser, sowohl »Ja« als auch »Nein«.

Will man hinter der Haltung der VP aber nicht nur wahltaktische Gründe sehen, so kann ihre Vorgangsweise auf zwei eigentliche Ursachen zurückgeführt werden. Zum einen auf das, was man bei der VP »human-christliches Element[65]« nannte, »Menschlichkeit, Einsicht und Versöhnlichkeit als Prinzipien[66]«, vor allem bei den Politikern, die ihre Partei als Erbin der Christlichsozialen Partei betrachteten. In der VP war die Tendenz, einen Strich unter die Vergangenheit zu ziehen, zu verzeihen und zu vergessen, sicher am stärksten. Ihre politischen Gegner warfen ihr vor, das komme daher, daß in der VP und ihrer Wählerbasis der relativ größte Anteil derer zu finden sei, die mit dem Nationalsozialismus in Berührung gekommen waren. Aber es waren auch oder gerade diejenigen Leute in der Volkspartei, welche unter dem Nationalsozialismus gelitten hatten, die einen versöhnlichen Ton anschlugen. Die hervorragendste Persönlichkeit in dieser Richtung war Alfons Gorbach, der 1948 im Nationalrat eine beachtete und bemerkenswerte Rede hielt:

»Es war in den Dezembertagen des Jahres 1945, als ich nach schicksalhaftem Erleben wieder in die Metropole unseres Landes kam. Nebelverschleiert sah ich die gewaltigen Umrisse des geschändeten Stephansdoms, und ich zog angesichts dieser totalen Zerstörung hinunter zum Kanal. Ich stand davor, vor dieser Zerstörung, bestürmt von den Erinnerungen an eine fünfeinhalbjährige Haft in Dachau. Der Traum von einer bewahrten Heimat war zerstört gleich dem majestätischen Dom, und da sah ich inmitten dieser Zerstörung, inmitten der Wüste dieser Hoffnungslosigkeit Menschen an der Arbeit. Wer mögen sie sein, die so viel Zuversicht haben bei diesem Ausmaß der Verwüstung? Es waren Leute der SS, jene Garde der Gewalt, die jede Stunde im KZ zur Qual werden ließ. Der Augenblick gesättigter Rache, er war gekommen. Ich habe mich aber abgewandt, ich bin weggegangen. Ein großes Traurigkeitsgefühl über die Irrwege der Menschheit überkam mich und ist in mir aufgegangen, die Erkenntnis, daß erlittenes Leid die Kraft des Mitleids nicht gelähmt hat, durchzuckte mich wie ein jäher Strahl des Glücks, und diese Erkenntnis hat mir das innere Gleichgewicht wiedergegeben, weil ich wußte, daß die gnadenlose Zeit der Vergangenheit das Königreich im Menschen, die Menschlichkeit in mir nicht zu erschlagen und zu ersticken geeignet war.«

Und dann legte er die Grundlinien des Versöhnungsgedankens in der ÖVP dar: »Elend, Hunger, Haß und Rachegefühle, Vergeltungsgedanken sind schlechte Nothelfer für eine Gesetzgebung, wenn sie Problemen außerordentlicher Tragweite gerecht werden soll. Die Nachwirkungen ungeheurer Geschehnisse haben Politiker dahin gedrängt, Richter sein zu sollen, und zu Gesetzen geführt, die Richter fürchten lassen, Politiker sein zu müssen . . . Unser Österreichertum, es wird und muß uns davor bewahren, Vergeltung, Strafe und Wiedergutmachung im Sinne von Methoden zu handhaben, die in unserem Lande und weithin darüber hinaus geübt worden sind und die wir aus tiefstem Herzen verabscheuen . . . Wer – frei von persönlicher Schuld – über die Brücke der Erkenntnis eines unheilvollen Irrtums in aufgeschlossener Willensbereitschaft seinem österreichischen Vaterland zu dienen bereit ist, der soll endlich offene Türen finden, eine Toleranz, die im Schatten des Gedankens der Kollektivschuld lange Zeit hindurch einsam gestanden ist . . . Wer von uns den Haß in seiner extremsten Gewalt erlebt hat, wird sein eigenes Menschentum von diesen Gebärden freihalten wollen.« Denn »Rache und Haß sind ein schlechter Mörtel für den Bau einer besseren Zukunft[67]«.

Zum zweiten dürfte die lange Regierungserfahrung des bürgerlichen Lagers von entscheidendem Einfluß für die politische Haltung der ÖVP gewesen sein. In der ganzen Zwischenkriegszeit war Österreich von bürgerlichen Parteien regiert worden. Die Regierungsbeteiligung der Sozialisten nach dem Ersten Weltkrieg war nur kurz, eine Episode, und änderte nichts am Oppositionscharakter dieser Partei. Es scheint, als ob gerade die bürgerliche Partei müde war von den harten politischen Auseinandersetzungen, wie sie während der ganzen Zwischenkriegszeit stattgefunden, sich ab 1933/34 verschärft und im Nationalsozialismus ihren unmenschlichen Höhepunkt erreicht hatten. In der Volkspartei gab es maßgebliche Leute, die mitangesehen hatten, wie der autoritäre Ständestaat in Österreich ab 1934 versuchte, zuerst eine politische Säuberung durchzuführen und dann die Arbeiterschaft doch wieder mit dem Staat zu versöhnen. Mit dieser Erfahrung hatte man über die Zweckmäßigkeit von politischen Verboten und Säuberungen recht realistische Vorstellungen: »Bei der Behandlung von früheren Nationalsozialisten darf man nicht vergessen, daß wir früher oder später wieder zu einem Normalzustand zurückkehren müssen, in dem es nicht Staatsbürger verschiedener Kategorien geben wird[68].«

Die eigentliche Haltung der ÖVP zur Entnazifizierung wäre daher schon 1945 eine Generalamnestie für alle »kleinen« Nationalsozialisten gewesen, soweit sie nicht direkt an Verbrechen beteiligt gewesen waren. Das Entnazifizierungsprogramm hätte sich damit auf eine für Regierung und für den Wiederaufbau leicht bewältigbare Größe reduziert. Daß dieser Weg verschüttet worden war, führte man zurück auf »die Enthüllung unangemessener und geradezu unvorstellbarer Verbrechen der braunen Machthaber, die in einem im Namen des deutschen Volkes angezettelten Krieg verübten Greueltaten; sie haben in der Welt den Gedanken der Kollektivhaftung ins Leben gerufen[69] . . .«. Die VP drängte damit auf eine Haltung, die sowohl von Politik als auch von einem großen Ausmaß an Pragmatismus erfüllt war.

»Die schwierige Lage unseres Heimatlandes und die Erfordernisse des Aufbauwerkes verlangen es, daß jedem aufbauwilligen Österreicher die Mitarbeit ermöglicht wird. Wer sich an Österreich, an seinem Volke, seiner Freiheit und Selbständigkeit vergangen hat, muß ausgeschaltet bleiben. Jedem unbelasteten Österreicher aber, der mitarbeiten will, muß die Hand zur gemeinsamen Arbeit geboten werden. Anstelle von Haß muß wieder das Wissen um die Zusammengehörigkeit und die Bereitschaft zur

Zusammenarbeit treten[70].« Die Volkspartei stand damit an sich in Widerspruch zu einer breit angelegten, allgemeinen Entnazifizierung. Sie stimmte einer Strafe für alle persönlich Schuldigen zu, aber dann: »reiner Tisch für alle Zukunft, und dann in geeinter Kraft an die Arbeit[71]«. Sie bezeichnete das große Entnazifizierungsprogramm, das sie wohl mitbeschlossen hatte und mit durchführen half, dennoch als eine »papierene Formel« und forderte: »Schluß mit den Papierstrategen, die glauben, die politischen Gefahren eines Staates seien registrierungspflichtig und der einzige Schutz vor dem faschistischen Ungeheuer sei die Polizei[72]!«

Die härteste Haltung in der Frage des Wahlrechtes der ehemaligen Nationalsozialisten nahmen die Kommunisten ein. »Die Kommunistische Partei steht rückhaltlos hinter dem Beschluß, daß die Nationalsozialisten bei den ersten Wahlen kein Stimmrecht haben dürfen. Die Kommunistische Partei denke nicht daran, alle Mitglieder der NSDAP dauernd vom politischen Leben auszuschließen. Im gegenwärtigen Zeitpunkt aber wäre die Erteilung des Wahlrechtes gleichbedeutend mit dem Ende des Kampfes gegen den Nationalsozialismus[73].«

Und auch Ernst Fischer drückte die Meinung seiner Partei aus, daß es falsch wäre, ehemalige Nationalsozialisten an den ersten Wahlen in das Parlament teilnehmen zu lassen. »Dann wäre es nahezu unvermeidlich, daß Parteipolitik über Staatsnotwendigkeit triumphiert, daß Wählerfang an die Stelle sachlicher Erwägung tritt, daß diese oder jene Partei den Nazi weitgehende Versprechungen macht, um sie an sich heranzuziehen[74] . . .«

Diese Argumentation war an sich nicht von der Hand zu weisen. Auch Staatskanzler Renner hatte festgestellt: »Wir wollen, daß das erste Parlament, das aus diesen Wahlen hervorgeht, eine entschiedene Abkehr vom Nazismus bringt[75].«

Rauchensteiner schrieb dazu: »Man wird an der Entscheidung, die Nationalsozialisten generell von der Wahl auszuschließen, trotz individueller Härtefälle aber vor allem eines positiv anmerken müssen: Nur diese Entscheidung bot die Gewähr dafür, daß nicht irgendwer nach der Wahl kam und mit der Behauptung von undemokratischer Naziwahl oder welchem Schlagwort auch immer um sich warf[76].«

Aber die KPÖ schwankte in ihrer Haltung zur Entnazifizierung zwischen staatstragender Partei und radikaler Opposition. Einerseits ging sie in ihrer Taktik wie in Deutschland vor, stellte »die gute Masse in Gegensatz zur korrupten, faschistischen, kapitalistischen Führungsschicht[77]« und argumentierte, daß »der proletarische Anhang der NSDAP, enttäuscht durch die reaktionäre Politik Hitlers, den Anschluß an die KPÖ gefunden habe[78]«. Ernst Fischer gab die Parole aus: »Tod den Kriegs- und Naziverbrechern! Gewinnung der einfachen Mitglieder und Mitläufer zu ehrlicher Mitarbeit an einem neuen Österreich[79]!« Anderseits trat sie bei Wahlen und Parteiprogrammen immer wieder für Härte gegenüber den ehemaligen Nationalsozialisten ein. So stellten die Kommunisten im Parlament fest: »Es gibt eine geschichtliche Schuld aller Nationalsozialisten. Wer das Hakenkreuz getragen hat und die NSDAP unterstützt hat, der ist, ob er wollte oder nicht, mitschuldig geworden an den größten Verbrechen der Weltgeschichte[80].« Und die Partei forderte Entlassung, Strafarbeit, Vermögensentzug für alle Nazi[81] und baute ihre Wahlpropaganda 1945 stark auf Antinazi-Parolen auf: »Schlagt Faschisten – wählt Kommunisten«, »Woran erkennt man die Nazi? – Sie schimpfen auf die Kommunisten«, »Unterbringung der Wohnungslosen in den Wohnungen der Faschisten«, und schließlich Bilder von Dachau, Mauthausen und Auschwitz mit den Texten: »Wir klagen an«, »Wir fordern Sühne[82]«.

Nach der schweren Wahlniederlage 1945 gingen die Kommunisten schließlich ganz auf Opposition über, wobei sie das Problem der Entnazifizierung mit ihrer Kapitalismuskritik verbanden und das bis dahin Geleistete en bloc verurteilten. So führte etwa Ernst Fischer mit der ihm eigenen rhetorischen Brillanz 1946 vor dem Nationalrat aus:

»Man war bereit, die Arbeiter und Angestellten, die kleinen Leute preiszugeben, die aus Groll gegen das autoritäre Regime Dollfuß-Schuschnigg, aus politischer Verworrenheit, aus verhängnisvollen großdeutschen Traditionen oder aus Ängstlichkeit und Charakterschwäche zur NSDAP gekommen waren, aber die sogenannten Wirtschaftsführer und viele Männer in einflußreichen Stellungen wurden lange Zeit geschützt und gestützt, weil sie angeblich unentbehrlich waren und sogar irgendeine Legitimation irgendeiner mysteriösen Widerstandsbewegung hervorzauberten. Das Ergebnis war eine schlampige Götterdämmerung – Text von Richard Wagner, Musik von Jacques Offenbach: Der kleine Angestellte flog hinaus, aber der Generaldirektor, der ihn gezwungen hatte, der NSDAP beizutreten, obwohl er selber in vielen Fällen kein Parteigenosse war, dieser Generaldirektor saß weiter hinter seinem Schreibtisch und war jetzt auf einmal kein zackiger Germane, sondern ein kreuzbraver Österreicher; der kleine Greißler mußte Schutt schaufeln, aber die Herren und Damen der Familie

Schoeller und anderer hochmögender Familien nahmen keine Schaufel, sondern das Schicksal ihrer Aktien in die Hand ... und es kam zu Wahlen, bevor das Naziproblem gelöst war. Das war ein schwerer Fehler: Anstelle der staatspolitischen traten parteipolitische Überlegungen, große Parteien buhlten um die Gunst ehemaliger Nationalsozialisten, um die Wählerstimmen ihrer Angehörigen[83] ...«

Bei der Sozialistischen Partei schließlich gab es verwirrend viele Meinungen zur Behandlung der Nazi. So gab es einerseits eine bewußt harte Haltung, wie sie etwa in dem berühmt gewordenen »Sibirien-Plakat« zum Ausdruck kam, wo es hieß:

> Zehntausende
>
> | | |
> |---|---|
> | Österreicher
befinden sich fern der Heimat
in Kriegsgefangenenlagern
und werden zum Aufbau
Österreichs benötigt | Nazi
befinden sich in der
Heimat
und sabotieren den
Wiederaufbau Österreichs |
>
> Wir fordern den Austausch
> Sozialistische Partei Österreichs

Die SPÖ distanzierte sich allerdings später von diesem Plakat. »Es sei ohne Wissen der Parteileitung gedruckt worden, argumentierte sie. Der Schuldige sei der abtrünnige Scharf, der derzeitige Erzkommunist, der vom Haus in der Löwelstraße zur KPÖ übergelaufen war[84].« Und da gab es anderseits eine stark gemäßigte Richtung, die für Versöhnung und Mäßigung eintrat und als deren Personifizierung etwa Karl Renner gelten konnte. Dennoch bildete sich auch bei der SP eine Grundlinie heraus, und wenn man eine sozialistische Formel zur Entnazifizierung suchen sollte, wie sie die ÖVP mit »... unter Zwang und Terror ...« hatte, so müßte sie lauten: »Jeder, der der nationalsozialistischen Propaganda erlegen ist, hat politisch versagt und muß umlernen[85].«

Die Sozialisten sahen die Entnazifizierung als politische Umerziehung an, um die Betroffenen langsam wieder an den demokratischen Staat heranzuführen. Daher war es vorerst auch prinzipiell notwendig, die Nazi vom Wahlrecht auszuschließen, denn es ging nicht an, daß »Nazistimmen mitentscheiden, wer die vielleicht noch notwendigen Gesetze gegen die Nazi beschließen soll[86]«. »Wir haben es ja erlebt«, hieß es in der *Arbeiter-Zeitung* zur Nazifrage, »wie der Nationalsozialismus die Einrichtungen der Demokratie zu mißbrauchen verstanden hat, um sich an die Macht heranzuschleichen, bevor er sie mit Gewalt ergriff. Wer ein Todfeind der Demokratie und der persönlichen Freiheitsrechte ist, hat kein Recht, an der politischen Gestaltung eines demokratischen Staatswesens mitzuwirken[87]!« Man wollte aber nicht nur Richter über die Nazi, sondern auch Erzieher sein, »gerechte Richter und gute Erzieher, moderne Pädagogen . . ., die dem Geist der Prügelmethoden und dem Polizeigeist abhold sind[88]«. Daher war man der Meinung, »daß die staatspolitische Umschulung der Mitläufer und Verführten, die durch die ehernen Tatsachen des geschichtlichen Erlebens den verbrecherischen Inhalt des Nazifaschismus und des von ihm entfesselten Krieges erkannt haben, methodisch am besten so erfolgt, daß sie zur Mitarbeit an Gesellschaft und Staat allmählich herangezogen werden[89]«. Doch sollte bei der Behandlung der Nationalsozialisten auch keine zu große Milde gelten, vor allem im Hinblick darauf, wie diese selbst ihre Gegner behandelt hatten, oder gar, was bei einem Sieg der Nationalsozialisten geschehen wäre: »Die Nazi sind in Österreich milder behandelt worden, als sie es eigentlich verdienten«, schrieb die sozialistische Parteizeitung, »sie haben keinen Grund zur Klage, auch dann nicht, wenn der einzelne – was bei einer kollektiven Lösung nicht zu vermeiden war – Härten zu ertragen hatte. Mögen jene, die sich zu streng angepackt fühlen, nur einmal bedenken, wie die Nazi ihre Gegner behandelt haben[90]!« Und schließlich wurde auch die Frage aufgeworfen, was bei einem Sieg Deutschlands im Zweiten Weltkrieg mit denen geschehen wäre, »die als Gegner der Nazi bekannt waren oder ihnen auch nur gleichgültig gegenübergestanden waren. An ihnen hätte sich der Übermut der Sieger mit wahrer Raserei ausgetobt. Diesen Sieg hätte in ganz Europa keiner überlebt, der im Verdacht stand, dem Nationalsozialismus übel gesinnt zu sein. Und wem es auch nur an Wohlwollen für ihn gemangelt hätte, der hätte wohl nur als Paria des Dritten Reiches sein Dasein fristen dürfen. Und das alles ohne Recht und Gesetz, ja ohne die mindeste Schuld[91].«

In diese Schreckensargumentation stimmte allerdings auch die VP mit ein und stellte die Frage, wie sich denn wohl die Mitläufer bei einem Fortbestehen des Nationalsozialismus verhalten hätten: »Wenn wir nun aber bedenken, daß alle diese ›Nur-Gezwungenen‹, ›Nur-um-ihre-Existenz-Besorgten‹, ›Nur-so-ungern-Gewordenen‹ Nationalsozialisten wohl eine andere Haltung eingenommen hätten, wenn dieser Krieg einen anderen Ausgang genommen hätte[92].«

Die Lösung der Nazifrage sollte daher »streng, gerecht und menschlich[93]« sein, ohne zu große Milde und mit der notwendigen

Entschlossenheit durchgeführt werden. »Wir sind keine Illusionisten«, sagte der Sozialist Alfred Migsch, der bei der Entnazifizierung eine führende Rolle spielte, »wir sind ob unserer harten und furchtbaren Erlebnisse gute Schüler der Geschichte geworden. Wir haben nicht die Absicht, jene Desperados, die sich heute die Tarnkappe über ihr schuldgezeichnetes Antlitz ziehen, aus falsch verstandener Humanität ungeschoren zu lassen[94].« Und ein beliebter Vergleich war der des Nationalsozialismus mit einer Krankheit, die es nun galt, ohne Rücksicht zu beseitigen:

»Nicht mit Unrecht wird der Faschismus vielfach mit einer Eiterbeule, mit einem infektiösen Geschwür verglichen, das am Körper des Volkes haftet. Wenn wir diesen Vergleich gelten lassen, dann müssen wir auch erkennen, daß die Heilmethoden beim Faschismus dieselben sein müssen, wie wir sie eben bei Eiterbeulen anwenden. Nur mit Entschiedenheit, nur mit Entschlossenheit und ohne Wehleidigkeit kann ein Eitergeschwür entfernt und der Körper geheilt werden. Jede Halbheit und jede Schwäche würde sich bitter rächen, sie würde dem Rest des Faschismus neue Nahrung geben und es ihm ermöglichen, sich wieder auszubreiten und den Volkskörper neuerlich zu vergiften . . . Viel zu viele Stimmen des Mitleids mit den armen Nationalsozialisten, mit den unschuldig Verführten sind in letzter Zeit laut geworden. Mitleid und Mitgefühl sind menschliche Tugenden, die nicht hoch genug geschätzt und nicht genug gepflegt werden können . . ., aber Mitleid eben nur mit Opfern der Willkürherrschaft, niemals mit den Unterdrückern selbst, wenn die Zeit gekommen ist, da sie ihre Taten zu verantworten haben! Und ein sehr beschränktes Mitleid mit jenen, die diese Regungen bisher selbst nicht kannten! Wo blieb auf der anderen Seite das Mitleid angesichts der aufgerichteten Galgen, des in eine rasende Tätigkeit gebrachten Fallbeils, angesichts der Konzentrationslager mit ihren Scheußlichkeiten? . . . Waren wirklich nur die Führer und die obersten Machthaber die Schuldigen? Ich glaube nicht, sonst hätten sie sich nicht so lange an der Macht halten können . . . Rohlinge, Menschen, die die Humanität verachten, die die Gewalt anbeten, die sich ihr verschreiben, Menschen, die Mitleidserregungen nur mit sich selbst kennen, sind nicht würdig, als gleichberechtigte Glieder in die Demokratie aufgenommen zu werden. Sie müssen erst umerzogen werden, sie müssen erst lernen, was es heißt, in der Demokratie zu sein, sie müssen die Vorteile der Demokratie selbst erst schätzen lernen, sie müssen sich einfügen in das, was das demokratische System heißt. Die Umerziehungsarbeit wird eine schwere Arbeit sein. Sie kann mit Liebe, mit Mitgefühl, mit Mitleid und mit Milde allein nicht vollbracht werden. Es gehören Strenge und Konsequenz zu jeder Erziehungsaufgabe, und sie anzuwenden, ist unsere Pflicht. Sie werden jede Milde und jedes Mitgefühl, das wir in einem zu großen Maße für ihr Unglück haben, niemals als das erkennen; sie werden dies als Anbeter der Gewalt für Schwäche halten und werden auch die Demokratie danach beurteilen. Nur mit Strenge können wir daher erreichen, daß sie die Demokratie achten lernen, wenn sie sie schon nicht lieben können[95].«

Bei der sozialistischen Entnazifizierungspolitik spielte daher die Zeit eine große Rolle. Die Volkspartei wollte das Mitläufertum von vornherein als entschuldbares Verhalten verstanden wissen. Die Sozialistische Partei betrachtete es als politisches Versagen und forderte die Umerziehung. Die Entnazifizierung sollte nicht als ständiges Problem aufrechterhalten werden; irgendwann mußte dieser politische Umerziehungsprozeß abgeschlossen sein. Diese Haltung wurde schon 1945/46 sehr deutlich ausgedrückt:

»Wir sind bei denkbar schärfster und vorbehaltloser grundsätzlicher Ablehnung jeglicher Form des Faschismus unter allen Umständen dafür, daß ein endgültiger Schlußstrich gesetzt werde ... Wir wollen nicht Desperados in Schach halten oder großziehen, sondern wir rechnen damit, daß wir auf einsichtsvolle Menschen stoßen, die sühnen wollen und wieder gleichwertige Mitglieder der demokratischen Gemeinschaft zu werden wünschen. Niemandem, der guten Willens ist, soll der Weg verrammelt werden, es sei denn, er habe sich diesen selbst durch seine eigene Haltung für immer verschüttet[96].«

Dieser Schlußpunkt unter die sozialistische Entnazifizierungsforderung für Mitläufer war spätestens 1948 gekommen, als das Parlament die Minderbelasteten-Amnestie behandelte: »Denn wenn wir dem großen Kreis der Minderbelasteten die Hand der Versöhnung entgegenstrecken, dann drängen wir anderseits die Unbelehrbaren als eine hoffnungslose Minderheit in die Ecke und haben so leichter die Möglichkeit, diese Minderheit zu treffen und die Unbelehrbaren mit der ganzen Schärfe des Gesetzes zu packen[97].«

Es bleibt natürlich die Frage, inwieweit die sozialistische Vorstellung von der Umerziehung der Nazi tatsächlich durchgeführt wurde oder ob die Haltung der Sozialistischen Partei 1948 nicht einfach Resignation war angesichts der Unlösbarkeit des Entnazifizierungsproblems, ein Überschwenken von der politischen Idealvorstellung einer ideologischen Umschulung zur Realpolitik der Massenamnestie. 1948 schrieb die *Arbeiter-Zeitung:* »Je mehr Zeit vergeht, desto mehr verblassen die Bilder des furchtbaren Unrechts, das wir miterlebt haben, desto stärker wird das menschliche Bedürfnis, zu vergessen, auch das Bedürfnis des Staates, alle Bürger wieder in die demokratische Gemeinschaft einzugliedern. Das erklärt die fortschreitende Milderung der Nazigesetze. Das erklärt auch den Wandel des Standpunktes, den die Menschen selbst gegenüber der Nazifrage einnehmen[98].«

War also die Entnazifizierung bis 1948 erfolgreich, oder war nur Zeit vergangen, haben sich die Vorstellungen der Alliierten und/oder der österreichischen Parteien durchsetzen können, oder wollte man ab 1948 das Kapitel Entnazifizierung nur noch beenden, ohne weiter über Erfolg oder Mißerfolg zu sprechen? Im nächsten Abschnitt über die tatsächliche Durchführung der Entnazifizierung in Österreich soll versucht werden, auf diese Fragen eine Antwort zu geben.

ANMERKUNGEN

1 Reichhold, *Geschichte der ÖVP,* S. 107.
2 *Österreichisches Jahrbuch 1945–1946,* S. 13.
3 Befragung des österreichischen Bundeskanzlers vor dem Alliierten Rat zur Entnazifizierung in Österreich, 26. 7. 1946, FO 371/55191, Pro.
4 Zechtl, SPÖ, 76. Sitzg., 18. 2. 1948, S. 2184.
5 Felix Hurdes, *Österreich den Österreichern,* in: *Kleines Volksblatt,* 5. 8. 1945.
6 Ernst Fischer (e. f.), *Drei Lehren – drei Pfeiler des neuen Österreich,* in: *Neues Österreich,* 5. 5. 1945.
7 Oskar Pollak, *Die Partei des schlechten Gewissens,* in: *Arbeiter-Zeitung,* Wien, 14. 1. 1948.
8 Hölzl, *Die Propagandaschlachten,* S. 19.
9 Koref, SPÖ, 28. Sitzg., 24. 7. 1946, S. 595.
10 Koref, SPÖ, 79. Sitzg., 21. 4. 1948, S. 2244.
11 Siehe dazu Grete Klingenstein, *Die Internationale Diskussion zum Problem des Faschismus in Österreich,* Bericht über den 10. Österreichischen Historikertag in Graz 1969, s. 87 ff.
12 Zechtl, SPÖ, 76. Sitzg., 18. 2. 1948, S. 2184.
13 Koref, SPÖ, 28. Sitzg., 24. 7. 1946, S. 595.
14 *Arbeiter-Zeitung* (O. P.), 14. 1. 1948, »Die Partei des schlechten Gewissens«.
15 Frisch, ÖVP, 28. Sitzg., 24. 7. 1946, S. 608.
16 Felix Hurdes, *Der Kampf für Österreich 1934–1938,* in: *Wiener Zeitung,* 10. 3. 1946.
17 Ebenda.
18 »Sehr richtig, es gibt eine Rechtfertigung«, *Das Kleine Volksblatt,* 14. 9. 1945, S. 3.
19 Hölzl, *Propagandaschlachten,* S. 19.
20 A. a. O.

21 US-Forces in Austria, Legal Division, *A Review of Denazification in Austria,* 9. 11. 1949, 260-USACA-60236-1/39, NA.
22 Gorbach, 79. Sitzg., 21. 4. 1948, S. 2246.
23 Niethammer, S. 69.
24 Oskar Pollak, *Die Partei des schlechten Gewissens.*
25 »Sehr richtig, es gibt keine Rechtfertigung«, *Das Kleine Volksblatt,* 14. 9. 1945, S. 3.
26 Frisch, 28. Sitzg., 24. 7. 1946, S. 606.
27 Siehe dazu Luza und Botz.
28 Luza, S. 105.
29 Ebenda.
30 Koref, SPÖ, 28. Sitzg., 24. 7. 1946, S. 595.
31 Ludwig Jedlicka, bei Feiler, S. 182.
32 Reichold, *Geschichte der ÖVP,* S. 103.
33 Frisch, ÖVK, 28. Sitzg., 24. 7. 1946, S. 609.
34 Erich Kästner, *Das Lied vom kleinen Mann, Gesammelte Schriften für Erwachsene,* Bd. 6, Zürich 1969, S. 43 f.
35 Migsch, SPÖ, 28. Sitzg., 24. 7. 1946, S. 589.
36 *Kleines Volksblatt,* 11. 10. 1945.
37 Dr. Gruber, *Stellungnahme der ÖVP zum NS-Wahlrecht,* in: *Wiener Zeitung,* 11. 10. 1945.
38 Fischer, 76. Sitzg., 18. 2. 1948, S. 2181.
39 *Kleines Volksblatt,* 11. 10. 1945.
40 Regierungserklärung Bundeskanzler Figl, *Wiener Zeitung,* 22. 12. 1945.
41 *Wiener Zeitung,* 24. 9. 1946.
42 *Arbeiter-Zeitung,* »Das Naziproblem«, 5. 1. 1946.
43 *Arbeiter-Zeitung,* »Versöhnung – mit wem?«, 28. 12. 1948.
44 *Arbeiter-Zeitung,* »Das Naziproblem«, 5. 1. 1946.
45 Niethammer, S. 609.
46 Migsch, SPÖ, 24. 7. 1946, S. 589.
47 Koref, SPÖ, 79. Sitzg., 21. 4. 1948, S. 2244.
48 Koref, a. a. O.
49 Zechtl, SPÖ, 76. Sitzg., 18. 2. 1948, 2184.
50 Aichhorn, 28. Sitzg., 24. 7. 1946, S. 591.
51 Aichhorn, ÖVP, 28. Sitzg., 24. 7. 1946, S. 592.
52 Niethammer, S. 69.
53 Aichhorn, 28. Sitzg., 24. 7. 1946, S. 591.
54 Niethammer, S. 69.
55 Karl Renner, *Drei Monate Aufbauarbeit der provisorischen Staatsregierung der Republik Österreich,* Wien 1945, S. 9 f.
56 Koref, SPÖ, 28. Sitzg., 24. 7. 1946, S. 596.
57 Bei der 2. Länderkonferenz im Oktober 1945.
58 »Deklaration der ÖVP zum Wahlrecht«, *Das Kleine Volksblatt,* 11. 10. 1945.
59 Adolf Schärf, *Zwischen Demokratie und Volksdemokratie,* Wien 1960, S. 129.
60 »Sehet auf dieses Österreich«, *Wiener Zeitung,* 12. 10. 1945.
61 *Neues Österreich,* 11. 10. 1946. – Und weiter hieß es dazu: »Nur den Mitgliedern des nationalsozialistischen Kraftfahrerkorps (NSKK) und des nationalsozialistischen Fliegerkorps (NSFK) wird das Wahlrecht zugebilligt, wenn sie nicht Parteimitglieder waren. Die Begründung hierfür liegt in der Tatsache, daß die Beitritte zu diesen Formationen hauptsächlich erfolgten, um einem Beitritt zur NSDAP auszuweichen. Mitglieder der NSDAP oder Parteianwär-

ter, die aus politischen Gründen durch staatliche Behörden des Dritten Reiches Verfolgung zu erdulden hatten, erhalten ebenfalls das Wahlrecht.«

62 *Kleines Volksblatt,* 11. 10. 1945.

63 *Das Kleine Volksblatt,* 11. 10. 1945.

64 Reichhold, S. 121.

65 Ebenda.

66 Alfons Gorbach, ÖVP, 79. Sitzg., 21. 4. 1948, S. 2246.

67 Alfons Gorbach, 79. Sitzg., 21. 4. 1948, S. 2246/7.

68 »Zum NS-Problem«, *Das Kleine Volksblatt,* 29. 9. 1945.

69 Gorbach, S. 2247.

70 »Deklaration der ÖVP zum Wahlrecht«, *Das Kleine Volksblatt,* 11. 10. 1945.

71 Gorbach, S. 2246.

72 Karl Gruber, »Wer schützt vor dem Faschismus?«, *Das Kleine Volksblatt,* 11. 10. 1945.

73 *Neues Österreich,* 11. 10. 1945.

74 *Neues Österreich,* 3. 10. 1945; Ernst Fischer, *Das Ende einer Illusion, 1945–1955,* Wien 1973, S. 108.

75 *Neues Österreich,* 11. 10. 1945.

76 Rauchensteiner, S. 130.

77 Fürstenau, S. 10.

78 Reichhold, S. 83.

79 »Das brennende Naziproblem«, *Neues Österreich,* 20. 6. 1945.

80 Ernst Fischer, KPÖ, 28. Sitzg., 24. 7. 1946, S. 599.

81 Kommunistisches Sofortprogramm vom 5. 8. 1945, zit. bei: Adolf Schärf, *Zwischen Demokratie und Voksdemokratie,* S. 158.

82 Hölzl, *Propagandaschlachten,* S. 24/25.

83 Ernst Fischer, 28. Sitzg., 24. 7. 1946, S. 598/9.

84 Hölzl, *Propagandaschlachten,* S. 45.

85 Migsch, SPÖ, 28. Sitzg., 24. 7. 1946, S. 585.

86 »Das Naziproblem«, *Arbeiter-Zeitung,* 5. 1. 1946.

87 Alfred Migsch, »Zur Lösung der Nazifrage«, *Arbeiter-Zeitung,* Wien, 24. 7. 1946.

88 Koref, SPÖ, 28. Sitzg., 24. 7. 1946, S. 595.

89 Migsch, SPÖ, 28. Sitzg., 24. 7. 1946, S. 585.

90 »Schluß machen!«, *Arbeiter-Zeitung,* 6. 1. 1948.

91 »Gerechte Lösung der Nazifrage«, *Arbeiter-Zeitung,* 3. 4. 1946.

92 Aichhorn, ÖVP, 28. Sitzg., 24. 7. 1946, S. 592.

93 Migsch, SPÖ, 28. Sitzg., 24. 7. 1946, S. 584.

94 Migsch, SPÖ, 28. Sitzg., 24. 7. 1946, S. 584.

95 Hackenberg, SPÖ, 28. Sitzg., 24. 7. 1946, S. 603.

96 Koref, SPÖ, 28. Sitzg., 24. 7. 1946, S. 596 f.

97 Zechtl, SPÖ, 76. Sitzg., 18. 2. 1948, S. 2185.

98 »Versöhnung mit wem?«, *Arbeiter-Zeitung,* 28. 12. 1948.

Zweiter Teil

Durchführung

1. Die Entnazifizierungsgesetze 1945

A. Kriegsverbrechergesetz und Verbot der NSDAP

Die Entnazifizierung war eines der ersten Probleme, mit denen sich die Provisorische Staatsregierung zu beschäftigen hatte. Bereits in der ersten Regierungserklärung am 28. April 1945 wurde dazu Stellung genommen:

»Nur jene, welche aus Verachtung der Demokratie und der demokratischen Freiheiten ein Regime der Gewalttätigkeit, des Spitzeltums, der Verfolgung und Unterdrückung über unserem Volk aufgerichtet und erhalten, welche das Land in diesen abenteuerlichen Krieg gestürzt und es der Verwüstung preisgegeben haben und noch weiter preisgeben wollen, sollen auf keine Milde rechnen können. Sie werden nach demselben Ausnahmerecht behandelt werden, das sie selbst den anderen aufgezwungen haben und jetzt auch für sich selbst für gut befinden sollen.

Jene freilich, die nur aus Willensschwäche, infolge ihrer wirtschaftlichen Lage, aus zwingenden öffentlichen Rücksichten wider innere Überzeugung und ohne an den Verbrechen der Faschisten teilzuhaben, mitgegangen sind, sollen in die Gemeinschaft des Volkes zurückkehren und haben somit nichts zu befürchten[1].«

Schon in den ersten Wochen der Amtstätigkeit wurden daher die zwei grundlegenden Gesetze geschaffen, durch die das NS-Problem einer Lösung zugeführt werden sollte: das Kriegsverbrechergesetz und das Verfassungsgesetz über das Verbot der NSDAP[2].

Das »Verbotsgesetz« befaßte sich mit der NSDAP als Organisation und mit der Behandlung der ehemaligen Nationalsozialisten. Mit ihm wurden die NSDAP und alle ihre Gliederungen und angeschlossenen Organisationen in Österreich verboten:

»Wer weiterhin dieser Partei angehört oder sich für sie oder ihre Ziele betätigt, macht sich eines Verbrechens schuldig und wird hierfür mit dem Tode und dem Verfall des gesamten Vermögens bestraft[3].«

Da hiermit ein Bevölkerungsteil aufgrund politischer Gesichtspunkte unter ein Sonderrecht gestellt wurde, war es notwendig, das Verbotsgesetz als Verfassungsgesetz zu erlassen. Im einzelnen sah es vor: die Registrierung der Nationalsozialisten, die Auferlegung der Sühnefolge und die »ausnahmsweise Nachsicht« von der Sühnefolge. Grundlage der Durchführung des Gesetzes war eine Meldepflicht und Registrierung. Ihr unterlagen »alle Personen mit dem ordentlichen Wohnsitz oder dem dauernden Aufenthalt im Gebiet der Republik Österreich, die zwischen dem 1. Juli 1933 und dem 27. April 1945 der NSDAP oder einer ihrer Wehrverbände (SS, SA, NSKK, NSFK) angehört haben, wenngleich diese Angehörigkeit nur eine zeitweise war, ferner alle Parteianwärter und Personen, die sich um die Aufnahme in die SS (Schutzstaffel) beworben haben[4] . . .«.

»Der Gesetzgeber ging bei der Behandlung des Nationalsozialistenproblems von dem Grundsatz aus, zunächst den Personenkreis, der sich parteimäßig zu den Trägern der nationalsozialistischen Gewaltherrschaft bekannt oder durch sonstige Handlungen zur Errichtung und Aufrechterhaltung der nationalsozialistischen Herrschaft beigetragen hatte, aus staatspolitischen Gründen zu erfassen und ihnen gewisse Zwangsfolgen zu unterstellen[5].«

Damit war der Personenkreis der von der Entnazifizierung Betroffenen festgelegt. Jeder hatte seine Registrierung selbst durchzuführen, wenn er unter das Gesetz fiel. Unterlassungen oder falsche Angaben sollten bestraft werden. Die Behörden legten von den Nazi Listen an, die bei den Gemeinden und Arbeitsämtern auflagen. Neben den Registrierungsbehörden oblag die Durchführung der Entnazifizierung den Kommissionen bei den Arbeitsämtern und Behörden (Sonderkommissionen), der Berufungskommission beim Innenministerium und für die Wirtschaft noch den Arbeitgebern und den Gewerkschaften. Nationalsozialistische Funktionäre, Illegale und wirtschaftliche Förderer unterlagen einer besonderen Behandlung und Sühnepflicht.

Ansonsten hatte die Registrierung – außer bei den öffentlichen Angestellten – im Verbotsgesetz keine Folgen. Allerdings knüpften andere Gesetze an die Tatsache der Registrierung an[6], und das Verbotsgesetz ließ die Möglichkeit offen, durch Sondergesetze neuerlich Strafmaßnahmen gegen einzelne Gruppen der Registrierten einzuführen. So sollte etwa die gesetzliche Strafandrohung bei den Illegalen erst dann realisiert werden, wenn eine neuerliche nationalsozialistische Betätigung oder eine sonstige gesetzwidrige Handlung vorlag. Bei einem Rückfall der Nationalsozialisten trat daher die gesetzlich vorgesehene – praktisch auf Bewährung verhängte – Strafe automatisch ein. Außerdem sah das Gesetz vor: »Die Verfolgung wegen dieses Tatbestandes findet jedenfalls statt, wenn sie die Staatsregierung im Falle des

Überhandnehmens hochverräterischer Umtriebe allgemein anordnet[7].«

Die Regierung hatte es daher in der Hand, bei Entstehen einer neuerlichen nationalsozialistischen Gefahr oder politischer Unruhe den Kern der ehemaligen Nationalsozialisten kollektiv und en bloc mindestens für fünf Jahre in den Kerker zu stecken. Das Damoklesschwert der Unsicherheit sollte über allen jenen schweben, die einmal überzeugte Nationalsozialisten gewesen waren. Gleichzeitig sollten alle jene gewarnt werden, die den Werwolftraum noch nicht ausgeträumt hatten.

Als strafrechtliche Ergänzung zum Verbotsgesetz wurde ein Kriegsverbrechergesetz erlassen. Das war ein Sondergesetz mit dem Zweck, dem »Kollektivphänomen organisierter Kriminalität[8]« begegnen zu können, das im Rahmen des wiedereingeführten österreichischen Strafrechts nicht zu erfassen gewesen wäre. Es sollte die Bestrafung jener Verbrecher ermöglichen, die im Zuge des Krieges, aus politischer Gehässigkeit oder in Ausübung dienstlicher Gewalt begangen worden waren.

»Durch diese Strafbestimmungen sollten jene Personen getroffen werden, die in fremden Staaten Grausamkeiten und sonstige Verbrechen gegen die Bevölkerung verübt haben, die durch ihre Propaganda das friedliche österreichische Volk im Kriege aufzustacheln suchten, die insbesondere in den Konzentrationslagern oder bei der Geheimen Staatspolizei Menschen quälten und entwürdigten, die sich auf Kosten von Juden und sogenannten Staatsfeinden bereicherten, die politisch Andersgesinnte, insbesondere treue Österreicher, anzeigten und damit schwerster Gefahr aussetzten, und endlich sämtliche Gauleiter und anderen Führer der NSDAP, die durch ihre Tätigkeit Österreich in den Abgrund führten[9].«

Die Zugehörigkeit des Kriegsverbrechergesetzes zum Entnazifizierungsprogramm zeigte sich darin, daß es aus dem nationalsozialistischen Führungskorps die obersten Funktionäre herausgriff, um sie schon wegen dieser Tätigkeit zu bestrafen; zum anderen sah es zu seiner Durchführung ein Sondergericht vor, das Volksgericht, bestehend aus zwei Berufsrichtern und drei Schöffen, das durch das Verbotsgesetz eingeführt worden war. So waren die beiden Gesetze miteinander verzahnt und stellten die eigentliche Grundlage der Entnazifizierung dar.

B. Die Entstehung der Gesetze

Rache und Rechtsstaatlichkeit

In der ersten Regierungserklärung lag der Gedanke, die Nazi nach demselben Ausnahmerecht zu behandeln, »das sie selbst den anderen aufgezwungen haben und jetzt auch für sich selbst für gut befinden sollen«.

Das war der Gedanke der Rache, der aus der Situation unmittelbar bei Kriegsende, quasi als Revolutionsersatz, verstanden werden muß. Zwei Tage nach der Regierungserklärung, am 30. April 1945, wurde unter Beteiligung aller drei demokratischen Parteien ein Komitee errichtet, das den Entwurf dieses »Vergeltungsgesetzes« ausarbeiten sollte.

»Der Staatskanzler hatte den Mitgliedern des Komitees in Übereinstimmung mit der Ankündigung der Regierungserklärung einige Leitsätze in die Hand gegeben; sie gingen darauf hinaus, das während der Zeit des Nationalsozialismus gegen politische Gegner geschaffene Ausnahmerecht sozusagen zur Vergeltung auf Nationalsozialisten für anwendbar zu erklären und ausschließlich für sie in Kraft zu belassen. Bei der Beratung ergaben sich außerordentlich große Schwierigkeiten, diesen Gedanken zu verwirklichen[10].«

Man ließ den Gedanken der Rache schließlich fallen. Bereits drei Monate später schrieb Staatskanzler Renner: »Die Staatsregierung rechnet es sich zum Verdienst an, daß sie diesen Kampf (gegen den Faschismus) nicht mit Hitlerschen Methoden, nicht nazistisch geführt hat. Sie hat vielmehr ihren Stolz dareingesetzt, als Rechtsstaat mit gesetzlichen Mitteln vorzugehen[11].«

Zwar war der Gedanke der Bestrafung der Nazi, »der Vergeltung für eine siebenjährige traurige Vergangenheit[12]«, in dem Gesetz immer noch enthalten. Aber das Gesetz wurde letztlich doch kein »Vergeltungsgesetz«, sondern ein »Verbotsgesetz«.

Im Mittelpunkt des ersten österreichischen Entnazifizierungsgesetzes standen jene Parteigenossen, die man als harten Kern des Nationalsozialismus in Österreich betrachtete: die »Illegalen«. Das waren diejenigen, welche schon in den dreißiger Jahren, als die Partei in Österreich verboten war, für den Nationalsozialismus tätig gewesen waren: »Wer in der Zeit zwischen dem 1. Juli 1933 und dem 13. März 1938 . . . jemals der NSDAP oder einem ihrer Wehrverbände (SS, SA, NSKK, NSFK) angehört hat (Illegaler), hat sich des Verbrechens des Hochverrates im Sinne des § 58 des österreichischen Strafgesetzes schuldig gemacht[13] . . .«.

Später wurde der Begriff des »Illegalen« noch auf jene ausgedehnt, die aufgrund ihrer Verdienste während der Verbotszeit von der NSDAP mit dem Titel »Altparteigenosse« oder »Alter Kämpfer« ausgezeichnet worden waren oder entsprechende Parteiauszeichnungen erhalten hatten[14].

»Es war jahrelang vorteilhaft, Österreich zu verraten«, umschrieb Ernst Fischer 1945 den Gedanken, der dahinterstand. »Es war niemals ein Geheimnis, daß die NSDAP, von Berlin aus geführt, Österreich zu liquidieren beabsichtigte, daß sie dem Österreichertum in Todfeindschaft gegenüberstand, daß sie vor keinem Verbrechen zurückschreckte, um das unabhängige Österreich zu schädigen, wirtschaftlich und politisch zu untergraben. Angefangen von der Tausendmarksperre über die planmäßige Wirtschaftssabotage und die gemeinsten Terroraktionen war die Tätigkeit der NSDAP eine einzige Kette von Anschlägen gegen den Bestand und das Wesen Österreichs. Die NSDAP war eine Partei des Landesverrats, und jeder wußte dies, jeder ohne Ausnahme . . . Wer daher als Österreicher die Nazipartei unterstützte, war ein Vaterlandsverräter, er sei sonst, wer er sei[15].«

Das Vorgehen gegen die »Illegalen« entbehrte auch nicht einer gewissen Berechtigung, wenn man berücksichtigt, wie sich 1938 nach dem Anschluß die Partei- und die Noch-nicht-Parteigenossen danach gedrängt hatten, als Illegale anerkannt zu werden, um eine niedrigere, gewisse Privilegien versprechende Parteinummer zu erhalten[16]. So erklärt es sich auch, daß, obwohl die Zahl der wirklichen illegalen Nationalsozialisten in Österreich bis 1938 sicherlich nicht über 70.000 lag, 1946 – trotz Kriegsverlusten – knapp 100.000 Illegale registriert wurden[17].

Die Argumentation des Sozialisten Adolf Schärf, der sich rühmte, der geistige Vater des Vorgehens gegen die Illegalen gewesen zu sein, ist es wert, ausführlich zitiert zu werden. Die gesamte Argumentation dient der Rechtfertigung dieses Vorgehens, nicht zuletzt deshalb, weil man ein Jahr später die Lösung der Entnazifizierung ganz anders sah:

»Ich ging von der Tatsache aus, daß die Nationalsozialistische Partei nach den Erklärungen ihrer Führer eine verschworene Gemeinschaft zur Erringung der Macht, also eine hochverräterische Gemeinschaft gewesen sei. Es wurde daher unter den Nationalsozialisten ein Unterschied zwischen jenen gemacht, die sich gegenüber dem österreichischen Staat das Verbrechen des Hochverrates zuschulden kommen ließen, und jenen, bei denen dies nicht der Fall war, die also durch ihren Beitritt zur NSDAP gegen keine österreichischen Interessen verstoßen haben. Als Hochverräter war naturgemäß anzusehen, wer kurz vor dem Anschluß für die Nationalsozialistische Partei in Österreich tätig gewesen war, also im wesentlichen auch der während der Zeit des Dritten Reiches sogenannte Illegale. Da, wie jedermann wußte, die Nationalsozialistische Partei nach dem Anschluß eine besondere Erfassung ihres österreichischen Mitgliederbestandes durchgeführt hatte, wobei der von den einzelnen unterschriebene Erfassungsantrag eine maßgebliche Rolle spielte, lag in der Parteikartothek der Nationalsozialisten eine Liste von Leuten vor, die sich selbst mit Unterschrift des Hochverrates an Österreich gerühmt hatten; für diese dokumentmäßig erfaßten Hochverräter schien die Durchführung eines Hochverratsprozesses, der in jedem Fall mit Untersuchung, Verhandlung und Urteil enden mußte, überflüssig, und so kam ich zu dem Gedanken, alle diese Illegalen statt durch individuelles Urteil unmittelbar durch Gesetz zu bestrafen.«

Eine langfristige Einkerkerung von an die 100.000 Personen schien jedoch auch Adolf Schärf etwas zu viel, und so fuhr er fort: »Andererseits erwog ich, daß die Verhängung einer solchen Strafe ex lege doch nur erträglich sei, wenn sie nicht zu hart ist, daher wurde vorgesehen, daß der wegen seiner Illegalität als Hochverräter Anzusehende zu einer Kerkerstrafe von fünf bis zehn Jahren verurteilt gelte, daß aber diese Strafe als aufgeschoben zu betrachten und nur dann zu verbüßen sei, wenn jemand in der Betätigung für den Nationalsozialismus rückfällig wird[18].«

Dieser Vorschlag stieß zwar nicht auf ungeteilte Zustimmung; in allen Parteien gab es Befürworter und Gegner, er fand sich aber letztlich im Gesetz wieder. Damit war eine quasi zeitliche Einteilung der Nationalsozialisten in Österreich getroffen worden: hier die »Illegalen«, die Fanatiker, die wirklichen Nazi, die schon vor dem Anschluß tätig waren oder zumindest tätig gewesen sein wollten; und dort die »Nach-Anschluß-Nazi«, die, welche schnell noch auf den fahrenden Zug hatten aufspringen wollen oder als weniger willensstarke Personen anzusehen waren und nur unter sozialem und wirtschaftlichem Druck zur Partei gegangen waren. War jedoch ein Illegaler noch dazu schwer belastet, das heißt, war er als Funktionär tätig gewesen oder hatte er »besonders schimpfliche Handlungen, die den Gesetzen der Menschlichkeit gröblich widersprechen«, begangen[19], so war ihm auf jeden Fall der Prozeß vor dem Volksgericht zu machen.

Mit dieser Umschreibung wären die österreichischen Entnazifizierungsmaßnahmen auf 377.260 NSDAP-Mitglieder, davon 98.330 Illegale, anzuwenden gewesen. Es entsprach jedoch den Besonderheiten der österreichischen Verhältnisse, daß es hier eine große Zahl von »Parteianwärtern« gab, die mit 122.543 etwa ein Drittel der registrierten Parteigenossen ausmachte. Denn es war keineswegs so, daß nach 1938 jeder Österreicher zur Partei gezwungen worden wäre. »Die NSDAP war in dem Sinne eine selektive Organisation, als ihre Mitgliedschaft auf Hitlers Befehl im allgemeinen 10 Prozent der Einwohnerschaft nicht übersteigen durfte. Die Partei wuchs stetig und rasch. Der Stand der Mitglieder in Österreich betrug zur Zeit von Hitlers Machtübernahme im Jänner 1933 insgesamt 43.129 Personen. Er erhöhte sich bis zum 19. November 1938 (acht Monate nach dem Anschluß) auf 207.095 eingetragene Mitglieder[20].« Da der Andrang zur Partei aber noch weit größer war, jedoch eine Aufnahmesperre bestand, führte man in Österreich im November 1938 den Status des Parteianwärters ein (Parteimitgliedschaft mit beschränkten Mitgliedsrechten), für Bewerber, die ihre positive Einstellung zum Nationalsozialismus durch Taten bewiesen hatten oder Gliederungen der Partei angehörten[21].

So war es bei den Gesetzesverhandlungen im April 1945 durchaus folgerichtig, wenn für die Volkspartei Leopold Figl den Antrag stellte, auch die Parteianwärter zu registrieren. Nun aber wollten auch die Kommunisten ihren Beitrag leisten und verlangten, wenn schon die Parteianwärter zu registrieren wären, »dann sei nicht einzusehen, warum die Angehörigen der Wehrverbände, der SA usw., von der Registrierung verschont bleiben sollten[22]«. Diese Forderung stellte jedoch nur eine beschränkte Erweiterung des Personenkreises dar. Von den Mitgliedern der Wehrverbände waren etwa zwei Drittel auch bei der Partei gewesen, so daß diese Erweiterung gerade 7 Prozent oder 36.857 Personen betraf.

Auf kommunistischen Vorschlag ging auch die Einführung des Volksgerichtes zurück sowie die Möglichkeit, Nationalsozialisten zu Zwangsarbeit zu verurteilen und vor allem auch die Bestrafung der Förderer des Nationalsozialismus, jener Personen, die in der Verbotszeit »nicht unmittelbar der Partei oder einer ihrer Einrichtungen überhaupt angehört haben, sondern sie bloß durch beträchtliche finanzielle Zuwendungen unterstützt oder gefördert haben, und [das Gesetz] stellt diese Bonzen mit Recht den ›Illegalen‹ gleich[23]«. Im Gesetz hieß es später dazu: »In gleicher Weise ist strafbar, wer in der Zeit zwischen dem 1. Juli 1933 und 13. März

1938 durch beträchtliche finanzielle Zuwendungen die NSDAP, einen ihrer Wehrverbände (SS, SA, NSKK, NSFK), ihrer Gliederungen und angeschlossenen Verbänden oder eine nationalsozialistische Organisation oder Einrichtung überhaupt gefördert hat, oder wer durch Schädigung des österreichischen Wirtschaftslebens für Zwecke einer der angeführten Organisationen den Bestand des selbständigen Staates Österreich zu untergraben unternommen hat[24].«

Die Gesetzesvorlage zur Entnazifizierung war nun im Verlauf der Verhandlungen immer strenger geworden, und so drängte sich der Gedanke auf, für außerordentliche Härtefälle eine Ausnahme von den Bestimmungen des Gesetzes vorzusehen. So wurde ein Gnadenrecht eingeführt[25].

Zur Vermeidung unbilliger Härten und im Interesse einer Abstufung der Sühnefolge sah das Gesetz daher die Möglichkeit einer ausnahmsweisen Nachsicht der Registrierung und der Sühnefolge durch einen Gnadenakt des Staatsoberhauptes (ursprünglich der provisorischen Staatsregierung) vor[26].

Dieser Artikel mit der Ausnahmebestimmung war das Loch im Gesetz, durch das die meisten Betroffenen zu entschlüpfen versuchten, und dieser Artikel wurde bei der Durchführung der Entnazifizierung so wichtig, daß er wert ist, zitiert zu werden:

»Ausnahmen von der Behandlung nach den Bestimmungen der Artikel III und IV sind im Einzelfalle zulässig, wenn der Betreffende seine Zugehörigkeit zur NSDAP oder einen ihrer Wehrverbände (SS, SA, NSKK, NSFK) niemals mißbraucht hat und aus seinem Verhalten noch vor der Befreiung Österreichs auf eine positive Einstellung zur unabhängigen Republik Österreich mit Sicherheit geschlossen werden kann[27].«

C. Die ungleiche Durchführung

Im Westen, wo es Butter und Nazi gibt

Um die Problematik bei der Durchführung der Entnazifizierung zu beleuchten, ist es notwendig, sich noch einmal die politischen und Sicherheitsverhältnisse Österreichs im Jahre 1945 vor Augen zu halten, insbesondere die Zeit vom April bis November, als in Wien die provisorische Staatsregierung amtierte. In dieser Zeit bedeutete die Erlassung eines Gesetzes noch nicht allzuviel. Die Tätigkeit der Regierung war anfangs geradezu eigenartig, sie regierte praktisch ins Nichts hinein. So gab sie wohl Gesetze und Verordnungen heraus, aber ihr fehlten weitgehend die Mittel, diese auch durchzusetzen. Flüchtlinge und DPs zogen umher und entzogen sich überhaupt weitgehend jedem rechtlichen Zugriff, viele Gemeinden oder auch Einzelpersonen praktizierten eine Selbstverwaltung, die manchmal unter dem Deckmantel der Rache an den ehemaligen Nationalsozialisten zum Terror entartete.

Was funktionierte, waren höchstens noch die örtlichen Verwaltungen auf Bürgermeisterebene. Österreich war in eine Vielzahl voneinander weitgehend isolierter kleiner Einheiten aufgesplittert. Die neu aufgestellte Polizei war schlecht oder gar nicht bewaffnet. Die Regierung verfügte in den ersten Monaten kaum über finanzielle Mittel; die Banken waren geschlossen, Steuern kamen keine herein. Was an Verwaltung und Justiz übriggeblieben war, arbeitete großteils ohne Bezahlung.

Man könnte das Jahr 1945 in Österreich als »rechtlos« bezeichnen; es galt das Recht des Schlaueren, des Stärkeren, und Selbsthilfe wurde groß geschrieben, aber nicht, weil es kein Gesetz gab, sondern weil es fünf verschiedene Stellen gab, die gesetzgeberisch und administrativ vorgingen. Das Land war in vier Zonen geteilt, und in jeder Zone herrschten andere Bestimmungen. Gesuchten Nazi und Kriminellen fiel es nicht schwer, sich der Verfolgung durch ein Überwechseln in eine andere Zone zu entziehen, wo sie ihre Identität und ihr Vorleben leicht verdecken konnten.

Die Rechtssicherheit besserte sich zwar in der zweiten Hälfte des Jahres 1945, die Zoneneinteilung aber blieb. Da die westlichen Alliierten die provisorische Regierung vorerst nicht anerkannten, hatten deren Gesetze und Bestimmungen nur in der russischen Zone Geltung. Aber selbst hier griff die sowjetische Besatzungsmacht immer wieder nach Gutdünken ein und beanspruchte für sich eine Art rechtsfreien Raum oder Überrecht. In den anderen Zonen setzten die Militärregierungen autonom ihre eigenen Maßnahmen. Die Zoneneinteilung war daher – nach der Anerkennung der Zentralregierung – das vorrangige Problem der österreichischen Regierung. »Jeder Wiederaufbau, wie überhaupt jede positive Arbeit in Österreich, ist insolange unmöglich, solange man dieses territorial an sich nicht große Land, das wirtschaftlich, politisch und verwaltungstechnisch seit Jahrhunderten organisch ineinander verflochten ist, in vier Zonen teilt[28].«

Das galt natürlich auch oder besonders für die Entnazifizierung. Mehr als acht Monate lang hatten das Gesetz Nr. 13 und die anderen Entnazifizierungsgesetze nur in der russischen Zone Geltung, während die anderen Besatzungsmächte ihre eigenen Vorstellungen durchführten. Im Bereich der österreichischen Gesetzgebung befanden sich 1945 nur 42 Prozent der vom Entnazifizierungsgesetz Betroffenen, 26 Prozent waren in der britischen, 20 Prozent in der amerikanischen und 12 Prozent in der französischen Zone.

Die uneinheitliche Vorgangsweise bei der Entnazifizierung in Österreich hatte zwei wesentliche Folgen: crstens eine ungleiche Behandlung der Nazi, zweitens eine wesentliche Verzögerung der politischen Säuberung.

Am strengsten wurde die Entnazifizierung im Bereich der österreichischen Regierung durchgeführt, vor allem in Wien. Viele belastete Nazi setzten sich deshalb vor der russischen Besatzung und vor den Maßnahmen der österreichischen Regierung nach Westen ab, vor allem in die amerikanische Zone, »in jene Gebiete, wo es nicht nur Fleisch und Butter gibt, sondern wo, nach dem allgemeinen Eindruck, allzu viele Nazi unbehelligt geblieben sind[29]«.

Diese ungleiche Behandlung der Nazi erregte bei den Parteien, welche die österreichische Regierung stellten, einiges Mißfallen. So sprachen die Kommunisten davon, »daß die elastische Absatzbewegung der besonders Schuldbewußten in das mildere Klima des Westens und Südens . . . die Lösung des Problems sehr erschwert habe[30]«. Und in der sozialistischen *Arbeiter-Zeitung* stand über die Naziflucht nach Westen zu lesen:

Heimkehr nach Wien September 1945!

„Meinen Sie mich oder ist vielleicht ein Kriegsverbrecher ausgekommen?"

Wiener Kurier, 27. Februar 1946

»Es sind gewichtige Burschen unter ihnen, Pracht- und Prunkexemplare für manchen saftigen Volksgerichtsprozeß, denn es waren bestimmt nicht die ärmsten und kleinsten PGs, die da mit sehr großem Sack und Pack abgezogen sind und Zuflucht ›auf den Ländern‹ gesucht haben. Wir hoffen auch, manche Gestapovisage wiederzusehen, die uns hier noch dringend auf der Anklagebank und unter dem Galgen fehlt. Auch viele Wirtschaftskapitäne sollen es sich an den Seen unseres schönen Landes gutgehen lassen, die vor den Stürmen des rasanten Vormarsches der Roten Armee so sehr das Zittern in Händen und Knien bekamen, daß sie das Steuer rasch ihren Unterläufeln überließen und sich selbst an stillere Gewässer, durch deren viele sie ja schon geschwommen sind, in Sicherheit brachten. Daß zu sehr in die braune Soße hineingetretene Künstler ebenfalls dem großen Zug nach dem Westen gefolgt und nun bemüht sind, sich diese jetzt allzu unbequeme Farbe etwa durch den Salzburger Schnürlregen abwaschen zu lassen, ist uns ebenfalls bekannt[31].«

Aber auch die Parteizeitung der ÖVP trat für ein schärferes Durchgreifen der Besatzungsmächte ein und wetterte, daß »Nazibonzen aus allen Teilen Österreichs und Deutschlands in Oberösterreich und anderswo mit Auto und Dienerschaft ein ruhiges Leben führten und über dic Dummen lachten, die in der unmittelbaren Kriegszone geblieben waren[32]«.

Auch in der britischen Zone war es anscheinend möglich, noch bis 1946 unter dem Motto: »Wer ein Nazi ist, das entscheidet der Militärkommandant[33]«, den österreichischen Entnazifizierungsmaßnahmen zumindest teilweise zu entgehen. In welchem Maß die »Naziflucht« tatsächlich stattgefunden hat, ist schwer feststellbar.

Ein Vergleich der Nationalsozialisten 1942 und 1946 zeigt, daß tatsächlich einige regionale Veränderungen stattgefunden hatten, wenn auch die Gaugrenzen 1942 mit den Bundesländergrenzen 1946 nicht ganz übereinstimmen – vor allem bei Wien, Niederösterreich und der Steiermark – und die Tabelle nur eine bedingte Aussagekraft hat.

Dabei ist festzustellen, daß gerade in Wien und Niederösterreich der Anteil der erfaßten Nationalsozialisten um 5 bzw. 10 Prozent zurückging, in Wien absolut um ein gutes Drittel und in Niederösterreich sogar um die Hälfte. Das dürfte wohl nicht nur auf kriegsbedingte Verluste zurückzuführen sein und auch nicht auf geographische Veränderungen, da die Zahl der Nationalsozialisten im Burgenland relativ gering war. Anderseits hatten Kärnten und vor allem Salzburg trotz Kriegsverlusten einen Zuwachs an Nazi aufzuweisen, was die Vermutung einer gewissen Nazidrift bei Kriegsende nach Westen und Süden durchaus unterstützt.

Die österreichischen politischen Kräfte drängten daher ständig auf eine einheitliche Lösung der Entnazifizierung, und man war der Überzeugung: »Wenn man uns diese Dinge selbst überließe, würden wir sie viel rascher und besser lösen, als wenn alle möglichen Köche in dieser Suppe herumkochen[34].« »Wenn das Verbotsgesetz in seiner Fassung vom 8. Mai 1945 samt seinen Sondergesetzen in ganz Österreich einheitlich angewendet worden wäre, hätten wir bereits seit Spätherbst 1945 kein Naziproblem mehr[35].« Die politischen Kräfte in Österreich sahen in einer einheitlichen, alle Zonen erfassenden Regelung der Nazifrage ein dringendes Gebot der Demokratie[36].

Aber auch die amerikanischen Behörden mußten rückblickend

Zahl der Nationalsozialisten
(Parteimitglieder bzw. Registrierte) 1942 und 1946

Gau/Land	1942	%	1946	%
Wien	172.746	25,0	108.405	20,2
Niederösterreich	187.706	26,0	89.090	16,6
Steiermark	107.030	15,5	92.734	17,3
Oberösterreich	87.588	12,7	87.172	16,2
Tirol und Vorarlberg	70.348	10,2	65.543	12,2
Kärnten	44.992	6,5	46.753	8,7
Salzburg	27.068	4,0	33.090	6,2
Burgenland			13.875	2,6
Gesamt	688.478		536.662	

Veränderungen	absolut	in % am jeweiligen Gesamtanteil
Wien	(−) 64.341	(−) 5
Niederösterreich	(−) 89.616	(−) 10
Steiermark	(−) 14.296	+ 2
Oberösterreich	(−) 416	+ 4
Tirol und Vorarlberg	(−) 4.805	+ 2
Kärnten	+ 1.761	+ 2
Salzburg	+ 6.022	+ 2

Quelle: Für 1946: Übersicht über registrierte Nationalsozialisten, Bundesministerium für Inneres, 15. September 1946, 60219-2/20346.
Für 1942: Botz, *Wien vom Anschluß zum Krieg.* – Zu berücksichtigen ist auch, daß die 1946 als Nazi Registrierten nicht unbedingt in der Parteienstatistik 1942 enthalten gewesen sein müssen.

feststellen: »Nach Anerkennung der provisorischen Regierung und der Ausweitung ihrer Autorität auf ganz Österreich wurde es den Besatzungsmächten klar, daß eine einheitliche Lösung des Entnazifizierungsproblems gefunden werden mußte, um die politische Stabilität des Landes aufrechtzuerhalten[37].«

Wenngleich es richtig ist, daß politische Säuberungen mit ihren ersten Maßnahmen stehen und fallen, so war das nun reichlich spät. Diese Verzögerung hatte eine sehr ungleichmäßige Behandlung der Nationalsozialisten in Österreich zur Folge. Während in Wien die Volksgerichte immerhin schon seit Juni 1945 bestanden, wurden sie in Linz erst im Februar 1946 errichtet, und manche US-Gesetze, wie etwa das Wirtschaftssäuberungsgesetz, wurden noch bis Ende 1946 in den westlichen Bundesländern so gut wie überhaupt nicht angewendet.

D. Die Wende in der Entnazifizierung

Durchführung und Ausnahmen

So war in der Entnazifizierung die österreichische Erfolgsbilanz des Jahres 1945 nicht sonderlich imponierend. Es waren etwa 10.000 Personen verhaftet worden, von denen ein Teil bald wieder auf freien Fuß gesetzt wurde. Die Volksgerichte begannen nur langsam zu arbeiten, und die Registrierung ging vorerst eher schleppend vor sich. Auch Ende 1945 konnte die Zahl der Nationalsozialisten in Österreich noch nicht einigermaßen genau angegeben werden.

Die Wende der österreichischen Entnazifizierung kam in der Zeit zwischen November 1945 und Februar 1946, zwischen den ersten Nationalratswahlen und der Übertragung der Entnazifizierungskompetenz für das ganze Land auf die österreichische Regierung. Bis dahin war der Prozeß der Vereinheitlichung Österreichs schon einigermaßen fortgeschritten. Die Zentralregierung in Wien hatte die Anerkennung aller Besatzungsmächte gefunden, im Juli 1945 wurde der Alliierte Rat gebildet, der eine einheitliche Politik der vier Besatzungsmächte in Österreich gewährleisten sollte, und im November wurde ein Alliiertes Entnazifizierungsbüro gegründet, das aus je zwei Vertretern aller vier Besatzungsmächte bestand und die Aufgabe hatte, die alliierte Entnazifizierungspolitik zu vereinheitlichen und Informationen auszutauschen.

Am 10. Januar 1946 genehmigte der Alliierte Rat schließlich das Verbotsgesetz, das am 5. Februar 1946 in ganz Österreich in Kraft trat, und am 11. Februar 1946 übergab der Alliierte Rat der österreichischen Regierung die Durchführung der Entnazifizierung unter der Kontrolle seines Entnazifizierungsbüros, allerdings mit Einschränkungen, die das Mißtrauen der Besatzungsmächte ausdrückten: Der Alliierte Rat behielt sich das Recht vor, aus Positionen in Österreichs Staat und Wirtschaft Personen zu entfernen, die sich in der NSDAP an Aktivitäten gegen die Alliierten oder die demokratischen Kräfte Österreichs beteiligt hatten, selbst wenn diese Personen nicht von den österreichischen Entnazifizierungsbestimmungen betroffen waren[38].

Nach Anweisung des Alliierten Rates hätte die österreichische Regierung die Entnazifizierung in drei Wochen, bis zum 1. März 1946, durchführen müssen, ein Termin, der sich als völlig illusorisch erwies. Ein US-Bericht führt dazu aus: »Die neue österreichische Regierung unter Figl erkannte schnell die politische Bedeutung, das eigene Haus zu säubern, und errichtete im Januar 1946 ein Ministerkomitee, um die drei obersten Ränge des Staatsdienstes von Nazi zu säubern[39].«

Ganz so einfach war die Sache allerdings nicht. Denn die Einstellung aller vier Besatzungsmächte zur Entnazifizierung in Österreich hatte sich von 1945 auf 1946 wesentlich geändert. Die Sowjets, die diese politische Maßnahme zuerst den Österreichern überlassen wollten, standen nun der Regierung skeptisch gegenüber, und die westlichen Alliierten, die die Entnazifizierung in ihrem Bereich zuerst durchgeführt hatten, beschränkten sich nur noch auf Kontrolle. Darum drängte der Alliierte Rat von Anfang an stark auf Entnazifizierungsmaßnahmen und setzte die österreichische Regierung unter Druck.

Ganz in diesem Sinne forderte der Alliierte Rat das Alliierte Entnazifizierungsbüro noch am 10. Jänner 1946, knapp vor der Übergabe an die Österreicher, auf, noch selbst eine vollständige Entnazifizierung der österreichischen staatlichen Verwaltung und – auf Vorschlag der Russen – auch der österreichischen Wirtschaft durchzuführen. Alle Staatsbediensteten sollten einen Fragebogen auszufüllen haben, und die Aktion sollte bis 15. Februar 1946 beendet sein.

Um diesen Maßnahmen zuvorzukommen, errichtete Bundeskanzler Figl ein ministerielles Entnazifizierungskomitee, das die Entnazifizierung der drei höchsten Dienstränge im Staatsdienst von österreichischer Seite selbst durchführen sollte[40]. Das Komitee hatte nicht einmal eine gesetzliche Grundlage und sprach außer bei Illegalen auch keine Entlassungen aus, sondern gab die Fälle an die zuständigen Sonderkommissionen weiter, denen durch Gesetz die Entlassung von Nazi in Staat und Wirtschaft übertragen worden war und die beim Arbeitsamt, bei den Ministerien und in den Ländern bestanden. Das »Figl-Komitee« für die Entnazifizierung der drei höchsten Dienstklassen ging recht schnell und erfolgreich vor, unter anderem auch deshalb, weil es viele Fälle behandelte, in denen Nazi Posten nur noch formal innehatten und seit Kriegsende nicht mehr im Dienst erschienen waren.

Mit der Arbeit der eigentlichen Sonderkommissionen waren die Alliierten aber gar nicht zufrieden. Das Entnazifizierungsbüro versuchte deshalb auch, diese Kommissionen unter Druck zu setzen; es machte Stichproben und zögerte nicht, zusätzliche Entlassungen zu verlangen und die Kommissionen auf ihre Pflichten hinzuweisen. Vor allem aber warfen die Alliierten ihnen vor, die Entnazifizierung zu langsam durchzuführen, zu verzögern und die Gesetze nur unvollständig anzuwenden. So hätten nach dem Verbotsgesetz die österreichischen Sonderkommissionen ihre Tätigkeit bis 30. Juni 1946 beenden sollen; zu diesem Zeitpunkt war aber erst gerade etwa die Hälfte der Fälle tatsächlich erledigt[41].

Die Entnazifizierung bekam aber noch eine zusätzliche Bedeutung, da sie von der Sowjetunion mit einem österreichischen Friedensvertrag in Zusammenhang gebracht wurde. Bei der Außenministerkonferenz im Juli 1946 in Paris weigerte sich der sowjetische Außenminister Molotow, über die Frage eines Friedensvertrages der Alliierten mit Österreich auch nur zu diskutieren, solange die Entnazifizierung nicht vollständig abgeschlossen sei.

In den Vorwurf der Langsamkeit der österreichischen Entnazifizierung stimmten aber auch die anderen Alliierten mit ein. Diese »österreichischen Unzulänglichkeiten« waren Gegenstand einiger wortstarker Vorsprachen des Alliierten Rates bei der österreichischen Regierung, die in der Anweisung an Bundeskanzler Figl gipfelten, am 26. Juli 1946 vor dem Alliierten Rat zu erscheinen und über die Situation Rede und Antwort zu stehen[42].

Angesichts der zunehmenden Bedeutung der Entnazifizierungsfrage verlegte sich die österreichische Regierung nun darauf, Erfolgsmeldungen vorzulegen. So schrieb Bundeskanzler Figl etwa am 4. Juli 1946 an den Alliierten Rat: »Die Arbeit, welche von der österreichischen Bundesregierung und allen ihren Abteilungen seit April 1945 geleistet wurde, war erfolgreich. Österreich ist in allen Bereichen der Verwaltung frei von nationalsozialistischem Geist. Weitere Arbeit wird geleistet, diese Arbeit zu vervollständigen und zu sichern[43].«

Bei der Alliiertenbefragung selbst erklärte der Bundeskanzler, das Ministerkomitee habe 960 Personen aus führenden Stellungen in Staat und Wirtschaft entfernt. Weiters seien im Rahmen der österreichischen Entnazifizierung 36.000 Personen in der Privatwirtschaft entlassen und von 299.420 Staatsbediensteten 70.818 vom Dienst entfernt worden. Im ganzen hätten in Österreich seit Kriegsende 270.000 Nazi ihre Stellungen verloren. Daß die Entnazifizierung nicht noch weiter fortgeschritten oder gar beendet sei, führte der Bundeskanzler auf den Personalmangel im Justizbereich gerade infolge der Entnazifizierung zurück. Der dortige Personalstand sei auf 50 Prozent des Normalstandes abgesunken, und davon seien 75 Prozent in irgendeiner Weise mit der Entnazifizierung beschäftigt. Auf die drängende Frage des sowjetischen

Vertreters, wann die Entnazifizierung endlich abgeschlossen und die Nazi aus allen Positionen entlassen sein würden, antwortete der Bundeskanzler, er könne nicht sagen, wann der letzte Nazi gefunden werde, und außerdem umfasse »die Zahl der Registrierten auch Frauen und Kinder sowie Arbeiter und Bauern, die nur unter Druck beigetreten seien und bei denen er nicht das Recht habe, sie auf die Straße zu setzen[44]«.

Die Bilanz, die der Bundeskanzler dem Alliierten Rat vorlegte, hätte eine außerordentliche Aktivität auf dem Gebiet der Entnazifizierung bedeutet. Die Zahlen umfaßten jedoch nicht nur die tatsächlich Entlassenen, sondern auch die vom Dienst Suspendierten, solche, die aus Krankheit oder Alter ausgeschieden waren, und die beachtliche Zahl derer, die geflüchtet waren und freiwillig nicht mehr auf ihren Posten zurückkehrten.

So kam die Bundesregierung in eine schwierige Lage. Der endgültige Abschluß der Entnazifizierung schien immer wichtiger, innen- wie außenpolitisch. Doch das Verbotsgesetz selbst hatte einige Mängel, die zur Folge hatten, daß man sich Anfang 1946 bereits in einer Sackgasse befand. Einmal regelte es zwar die Entlassung, aber nur unzulänglich die Wiedereinstellung von Nazi; dann wurden Gehälter und Pensionen zumindest teilweise weiter bezahlt, und auch die Klassifizierung der Illegalen als Belastete war problematisch: Etwa 20 Prozent der Registrierten fielen in diese Kategorie und damit unter die zeitlich unbeschränkte Anwendung des Gesetzes.

Vor allem aber lag in der Konstruktion des Gesetzes selbst die entscheidende Schwierigkeit seiner Durchführung. Das Verbotsgesetz war auf individuelle Behandlung der 536.000 registrierten Nationalsozialisten aufgebaut. Das zeigte sich an der Möglichkeit des Ansuchens um Ausnahme von den Folgen des Gesetzes, wenn der Betroffene seine Zugehörigkeit zur NSDAP »niemals mißbraucht hat und aus seinem Verhalten noch vor der Befreiung Österreichs auf eine positive Einstellung zur unabhängigen Republik Österreich mit Sicherheit geschlossen werden kann«. Das war nun freilich ein sehr dehnbarer Begriff, bei dem es nur auf die Auslegung ankam. Daher machte die überwiegende Mehrheit der Registrierten – 85 bis 90 Prozent – von der Möglichkeit eines Ausnahmeansuchens Gebrauch. Ehemalige Widerstandskämpfer und Opfer des Faschismus hatten alle Hände voll zu tun, um Bestätigungen über die Unbescholtenheit und Österreichfreundlichkeit einzelner Registrierter auszufüllen. In Deutschland nannte man das »Persilschein«. Die österreichische Verwaltung erstickte daher in Gnadengesuchen, das Gesetz war praktisch undurchführbar geworden.

»An der Konstruktion: Registrierung und Sühnefolge als Regel, Nachsicht als Ausnahme, ist das Verbotsgesetz in seiner praktischen Anwendbarkeit gescheitert. Die Mehrzahl der meldepflichtigen Personen nahm die Möglichkeit der Erwirkung eines Gnadenaktes für sich in Anspruch. Dies hatte eine wahre Flut von Gnadengesuchen zur Folge. Ihre Bearbeitung hätte zu einer Lahmlegung des gesamten Verwaltungsapparates führen müssen.

Da zeigte sich, daß die Abstellung der Nachsichtsmöglichkeit auf den individuellen Fall das Verbotsgesetz praktisch unanwendbar werden ließ. Ja das Prinzip, auf dem das Gesetz aufgebaut war, wurde in der Praxis in das Gegenteil verkehrt, ein Umstand, der, abgesehen von der unerträglichen Belastung der Verwaltungsbehörde, der Behandlung des Nationalsozialistenproblems die nötige Durchschlagskraft zu nehmen imstande war . . . So kam es, daß das Verbotsgesetz theoretisch wohl eine österreichische Lösung des Nationalsozialistenproblems darstellte, aber an der praktischen Durchführbarkeit scheiterte[45].«

Paradoxerweise wurde nur eine Person, gleich in den ersten Tagen des Verbotsgesetzes, entregistriert. Zur Prüfung der übrigen Ansuchen errichtete die Regierung ein aus allen drei Parteien zusammengesetztes Komitee, das bis November 1945 6000 Fälle bearbeitete, dann weigerte sich das Mitglied der ÖVP, weiter daran teilzunehmen[46]. Die zweite Novelle zum Verbotsgesetz vom 16. November 1945 sah daher vor, die individuelle Amnestie durch eine Gruppenamnestie zu ersetzen. Auf Anregung der ÖVP

Überblick über die registrierten Nationalsozialisten,

Bundesland	Registrierte	PG	PA	SS	davon SA	NSKK	NSFK
Wien	108.405	71.527	30.409	706	5.762	4.276	254
Niederösterreich	89.090	59.993	29.450	983	9.044	4.354	413
Burgenland	13.873	8.923	4.584	265	1.205	542	29
Oberösterreich	87.172	68.046	8.243	1.066	10.186	4.759	1.230
Salzburg	33.090	25.807	4.835	668	5.624	2.336	344
Steiermark	92.734	72.984	10.532	4.596	14.384	4.916	754
Kärnten	46.753	32.917	8.482	13.333	7.757	2.129	563
Tirol	45.863	25.386	18.045	829	4.552	2.387	312
Vorarlberg	19.680	11.683	7.963	283	2.684	963	26
Österreich	536.660	377.266	122.543	22.729	61.198	26.662	3.925

Quelle: Bericht des Bundeskanzlers an den Alliierten Rat, NA 60219-2/30.346.

sollte die Regierung ermächtigt werden, bestimmte Gruppen von Registrierungspflichtigen aus der Liste zu streichen und vom System der Einzelnachsicht zu einem der Gruppenamnestie überzugehen. Dieses Gesetz wurde zwar im November 1945 verlautbart, aber praktisch nicht mehr durchgeführt. Es gab jedoch den Anstoß zu einer neuen Regelung der Entnazifizierung in Österreich.

ANMERKUNGEN

1 Regierungserklärung vom 28. 4. 1945, *Österreichisches Jahrbuch 1946/47*, Wien 1947, S. 13/14.
2 Verfassungsgesetz vom 8. Mai 1945 über das Verbot der NSDAP, StGBl. Nr. 13; Kriegsverbrechergesetz vom 26. Juni 1945, StGBl. Nr. 32.
3 *Wiener Zeitung*, 9. 5. 1945; in besonders berücksichtigungswürdigen Fällen konnte statt der Todesstrafe auch Kerker von zehn bis zwanzig Jahren verhängt werden.
4 Art. II § 4.
5 Heller-Loebenstein-Werner, *Das Nationalsozialistengesetz*, I/8.
6 So die Gesetze über die Staatsbürgerschaft, Vereinsreorganisation, Rechtsanwaltsordnung, Notariatsordnung, Schillinggesetz, Wohnungsanforderung, Arbeitspflicht, Wirtschaftssäuberung und die Vorschriften auf dem Hochschulwesen.
7 Art. 3 § 10.
8 Niethammer, S. 40.
9 *Österreichisches Jahrbuch 1945–1946*, S. 97.
10 Adolf Schärf, *Zwischen Demokratie und Volksdemokratie*, S. 179.
11 Karl Renner, *Drei Monate Aufbauarbeit der provisorischen Staatsregierung der Republik Österreich*, Wien 1945, S. 9.
12 »Sühne oder Sicherheit?«, *Neues Österreich*, 9. 5. 1945.
13 Art. III, S. 10.
14 Siehe Luza, S. 75, Fußnote 18.

15. September 1946

Illegale					Funktionäre (ab Blockleiter)				
PG	SS	SA	NSKK	NSFK	PG	SS	SA	NSKK	NSFK
21.091	144	668	75	–	3.991	31	244	96	
11.972	286	2.559	639	26	12.471	208	462	148	
2.266	143	125	83	7	1.140	14	32	11	
21.370	313	2.952	455	48	13.958	44	303	138	
2.313	113	1.020	92	16	3.398	24	182	68	
20.580	2.382	5.355	1.791	322	9.216	431	1.357	396	
13.526	166	1.989	213	49	5.571	76	385	66	
3.821	138	935	66	4	3.115	58	214	42	
1.391	49	334	68	17	2.913	14	81	9	
98.330	3.734	15.937	3.482	489	55.773	900	3.260	974	180

15 Ernst Fischer, »Gerechtigkeit!«, *Neues Österreich,* 9. 9. 1945.
16 Siehe etwa Luza, *Österreich und die großdeutsche Idee,* oder Botz, *Wien vom Anschluß bis zum Krieg.*
17 Übersicht über die registrierten Nationalsozialisten, 15. 9. 1946, 60219-2/20346, NA.
18 Adolf Schärf, *Zwischen Demokratie und Volksdemokratie,* S. 179/80.
19 Art. 3 § 11.
20 Botz, *Wien vom Anschluß zum Krieg,* S. 84 f.
21 Luza, S. 78.
22 Fischer, *Ende einer Illusion,* S. 106.
23 »Sühne oder Sicherheit?«, *Neues Österreich,* 9. 5. 1945.
24 Art. II § 12.
25 Adolf Schärf, S. 182.
26 Heller-Loebenstein-Werner, S. I/9.
27 Art. VI § 27; siehe das Kapitel: *Die Wende in der Entnazifizierung.*
28 Figl, Regierungserklärung, *Wiener Zeitung,* 22. 12. 1945.
29 »Das Naziproblem«, *Arbeiter-Zeitung,* 5. 1. 1946. – Auch die Amerikaner sprachen von dem »alten und anhaltenden Gerücht, daß sich wichtige Nazi in den abgelegeneren Teilen Salzburgs versteckt halten«. US-Commissioner, Januar 1946, S. 32.
30 Fischer, 28. Sitzg., 24. 7. 1946, S. 598.
31 Felix Hubalek, »Vergebliche Naziflucht nach dem Westen«, *Arbeiter-Zeitung,* 7. 8. 1945.
32 »Provokationen«, *Das Kleine Volksblatt,* 24. 8. 1945.
33 Hillegeist, 12. Sitzg., 12. 3. 1946, S. 155.
34 Hillegeist, 12. Sitzg., 12. 3. 1946, S. 819.
35 Migsch, 28. Sitzg., 24. 7. 1946, S. 581.
36 Koref, 28. Sitzg., 24. 7. 1946, S. 594.
37 *A Review of Denazification in Austria,* 9-11-1949, Legal Division, USACA.
38 *A Review of Denazification,* US Legal Division 9-11-1949.
39 A. a. O.
40 Nicholls to Bevin, Vienna, 5th February 1946, FO 371/55188, PRO.
41 US-Commissioner, Juni 1946, S. 148.
42 Allied Commission for Austria, British Element, *Denazification in Austria,* FO 371, PRO.
43 Bundeskanzler Figl an den Vorsitzenden des Alliierten Rates, Wien, 4. 7. 1946, FO 371/55191, PRO.
44 FO 371/55191, PRO.
45 Heller-Loebenstein-Werner, S. I/9.
46 Schärf, S. 185/6.

2. Das Entnazifizierungsgesetz 1947

A. Die Drei-Parteien-Einigung

Vom Illegalen zum Belasteten

Die drei Parteien traten zusammen, um zu beraten, welche Gruppen von Nationalsozialisten nach der 2. Verbotsgesetznovelle entregistriert werden sollten. Bei diesen Gesprächen kam man jedoch überein, die Grundsätze für ein neues Gesetz auszuarbeiten. Einerseits sollte die Nationalsozialistenfrage in ganz Österreich einheitlich geregelt werden, um den Zuständen, welche durch die nur teilweise Anwendung des Verbotsgesetzes entstanden waren, ein Ende zu setzen[1]. Auch in der Entnazifizierung sollte wieder »ein Recht und ein Gesetz in allen Zonen Österreichs in Geltung stehen[2] . . .«. Anderseits sollte eine Dauerlösung erfolgen, eine abschließende Bereinigung des Nationalsozialistenproblems mit dem Ziel der politischen Rehabilitierung der nominellen oder »minderbelasteten« Nazi.

Diese Drei-Parteien-Vereinbarung wurde am 30. März 1946 als »Grundsätze der Entnazifizierung aufgrund der Parteienverhandlungen zwischen ÖVP, SPÖ und KPÖ« veröffentlicht. Wesentlich war der Übergang vom individuellen zu einem kollektiven Verfahren. Auch die damit verbundene Problematik wurde durchaus gesehen: »Es mag sein, daß ein individuelles Verfahren im allgemeinen gerechter erscheint. Wir müssen uns aber bewußt sein, daß zehn bis fünfzehn Jahre erforderlich wären, wollte man jeden Nazifall für sich einwandfrei untersuchen. Eine solche Verschleppung der Lösung der Nazifrage würde eine latente Gefahr für den inneren Frieden bedeuten. Jedes abgekürzte Verfahren – wir haben es ja bei den Entregistrierungen erlebt – führt zu untragbaren Ungerechtigkeiten und bloßen Lippenbekenntnissen, wobei sich derjenige, der über Beziehungen verfügt, herauswindet, während der kleine Mann in den Maschen des Gesetzes hängen bleibt. Die Gruppeneinteilung mit ihren zwingenden Sühnefolgen ist daher in ihrer Wirkung gerechter und zweckentsprechender[3].«

Und schließlich, wie es die *Arbeiter-Zeitung* ausdrückte: »In Notstandszeiten, bei einem Problem von solchen Riesenmaßen, geht es ohne summarische Maßnahmen nicht[4].« Durch die Behandlung nach objektiven, vom Gesetz bestimmten Merkmalen sollte die Möglichkeit eröffnet werden, »das generelle Prinzip praktisch durchzuführen, den Bedürfnissen der Wirtschaft entgegenzukommen und das Nationalsozialistenproblem rasch zu lösen[5]«.

Weiters ging man bei der Parteienvereinbarung nun vom »Illegalitätsprinzip« ab. Die illegale politische Betätigung zwischen 1933 und 1938 stand als eigenes Problem zwischen den großen politischen Parteien: »Illegalität ist immer Hochverrat[6]«, lautete ein Argument der Volkspartei, die anderseits aber durchaus die Meinung vertrat, daß man »die Frage des Illegalen, der sich nicht betätigt hat, damit löst, daß man ihn in den Kreis der Minderbelasteten einbezieht[7]«.

Von der sozialistischen Seite hingegen wurde – man könnte fast sagen, eigenartigerweise – das Kriterium der Illegalität als besonders belastendes Verhalten in das Gesetz gebracht. Adolf Schärf zählte es ja zu seinen besonderen Verdiensten, diesen Gedanken 1945 aufgebracht und durchgesetzt zu haben. Anderseits war diese Linie nicht ganz vereinbar mit der grundlegenden sozialistischen Einstellung zum Ständestaat, wie sie bei den Parteienverhandlungen 1946 dann auch deutlich wurde: »Wir haben die Illegalen herausgenommen, nicht um politische Geschäfte zu machen, sondern weil wir wußten, daß auch das Regime, gegen das sie gekämpft haben, illegal war. (*Stürmischer Beifall bei den Parteigenossen.*) Das ist unser Standpunkt, das ist sozialistische Gerechtigkeit[8].« Die Illegalität sollte nur noch im Strafrecht Bedeutung haben; die rote Unterstreichung in den Registrierungslisten, durch welche die Illegalen gekennzeichnet worden waren, fiel weg.

Das Damoklesschwert sollte aber noch weiterhin über den Illegalen schweben, die Möglichkeit der strafrechtlichen Verfolgung bei einem Delikt des Illegalen oder bei hochverräterischen Umtrieben blieb weiterhin bestehen. Die neue Einteilung der Nationalsozialisten umfaßte daher folgende Gruppen:

○ Personen, die einer Bestrafung unterlagen, Kriegsverbrecher und bedingt die Illegalen;

○ sühnepflichtige Personen, unterteilt in Belastete und Minderbelastete, wobei Sühne von Strafe unterschieden werden sollte.

Bei allen Nazis, die zur zweiten Gruppe gehören, deren Haltung also zu keiner Bestrafung im Sinne des Gesetzes Anlaß gab, bezeichnete die Regelung darum auch mit voller Absicht die verschiedenen vorgesehenen Maßnahmen nicht als Strafe, sondern als Sühne. »Damit allein ist schon zum Ausdruck gebracht, daß die Republik Österreich weder Rache noch Vergeltung üben will, daß aber, wer sich, sei es aus Überzeugung, um seines Vorteils willen oder auch aus bloßer Schwäche, schuldig oder mitschuldig gemacht hat, durch gewisse Opfer, die der freie demokratische Staat ihm auferlegt, seinen Anspruch, wieder vollwertiger Bürger der Republik zu werden, erwerben soll[9].«

Die Minderbelasteten sollten nach Bezahlung einer finanziellen Sühne freigehen, und auch für die Belasteten bestand »nach einem gewissen Zeitraum nach Ableistung der Sühne, die von ihm gefordert wird, die Möglichkeit, diese Schuld zu tilgen[10]«.

Die Gruppeneinteilung der Nationalsozialisten ging damit weg von der Illegalität und hin zur ehemaligen politischen Funktion des Nationalsozialisten. Nicht ob er schon in der Verbotszeit für den Nationalsozialismus eingetreten war, sondern ob er eine bestimmte führende Stellung innerhalb der Nazibewegung erreicht hatte, war nun das Kriterium. Diese waren die Schuldigen, die Belasteten, die anderen die Mitläufer oder Minderbelasteten. Belastete waren daher: »alle Hoheitsträger der NSDAP vom Zellenleiter aufwärts; ferner die Mitglieder der SS, die Offiziere der SA, des NSKK, des NSFK und die Funktionäre der sonstigen Gliederungen, Organisationen und angeschlossenen Verbände von dem einem Kreisleiter entsprechenden Rang aufwärts; ferner Personen, die für ihre illegale Betätigung für die NSDAP eine Auszeichnung erhalten haben[11] ...« Das waren alle diejenigen, »die der dem Führer verschworenen Gemeinschaft angehörten. Sie haben die vom Gesetz vorgesehene Behandlung verdient, weil sie an dem Aufkommen des Faschismus und an allen von ihm begangenen Greueltaten mitschuldig sind[12]«.

Die »Sühnefolgen« umfaßten im wesentlichen Einkommenskürzungen, wie Steuer- und Vermögensabgabe, Gehalts- und Pensionskürzungen im öffentlichen Dienst und ein Verbot für bestimmte Berufe, was dem Ziel »der Ausmerzung nazistischer Ideologie aus allen jenen Tätigkeiten, die das geistige und kulturelle Leben unseres Volkes gestalten, und anderseits die Ausmerzung des nazistischen Elements aus den Kommandostellen der öffentlichen Verwaltung und der Wirtschaft[13]« dienen sollte.

Für Parteianwärter sollten allerdings die Berufsverbote nicht gelten, und Minderbelastete sollten individuell durch den Bescheid einer Kommission doch zur Ausübung »verbotener« Berufe zugelassen werden können. Der Kreis der Berufsverbote war für die Belasteten weiter gezogen. Die Sühnefolgen sollten nach einer gewissen Zeit automatisch auslaufen, bei den Minderbelasteten nach drei Jahren – gezählt von 1945, also 1948 – und bei

Belasteten 1950, nach fünf Jahren. Die härteren Sühnefolgen für die Belasteten lagen außer bei der zeitlich längeren Geltung vor allem in der pensionslosen Entlassung aus dem öffentlichen Dienst und im Ausschluß vom aktiven und passiven Wahlrecht. Da diese Bestimmungen bei Minderbelasteten aber nicht mehr zutrafen und die Sühnefolgen nach Absicht der drei österreichischen Parteien schon im April 1948 auslaufen sollten, kamen diese Bestrebungen einer halben Amnestierung der »kleinen« Nazi gleich.

Zusätzlich gab es noch Gruppen, die von der Registrierung ausgenommen werden sollten. Die Festlegung dieses Personenkreises war ja der eigentliche Ausgangspunkt der Parteiengespräche gewesen. Ausgenommen werden sollten Parteianwärter, deren Aufnahme aus politischen Gründen verweigert worden war; Parteimitglieder, wenn sie ausgetreten, ausgeschlossen oder politisch verfolgt worden waren; einfache Mitglieder des NSKK und NSFK sowie der Betriebs-SA und schließlich Personen, die mit der Waffe in der Hand bei den Alliierten oder gegen die Nationalsozialisten gekämpft hatten.

Ansonsten gab es keine Ausnahme mehr von der Registrierung, auch nicht durch den Bundespräsidenten. Allerdings stand in Ausnahmefällen das Recht zu, eine Ausnahme von den Sühnefolgen zu gewähren. Die so Amnestierten standen zwar in den Registrierungslisten, hatten aber keine Folgen mehr zu tragen. Die Bestimmungen für die Registrierung nach dem Verbotsgesetz blieben aufrecht. Die Meldepflicht der Nationalsozialisten und ihre Verzeichnung in Listen war weiterhin die Voraussetzung für die Behandlung des Nationalsozialistenproblems. Anläßlich des neuen Gesetzes wurde innerhalb einer Frist eine Amnestie für die Berichtigung von falschen Angaben in den Fragebögen gewährt. Tatsächlich kamen auch 11.899 Personen dieser Aufforderung nach und berichtigten ihre Angaben oder ließen sich nachregistrieren[14].

Vergleicht man die Verhandlungen zum Verbotsgesetz 1945 und die Drei-Parteien-Einigung 1946, so zeigt sich eine bemerkenswerte Entwicklung der Haltung der österreichischen Parteien in der Nationalsozialistenfrage. Das von den Sozialisten eingeführte Kriterium der Illegalität hatte seine entscheidende Bedeutung verloren, die von der VP geforderte Miteinbeziehung der Parteianwärter wurde zumindest bei den Sühnefolgen zum Teil wieder zurückgenommen, und die einfachen Mitglieder des NSKK und NSFK, die auf Betreiben der Kommunisten in das Verbotsgesetz gekommen waren, waren nicht mehr betroffen. Die von der

VP vertretene Meinung, die Mitläufer weitgehend ungeschoren zu lassen, fand ihre – zumindest teilweise – Entsprechung in der Beschränkung der Sühnefolgen bis zum April 1948, und der sozialistischen Vorstellung von der politischen Umerziehung entsprachen vor allem die finanziellen Sühnemaßnahmen, zum Teil auch die Berufsverbote. Im ganzen hatte sich die politische Linie gegenüber den ehemaligen Nationalsozialisten gemäßigt.

B. Das Veto der Besatzungsmächte

Fünfzig Änderungen

Die Parteien-Vereinbarung kam im Juli 1964 in den Nationalrat, wurde dort behandelt und mit einigen Abänderungen einstimmig zum Beschluß erhoben. Sie wurde als »Reifeprüfung der österreichischen Demokratie« bezeichnet:

»Es war nicht leicht, diese zahllosen Meinungen auf einen gemeinsamen Nenner zu bringen, weil – und das ist keine Übertreibung – in der Nazifrage 100 Personen von ihrem subjektiven Betrachtungsstandpunkt aus mindestens 110 verschiedene Auffassungen vertreten. Das Werk wurde trotz aller Schwierigkeiten doch geboren und stellt seinem Inhalt nach nicht nur einen Akt staatsmännischer Klugheit dar, sondern zeugt auch für die Reife der erneuerten österreichischen Demokratie[15].«

Im August wurde die Gesetzesvorlage dem Alliierten Rat als oberster Instanz zur Genehmigung vorgelegt. Da es ein Verfassungsgesetz war, benötigte es Einstimmigkeit. Beim Alliierten Rat stieß die Vorlage jedoch auf Widerstand. Die Alliierten waren von dem neuen Gesetz ja keineswegs überrascht und hatten ihre Vorstellungen von einem neuen Entnazifizierungsgesetz auch der Bundesregierung übermittelt. Noch im Juli 1946 hatte der Bundeskanzler in einem Bericht an den Alliierten Rat ausdrücklich bestätigt, daß:

a) von den Besatzungsbehörden und vom Ministerkomitee verfügte Entlassungen durch das neue Gesetz vollkommen gedeckt sind,

b) niemand, der im Rahmen der Entnazifizierung entlassen wurde, in Zukunft irgendeine Position in der öffentlichen Verwaltung einnehmen kann,

c) belastete Personen jedes Recht auf Pensionen oder Abfindung verlieren, Minderbelastete nur das absolute Lebensminimum von etwa 150 Schilling im Monat erhalten,

d) nach den Bestimmungen des neuen Gesetzes alle entlassenen Nazi der Zwangsarbeit unterliegen,

e) ein eigenes Gesetz für jene vorbereitet wird, die in ihren Fragebögen falsche Angaben gemacht hatten,

f) und das Gesetz vorsieht, daß keine Person, die in den sieben Jahren der Naziherrschaft eine einflußreiche Position erlangen konnte, diese beibehalten kann[16].

Von allen diesen Punkten waren a) bis e) vom Alliierten Rat ausdrücklich gefordert worden, aber nur Punkt c) befand sich in dem Gesetzesvorschlag, der den Allierten im August 1946 vorlag. Der Alliierte Rat nahm die österreichische Gesetzesvorlage daher nicht an und versuchte sie in den folgenden vier Monaten seinen Vorstellungen anzunähern. In einem Bericht vom Jahre 1948 stellten die Amerikaner dazu rückblickend fest: »Es war die Haltung der US-Vertreter und der Briten, daß das Gesetz die demokratische Lösung eines internen Problems darstellt. Die Russen jedoch und zu einem geringeren Ausmaß die Franzosen überwanden die amerikanische und britische Haltung und fügten zahlreiche Änderungen bei, welche die Billigung des Alliierten Rates bis Dezember 1946 verzögerten[17].«

Dies war 1946 tatsächlich die Meinung der politischen Abteilung der US-Besatzungsmacht, die argumentierte: »Die politische Abteilung scheut davor zurück, einem Gesetz zu widersprechen, das von den drei Parteien nach langen Verhandlungen und Diskussionen angenommen wurde, und möchte den demokratischen Prozeß in Österreich soweit wie möglich ermutigen. Obwohl das Gesetz offensichtlich Fehler hat, stellt es doch einen wesentlichen Bereich einer gemeinsamen Vereinbarung der drei Parteien dar, und es wäre für das Gesetz besser, es zu akzeptieren, als eine Unzahl von Korrekturen und Verbesserungen anzubringen[18].«

Doch nicht die politische Abteilung setzte sich 1946 durch, sondern die *Internal Division,* der im allgemeinen auch die Entnazifizierung unterstand *(Public Safety Branch).* Deren Meinung war aber auf eine Formel gebracht: »Das Gesetz wird keine Entnazifizierung bringen, gewisse Änderungen sind notwendig[19].« Lediglich die Briten waren von vornherein bereit, den ursprünglichen österreichischen Gesetzesentwurf zu unterstützen. Sie sahen ihn sogar als zu streng an, da sie es als ihre Politik betrachteten, nominelle Nazi nicht zu bestrafen[20]. Die Amerikaner aber hatten bis September-Oktober ein umfangreiches System von zusätzlichen Entnazifizierungsforderungen ausgearbeitet, die sie als schwerwiegend genug ansahen, um »vom österreichischen Parlament ein Überdenken des beabsichtigten Gesetzes zu verlangen«, und die sich auch weitgehend im späteren Gesetz wiederfanden. Außer den sechs vom Bundeskanzler ursprünglich bereits zugesagten Punkten betrafen die amerikanischen Vorstellungen[21]:

○ weiteren Ausschluß der Nazis vom Wahlrecht für mehrere Jahre, da sonst ein Wiederaufleben nationalsozialistischer Ideen befürchtet wurde;

○ Maßnahmen gegen Kollaborateure: »In manchen Fällen traten Personen, die als ideologische Nazi bekannt waren, nicht der Partei bei. Aber diese könnten eine größere politische Gefahr darstellen als die Parteimitglieder, die Gegenstand der Bestrafung sind«;

○ Anwendung des Wohnungsanforderungsgesetzes auf alle Nazi, da diese sonst eine bessere Stellung erlangen würden als die vorherigen Besitzer, welche ihre Wohnungen durch Nazi-Gesetze verloren hatten;

○ Aufrechterhaltung der Vermögenssperre für Illegale;

○ und schließlich Erweiterung der Gruppe der Belasteten und der zu Registrierenden.

Die Russen waren sicherlich eine der am stärksten treibenden Kräfte für die Verschärfung des Gesetzes. Sie traten für eine wesentliche Erweiterung der Kategorie der schuldigen Nazi, zusätzliche Beschränkungen für die Belasteten und eine Erhöhung der Sühneabgaben für vermögende Nazi ein. Auch die Forderung, nationalsozialistische Schriftsteller in die Registrierung einzubeziehen, ging auf sie zurück. Sie waren aber nicht die einzigen, wie dies später von den Amerikanern dargestellt und in Österreich geglaubt wurde, was etwa zu dem Vorwurf an die österreichischen Kommunisten führte, wenn sie sich mehr bei der ihr nahestehenden Besatzungsmacht eingesetzt hätten, wäre das Gesetz mehr nach den österreichischen Vorstellungen ausgefallen[22].

Neben den Amerikanern traten vor allem die Franzosen für eine Verschärfung des Gesetzes ein. Sie schlugen im Alliierten Rat unter anderem vor, die Ausnahmen von der Registrierung einzuschränken, das Berufs- und Studiumverbot für Belastete zeitlich unbeschränkt anzusetzen und die Berufsverbote für Minderbelastete nicht 1948, sondern erst 1950 auslaufen zu lassen. Im großen und ganzen unterstützen die Amerikaner diese Forderungen[23].

Am 13. Dezember 1946 erzielte der Alliierte Rat die Einstimmigkeit, die für dieses Verfassungsgesetz notwendig war, und gab dem österreichischen Nationalrat das Gesetz mit fünfzig Änderungen wieder zurück. »Das so schwer geborene und wohl von dem gesamten österreichischen Volk geforderte Gesetz ist also wieder auf die Beratungstische des Hohen Hauses zurückgeflattert[24].« Die von den Alliierten gemeinsam verlangten Änderungen umfaßten im wesentlichen fünf Bereiche:

1. Die Erweiterung des Kreises der registrierungspflichtigen Personen durch Einbeziehung der Angehörigen der Gestapo und des SD, der Autoren von nationalsozialistischen Druckwerken und Filmdrehbüchern und der wirtschaftlichen Kollaborateure.

2. Die Einengung der Befreiung von der Registrierungspflicht. Parteianwärter, deren Aufnahme in die NSDAP aus politischen Gründen abgelehnt worden war, sollten nur aufgrund eines individuellen Überprüfungsverfahrens von der Registrierungspflicht befreit werden können.

3. Die Einschränkung des Kreises der von der Sühnepflicht befreiten Personen (Jugendliche).

4. Die Angleichung der Sühnefolgen für Minderbelastete an die der Belasteten durch zeitweisen Ausschluß vom Hochschulstudium, beschränkte Anwendung der Arbeitspflicht, des Wohnungsanforderungsgesetzes, ein beschränktes Verbot der Ausübung gewisser Berufe und die Ausdehnung der Sühnefolgen bis zum 30. April 1950.

5. Verschärfung der Sühnefolgen durch Wiedereinführung der Vermögenssperre bis zur Bezahlung der Sühneabgabe, Einführung von Anhaltelagern für Belastete und eine Erhöhung der Sühneabgabe.

Der Nationalrat sparte nicht mit Kritik an den alliierten Forderungen. Die Einbeziehung der Kollaborateure hätte nach österreichischen Vorstellungen über das Kriegsverbrechergesetz erfolgen sollen, also durch ein Gerichtsverfahren und nicht in Form eines Verwaltungsverfahrens wie der Registrierung. Auch die individuelle Überprüfung aus politischen Gründen abgelehnter Parteimitglieder sah man als grundsätzlich falsch an: »Wir haben also hier Verfahren zu führen, die monatelang den Fragenkomplex in Schwebe lassen, den Verwaltungsapparat schwer belasten, vielleicht auch blockieren, und dies bei einer Menschengruppe, die als Nazi nicht angesehen werden kann, weil sie weder als Anwärter noch als Parteimitglied anerkannt worden ist[25].« Nicht zufrieden, ja geradezu verbittert war man über die Einbeziehung der Jugendlichen in die Sühnepflichten:

»Wir haben jene Jugendlichen, die von der Hitlerjugend oder vom Bund deutscher Mädchen in die NSDAP vor dem zwanzigsten Lebensjahr überstellt worden sind, von der Sühnepflicht aus zwei Gründen ausgenommen: erstens sind diese Menschen in einer Zeit herangewachsen, in der sie selbst noch nicht urteilsfähig und Demokratie, Freiheit und Menschenliebe ihnen als Ausgeburt der Hölle hingestellt worden waren. Jedes moderne Strafrecht kennt die Institution der bedingten Verurteilung Jugendlicher. Man kann eine verfehlte politische Einstellung dann nicht verfolgen, wenn die Person nicht urteilsfähig ist und daher die volle Verantwortlichkeit nicht gegeben ist ... Im übrigen ist in der *Wiener Zeitung* vom 2. Februar 1947 zu lesen, daß der Landtag von Sachsen einstimmig die Rehabilitierung aller nach dem 1. Jänner 1919 geborenen nationalsozialistischen Parteimitglieder beschlossen hat. Es soll und muß ausgesprochen werden: Den Jugendlichen in Österreich wird verwehrt, was den Jugendlichen in Deutschland gewährt wird.«

Ebenso widersprach die Angleichung der Sühnefolgen der Minderbelasteten an die der Belasteten allen grundlegenden österreichischen Vorstellungen: »Es war der Wille der drei Parteien, für die Minderbelasteten den Schwebezustand zu beseitigen und sie in ihrer sozialen Existenz nicht zu gefährden oder zu bedrohen. Sie sollten eine bestimmte Verantwortung tragen, aber zu keiner Gruppe minderen Rechts gestempelt werden. Diese Grundsätze wurden durch die Verfügungen des Alliierten Rates praktisch aufgehoben.«

Auch die Vermögenssperre für belastete Nationalsozialisten hatte man abschaffen wollen, weil sie nicht nur die Belasteten, sondern das wirtschaftliche Leben des ganzen Landes behinderte. Bei vielen wirtschaftlichen Tätigkeiten, vor allem bei Bankgeschäften, mußte jedermann eine Erklärung abgehen, nicht registrierungspflichtig zu sein. Das hatte bereits zu einer empfindlichen Beeinträchtigung des wirtschaftlichen Lebens geführt. Und was schließlich die Errichtung von Internierungs- oder Anhaltelagern betraf, auch solchen, wie sie von den alliierten Militärbehörden in Österreich unterhalten wurden, so stießen sie bei den österreichischen Parteien auf grundsätzliche Ablehnung: »Die Anhaltelager haben bisher in ihrer Geschichte nie erzieherische Erfolge gehabt. Wenn sie nicht zu Heuchelei erzogen haben, wurden ihre Insassen stets nur zu Gemeinschaften zusammengeschweißt. Einen Effekt hatten nur die nazistischen Vernichtungslager. Es widerspricht aber allen Grundsätzen der Demokratie, an dieses fluchwürdige Nazisystem auch nur anzustreifen. Wir stehen nach wie vor auf dem Standpunkt: Wer Schuld auf sich geladen hat, gehört vor das Gericht.«

Schließlich faßte der parlamentarische Berichterstatter grundsätzlich die enttäuschte Haltung und die scharfe Kritik der österreichischen Parteien an den alliierten Forderungen zusammen: »Diese Abänderungen und Ergänzungen bewegen sich formell durchwegs im Rahmen des von uns beschlossenen Gesetzes: sie betreffen Detailfragen. In ihrer Summe und Vielfältigkeit entfernen sie sich aber sehr weit von dem, was wir gewollt haben. Sie geben dem Nationalsozialistengesetz einen anderen Charakter. Was wollen wir? Unsere Ziele lassen sich in drei Punkten zusammenfassen, und zwar:

1. Schutz und Sicherung der demokratischen Entwicklung;
2. Vernichtung der gesellschaftlichen Machtstellung der Führerschicht des Nazismus und
3. Trennung der Verführer von der Masse der Verführten; endgültige Festsetzung tragbarer Sühnefolgen für die Minderbelasteten und ihre Wiedereinordnung in die Gemeinschaft von Demokratie, Freiheit und Menschenwürde; rascheste Beseitigung des Naziproblems.«

Die beiden ersten Ziele der Entnazifizierung nach österreichischen Vorstellungen sah man durch die Änderungen der Alliierten nicht wesentlich berührt, wohl aber das dritte:

»Wir müssen leider feststellen, daß erstens das Prinzip der generellen Behandlungstechnik durch die Ausdehnung der kommissionellen Überprüfungsverfahren in einem Umfang durchbrochen ist, daß eine rasche Erledigung und Bereinigung des Naziproblems nicht möglich ist, zweitens viele Bestimmungen der Rechtssystematik entbehren und so die einheitliche Technik des Gesetzes aufheben – hiedurch werden der raschen Durchführung zahlreiche Schwierigkeiten bereitet – und drittens die Sühnefolgen für die Minderbelasteten vielfach denen der Belasteten angeglichen worden sind und hierdurch der staatspolitische Sinn der Trennung der Verführten von den Verführern kaum erreicht werden kann.

Wir haben nach den neuesten Zählungen 536.000 Registrierungspflichtige aufzuweisen. Hiervon werden etwa 440.000 als Minderbelastete gelten. Diese werden von dem Tage der Kundmachung dieses Gesetzes an ihre politischen Rechte wieder erhalten. Die demokratische Entwicklung Österreichs wird nur dann gesichert sein, wenn diese Menschenmasse, die beinahe ein Zwölftel der österreichischen Bevölkerung ausmacht, nicht dauernd zu einer Menschengruppe minderen Rechts gestempelt wird. Sie sollen die Sühnefolgen tragen – aber diese Leistungen müssen für sie tragbar sein und dürfen keine Rachepolitik enthalten. Das Tor in die demokratische Gesinnungswelt darf ihnen nicht verrammelt werden. Wir wissen, daß sich die überwiegende Mehrzahl der Minderbelasteten vom Nazismus innerlich abgewendet hat, daß sie sich betrogen und verraten fühlen und daß sie dem Führer und seinen Trabanten fluchen.« Die staatspolitische Erziehungsaufgabe kann nicht dadurch erfüllt werden, »daß der minderbelastete kleine, ehemalige Nazi dauernd mit dem Stigma herumläuft: Du warst ein Nazi!« Nach dieser ausführlichen und deutlichen Kritik an der Haltung der Alliierten stellte der Berichterstatter zum Schluß den Antrag: »Im Auftrag des Hauptausschusses habe ich den Antrag zu stellen, der Regierungsvorlage die verfassungsmäßige Zustimmung zu geben.«

Das Entnazifizierungsgesetz wurde mit allen Änderunwünschen des Alliierten Rates vom österreichischen Nationalrat einstimmig beschlossen.

C. Das Gesetz, das keiner wollte

Der österreichische Nationalrat hatte klein beigegeben, allen Änderungswünschen der Alliierten entsprochen und ein Gesetz beschlossen, mit dem er in dieser Form nicht einverstanden war. Warum hatte man so gehandelt? Vor allem deshalb, weil das Entnazifizierungsproblem nicht für sich allein, sondern im Zusammenhang mit dem politischen und wirtschaftlichen Wiederaufbau Österreichs als Ganzes gesehen werden mußte. Im Februar 1947 war bereits fast ein Jahr seit der »Drei-Parteien-Vereinbarung« vergangen, und es war nun vor allem anderen wichtig, einen »Schlußpunkt unter ein Kapitel zu setzen, das zu den traurigsten der österreichischen Geschichte gehört«. Es mußte endlich ein Problem gelöst werden, »das für die Entwicklung und Sicherung der Demokratie in der Zweiten Republik sowie für deren internationale Lage von größter Wichtigkeit war[26].« Es war gar nicht mehr so wichtig, wie diese Lösung aussah. Zwei Jahre nach Kriegsende mußte die Nazifrage endgültig und abschließend geregelt werden oder das Ende zumindest absehbar sein. Weitere Auseinandersetzungen der österreichischen Regierung mit dem Alliierten Rat um den Inhalt des Gesetzes hätten die Lösung des Naziproblems weiterhin in der Schwebe gehalten, ein Zustand, der von der österreichischen Regierung als gefährlich und untragbar angesehen wurde[27].

Mit dem Nationalsozialistengesetz 1947 wollte die österreichische Volksvertretung einen Schlußstrich unter die Ära des Nationalsozialismus ziehen. Das läßt sich nicht nur an der Drei-Parteien-Einigung und am völligen Nachgeben gegenüber dem Alliierten Rat erkennen, sondern auch an der Art der Gesetzgebung. In der kommentierten Ausgabe zum österreichischen Nationalsozialistengesetz stand daher zu lesen:

»Das Gesetzeswerk steht unter dem Zeichen der Liquidierung dieser Ära. Daher hat der Gesetzgeber zu der gesetzestechnischen Form der Kodifikation gegriffen. Jede Kodifikation bedeutet ein Zweifaches: einmal liegt ihr wesentlicher Zug in der Ausschließbarkeit. Nur in der Kodifikation ist der gesamte Fragenbereich geregelt, für Sonderregelungen außerhalb des Rahmens des von der Kodifikation erfaßten Rechtsstoffes ist kein Platz ... Für eine Kodifikation ist zweitens charakteristisch, daß sie das Ende einer Rechtsentwicklung auf einem bestimmten Gebiet anzeigt. Der Gesetzgeber ist der Meinung, daß damit das Rechtsgebiet erschöpfend geregelt ist. Nicht anders soll es sich mit dem NSG (Nationalsozialistengesetz) verhalten[28].«

Aber die zufriedenstellende Lösung der Entnazifizierung wurde von den Alliierten auch noch in Zusammenhang mit einem Friedensvertrag für Österreich und dem Abzug der Besatzungen gebracht. Im Parlament war man sich der außerordentlichen Tragweite des NS-Gesetzes daher bewußt: »Die Bereinigung des Naziproblems ist aber auch von großer außenpolitischer Bedeutung. Wir haben wiederholt aus den Reden und Äußerungen berufener Staatsmänner vernommen, daß die Völker der freien Welt in der Art seiner Lösung den Prüfstein der Reife des österreichischen Volkes zur Selbstregierung und der Stärkung seiner demokratischen Staatsgewalt erblicken. Die Herstellung der vollen staatlichen Souveränität Österreichs, die Aufhebung der alliierten Kontrolle und der Abzug der Besatzungstruppen werden davon abhängig gemacht[29].«

Der Nationalrat war zwar mit den Änderungen der Alliierten nicht einverstanden, fühlte sich aber »unter Druck gestellt«: »Die Erwirkung der vollen Souveränität Österreichs, die Aufhebung der alliierten Kontrolle, der Abzug der Besatzungstruppen aus Österreich werden von dieser Bereinigung abhängig gemacht. Um ein größeres Unheil zu vermeiden, hat man bewußt, weil man sich eben unter Druck gefühlt hat, kleinere Härten gegenüber einer Kategorie von Menschen hingenommen[30].«

Die Vorgangsweise der Alliierten gegenüber den österreichischen Gesetzgebern in der Entnazifizierungsfrage muß rückblikkend wohl als Fehler bezeichnet werden. Es war politisch sicherlich falsch, das vom österreichischen Parlament 1946 vorgelegte NS-Gesetz nicht en bloc anzunehmen, sondern in fast kleinlicher Weise viele Änderungen und Ergänzungen anzufügen. Zwar war der Alliierte Rat der Ansicht, damit wohl eine Verschärfung, aber keine grundsätzliche Änderung des österreichischen Gesetzes vorgenommen zu haben[31], im österreichischen Parlament war man aber der Meinung, daß dies nicht mehr das österreichische Gesetz war. Die beiden großen politischen Parteien Österreichs distanzierten sich daher später von diesem Entnazifizierungsgesetz: »Das NS-Gesetz, das niemand hier im Hause gewollt hat, ist uns von den Alliierten aufgezwungen worden[32]«, wie es der sozialistische Abgeordnete Migsch ausdrückte, und der ÖVP-Abgeordnete Maletta erklärte für seine Partei: »Das im Jahre 1947 verabschiedete NS-Gesetz ist dem Buchstaben nach österreichisches Recht, doch es ist ein Gesetzeswerk gewesen, dem deutlich der Stempel der damaligen vierfachen Besetzung Österreichs, der fremden Kontrolle und Bevormundung unserer Gesetzgebung aufgedrückt war[33].«

Bereits im Februar 1948, ein Jahr nach dem Gesetz, mußte daher ein amerikanischer Bericht feststellen: »Die meisten Österreicher betrachten das Entnazifizierungsgesetz als ein von den Alliierten diktiertes Gesetz . . . Das gegenwärtige Entnazifizierungsgesetz ist von prominenten Vertretern aus Politik, Religion und Wirtschaft kritisiert worden, welche fühlen, daß die Entnazifizierung die Wiederherstellung eines normalen Lebens für alle Personen nach Abgeltung der Sühne vorherzusehen hat. Sie glauben, daß das gegenwärtige Gesetz zu umfassend, zu streng in manchen Bestimmungen ist, zu unflexibel, daß es Familien ebenso bestraft wie die schuldigen Einzelpersonen und daß es gewisse gesetzliche Rechte und Prinzipien verletzt[34].« Zu den Kritikern gehörte unter anderem der österreichische Bundespräsident Renner, der schon in seiner Neujahrsansprache 1947 ausgeführt hatte: »Wenn es uns möglich gewesen wäre, das Gesetz entsprechend unseren Anschauungen noch vor Ende des Jahres durchzubringen, so wäre es uns auch möglich gewesen, durch die Methoden der Demokratie und der demokratischen Propaganda dieses schwierige Problem loszuwerden, welches wir nun auf eine punitive Art lösen müssen, mit Mitteln, deren Erlaubtheit von den legistischen Autoritäten bezweifelt wird[35].«Und der Salzburger Erzbischof Rohracher erklärte rundweg, er halte das Nationalsozialistengesetz für einen »Irrweg«[36].

Die Amerikaner mußten daher schon im Mai 1947 feststellen,

daß die Mehrheit der Bevölkerung das im Februar erlassene Gesetz nicht vollständig billigte und es wenig öffentliche Unterstützung für die Anwendung des Prinzips der kollektiven Schuld auf jene gab, die lediglich der NSDAP beigetreten waren[37]. Im Oktober veröffentlichte dann die Zeitschrift *Berichte und Information* eine Voksbefragung über die Entnazifizierung[38], bei der auf die Frage »Wollen Sie, daß die Mitläufer der NSDAP wieder mitarbeiten können (Versöhnung), oder sollen alle streng bestraft und vollkommen ausgeschaltet werden?«, antworteten:

83,3 Prozent Versöhnung und Mitarbeit,

9,2 Prozent strenge Bestrafung und vollkommene Ausschaltung,

5,5 Prozent ohne Meinung.

Und auf die Frage: »Manche Kreise sind der Meinung, daß das nun beschlossene Nationalsozialistengesetz für die österreichische Innenpolitik und Wirtschaft Gefahren und Nachteile verursache. Wenn nun eine allgemeine Volksbefragung (eventuell Volksbegehren) durchgeführt würde, ob dieses Gesetz aufgehoben werden solle, würden Sie für die Aufhebung oder gegen die Aufhebung des Gesetzes oder für eine teilweise Aufhebung stimmen?«, antworteten:

47,7 Prozent für eine Aufhebung,

8,4 Prozent gegen die Aufhebung,

41,0 Prozent für eine teilweise Abänderung des Gesetzes,

2,9 Prozent ohne Meinung.

Wenn auch die Fragestellung zumindest als suggestiv bezeichnet werden muß – allein die Wortwahl drängt schon zu einer gewissen Antwort – und die Befragung selbst, wie es die Amerikaner ausdrückten, für eine wissenschaftliche Untersuchung der öffentlichen Meinung einiges zu wünschen übrig ließ, so zeigte sie dennoch die Schwierigkeiten, denen das Entnazifizierungsprogramm entgegenstand: Es konnte keinen Zweifel mehr darüber geben, »daß die Befragung eine weitverbreitete Unzufriedenheit, sei es durch richtige oder falsche Informiertheit, mit den bestehenden gesetzlichen Maßnahmen der Entnazifizierung aufzeigt[39]«.

D. Die Durchführung des NS-Gesetzes 1947

Ein paar Zahlen

So stand die Durchführung des NS-Gesetzes 1947 unter keinem guten Stern. In Österreich versuchte man nun, die Entnazifizierung bis zu einem gewissen Niveau durchzuführen, um dann den

Alliierten doch wieder Konzessionen abzuringen, die den ursprünglichen Intentionen des Nationalrates entsprachen. Das gelang auch in beträchtlichem Ausmaß mit den Amnestien im Jahre 1948 – Jugendamnestie und Minderbelastetenamnestie –, die eine Beendigung der Entnazifizierung für die Mehrheit der ehemaligen Nationalsozialisten brachte und nur noch die Belasteten übrig ließ, gegen die Maßnahmen bis 1957 in Kraft waren. Das NS-Gesetz war daher letztlich nicht so streng, wie es auf dem Papier stand. In seinem vollen Umfang fand es nur ein gutes Jahr Anwendung, und manche seiner Bestimmungen sind nie wirklich in Kraft getreten.

Vorerst veränderte sich ab Februar 1947 der Kreis der betroffenen Personen. Beibehalten wurde die Registrierungspflicht für Parteimitglieder und Parteianwärter, Angehörige der SS, der SA und Führer des NSKK und NSFK vom Untersturmführer aufwärts. Neu hinzugekommen waren Angehörige des NS-Soldatenrings, des NS-Offizierbundes, leitende Funktionäre gewisser Organisationen der NSDAP, die Angehörigen der Gestapo und des SD, Verfasser nationalsozialistischer Druckwerke und wirtschaftliche Kollaborateure. Nicht mehr registrierungspflichtig waren Personen, die sich um die Aufnahme in die SS beworben hatten, einfache Angehörige des NSKK und NSFK und Personen, die ausdrücklich ausgenommen wurden (§ 4 Abs. 5).

Gesamtösterreichisch verringerte sich die Zahl der als Nationalsozialisten Betrachteten um 25.520 oder etwa fünf Prozent. Wie groß die Zahl der Veränderungen aber wirklich war, läßt sich nicht genau feststellen. Nimmt man die Daten auf Bundesländerebene,

Veränderungen der Zahl der registrierten Nationalsozialisten durch das NS-Gesetz 1947

	Registrierte Januar 1947	Registrierte Mai 1947	Veränderung
Wien	121.049	114.627	(–) 6.422
Niederösterreich	86.795	81.095	(–) 5.700
Burgenland	14.972	14.908	(–) 64
Oberösterreich	79.777	82.295	(+) 2.518
Salzburg	34.104	30.870	(–) 3.234
Steiermark	95.990	91.026	(–) 4.964
Kärnten	48.155	43.818	(–) 4.337
Tirol	49.372	48.149	(–) 1.223
Vorarlberg	19.137	17.045	(–) 2.092
Österreich	549.353	523.833	(–) 25.520

Anzahl der in den Registrierungslisten verzeichneten Personen

	1947	1948	1949
Wien	114.627	120.545	122.561
Niederösterreich	81.095	83.660	83.928
Burgenland	14.908	15.167	15.200
Oberösterrcich	82.295	85.066	83.434
Salzburg	30.870	31.027	31.584
Steiermark	91.026	96.118	96.180
Kärnten	43.818	42.769	42.863
Tirol	48.149	46.201	45.382
Vorarlberg	17.045	17.079	17.066
Summe	523.833	537.632	538.199

Anzahl der belasteten Nationalsozialisten

	1947	1948	1949	1950	1951	1952	Veränderung 1952 zu 1947
Wien	8.606	9.503	9.326	8.484	7.958	7.731	(−) 10%
Niederösterreich	7.620	7.030	6.384	5.933	5.394	5.234	(−) 31%
Burgenland	1.066	878	873	858	819	799	(−) 25%
Oberösterreich	8.167	7.750	6.690	5.991	5.779	5.624	(−) 31%
Salzburg	2.587	2.485	2.417	2.322	2.350	2.366	(−) 8%
Steiermark	6.044	7.008	6.556	6.379	6.153	5.847	(−) 3%
Kärnten	3.595	3.477	3.493	3.306	3.289	3.301	(−) 8%
Tirol	3.225	2.815	2.606	2.704	2.745	2.783	(−) 14%
Vorarlberg	1.219	960	798	749	734	726	(−) 40%
Summe	42.129	41.906	39.143	36.726	35.221	34.411	(−) 18%

Anzahl der minderbelasteten Nationalsozialisten

	1947	1948	1949	Stand 1949 im Verhältnis zu 1947
Wien	106.021	111.042	112.945	107%
Niederösterreich	73.475	76.630	77.196	105%
Burgenland	13.842	14.289	14.343	104%
Oberösterreich	74.128	77.316	76.225	102%
Salzburg	28.283	28.542	29.190	103%
Steiermark	84.982	89.110	89.441	105%
Kärnten	40.223	39.292	39.326	98%
Tirol	44.924	43.386	42.762	95%
Vorarlberg	15.826	16.119	16.225	103%
Summe	481.704	495.726	497.653	103%

Registrierte Nationalsozialisten, Stand: 1. April 1948

Bundesland	1 Bevölkerung	2 erstattete Meldungen	3 Registrierte	4 Belastete	5 Minder-belastete	6 von Sühne-folgen aus-genommen	7 ent-registriert	Registrierte in % der Bevölkerung
Wien	1,730.613	135.082	118.118	9.344	108.774	5.114	3.454	6,8
Niederösterreich	1,281.301	92.171	81.763	7.656	74.107	2.587	922	6,4
Burgenland	267.613	16.199	15.040	1.027	14.013	216	299	5,8
Oberösterreich	1,204.885	92.706	83.876	8.283	75.593	2.158	2.406	7,0
Salzburg	341.502	36.104	31.428	2.761	28.667	1.434	757	9,2
Steiermark	1,115.528	103.035	93.573	6.628	86.945	4.171	1.353	8,4
Kärnten	497.877	47.254	42.683	3.503	39.180	1.544	1.121	8,6
Tirol	433.736	52.540	46.908	3.086	43.822	1.647	1.750	10,8
Vorarlberg	184.085	20.579	17.146	1.180	15.966	606	752	9,3
Summe	7,057.140	595.670	530.535	43.468	487.067	19.477	12.744	7,5

Quelle: Österreichische Jahrbücher 1947 bis 1952. Die Zahlen beziehen sich, wenn nicht anders angegeben, auf den Stand Ende des Jahres. Die Liste vom 1. April 1948 fand am häufigsten Verwendung, sie stellt den Stand zur Minderbelastetenamnestie 1948 dar.

so lassen sich bereits bei 30.554 Personen Veränderungen feststellen; die Zahl muß aber noch bedeutend höher gewesen sein, da sich innerhalb der Länder die Zahlen der Hinzugekommenen und der Wegfallenden zum Teil gegenseitig aufhoben. Die Veränderung war daher beachtlich: in Österreich gab es auf einen Schlag 25.520 Nazi weniger.

Diese Abnahme setzte sich in erster Linie aus den 16.433 einfachen Mitgliedern des NSFK und NSKK zusammen und aus jenen 10.370 Personen, die durch das Gesetz ausdrücklich von der Registrierung befreit worden waren. Ihre Zahl stieg bis 1949 noch beträchtlich an.

Von der Verzeichnung ausgenommen gemäß § 4 Abs. 5 Verbotsgesetz 1947

	1947	1948	1949
Abgelehnte Parteianwärter	1.418	3.545	4.317
Ausgeschlossene Parteimitglieder	6.035	8.515	9.395
Während der NS-Zeit in Haft gewesene Parteimitglieder	2.244	3.344	3.818
In alliierten Armeen gekämpft	673	1.026	1.151
Summe	10.370	16.430	18.681

Zusätzlich zwar nicht von der Registrierung, aber von den Sühnefolgen ausgenommen waren in Österreich Personen, die über siebzig Jahre alt waren, und Invalide. Das waren 1947 immerhin 15.674 und 1948 mehr als 22.000 Personen.

Von der Sühnepflicht ausgenommen:

	1947	1948
Über 70 Jahre alt	13.487	15.732
Versehrtenstufe III	2.017	6.203
Versehrtenstufe IV	170	385
Summe	15.674	22.320

Damit war der Kreis der Betroffenen in Österreich um einiges enger gezogen als in Deutschland, wo die Entnazifizierung nicht nur die Partei, sondern auch die Wehrmacht und das höhere Beamtentum erfaßte[40]. In Österreich waren bis auf wenige Ausnahmen nur solche Personen betroffen, die eine formale Beziehung zur Partei gehabt hatten.

Von besonderem Interesse hierbei war die Entwicklung der Zahl der belasteten Nationalsozialisten. Galt nach dem Gesetz 1945 als schwerer, echter Nazi der »Ilegale«, so war es ab 1947 der »Belastete«, im Prinzip derjenige, der eine wirkliche Funktion in der Partei gehabt hatte. Damit verringerte sich aber die Zahl der schuldigen Nazi von 98.000 auf 43.000 oder von 19 Prozent der Registrierten auf 8 Prozent.

Land	Illegale (in % der Registrierten)	Belastete
Wien	19,5	7,9
Niederösterreich	13,4	9,4
Burgenland	16,3	6,8
Oberösterreich	24,5	9,9
Salzburg	7,0	8,8
Steiermark	22,2	7,1
Kärnten	29,0	8,2
Tirol	8,3	6,6
Vorarlberg	7,7	6,9
Österreich	18,3	8,2

Lag die Zahl der Illegalen in den Ländern noch zwischen 7 und 29 Prozent, so lag die Zahl der Belasteten nur noch zwischen 6,6 und 9,9 Prozent. Damit war diese »stille Amnestie« aber noch nicht abgeschlossen. Die Registrierungslisten erfuhren im Lauf der Zeit noch einige Veränderungen, die Gesamtzahl der Registrierten ebenso wie die Zahl der Minderbelasteten erhöhte sich von 1947 auf 1949 um etwa 3 Prozent, die Zahl der Belasteten aber verringerte sich im gleichen Zeitraum um 7 Prozent und ging bis 1952 gar um 18 Prozent zurück.

Zahl der belasteten Nationalsozialisten

22. 5. 1947	42.129	100%
1. 11. 1948	41.906	99%
1. 11. 1949	40.546	96%
1. 11. 1950	36.729	87%
1. 11. 1951	35.221	83%
1. 11. 1952	34.411	82%

Man muß aber noch eine andere Rechnung aufstellen:
Ursprünglich war im Parlament mit etwa 70.000 bis 80.000 Belasteten gerechnet worden. Bei der Registrierung 1945 schienen 61.000 Funktionäre der NSDAP oder ihrer Gliederungen auf,

also zum weitaus überwiegenden Teil solche, die als Belastete einzustufen gewesen wären. Aus Zahlen der österreichischen Bundesregierung vom Jahr 1950 kann rückgerechnet werden, daß 1947 53.337 Personen als belastet hätten eingestuft werden müssen. Tatsächlich ausgewiesen wurden im Mai 1947 nur 42.129 oder etwa 80 Prozent davon. 1952 blieben gar nur noch 34.411 Belastete übrig. Damit waren nur mehr 50 bis 65 Prozent der ehemaligen schwerbelasteten Nationalsozialisten auch als solche registriert.

Wo waren die anderen geblieben? Zum Teil waren sie von den im Gesetz vorgesehenen Kommissionen entlastet worden. So waren bis zum 1. November 1950 15.186 Belastete als Minderbelastete eingestuft und 1425 überhaupt aus der Registrierung herausgenommen worden. Wo der Rest geblieben ist, war aber nicht feststellbar. Hier dürfte die normale Bevölkerungsentwicklung, also Todesfälle, ebenso eine Rolle spielen wie die Möglichkeit, daß manche flüchten oder untertauchen konnten.

Aus den Zahlen erkennt man zweierlei. Einmal ganz deutlich das Ziel der österreichischen Entnazifizierungspolitik ab 1946/47, den Kreis der von der Entnazifizierung wirklich Betroffenen so klein wie möglich zu halten. Nach den österreichischen Vorstellungen hätten ja die Folgen für die Minderbelasteten noch milder ausfallen sollen. Getroffen werden sollte nur der relativ kleine Kreis der wirklich schwerbelasteten Nazi. Das löste auf der anderen Seite eine Entwicklung aus, die sich in einer ständigen Reduzierung der Zahl der Belasteten widerspiegelte. Denn die dort Registrierten unternahmen alles Erdenkliche und Mögliche, um aus ihrer Kategorie herauszukommen. Nur gegen die Belasteten wurden noch wirklich existenzbedrohende Maßnahmen gesetzt, hauptsächlich in Form von Einkommensminderungen und Berufsverboten. In den Kreis der Minderbelasteten abzurutschen, war daher bereits so gut wie eine Amnestie.

Von Ende 1947 und dann vor allem von 1948 an betrachtete die österreichische Regierung die Entnazifizierung als im großen und ganzen abgeschlossen. In einer Bilanz über das Jahr 1947 wurde offiziell verkündet, daß man sich bemüht habe, »dieses Gesetz entsprechend seinem Wortlaut durchzuführen, und daß diese Bemühungen von Erfolg gekrönt waren. Die Entnazifizierung in Österreich kann sohin im allgemeinen als abgeschlossen gelten. Die wenigen restlichen Fälle, in denen die Säuberung noch nicht ganz vollendet ist, werden in den ersten Wochen des Jahres 1948 ihren Abschluß finden. Österreich hat sohin bewiesen, daß es entschlossen ist, sich selbst vom nationalsozialistischen Geist zu befreien[41]«.

Ein Jahr später hieß es dann: »daß das NS-Problem im Jahre 1948 seiner endgültigen Lösung nahegekommen ist . . . Das Ziel, die verantwortlichen Funktionäre des Nationalsozialismus und seine fanatischen Parteigänger unschädlich zu machen, ist erreicht[42]«. Anfang 1948 war man auf der österreichischen Seite daher der Meinung, daß das Gesetz im wesentlichen erfüllt sei, daß die Entnazifizierung nicht noch weiter fortgetrieben werden sollte, um den Wiederaufbau Österreichs nicht zu behindern, und daß die nationalsozialistische Gefahr in Österreich als eliminiert zu betrachten sei.

Im Alliierten Rat war man da allerdings zum Teil anderer Meinung. Alle Besatzungsmächte beklagten Fehler des Gesetzes ebenso wie eine angeblich ständig steigende Tendenz der östereichischen Behörden, die Entnazifizierungsmaßnahmen zu mildern und zu verzögern[43]. Zwar erkannte man durchaus, daß die Frage, ob die Österreicher das Gesetz ihren besten Möglichkeiten entsprechend durchführten, nicht eindeutig zu beantworten war. Mit dem vorhandenen Zahlenmaterial war das eine politische Überzeugungs- und Glaubensfrage, und es ließen sich beide Standpunkte belegen; auch räumte man der österreichischen Regierung ein, daß ein Vorgehen gegen 10 Prozent der eigenen Bevölkerung einigermaßen problematisch war. Der Stand der Entnazifizierung Österreichs wurde 1947/48 als nicht in allen Bereichen zufriedenstellend betrachtet, die Besatzungsmächte konnten aber dagegen nicht mehr allzuviel unternehmen. Der Alliierte Rat hatte sich bei der Entnazifizierung von 1947 an mehr oder weniger selbst ausgeschaltet. Die Russen wiederholten bei jeder Gelegenheit den Vorwurf der mangelnden Entnazifizierung, »ihr altes, vertrautes Thema, daß die Wurzeln des Nazismus und Neonazismus noch immer vorhanden seien, und das mit Billigung der österreichischen faschistischen Regierung[44]«. Die westlichen Alliierten wollten nicht stille Partner dieser sowjetischen Politik gegenüber der österreichischen Regierung sein. Obwohl auch sie mit der Durchführung der österreichischen Entnazifizierung nicht ganz einverstanden waren, »war es unmöglich, eine Viermächte-Einigung zu erzielen, ohne den Russen in die Hand zu spielen[45]«. Die ständigen scharfen Meinungsdifferenzen in beinahe allen Fragen der Entnazifizierung zwischen den Russen und den anderen Alliierten führten daher dazu, daß der Alliierte Rat kaum mehr imstande war, Maßnahmen zur Entnazifizierung zu setzen oder zu verlangen, weder in bezug auf eine Verschärfung noch in bezug auf eine Amnestie. Die westlichen Alliierten beschränkten sich darauf, das Prinzip zu vertreten, daß die Entnazifizierung Sache der Österreicher sei.

Ab Anfang 1948 war der Höhepunkt der Entnazifizierung in Österreich eindeutig überschritten. Sie war vielleicht nicht vollendet, aber an einem Endpunkt angekommen. Viel war nicht mehr zu erwarten, auch wenn die Alliierten nicht völlig zufrieden waren. Zu diesem Zeitpunkt war auch in Deutschland die Entnazifizierung schon wesentlich gemildert worden, was sich auf die Haltung der Besatzungsmächte in Österreich auswirkte. Sowohl aus eigenem Antrieb als auch auf Drängen von österreichischer Seite begannen die Alliierten sich daher zunehmend mit Amnestievorstellungen zu beschäftigen. »Die amerikanischen, französischen und britischen Vertreter sind der Überzeugung, daß die Zeit für die Inaussichtnahme von Erleichterungen für minderbelastete Personen von den im Nationalsozialistengesetz vorgesehenen Sühnemaßnahmen gekommen ist. Amnestiemaßnahmen scheinen fällig, nicht nur, weil sich die ursprünglichen Bestimmungen in mancher Hinsicht als zu streng herausgestellt haben, sondern auch, weil die Entnazifizierung als Sühneprogramm zu weit ausgedehnt und zu sehr verzögert wurde. Eine Erleichterung erscheint vor allem in bezug auf die österreichische Jugend angebracht[46].«

Anfang 1948 begann daher die österreichische Regierung Amnestiegesetze vorzubereiten. Alle Bemühungen scheiterten jedoch vorläufig am Veto der sowjetischen Vertreter, »welche auf die primitivsten Taktiken zurückgegriffen haben, um Änderungen der im ursprünglichen Entnazifizierungsgesetz vorgesehenen Strafen zu verhindern[47]«. Die Zustimmung der drei westlichen Alliierten war gewiß, die Entscheidung lag nun ganz bei den Russen. Bevor aber auf die Amnestie und damit praktisch den Abschluß der Entnazifizierung in Österreich eingegangen wird, bleibt noch übrig, auf die einzelnen konkreten Maßnahmen in den verschiedenen Bereichen einzugehen; eines der widersprüchlichsten Kapitel im Rahmen dieser Arbeit, denn – wie schon einmal erwähnt – in der Entnazifizierung lag der Teufel im Detail.

1 Heller-Loebenstein-Werner, I/10.
2 *Österreichisches Jahrbuch 1945–1946,* S. 27.
3 Alfred Migsch, Zur Lösung der Nazifrage, AZ, 24. 7. 1946.
4 Heller-Loebenstein-Werner, S. I/13.
5 »Das Naziproblem«, AZ, 5. 1. 1946.
6 Frisch, 28. Sitzg., 24. Juli 1946, S. 606.
7 Aichhorn, 28. Sitzg., 24. Juli 1946, S. 592.
8 Koref, 28. Sitzg., 24. Juli 1946, S. 597.
9 »Gerechte Lösung der Nazifrage«, AZ, 3. 4. 1946.
10 Aichhorn, S. 591.
11 »Regelung des Naziproblems«, *Wiener Zeitung,* 30. 3. 1946.
12 Alfred Migsch, »Zur Lösung der Nazifrage«, AZ, 24. 7. 1946.
13 A. a. O.
14 Auf Unterlassung, unvollständiger oder falscher Registrierung standen Strafen von ein bis fünf Jahre Gefängnis. Bis Ende 1948 waren wegen dieses Deliktes 1037 Personen verurteilt worden: 648 bis zu einem Jahr, 270 bis zu zwei Jahren, 71 bis zu drei Jahren, 25 bis zu vier Jahren und 23 Personen hatten wegen unterlassener oder falscher Registrierung zwischen vier und fünf Jahren Gefängnis erhalten. Bericht des Justizministers, enthalten im Bericht des Alliierten Entnazifizierungsbüro, 3. 12. 1948, 60258-2/033.2, NA.)
15 Migsch, 44. Sitzg., 6. 2. 1947, S. 1210.
16 Brief des Bundeskanzlers an den Alliierten Rat, 26. Juli 1946, 260-USACA-60219-1, NA.
17 *A Review of Denazification in Austria,* 9-11-1949, Legal Division, 260-USA-CA-60236.1/39, NA.
18 *Minutes of the Meeting held in Legal Division on 7 September 1946 concerning De-Nazification Law,* 60219-2/20.340, NA.
19 F. T. Norcross, Director, Internal Affairs Division, 10. Sept. 1946, und M. Wallach, Public Safety branch, 5. Oct. 1946, 260-USACA-60219-1, NA.
20 *Denacification in Austria,* Aug. 1946, Allied Commission in Austria, British Element, FO 371 55.192, PRO.
21 Norcross, a. a. O.
22 Report on Denazification, 10. Febr. 1946, Dic. of Intel. 60258-2/033.2, NA.
23 Mit gewissen Änderungen. So traten sie nicht für ein zeitlich unbeschränktes Berufsverbot für Belastete ein, aber auch nicht für ein automatisches Ablaufen des Verbots im Jahr 1950, wie es das österreichische Gesetz vorsah, sondern wollten nach der allgemeinen Frist die Zulassung der Belasteten von einer individuellen Überprüfung abhängig machen – Wallach, *Comments on Proposed Changes of the French and Soviet Elements an Denacification Lwa.* 5. Oct. 1946, 260-USACA-60219-1, NA.
24 Migsch, 44. Sitzg., 6. 2. 1947, S. 1210.
25 Die Kritik an den alliierten Vorschlägen wurde vom Berichterstatter Alfred Migsch im Parlament vorgetragen; 44. Sitzg., 6. 2. 1947, S. 1211 ff.
26 *Wiener Zeitung,* 7. 1. 1947.
27 Ebenda, 25. 10. 1946.
28 Heller-Loebenstein-Werner, S. I/17.
29 Migsch, SPÖ, 28. Sitzg., 24. 7. 1946, S. 581. – Aussagen in dieser Richtung gab es aber eine ganze Reihe, in der Presse wie auch im Parlament.
30 Eibegger, 76. Sitzg., 18. 2. 1948, S. 2178.

31 Vgl. etwa Short, *Summary of the History of Austrian Denazification Legislation,* US-Legal Division, 1. Dec. 1949, 60236-1/39, NA.
32 *Wiener Zeitung,* 19. 7. 1952.
33 *Wiener Zeitung,* 3. 3. 1957.
34 *Special Report on Denazification,* Director of Intelligence, US-Forces Austria, 10. 2. 1948, 60258-2/033.2, NA.
35 A. a. O.
36 *Berichte und Information,* 14. 3. 1947, Heft 46, S. 1.
37 US-Commissioner, May 1947, S. 9/10.
38 *Berichte und Information,* Oktober 1947, S. 1197/8.
39 US-Commissioner, Oct. 1947, S. 184.
40 In Österreich wurden auch die etwa 20.000 Angehörigen der Waffen-SS nicht erfaßt. *Short Summary,* a. a. O.
41 *Österreichisches Jahrbuch 1947,* S. 160.
42 *Österreichisches Jahrbuch 1948,* S. 159/60.
43 *US High Commissioner's Report,* April-Juni 1950, 260-USACA-60236-3, ebenso *Short Report on Denacification,* Legal Division, 1. Dec. 1949, NA.
44 *US-High Commissioner's Report,* April-Juni 1950, 260-USACA-60236-3, NA.
45 *Short Summary of the History of Austrian Denacification Legislation, US legal Division, I. Dec. 1949,* 260-USACA-60236-1/39, NA.
46 *Report on Denacification US-Division of Intelligence,* 10. Febr. 1948, 60258-2/033.2, NA.
47 *Report on Denacification,* US-Division of Intelligence, 10. Febr. 1948, 60258-2/033.2, NA.

3. Die Entnazifizierung im öffentlichen Dienst

A. Nationalsozialismus und Bürokratie

Letztlich war die Entnazifizierung ein Spiegelbild – oder vielleicht besser ein Zerrbild – der Nazifizierung. Sie versuchte, das rückgängig zu machen, was der Nationalsozialismus erreicht hatte. Das war in den einzelnen Berufsbereichen recht verschieden. Zum einen zeigte der Nationalsozialismus für einzelne Berufszweige besonderes Interesse, zum anderen waren die Einflußmöglichkeiten in den einzelnen Sparten sehr unterschiedlich.

So war der politische Druck in der Wirtschaft im allgemeinen nicht so stark, und es gab viele Möglichkeiten, ihm auszuweichen. Bei den freien Berufen – wie Ärzten oder Juristen – waren die Kontrollmöglichkeit und das Interesse des Nationalsozialismus schon weitaus stärker ausgeprägt. Den größten Druck aber übte das totalitäre Regime auf den öffentlichen Dienst aus. In diesem Bereich, der das wichtigste Machtinstrument des modernen bürokratischen Staates darstellt, mußten Nationalsozialisten eine gewisse führende Stellung einnehmen und Widerstand beseitigen oder zumindest unterdrücken. Das war allerdings nicht allzu schwer, da der Großteil der Staatsdiener bereit war, auch für den nationalsozialistischen Staat zu arbeiten. Aber im öffentlichen Dienst waren die berufliche Immobilität und damit die Kontrollmöglichkeiten besonders groß, was viel Angriffsfläche für direkten politischen Druck bot – Versetzung, Gehaltskürzung, Militärdienst usw. –, dem der einzelne kaum ausweichen konnte. Und schließlich schien gerade der öffentliche Dienst den Nationalsozialisten immer wieder geeignet, verdiente Parteigenossen mit entsprechenden Posten auszustatten. Das Beamtentum bildete daher sicherlich einen der stärksten traditionalen Faktoren im Herrschaftsgefüge des Dritten Reiches[1], es war aber auch neben Partei, Armee und Industrie eine der vier Machtsäulen, auf denen der Nationalsozialismus beruhte.

Gleich nach dem Anschluß 1938 wurden daher auch in Österreich personelle Säuberungen gegen »politisch unzuverlässige« Beamte und Juden durchgeführt, führende Beamtenstellen wurden teilweise mit Mitgliedern der NSDAP besetzt. Doch hielten sich die Säuberungsmaßnahmen in Grenzen. Im Bereich der Gemeinde Wien wurden etwa 10 Prozent der Bediensteten entlassen (die Hälfte wegen ihres Judentums[2]), 90 Prozent aber vom nationalsozialistischen Regime übernommen. Nur einzelne Bereiche des öffentlichen Dienstes, wie etwa die Polizei oder wegen des hohen jüdischen Anteils Medizin und Justiz, hatten umfangreiche Säuberungen und damit ein dementsprechend starkes Eindringen nationalsozialistischer Parteigänger zu verzeichnen. Um den Einfluß der Partei im öffentlichen Dienst zu stärken, erhielten allerdings »verdiente Nationalsozialisten in der Ostmark« besondere Förderung[3] wie bevorzugte Anstellung als Beamte, bevorzugte Beförderung und eine Verbesserung der Besoldung durch Anrechnung der Zeiten in der SS und SA als Dienstzeiten. Diese Maßnahmen hatten letztlich größeren Einfluß auf die Nazifizierung des öffentlichen Dienstes als die personellen Säuberungen.

Es war einer der Grundgedanken im Nationalsozialismus, ein Monopol in der Menschenführung anzustreben, daher war es auch im öffentlichen Dienst sein Bestreben, »in möglichst weitem Umfang tatkräftige Nationalsozialisten in der Beamtenschaft, die sich nach ihren Handlungen und politischen Anschauungen als in politischer Hinsicht besonders bewährt auszeichnen, für die Besetzung leitender Stellen heranzuziehen[4]«. Auf diese Haltung der Nationalsozialisten wurde auch später bei der Entnazififzierung immer wieder hingewiesen.

Dieses Prinzip war jedoch, wie vieles im Nationalsozialismus, nur teilweise und willkürlich angewendet worden. Der Krieg und der Mangel an fachlich geeigneten Nationalsozialisten setzten von sich aus eine entsprechende Grenze und gaben gerade den fachlich erfahrenen Beamten häufig die Möglichkeit, unentbehrlich und zugleich unpolitisch zu bleiben. Exemplarisch dafür ist etwa die Auseinandersetzung, die 1940 zwischen dem Reichsverkehrsminister und dem Führerstellvertreter Heß um die Besetzung von hohen Beamtenstellen bei der Reichsbahn ausgetragen wurde und bei der schließlich Hitler selbst bemüht werden mußte: »Der Führer hat sich den vorerörterten Bedenken nicht verschlossen und zum Ausdruck gebracht, daß es zwar erwünscht erscheine, wenn die in wichtige Stellen zu befördernden Beamten der NSDAP angehörten. Eine dahingehende grundsätzliche und allgemeine Anordnung erscheine ihm aber mit Rücksicht auf die dargelegten Verhältnisse zur Zeit nicht möglich[5].«

Einige der deutschen Reichsminister hatten schon 1939 darauf bestanden, daß es unmöglich sei, Beamte von führenden Positionen auszuschließen, nur weil sie nicht der NSDAP angehörten, und unter anderem darauf hingewiesen, »daß in Kreisen der Partei auch jetzt zum Teil noch sehr abfällig über diejenigen Beamten geurteilt werde, die sich alsbald nach der Machtübernahme zur Aufnahme in die Partei gemeldet hätten. Die Beamten werden verdächtigt, diesen Schritt lediglich aus Gründen der Konjunktur unternommen zu haben. Die Partei sei selbst über den Masseneintritt dieser Beamten keineswegs erfreut gewesen. Diese Beurteilungsweise sei in der Beamtenschaft bekannt. Es sei daher nichts selbstverständlicher, als daß gerade Männer von Charakter und Selbstbewußtsein unter diesen Umständen einen Antrag auf Aufnahme in die Partei heute erst recht nicht stellten, um nicht als Konjunkturritter zu gelten. Zudem besteht für die Partei seit langem Aufnahmesperre[6].«

Bormann vertrat zwar noch 1941 die Meinung, daß für leitende Beamtenstellen nur Bewerber herangezogen werden sollten, »die sich in der Partei oder einer ihrer Gliederungen bereits eindeutig bewährt haben[7]«, schränkte diese Meinung aber generell ein: »Würde die Übernahme in das Beamtenverhältnis von der Zugehörigkeit zur NSDAP oder einer ihrer Gliederungen abhängig gemacht werden, so wäre zu befürchten, daß zahlreiche Volksgenossen die Aufnahme beispielsweise in die NSDAP nur aus Gründen des beruflichen Vorteils erstreben. Zweifellos würden so Volksgenossen den Zugang zur NSDAP zu finden wissen, die als Beamte recht brauchbar sein mögen, für die NSDAP selbst einen Gewinn aber nicht darstellen.« Denn das nationalsozialistische Führungskorps war stets darauf angewiesen, mit dem Gros des alten Beamtenapparates zusammenzuarbeiten. Das galt auch für das Beamtentum in der Ostmark oder, wie es Neubacher gleich nach dem Anschluß ausdrückte: »Der korrekte, fachkundige Beamte ist für uns Nationalsozialisten, die wir auf dem extremen Leistungsprinzip stehen, das Fundament für das verwaltungsmäßige Handeln der Gesellschaft. Ohne diese korrekte Maschinerie könnten wir nicht einmal Umstürze machen[8] . . .«

Der Druck auf den öffentlichen Dienst war stark, gewiß stärker als auf die meisten anderen Berufsgruppen. Daher war dieser Bereich bei der Entnazifizierung mit 15,6 Prozent der 1947 registrierten Nationalsozialisten auch weitaus am stärksten vertreten. Aber es mußte nicht jeder öffentlich Bedienstete, auch nicht jeder führende Beamte, mit dem Nationalsozialismus formal in Verbindung treten. Es gab viele, auch in führender Stellung, die nicht dabeigewesen waren. Die Verhältnisse waren sicher recht unterschiedlich, oft kam es nur auf den Chef der einzelnen Dienststelle an. Eine »unpolitische« Erfüllung der Beamtenpflicht genügte zumeist, wenn sie auch das berufliche Fortkommen zeitweise behindert haben mag. Daher erfolgte der Zugang zur Partei und ihren Gliederungen – auch im öffentlichen Dienst – überwiegend aus Überzeugung oder Opportunismus und nur zum geringeren Teil aus Zwang.

B. Pflichterfüllung und Treueverhältnis

»Regierungen kommen und gehen, die Beamten bleiben[9].« Das stimmte natürlich – wie alle Verallgemeinerungen – nur zum Teil. Das neue Österreich brauchte sehr wohl auch neue Bamte[10]. Ein Teil der öffentlich Bediensteten war »wegen der Bindung an die NSDAP in dem wiederzuerrichtenden demokratischen Österreich nicht mehr verwendbar[11]«. Denn es lag ohne Zweifel im österreichischen Staatsinteresse, »eine der Republik Österreich ergebene und nach Gesinnung und Verhalten einwandfreie österreichische demokratische Beamtenschaft zu schaffen[12]«. Dabei kam es nicht so sehr darauf an, ob ein öffentlich Bediensteter unter dem Nazisystem und für den Nazistaat loyal gearbeitet hatte.

Die Pflichterfüllung in der Ostmark wurde auch während der Entnazifizierung keinem zum Vorwurf gemacht: »Wie war es im Jahre 1918, 1934, 1938, 1945? Der Amtsvorstand ist gekommen, hat seine Leute versammelt, hat ihnen mit mehr oder weniger Anteilnahme mitgeteilt, daß eine andere Staatsform herrsche, und hat ihnen den Eid abgenommen. Und die Leute sind wieder an ihre Arbeit gegangen. Überlegen wir: In einem Dienstzeitalter vier Verfassungswechsel, in einem Dienstzeitalter vier Staatsziele! In einem Dienstzeitalter vier verschiedene Eide! Man urteilt oft leichtsinnig über den öffentlich Angestellten, er wäre wie eine Wetterfahne, und doch ist das Grundprinzip des öffentlich Angestellten Unterordnung unter das jeweilige Gesetz. Die jeweiligen Gesetze sind aber der Ausfluß der jeweiligen Verfassung. In dieser Lage sind die öffentlich Angestellten, und viermal sind Teile der öffentlich Angestellten so unter die Räder gekommen[13].«

Bei der Entnazifizierung kam es daher auf die formale Bindung des öffentlich Bediensteten an die Partei an. Nicht die Erfüllung der dienstlichen Pflicht unter der nationalsozialistischen Regierung, um die er als Beamter schwer herumkam, wurde verfolgt, sondern das politische Bekenntnis zu diesem System. Im Sinne der »staatstragenden Funktion« dieser Gruppe mußte die Entnazifizierung gerade bei den öffentlich Bediensteten besonders streng ausfallen. Oder, wie es ein englischer Beobachter ausdrückte: ». . . unless Nazi influence is decisively eradicated from the Austrian State machine there is little hope for the future of Austrian democracy[14].«

Über diese Richtlinie waren sich die beiden großen Parteien prinzipiell einig: »Wir wissen, daß gerade die öffentlich Angestellten in einem besonderen Treueverhältnis zum Staat stehen und stehen müssen. Sie haben der Allgemeinheit gegenüber besondere Verpflichtungen; deshalb sind die Bedingungen des Gesetzes gerade ihnen gegenüber rigoros[15]«, stellte der SPÖ-Abgeordnete Koref fest, und für die ÖVP sagte der Abgeordnete Frisch über die öffentlich Angestellten, »daß gerade sie jene Schicht unter den Betroffenen sind, die am härtesten getroffen ist. Mit Recht! Denn der öffentlich Angestellte steht in einem ganz bestimmten Treueverhältnis, indem er seine Lebenskraft auf Lebenszeit dem Staat verbündet, der Staat ihm ganz bestimmte Privilegien erteilt, er in ganz anderer Weise als der Privatmann an den Staat gebunden ist. Daß sich aus diesem Treueverhältnis auch ein besonderes Pflichtverhältnis ergibt, ist selbstverständlich. Daß er also härter getroffen wird, nehmen auch wir von der Österreichischen Volkspartei zur Kenntnis, weil wir wissen, daß es ein Mahnzeichen für die Zukunft und auch für den öffentlich Angestellten sein soll. Der öffentlich Angestellte, der jetzt auf diese Art unter die Räder kommt, soll Monat für Monat daran erinnert werden, daß er eben mitschuldig ist und als öffentlich Angestellter doppelt mitschuldig ist[16].«

C. Der erste Entnazifizierungsschub

Personalreserve und Sonderkommissionen

Schon das Verbotsgesetz 1945 beschäftigte sich daher mit dem öffentlichen Dienst und sah dessen Reinigung vom Nationalsozialismus nach zwei Prinzipien vor. Einmal wurden alle öffentlich Bediensteten, die schon in der Ersten Republik in Dienst gestanden waren, übernommen. Wer aber erst in der Zeit der Ostmark angestellt worden war, wurde so behandelt, als ob er nie im öffentlichen Dienst gewesen wäre. Denn die österreichische Regierung betrachtete sich nicht als Erbin des Deutschen Reiches und stellte ausdrücklich fest, »daß eine Kontinuität zwischen deutscher und österreichischer Verwaltung in Österreich nicht besteht[17]«. Es wurde daher der im österreichischen Dienstrecht sonst nicht gebräuchliche »Widerruf« geschaffen, »um zum Ausdruck zu bringen, daß die Republik Österreich, deren Hoheitsrechte während der deutschen Besetzung nur geruht hatten, in keiner Beziehung eine Rechtsnachfolge gegenüber dem Deutschen Reich anerkennt[18]«. Zum zweiten sollten die Beamten nach dem Verbotsgesetz 1945 ihrer Verbindung zur NSDAP entsprechend dienstrechtlich unterschiedlich behandelt werden. Illegale waren von Gesetzes wegen pensionslos zu entlassen, alle anderen mußten politisch überprüft werden.

Das Beamtenüberleitungsgesetz vom 22. August 1945 schuf jedoch eine neue Situation, in der die Ablehnung der Rechtsnachfolge der österreichischen Republik und ihrer Gebietskörperschaften gegenüber dem Deutschen Reich und seinen Gebietskörperschaften noch stärker betont wurde[19]. Alle Personalstände des öffentlichen Dienstes wurden nun völlig neu gebildet. Die Gesamtheit der bis zum Zusammenbruch des nationalsozialistischen Regimes in Österreich jemals beschäftigten öffentlich Bediensteten bildete zunächst nur eine »Personalreserve«. Mit gewissen Einschränkungen war es daher dem freien Ermessen der einzelnen Dienststellen überlassen, wen sie in die neugebildete Personalstände übernehmen wollten und wen nicht. »Abgesehen von den durch das nationalsozialistische Regime durch Entlassung oder Pensionierung vom Dienst entfernten Berufsbeamten, hat daher niemand einen Anspruch darauf, im neuen Österreich wieder in den Dienst gestellt zu werden, gleichgültig, ob er schon vor dem 13. 3. 1938 oder erst nach der deutschen Invasion in den öffentlichen Dienst eingetreten ist[20].«

Aus der Personalreserve waren als erstes jene Personen heranzuziehen, die unter dem Nationalsozialismus gelitten hatten, und »aktive Kämpfer für ein unabhängiges, demokratisches Österreich, die während der ganzen Zeit der Terrorherrschaft standhaft ihre Treue zu Österreich bewiesen haben«. Diese Gruppe konnte sicher mit der Einstellung rechnen. So rühmte sich etwa die Gemeinde Wien 1946, 4835 ehemalige Nationalsozialisten ausgeschieden, aber auch rund 12.000 Antifaschisten eingestellt zu haben[21]. Und in der ersten österreichischen Zeitung nach dem Krieg, dem *Neuen Österreich,* hieß es: »Es ist ein selbstverständlicher Akt der Gerechtigkeit, wenn bei Besetzung von Posten in Ämtern und Büros in erster Linie jene berücksichtigt werden, die aus Konzentrationslagern und Kerkern zurückgekehrt sind. Ihnen ist es zu danken, daß das Tor in Österreichs Freiheit aufgestoßen werden konnte. Sie sollen nun auch an den verantwortlichen Stellen sitzen, denn sie haben mit ihrem Blut dem Rot in der Fahne Österreichs neue Leuchtkraft verliehen[22].«

Aber mit diesen allein ließen sich die Ämter noch nicht füllen. Als zweites sollte daher auf die große Gruppe jener zurückgegriffen werden, die schon in der Ersten Republik in einem öffentlichrechtlichen Dienstverhältnis gestanden waren. Zu allerletzt und in Ausnahmefällen sollten auch jene Personen herangezogen werden, die erst in der Zeit der Ostmark Aufnahme in den öffentlichen Dienst gefunden hatten. Alle ehemaligen öffentlich Bediensteten, die entsprechend dieser Priorität nicht Aufnahme gefunden hatten, wurden gekündigt oder pensioniert, oder es wurde ihre Anstellung widerrufen. Diese Maßnahmen wurden vom »Liquidator der Einrichtungen des Deutschen Reiches in der Republik Österreich« durchgeführt.

Die extremen Maßnahmen des Beamtenüberleitungsgesetzes hatten aber noch einen anderen, sehr realen Hintergrund: die Entnazifizierung als Beamtenabbau. In einzelnen Bereichen des öffentlichen Dienstes herrschte wohl Personalknappheit, vor allem an qualifizierten Fachleuten; insgesamt aber war der vom Deutschen Reich in Österreich hinterlassene Verwaltungsapparat zu groß für die junge Zweite Republik. Bei der Reduzierung der Personalstände war man daher bestrebt, ehemalige Nationalsozialisten zuerst zu entlassen. »Ein Teil des Beamtenheeres des nationalsozialistischen Parteistaates ist deswegen weggefallen, weil die einzige Empfehlung in dem braunen Parteibuch bestand[23]«, wie es Bundeskanzler Figl ausdrückte. Und auch der parlamentarische Berichterstatter, Migsch, verteidigte die verhältnismäßig harten Maßnahmen gegen die minderbelasteten öffentlich Angestellten: »Sie sind aber mit Rücksicht auf die Überbesetzung der Personalstände und auf die Lage der öffentlichen Finanzen notwendig. Wir haben in einzelnen Dienstzweigen doppelt so viele Angestellte, als wir benötigen[24].« Nationalsozialistische Parteiangehörige sollten daher nur soweit in den österreichischen Staatsdienst vorläufig übernommen werden, wie dies zum Wiederaufbau der Verwaltung unbedingt notwendig war[25]. Die Überprüfung des politischen Verhaltens erfolgte anläßlich der Neubildung der Personalstände, wofür eigene Institutionen geschaffen wurden: die Sonderkommissionen[26].

Diese Kommissionen hatten zu überprüfen, ob diese öffentlich Bediensteten »nach ihrer bisherigen Tätigkeit Gewähr bieten, daß sie jederzeit rückhaltslos für die unabhängige Republik Österreich eintreten werden«. Die Sonderkommissionen hatten entsprechende Gutachten auszustellen: »Der Bedienstete bietet Gewähr«, »Der Bedienstete ist in den Ruhestand zu versetzen« (mit, ohne oder mit auf ein Drittel gekürzter Pension) oder »Der Bedienstete ist zu entlassen«. Ein positiver Kommissionsbescheid machte eine Weiter- und Wiederverwendung möglich und räumte ein Anstellungshindernis aus. Die Entscheidung lag aber dann bei der Dienstbehörde, die dennoch eine Entlassung oder Pensionierung verfügen konnte. Eine positive Beurteilung machte daher die Verwendung eines ehemaligen Nationalsozialisten nur möglich oder, wie es das Innenministerium in schönstem Beamtendeutsch ausdrückte: »Wenn der Bedarf im allgemeinen und unter Berücksichtigung des besonderen Falles vorhanden ist, wenn ein entsprechender Dienstposten zur Verfügung steht und wenn es die Lage des Falles auch sonst gestattet, ist unter Bedachtnahme auf alle sonst hiefür maßgebenden Umstände die Verwendung des betreffenden Bediensteten in Betracht zu ziehen[27].«

Die Entwicklung der Sonderkommissionen war an sich typisch für den Verlauf der gesamten Entnazifizierung. Ihnen war vom Gesetz eine Frist vom 15. August 1945 bis zum 30. Juni 1946 gestellt worden. Bis dahin mußten sie ihre Tätigkeit beendet haben. Der Alliierte Rat verkürzte diesen Termin noch auf den 17. April 1946, mit der Konsequenz, daß ihm der Bundeskanzler offen mitteilte, es dürfte »schwer möglich sein, daß alle Kommissionen ihre Tätigkeit zu den ihnen neuerdings gesetzten Terminen beendigen[28]«. Noch im Februar 1946 waren viele Sonderkommissionen, vor allem in den westlichen Bundesländern, noch nicht einmal errichtet worden, und das Bundeskanzleramt mußte daher auf eine Aufnahme der Tätigkeit drängen: »Auf die Dringlichkeit dieser Angelegenheit muß nicht besonders hingewiesen werden. Die Schwierigkeiten, die der Aufstellung der Kommissionen entgegenstehen, sind h. o. bekannt. Es muß aber wohl angenommen werden, daß diese Schwierigkeiten schon beseitigt sind. Das Bundeskanzleramt ersucht daher, mit aller Energie dahin wirken zu wollen, daß der Beginn der Tätigkeit der Sonderkommissionen nicht weiter verzögert werde[29].«

Die schon bestehenden Sonderkommissionen wurden angewiesen, »ihre Arbeit mit tunlichster Beschleunigung fortzusetzen«. Dennoch ging die Arbeit der Sonderkommissionen nur sehr langsam und schleppend vor sich und war ständig Gegenstand alliierter Beschwerden.

Eben wegen dieser Verzögerungen wurde schließlich auch das

»Ministerkomitee zur Entnazifizierung der leitenden Stellen von Beamtenschaft und Wirtschaft« errichtet[30]. Es sollte dafür Sorge tragen, daß die Gesetze zur Entnazifizierung, zumindest auf höchster Ebene, prompt und unbedingt durchgeführt wurden. Das »Figl-Komitee« war zwar in der Entnazifizierung nicht vorgesehen, führte aber de facto die politische Säuberung in den leitenden Funktionen durch und überließ den Sonderkommissionen nur noch die Entscheidung, ob die betreffende Person mit oder ohne Pension vom Dienst entfernt werden sollte. Bis Juli 1946 hatte das Ministerkomitee 703 Beamte aus den Dienstklassen I bis III entlassen und damit seine Tätigkeit im wesentlichen beendet[31]. Im ganzen erwirkte es in den zwölf Monaten seines Bestandes die Eliminierung von 2108 führenden Personen aus Staat und Wirtschaft und empfahl die Entfernung von weiteren 3000 Personen durch die Landesregierungen[32]. Die Sonderkommissionen selbst waren bis März 1946 bei 36 Dienststellen mit 173 Senaten errichtet worden, wo bis zu diesem Zeitpunkt 13.636 Fälle eingegangen waren. Davon hatten 3,2 Prozent zur Entlassung, 12,5 Prozent zur Enthebung und 1,4 Prozent zur Pensionierung geführt. 82,1 Prozent der Fälle waren aber zu diesem Zeitpunkt noch nicht entschieden[33].

Entnazifizierung im öffentlichen Dienst zum April 1946

	Entlassene bzw. endgültig nicht mehr in Verwendung genommene Parteiangehörige	davon DK I–III	enthoben	davon DK I–III
Zentralstellen	27.819	687	11.574	440
Landesregierungen	8.132	290	5.111	248
Summe	35.951	977	16.685	688

Quelle: 60.216-1/13 und 60.216-4 (DK = Dienstklasse).

Die 52.652 bis zum April 1946 entfernten öffentlich Bediensteten sind aber nur zum Teil Ausdruck der Tätigkeit der Sonderkommissionen. Gerade der erste Entnazifizierungsschub erfolgte im wesentlichen über eine »administrative Entnazifizierung[34]«. Denn alle Dienststellen gingen daran, von sich aus eindeutige oder mutmaßliche Nationalsozialisten zu entlassen oder nicht mehr einzustellen. Nur ein geringer Teil der öffentlich Bediensteten ging den Weg über die Sonderkommissionen, die im wesentlichen nur für jene ehemaligen Nationalsozialisten vorgesehen waren, die man beibehalten wollte.

Besonders Wien rühmte sich, überwiegend ohne Sonderkommissionen ausgekommen zu sein. So schrieb der Wiener Bürgermeister Körner im Mai 1946 an den Innenminister, die Gemeinde habe schon im Sommer 1945 alle Nationalsozialisten aus führenden Positionen entfernt und 6500 Illegale entlassen. Des weiteren habe man 2927 nicht illegale Nationalsozialisten vom Dienst entfernt und 2900 Bedienstete, die als illegal angesehen wurden, für den Fall gekündigt, daß die Registrierungsbehörde die Illegalität nicht anerkenne. »Diese Personen . . . hätten nach den jetzt geltenden gesetzlichen Bestimmungen von der Sonderkommission beurteilt werden müssen. Diese umfangreiche Arbeit wurde durch die Kündigungen, die ein endgültiges Ausscheiden aus dem Dienst zur Folge haben, erspart. Die Zahl der Bediensteten, die vor die Sonderkommission gestellt werden müssen, wird von der Gemeindeverwaltung weiterhin noch fortlaufend durch Kündigungen verringert[35] . . .«

Die Entnazifizierung im öffentlichen Dienst erfolgte daher bis 1946 im wesentlichen über die »administrative Entnazifizierung«, mit Ausnahme des »Figl-Komitees«. Die Sonderkommissionen aber kamen ihrer gesetzlichen Funktion nur unvollständig nach. Der Apriltermin der Alliierten war somit eine Illusion, und zum gesetzlich vorgesehenen Endtermin, dem 30. Juni 1946, waren erst 50 Prozent der anhängigen Fälle behandelt worden. Manche Sonderkommissionen hatten gerade erst mit der Arbeit begonnen, als ihre Tätigkeit gesetzlich zumindest vorläufig beendet wurde.

Die Ursachen für diese Schwierigkeiten waren vielfältig. Abgesehen davon, daß die Sonderkommissionen außerhalb der russischen Zone ihre Tätigkeit erst viel später aufnehmen konnten, war die dezentrale Arbeitsweise der Kommissionen selbst eines der wesentlichsten Hindernisse für eine rasche Durchführung. Die Entnazifizierung des öffentlichen Dienstes erfolgte dezentral, an jeder einzelnen Dienststelle durch viele einzelne Senate, und es gab – wieder mit Ausnahme des Ministerkomitees – keine zentrale Koordinierungsstelle in diesem Bereich. Daneben war auch der Mangel an rechtskundigen Beamten – gerade wegen der Entnazifizierung – ein arges Hindernis. Man versuchte sich zwar zu behelfen und pensionierte Beamte dazu heranzuziehen, aber den Vorsitz mußten meist leitende Beamte neben ihrer normalen Tätigkeit und vielfach in ihren dienstfreien Stunden übernehmen. Auch waren von den ehemaligen deutschen Behörden manche Personalakten entfernt oder vernichtet worden, was zeitraubende Erhebungen nach sich zog. Schließlich bereiteten auch die ungünstigen

Verkehrsverhältnisse und die durch die alliierte Zensur behinderte Postzustellung arge Verzögerungen. So konnte etwa eine Vorladung von Wien nach Krems mehr als drei Wochen dauern[36].

Da im Juni 1946 die Sonderkommissionen erst die Häfte ihrer Pflicht getan hatten, forderte der Bundeskanzler sie auf, ihre Entscheidungen bis zu einer Verlängerung der gesetzlichen Frist zwar aufzuschieben, aber mit den Untersuchungen fortzufahren[37]. Doch der Sommer 1946 brachte eine Unterbrechung der Tätigkeit der Sonderkommissionen und einen Stillstand in der Entnazifizierung im öffentlichen Dienst. Sie warteten auf das neue NS-Gesetz, das ihre Tätigkeit überflüssig machen sollte. Erst nachdem dieses Gesetz durch den Einspruch der Alliierten wesentlich verzögert worden war, mußten sie ihre Tätigkeit doch wieder aufnehmen. Im September wurde die gesetzliche Frist bis zum 30. Juni 1947 verlängert.

D. Das NS-Gesetz 1947

Die Entnazifizierungsbilanz im öffentlichen Dienst

Das Entnazifizierungsgesetz 1947 brachte auch für die öffentlich Bediensteten eine neue Situation, eine Verfahrensvereinfachung und die Ersetzung der individuellen Überprüfung vor den Sonderkommissionen durch generelle Regelungen.

Nun waren es die Belasteten, die, wie bisher die Illegalen, kraft Gesetzes en bloc zu entlassen waren. Sie verloren die Fähigkeit, je wieder in den öffentlichen Dienst aufgenommen zu werden. In der Entnazifizierungspraxis änderte sich damit aber wenig, da zumindest die Belasteten bereits von den Sonderkommissionen entfernt worden waren. Die anderen Illegalen, die nicht belastet waren, konnten im Prinzip wieder im öffentlichen Dienst angestellt werden[38], denn sie fielen unter die Gruppe der Minderbelasteten. Das waren jene ehemaligen Nationalsozialisten, deren Übernahme in den öffentlichen Dienst erfolgen konnte, »wenn nach Berücksichtigung der im Beamtenüberleitungsgesetz zu treffenden Maßnahmen entsprechende Dienstposten frei sind und das politische Verhalten vor dem 27. April 1945 des Betreffenden eine solche Aufnahme rechtfertigt[39]«. Die politische Überprüfung erfolgte nun nicht mehr durch Sonderkommissionen, sondern durch den Dienstgeber selbst.

Die wesentlichste Maßnahme gegen die Minderbelasteten im öffentlichen Dienst war ihre Rückreihung; sie durften bis zum 30.

April 1950 nur auf niedrigen Posten verwendet werden[40]. Denn es entsprach der Absicht des Gesetzgebers, auch Minderbelastete von leitenden Funktionen auszuschließen, allerdings nur für eine bestimmte Zeit. Sie durften während dieses Zeitraumes bloß für Tätigkeiten verwendet werden, die diesem Rang entsprachen. Auch Beförderungen waren nicht erlaubt. Von diesen Degradierungen war 1948 mit 12.239 Personen immerhin etwa ein Drittel der im öffentlichen Dienst stehenden Minderbelasteten betroffen.

Belastete waren im öffentlichen Dienst überhaupt nicht mehr beschäftigt, und auch die Zahl der Minderbelasteten ging ständig zurück. Betrug der höchste nachweisbare Anteil im September 1946 noch 20 Prozent, so war er bis Juni 1948 auf 11 Prozent gefallen.

Entnazifizierung im öffentlichen Dienst (Gesamt)

Monat/ Jahr	Gesamtzahl öffentlich Bediensteter	Unbelastete	Minderbelastete	Minderbelastet in % der Gesamtzahl	Summe der Ausgeschiedenen
6/45[1]	57.069	50.173	6.896	12,0	15.766
4/46					52.652
9/46	234.042	186.444	47.598	20,3	65.773
2/47					78.942
5/47	282.135	233.922	48.213	17,1	
7/47	303.994	256.551	47.443	15,6	
8/47	295.575	252.481	43.094	14,6	
9/47	309.396	264.337	45.019	14,6	
11/47	310.435	268.089	42.346	13,7	
1/48	315.178	274.512	40.666	12,9	
6/48	316.894	281.670	35.224	11,1	101.655

Quelle: Erstellt nach monatlichen bzw. zweimonatlichen Berichten des österreichischen Bundeskanzlers an das Alliierte Entnazifizierungsbüro, 60.2258-2; und Bericht des US-Commissioner, Nov. 1948, S. 6; Österreichisches Jahrbuch 1946–1948.
[1] Nur russische Besatzungszone.

Insgesamt schieden im Rahmen der Entnazifizierung in Österreich 101.655 Personen aus dem öffentlichen Dienst aus, davon 78.942 oder etwa drei Viertel in der Zeit des Verbotsgesetzes vom April 1945 bis Anfang 1947 und 22.713 nach dem NS-Gesetz 1947 vom Februar dieses Jahres bis zur Minderbelasteten-Amnestie 1948. Die Summe der ausgeschiedenen Personen gibt aber nur ein unzureichendes Bild von der Entnazifizierung im öffentlichen Dienst. Für zwei Zeiträume liegen detaillierte Angaben vor:

Aus dem öffentlichen Dienst ausgeschiedene Personen

April 1945–Sept. 1946	Febr. 1947–Juni 1948	
38.146	13.314	tatsächlich entlassen
1.275	7.583	pensioniert oder verstorben
26.351	1.816	vom Dienst suspendiert
65.773	22.713	Summe der Ausgeschiedenen

Die Tabelle zeigt, daß nur etwa 60 Prozent der Ausgeschiedenen auch tatsächlich entlassen wurden. Der Rest war vom Dienst suspendiert und wartete auf einen Kommissionsbescheid oder war in Pension geschickt worden. Für September 1946 liegt auch eine Aufgliederung der Ausgeschiedenen und der im Dienst befindlichen Registrierten nach ihrer ehemaligen Stellung im Nationalsozialismus vor.

Von den 65.773 bis zum September 1946 aus dem öffentlichen Dienst Ausgeschiedenen waren:

57.996 oder 88%	Parteimitglieder oder Parteianwärter gewesen, davon 16.799 Illegale oder mindestens Zellenleiter
1.970	Mitglieder der SS, davon waren 952 Illegale oder mindestens Untersturmführer
3.025	Mitglieder von SA, NSKK, NSFK, davon waren 1.026 Illegale oder mindestens Sturmführer
Für die restlichen 4 Prozent liegt keine Aufschlüsselung vor.	

Von den 47.598 im September 1946 im öffentlichen Dienst beschäftigten registrierten ehemaligen Nationalsozialisten waren:

24.564 oder 52%	Parteimitglieder oder Parteianwärter, davon 475 mindestens Zellenleiter
95	Mitglieder der SS, davon keiner Offizier
2.857	Mitglieder von SA, NSKK, NSFK, davon 15 Offiziere
Für die restlichen 42 Prozent liegt keine Aufschlüsselung vor.	

Quelle: *Report of the Internal Affairs Directorate on the Progress of Denazification,* 1947, 66.755-2/30.

Es entsprach daher mehr der typischen Beschwichtigungspolitik von Bundeskanzler Figl, wenn er 1946 gegenüber den Alliierten feststellte: »Was die Zahl der registrierungspflichtigen Personen betrifft, die immer noch beschäftigt werden, möchte ich bemerken, daß sie zu einem großen Teil aus Personen besteht, welche dem NSKK, dem NSFK oder der Arbeits-SA angehört haben, die nicht als NS-Gedankengut beinhaltend betrachtet werden können und es ihnen daher erlaubt war, bei der Nationalratswahl zu wählen und die nach dem neuen Registrierungsgesetz von der Registrierung ausgenommen werden[41].«

Tatsächlich waren von den im öffentlichen Dienst beschäftigten ehemaligen Nationalsozialisten mehr als die Häfte bei der Partei gewesen, und der allergrößte Teil unterlag auch nach 1947 der Registrierungspflicht. Die Tabellen zeigen, daß es bei der praktischen Durchführung der Entnazifizierung im öffentlichen Dienst sehr wohl eine große Linie gab, aber auch viele Ausnahmen. So waren im September 1946 immerhin 490 ehemalige höhere Nazifunktionäre beschäftigt.

Große Unterschiede ergaben sich auch zwischen den einzelnen Bundesländern, wobei vor allem dem Entnazifizierungsresultat in Wien große Bedeutung zukam: nicht nur, weil hier über 40 Prozent der öffentlich Bediensteten beschäftigt waren, sondern auch, weil die relativ geringe Beschäftigung von ehemaligen Nationalsozialisten in der Bundeshauptstadt den Wert für ganz Österreich herabdrückte.

Prozentsatz der Minderbelasteten im öffentlichen Dienst

	1. 7. 1947	1. 1. 1948	1. 6. 1948	ausgeschieden bis zum 1. 6. 1948*
Wien	8,4%	6,3%	5,6%	27%
Niederösterreich	17,9%	13,9%	12,0%	34%
Burgenland	10,0%	7,9%	3,3%	25%
Oberösterreich-Nord	11,7%	10,2%	7,6%	
Oberösterreich-Süd	16,8%	15,1%	12,6%	38%
Salzburg	14,9%	13,3%	12,0%	32%
Steiermark	20,9%	18,5%	16,1%	32%
Kärnten	23,5%	21,1%	17,2%	39%
Tirol	36,5%	31,1%	25,5%	49%
Vorarlberg	43,3%	32,7%	27,3%	31%
Österreich	15,6%	12,9%	11,1%	32%

Quelle: *Österreichisches Jahrbuch* 1948, S. 153; Allied Denazification Bureau, *General Results on Austrian Denazification,* 25. Aug. 1948, 60258-2/033.2, NA.

* Zahl der während der gesamten Entnazifizierung vom April 1945 bis zur Minderbelasteten-amnestie im Juni 1948 ausgeschiedenen Personen im Verhältnis zum Personalstand am 1. 1. 1948.

Entnazifizierung im öffentlichen Dienst nach Bundesländern Stand: 1. 6. 1948

Land	Unbelastete	Minderbelastete	davon degradiert	Insg. Ausgeschiedene seit 16. 2. 1947	Insg. Ausgeschiedene seit 27. 4. 1945
Wien	127.576	7.576	3.676	11.491	36.575
Niederösterreich	33.083	4.528	1.082	2.021	12.634
Burgenland	4.976	337	112	254	1.306
Oberösterreich	33.207	4.527	568	1.607	14.471
Salzburg	12.521	1.712	317	601	4.553
Steiermark	36.108	6.904	2.642	2.823	13.874
Kärnten	16.728	3.474	1.660	2.008	7.881
Tirol	12.194	4.182	1.310	1.548	8.095
Vorarlberg	5.277	1.984	872	360	2.263
Österreich	281.670	35.224	12.239	22.713	101.655

Quelle: *General Results on Austrian Denazification,* Allied Denazification Bureau, 25. Aug. 1948, 60258-2/033.2, NA.

Infolge der strengeren Durchführung der Entnazifizierung in den Zentralstellen der Bundeshauptstadt und der weitgetriebenen »administrativen Entnazifizierung« der Gemeinde Wien war in Wien 1948 nur mehr jeder zwanzigste öffentlich Bedienstete ein ehemaliger Nationalsozialist. So hatte auch die Entnazifizierung nach dem NS-Gesetz 1947 in der Hauptsache die Zentralstellen in Wien betroffen. Während vor 1947 auf Wien etwa ein Drittel der Ausgeschiedenen entfiel, waren es in der Periode nach 1947 mehr als 50 Prozent.

Wegen der Ergebnisse in Wien erschienen die Entnazifizierungsresultate auch für ganz Österreich günstiger, als sie in den einzelnen Bundesländern waren. Ausgenommen das Burgenland, war der Anteil der minderbelasteten Nationalsozialisten im öffentlichen Dienst in den Bundesländern auch 1948 noch mehr als 10 Prozent und zum Teil sogar weit darüber. Hier fällt vor allem Tirol ins Auge, wo 1947 jeder dritte und 1948 noch jeder vierte öffentlich Bedienstete ein ehemaliger Nationalsozialist war, und das, obwohl hier die Zahl der durch die Entnazifizierung Ausgeschiedenen (8095) etwa die Hälfte des Personalstandes von Anfang 1948 erreicht hatte und damit von allen Bundesländern relativ am höchsten war. Letztlich ein Zeichen, wie unterschiedlich dem Nationalsozialismus die Durchdringung des öffentlichen Dienstes in den einzelnen Bundesländern gelungen war.

Auch bei den einzelnen Dienststellen war die Durchdringung des Nationalsozialismus unterschiedlich gewesen. Im Verhältnis zum Personalstand vom Juni 1948 mußte etwa ein Drittel aus dem öffentlichen Dienst ausscheiden. In einzelnen Bereichen, wie etwa bei der Finanzbehörde, lag die Zahl weit darüber, bei etwa 50 Prozent, obwohl gerade diese Behörde noch immer einen hohen Anteil von Minderbelasteten beschäftigte. Auch die Arbeitsämter und vor allem die öffentlichen Körperschaften hatten einen überdurchschnittlichen Anteil ihres Personals im Rahmen der Entnazifizierung verloren.

Im ganzen war die Zahl der Minderbelasteten im öffentlichen Dienst bis 1948 wesentlich gefallen. Betrug sie im September 1946 noch 47.598, so waren es im Juni nur mehr 35.224 Personen, obwohl die Gesamtzahl der öffentlich Bediensteten wesentlich gestiegen war. Von den Minderbelasteten waren 1948 nur 5004 ständig angestellt – davon 1683 bei Herabsetzung des Dienstranges –, 30.280 hatten nur zeitlich begrenzte Verträge. Doch die befristete Anstellung war mehr eine Drohung oder Demonstration:

Prozentsatz der Minderbelasteten
im öffentlichen Dienst nach Dienststellen

Dienststelle	April 1947	Juni 1948	ausgeschieden bis Juni 1948*
Bundesregierung, Landesregierung Wien	12,2%	8,4%	25%
Universitäten	20,3%	10,8%	36%
Öffentliche Schulen	30,6%	14,1%	38%
Gerichte und Justizeinrichtungen	29,7%	16,3%	35%
Finanzbehörden	30,4%	21,7%	50%
Bundesgendarmerie und -polizei	13,0%	3,0%	28%
Bundesbahnen und Post	20,0%	13,1%	40%
Österreichische Bundesforste	39,4%	39,7%	43%
Landesarbeits- und Arbeitsämter, Invalidenämter, Gewerbeinspektorate	8,0%	6,0%	67%
Kammer der gewerblichen Wirtschaft	18,0%	11,0%	18%
Öffentlich-rechtliche Körperschaften	20,0%	15,5%	80%
Sonstige Dienststellen des Bundes, der Länder und Gemeinden	16,4%	11,2%	13%
Summe	17,1%	11,1%	32%

Quelle: Bericht des Bundeskanzlers vom 29. Mai 1947 an das Alliierte Entnazifizierungsbüro, 60.755-2/30; *General Results on Austrian Denazification,* Allied Denazification Bureau, 25. Aug. 1948, 60258-2/033.2. – Die Eich- und Vermessungsämter und die Oesterreichische Nationalbank werden 1947 nicht angeführt, ihr Personalstand betrug jedoch 1948 unter 1 Prozent der Gesamtzahl der öffentlich Bediensteten.
* Bis zum Juni 1948 Ausgeschiedene im Verhältnis zum Personalstand am 1. 1. 1948.

Zusammenstellung nach Verwaltungszweigen Stichtag 31. 5. 1948

Dienststelle	unbelastet	minderbelastet	in %	registrierungspflichtig ausgeschieden in der Zeit von 27. 4. 1945 bis Stichtag	davon vom bis Stichtag gemäß Verbotsgesetz 1947
1	2	3	4	5	6
1 a) Bundesministerien	16.671	708	4,1	2.797	490
b) Ämter der Landesregierungen	52.229	7.506	12,6	18.796	2.396
c) Magistrat Wien	31.746	1.737	5,2	6.289	2.798
d) Städtische Unternehmungen (Wien)	20.687	1.139	5,2	5.378	1.371
2 Lehrer an Hochschulen	889	117	11,6	666	26
3 Angestellte an Hochschulen	1.935	223	10,3	486	18
4 a) Sonstige öffentliche Schulen	26.634	4.414	14,2	12.013	4.213
b) Stadtschulrat Wien	142	11	7,2	69	26
c) Beamte an Schulen Wiens	454	37	7,5	56	10
5 Justizbehörden	4.228	1.046	19,8	1.908	215
6 Justizanstalten	1.756	119	6,4	612	53
7 Finanzbehörden	9.649	2.679	21,7	6.099	665
8 Bundesgendarmerie	9.547	590	5,6	2.449	451
9 Bundespolizei	17.458	240	1,4	5.246	2.388
10 Österreichische Bundesbahnen	29.309	6.590	18,4	13.957	4.858
11 Post	35.985	5.043	12,3	16.831	2.027
12 Österreichische Bundesforste	700	461	39,7	502	22
13 Eich- und Vermessungsämter	1.108	188	14,5	366	88
14 Landesarbeits- und Arbeitsämter, Invalidenämter, Gewerbeinspektorate	4.665	295	6,0	3.337	90
15 Oesterreichische Nationalbank	902	103	10,3	113	3
16 Kammer der gewerblichen Wirtschaft	2.608	323	11,0	513	–
17 Öffentlich-rechtliche Körperschaften	1.779	325	15,5	1.684	21
18 Sonstige Dienststellen des Bundes, der Länder und der Gemeinden	10.589	1.330	11,2	1.508	484
Summe	281.670	35.224	11,1	101.655	22.713

Quelle: USACA, 60216-3/26, NA.

denn unter den 35.224 beschäftigten Minderbelasteten befanden sich nur 6980 ursprünglich entlassene Personen, die nach dem Februar 1947 wieder eingestellt worden waren; das bedeutet aber, daß etwa 28.000 ehemalige Nationalsozialisten bereits seit mehr als einem Jahr wieder eingestellt waren oder aber ihre Stellung im öffentlichen Dienst nie verloren hatten.

E. Minderbelastete im öffentlichen Dienst

Die Macht des Fachmannes

Warum entschloß man sich überhaupt, ehemalige Nationalsozialisten, wenn auch minderbelastete, im öffentlichen Dienst zu behalten oder wiederaufzunehmen? Letztlich war es die Macht des Fachmannes, die viele ehemalige Nationalsozialisten vor der Entfernung bewahrte. In manchen Fällen war es einfach notwendig, Fachbeamte aufzunehmen, die durch andere Personen nicht ersetzt werden konnten.

Infolge von Krieg und Entnazifizierung war das Angebot an geeigneten Fachleuten nicht mehr allzu groß: »Um die Rehabilitierung der neuen österreichischen Verwaltung nicht zu gefährden, war es notwenig, provisorisch bis zu einem gewissen Ausmaß und besonders bei speziellen Berufen Personen zu beschäftigen, die Mitglieder der Nationalsozialistischen Partei gewesen waren[42]«, hieß es in einem Schreiben des Bundeskanzlers Figl an die Alliierten, der die Meinung vertrat: »Ein mechanischer Abbau wäre der schlechteste Dienst, den man der Bevölkerung erweisen könnte[43].« Und die eher mißtrauischen Alliierten äußerten mehrmals den Verdacht, daß die Sonderkommissionen zu sehr von der Tatsache beeinflußt seien, daß kein geeigneter personeller Ersatz zu finden war[44].

Wie belastend die Entnazifizierung für den öffentlichen Dienst war, zeigt ein Brief des oberösterreichischen Landeshauptmanns Gleißner an das Bundeskanzleramt vom März 1946, der in seinen Details eine große Anschaulichkeit vermittelt. Der Landeshauptmann stellte darin fest: ». . . Es haben die bisher durchgeführten Maßnahmen auf dem Gebiet der politischen Reinigung zum Teil zu ernsten Schwierigkeiten geführt . . . Wirken sich die Entlassungen bei den Angestellten, dem einfachen, mittleren und gehobenen Dienst – besonders soweit es sich um geschulte Fachkräfte handelt – stark behindernd in der Arbeit aus, so kann dieser Ausfall durch Neueinstellung eventuell auch ungeschulter Kriegsversehrter doch einigermaßen ausgeglichen werden. Besonders schwer und mangels eines entsprechenden Nachwuchses nicht auszufüllen sind aber die Lücken im höheren Dienst. Aus den Reihen der Techniker mußte eine größere Anzahl von Beamten beispielsweise ausgeschieden werden. Ein Ersatz ist nicht möglich, da einerseits nicht genügend Fachkräfte zur Verfügung stehen, aber selbst in den Fällen, in welchen neue Kräfte eingestellt werden, damit noch lange kein auch nur annähernd genügender Ersatz gefunden werden kann. Denn gerade bei den Technikern im Verwaltungsdienst handelt es sich um in langjähriger Ausbildung und Facharbeit geschulte Kräfte.

So wurden bei einer Agrarbezirksbehörde von neun Technikern sechs, bei einer anderen von dreizehn Technikern sieben entlassen. Gerade in diesen Fällen handelt es sich um die Durchführung von Arbeiten, die eine besondere Schulung nicht nur auf vermessungstechnischem, sondern auch land- und forstwirtschaftlichem Gebiete erfordern und bei denen eine Einarbeitung im speziellen Fall während der Durchführung der Operation nicht möglich ist.

Außerdem muß eine Reihe von Arbeiten im Frühjahr begonnen werden, da andernfalls das ganze Jahr hiefür verlorengeht. Besonders aus diesem Grund ist die Klärung der Frage der allfälligen Weiterverwendung oder Wiedereinstellung entlassener Kräfte, soweit sie für die Arbeit von unbedingter Notwendigkeit sind, besonders dringend . . . Ähnlich wie bei den Agrarbehörden wirkt sich die Entlassung besonders bei den technischen Abteilungen der oberösterreichischen Landeshauptmannschaft aus. In der hydrographischen Abteilung blieben von zwölf Beamten und Angestellten nur drei übrig. Dabei ist diese Abteilung bei der großen Zahl der anfallenden Wasserrechtsakten, denen gerade jetzt wieder erhöhte Bedeutung zukommt, mehr denn je mit Arbeit überhäuft. Wie ja überhaupt die Arbeit nicht abgenommen, sondern durch die Vielfalt der Probleme des Wiederaufbaues nach den Jahren des kriegsbedingten Verfalls und den Zerstörungen und die Zusammenarbeit mit den Besatzungsmächten stark zugenommen hat.

Auch im Referat Straßenbau mußten von elf Technikern fünf entlassen werden . . . Es ist klar, daß der Schaden, welcher der Verwaltung und damit der Allgemeinheit und dem österreichischen Staat durch diese Umstände entsteht, nur soweit in Rechnung gestellt werden kann, als die Notwendigkeit der Denazifizierung dies gestattet. Auch hier müßte nach sorgfältiger Abwägung aller Interessen und Umstände individuell nach der Lage es einzelnen Falles vorgegangen werden können. Wie bei der allgemeinen Verwaltung, so ist auch die Lage bei den anderen Teilen der staatlichen Verwaltung in den Gerichten, wo sich ebensolche Lükken und Schwierigkeiten ergeben haben, deren Behebung im Staatsinteresse dringend gelegen ist[45].«

So oder ähnlich war die Situation aber nicht nur in Oberösterreich, sondern im gesamten Bereich der öffentlichen Verwaltung. Ehemalige Nationalsozialisten, soweit sie nicht illegal oder belastet waren, wurden daher im öffentlichen Dienst belassen, was ja im Gesetz vorgesehen war. Sie wurden unter Umständen aber sogar wiedereingestellt, was zu Beschwerden der Alliierten führte, da es hierfür im Gesetz keine Regelungen gab. Daneben gelang es auch manchen Nationalsozialisten, wegen der Knappheit an Fachleuten und in der unübersichtlichen Situation der ersten Nachkriegszeit durch einen Wechsel der Dienststelle oder des Dienstortes auch die politische Vergangenheit zu verschleiern. Einer der prominentesten Fälle ereignete sich im Land Salzburg, wo eine Überprüfung aller Registrierungs- und Entregistrierungsentscheidungen notwendig wurde wegen der Verhaftung des Chefs des Registrierungsbüros, der »vergessen« hatte, sich selbst als illegalen Nazi zu registrieren, und dem man Mißbrauch staatlicher Dokumente vorwarf. Ähnliche Fälle gab es besonders in den ersten Nachkriegsmonaten nicht wenige.

Ernst Fischer bezeichnete diese Taktik des Ämterwechsels als »Drehtür«: »Die Drehtür erfreut sich bei Kaffeehaus- und Hotelgästen allgemeiner Beliebtheit. Es gibt keinen Ärger mit einer spießigen Klinke, und wer – im Hinausgehen begriffen – seinen frühen Aufbruch etwa bereut, kann unter Ausnützung des anhaltenden Schwunges sich gleich wieder zurückdrehen lassen. Es gibt Menschen, die, in einem plötzlichen Rückfall in ihre Kinderjahre, die Drehtüre als Karussell benützen und sich dem seligen Schwindel des Drehens hingeben, ehe sie draußen oder drinnen landen. Wenn das mehrere Menschen gleichzeitig (für vier besteht die Möglichkeit) machen, dann kann der abseits in Ruhestellung verharrende Beobachter nach mehreren Umdrehungen beim besten Willen nicht mehr feststellen, wer von dem kreisenden Quartett nach innen oder nach außen gehört. Das Bild ist unentwirrbar geworden.

Dieses hübsche Spiel, sich beim Hinausdrehen gleich wieder hineindrehen zu lassen, dieses rechtshändige Abtreten und linkshändige Wiederauftauchen, dieser Dreh der Drehtür, wird jetzt in öffentlichen Ämtern mit schildbürgerhafter Beharrlichkeit geübt.

Das geschieht nicht etwa deshalb, weil sich unsere Bürokraten über Mangel an Arbeit zu beklagen hätten, sondern um bei der Säuberung der Beamtenschaft von den Nazi das Problem optisch als gelungen erscheinen zu lassen, während sich beim Abbremsen der rasend rotierenden Drehtür herausstellen würde, daß der angebliche Exodus der Braunen nichts anderes ist als ein drollig-dreistes Drehen vom im Blickfeld der antifaschistischen Wachsamkeit stehenden Sessel auf einen in verschwommener Ferne schaukelnden Drehstuhl.«

Der Chefredakteur des *Neuen Österreich* gibt einige Beispiele und zieht dann für sich den Schluß: »Innerhalb vieler Ämter in Wien und in den Bundesländern findet seit geraumer Zeit ein großangelegter Nazischub statt. Die Herren Parteigenossen werden aus Ämtern, wo sie sich mit dem Hitlerkopf etikettierten, nach anderen Ämtern abgeschoben, wo ihre politische Marke nicht bekannt ist. Aus den Augen der wissenden Gegenwart, bewahrt vor den Folgen der befleckten Vergangenheit! So denken die Parteigenossen und jene, die diesem Verschleierungsprozeß die rotweiß-rote Mauer machen[46].«

Solche Fälle gab es, wenn auch ihre Zahl vermutlich nicht allzu groß war. Sie waren Ausdruck eines mangelnden Überblicks über die staatliche Verwaltung im ersten Nachkriegsjahr; dieser Mangel dürfte ab 1946 unter der Kontrolle der Alliierten und der österreichischen Regierung ausgemerzt worden sein. Auch die offiziellen Wiedereinstellungen erreichten kein allzu großes Ausmaß. Für die ersten zwei Nachkriegsjahre liegen zwar keine Zahlen vor, aber 1947/48 wurden gerade 6980 registrierte Personen in den öffentlichen Dienst wieder aufgenommen[47], bei 101.655 im Rahmen der Entnazifizierung Entlassenen und einem Gesamtpersonalstand von 316.894 Personen.

F. Verbotene Berufe und besondere Kommissionen

Die Regel und die Ausnahmen

Entlassungen und Berufsverbote waren das klassische Mittel der Entnazifizierung. Ihnen lag der Gedanke zugrunde, daß es eine Reihe von Berufen gibt, die im politischen, kulturellen und wirtschaftlichen Leben eines Landes von besonderer Bedeutung sind: solche, die eine gewisse Macht beinhalten, und solche, die meinungsbildend wirken können. Wie der Entzug der politischen Rechte, so erfolgte daher für die Nationalsozialisten auch ein Ausschluß aus diesen »politischen« Berufen: dem Staatsdienst, speziell Justiz, Exekutive, Schulen und Hochschulen, dem publizistischen und kulturellen Bereich, den freien Berufen und den Führungspositionen in der Wirtschaft.

Bereits das Verbotsgesetz 1945 hatte Berufsverbote gekannt, aber erst das NS-Gesetz 1947 brachte eine erschöpfende Aufzählung der verbotenen Berufe. Sie galten für Belastete – mit wenigen Ausnahmen – absolut und ohne zeitliche Beschränkung. Bei Minderbelasteten war der Kreis der verbotenen Beschäftigungen etwas kleiner und zeitlich zumeist bis zum 30. April 1950 befristet. Aber ebenso wie Entlassungen und Beschäftigungsverbote waren auch Kommissionen, die durch individuelle Überprüfung Ausnahmen von der prinzipiellen Regelung verfügen konnten, ein klassisches Mittel der Entnazifizierung.

Keine Entnazifizierung ohne Kommissionen. Wohl hatten die Sonderkommissionen 1947 ausgedient. Während diese dezentral eine individuelle Durchführung der Entnazifizierung im öffentlichen Dienst zur Aufgabe gehabt hatten, beschäftigten sich die nun bei den einzelnen Bundesministerien in Wien zentral eingerichteten »besonderen Kommissionen« mit den Ausnahmen von der generellen Regelung, mit der Zulassung von minderbelasteten ehemaligen Nationalsozialisten zu verbotenen Berufen in Staat und Wirtschaft. Entweder ermöglichten sie den Minderbelasteten überhaupt den Zugang zu einem solchen Beruf, oder aber sie verkürzten die bis zum 30. April 1980 laufende Sperrfrist. Die Kommissionen bestanden jeweils aus einem Vertreter des Bundesministers, einem Berufsvertreter und je einem Vertreter der drei anerkannten politischen Parteien. Mit etwa 17.000 Geschäftsstücken bis zum Mai 1948 war ihre Tätigkeit in summa nicht allzu groß; in einzelnen Bereichen wie Justiz und Medizin hatten sie aber große Bedeutung.

Während der Entnazifizierung gab es viele Entlassungen und zeitweise Blockierungen der Berufsausübung. Allein aus dem öffentlichen Dienst mußten bis 1948 mehr als 100.000 Beamte ausscheiden. Auch die im Gesetz 1947 ausgesprochenen Berufsverbote erscheinen auf den ersten Blick sehr hart. Auf die Dauer betrafen sie aber letztlich nur eine relativ kleine Zahl von wirklich belasteten Nationalsozialisten. Bis 1948 gelang es der überwiegenden Mehrheit, sich mit der Entnazifizierungsgesetzgebung zu arrangieren. Denn das Gesetz hatte einige Milderungen, um nicht zu sagen: Löcher, vorgesehen, so daß die meisten Betroffenen mit ihm leben konnten. Da war für die Minderbelasteten die zeitliche

Tätigkeitsbericht der gemäß § 19 Abs. (2) und (3) des Verbotsgesetzes 1947 errichteten Kommissionen vom Beginn der Tätigkeit bis 31. 5. 1948

1	2	3	4	5	6	7	Anmerkung
BM für Inneres	Polizei	1.421	309	17	367	728	Spalte 3: Anzahl der vorgelegten Geschäftsstücke
	Gendarmerie	2.793	824	23	1.329	617	
	Zirkusunternehmer Varietéunternehmer	2	2	–	–	–	Spalte 4: Zur Berufsausübung zugelassen
BM für Unterricht	Hochschullehrer	37	21	9	3	4	
	Schulleiter	451	353	30	51	17	Spalte 5: Zur Berufsausübung nicht zugelassen
	Theaterunternehmer	7	3	1	–	3	
	Konzertunternehmer Filmverleih	47	25	7	2	13	Spalte 6: Feststellung der Unzuständigkeit
	Kinounternehmer	272	151	28	63	30	Spalte 7: Noch nicht erledigte Geschäftsstücke
BM für Justiz	Richter, Staatsanwälte	858	501	114	199	44	
	Justizbeamte	1.268	941	70	227	30	
	Strafvollzugspersonal	393	205	84	37	67	
	Rechtsanwälte	1.138	743	39	286	70	
	Notare	261	186	7	62	6	
BM für Soziale Verwaltung	Ärzte Zahnärzte	3.984	3.014	242	131	597	
	Pharmazeuten	817	613	47	28	129	
BM für Land- und Forstwirtschaft	Tierärzte	642	470	56	87	29	
BM für Handel und Wiederaufbau	Patentanwälte	17	10	1	3	3	
	Ziviltechniker	442	345	17	53	27	
	Gebäudeverwalter	257	156	38	37	26	
	Wirtschaftsprüfer	28	17	3	7	1	
BM für Finanzen	Steuerberater	160	125	23	10	2	
	Zollwachdienst	1.707	1.462	182	36	27	
	Summe	17.002	10.476	1.038	3.018	2.470	

Quelle: USACA, 60216-3/26, NA.

Tätigkeit der besonderen Kommissionen nach § 19 Abs. 2 und 3 des Verbotsgesetzes 1947 vom Beginn der Tätigkeit

	bis 31. 8. 1947	2. 11. 1947	1. 1. 1948	1. 6. 1948
Zahl der Fälle	8.255	15.483	15.970	17.002
Berufserlaubnis	2.318	7.542	8.726	10.476
Berufsverbot	147	799	926	1.038
Unzuständig	271	1.438	2.022	3.018
Noch nicht erledigt	5.499	5.659	4.296	2.470

Quelle: *Report of Denazification*, Allied Denazification Bureau, 14. 12. 1948, 60258-2/033.2; *Report of Denazification* 10. 2. 1948, Director of Intelligence, US-Forces Austria, 60258-2/033.2, NA.

Befristung bis 1950, die durch die Amnestie 1948 noch zwei Jahre früher beendet wurde, im öffentlichen Dienst die politische Überprüfung durch den Dienstgeber, die – so vermuteten zumindest die Amerikaner – des öfteren nach dem Gesichtspunkt des Personalerfordernisses durchgeführt wurde, und bei verbotenen Berufen die Zulassung über einen Kommissionsbescheid. Der Tätigkeitsbericht zeigt, daß der Weg über diese Kommissionen normalerweise erfolgreich war. In mehr als 90 Prozent der abgeschlossenen Fälle wurde eine Berufserlaubnis erteilt[48]. Dieser hohe Wert mag durchaus Ausdruck einer generellen Politik sein. So beschwerte sich das Alliierte Entnazifizierungsbüro, daß es sich bei einer Stichprobe mit einem Viertel der untersuchten Fälle nicht einverstanden erklären konnte, bei 5 Prozent stellte es eine eindeutige Verletzung des Gesetzes fest, und 20 Prozent wurden als zu mild beurteilt[49].

Auch für die Belasteten war die Lage nicht ganz hoffnungslos. So hatte der Bundespräsident aufgrund seines Amnestierechtes bis Ende 1950 6015 Belasteten eine teilweise Ausnahme von den Sühnefolgen gewährt[50], was in der Hauptsache die Genehmigung der beruflichen Wiederbetätigung bedeutete. Allerdings ist nicht zu übersehen, daß auch der zeitweilige Berufsausschluß und der Weg über die Institution der besonderen Kommissionen oder die Amnestierung selbst bei einem positiven Ergebnis einen erschwerten Zugang zu gewissen Berufen und ein Mittel der sozialen Disziplinierung der ehemaligen Nationalsozialisten darstellte.

Die hohe Zahl der Fälle, in denen die Kommissionen sich unzuständig erklärten, setzte sich im Juni 1948 und damit zum Abschluß der Tätigkeit folgendermaßen zusammen:

Entregistrierte	676	22%
Ausnahme von Sühnefolgen	217	7%
Amnestie des Bundespräsidenten	954	32%
Belastete Personen	103	3%
Ansuchen zurückgezogen	621	21%
Sonstige Gründe	447	15%
Summe	3.018	100%

Quelle: Allied Denazification Bureau, 10. 2. 1948, 60258-2/033.2.

Die Tätigkeit dieser Kommissionen soll nun als Leitfaden dienen, die Entnazifizierung in den Berufsbereichen zu betrachten, denen besondere politische Bedeutung zugemessen wurde, wobei sich – den Tätigkeiten dieser Kommissionen entsprechend – der Übergang vom öffentlichen Dienst zur Privatwirtschaft ergibt.

G. Justiz

Entnazifizierung der Entnazifizierung

Die besondere Stellung der Richter und Staatsanwälte im Staat schien es zu erfordern, daß gerade dieser Bereich von »politisch belasteten Elementen« vollständig gereinigt wurde[51]. Denn es schien undenkbar, »daß ein Staatsanwalt bis zum 11. März 1938 Angeklagte in politischen Strafsachen im Namen der Republik, von da an bis zu ihrer Neugründung im Namen des Führers und seither vielleicht wieder im Namen der Republik Österreich verfolgt[52]«. Gerade wegen der im österreichischen Recht begründeten richterlichen Unabhängigkeit und Unabsetzbarkeit glaubte man in diesem Bereich strengere Maßstäbe anlegen zu müssen als im übrigen Staatsdienst. Die *Arbeiter-Zeitung* schrieb hierzu, »daß es keine Rechtskontinuität in der Justiz gibt zwischen dem Tage, an dem Österreich der Nazibarbarei zum Opfer fiel, und dem Tage, an dem dieses fluchwürdige ausländische Regime zusammenbrach. Österreich existierte seit dem 11. MÄrz 1938 nicht mehr. Es gab demnach bis zur Übernahme der Macht durch die provisorische Staatsregierung keine österreichische Gerichtsbarkeit und keine österreichischen Richter mehr. Wer dennoch in Österreich Recht sprach, tat dies als Richter Hitlers . . . Unsere österreichischen richterlichen Funktionäre sind durch die Schule der österreichischen Rechtslehre gegangen. Wenn sie ihren Geist wahrhaft in sich aufgenommen haben, dann mußten sie die Rechtszustände im Nazistaat mit Abscheu erfüllen . . . Deshalb bleiben wir bei dem, was wir gesagt haben: Für den, der seinem richterlichen Gewissen oder seiner staatsanwaltschaftlichen Pflicht treu bleiben wollte, für den österreichischen Richter oder Staatsanwalt durfte es keine Unterwerfung unter die deutsche Gewaltherrschaft geben, wenn er vermeiden wollte, sich zu prostituieren. Mittun oder nicht – für den richterlichen Hüter der österreichischen Gesetze war das zugleich eine politische und moralische Prüfung. Manche haben sie nicht bestanden[53]«.

Auch der österreichische Verfassungsgerichtshof scheint ähnlicher Meinung gewesen zu sein. Als drei im Zuge der Entnazifizierung entfernte Richter eine Klage gegen die österreichische Regierung wegen Verletzung der richterlichen Unabhängigkeit einbrachten, bestätigte der Oberste Gerichtshof die Vorgangsweise der österreichischen Regierung und verwies die Richter – falls sie Schaden erlitten hätten – an das Deutsche Reich, dem sie 1938 die Treue geschworen hätten[54].

Dieser politischen Grundhaltung steht entgegen, daß in Wien im März 1946 von 231 Richtern 72 ehemalige Nationalsozialisten waren, und im Juni 1947 taten in ganz Österreich 259 Minderbelastete als Richter Dienst, was ebenfalls etwa einem Drittel des Gesamtstandes entsprach; für den Staatsdienst ein recht hoher Anteil. Bis zum Juni 1948 wurden 501 Minderbelastete durch die besonderen Kommissionen wieder zur Berufsausübung als Richter oder Staatsanwälte zugelassen. Für weitere 357 Fälle, die zu diesem Zeitpunkt noch anhängig waren, machte die Minderbelasteten-Amnestie 1948 den Kommissionsbescheid überflüssig[55].

Gerade im Justizbereich kam es zu dem Paradoxon, daß die Entnazifizierung durch die Entnazifizierung selbst behindert wurde. Die Justiz war, vor allem im Bereich der Volksgerichte, selbst mit der Entnazifizierung beschäftigt. Gleichzeitig hatte aber die Entnazifizierung in diesem durch Krieg und Kriegsgefangenschaft personell arg geschwächten Bereich zu einem »Niederbruch der Justiz wie nach dem Dreißigjährigen Krieg« geführt; um es in den Worten des österreichischen Justizministers zu sagen: »Wenn die Justizmaschinerie noch nicht reibungslos funktioniert, so ist dies vor allem darauf zurückzuführen, daß sie einen Niederbruch erlitten hat, der vielleicht nur mit jenem von 1648 vergleichbar ist[56].«

Die Justizverwaltung war stark vom Nationalsozialismus durchsetzt worden. Man war daher genötigt, 1945/46 2982 Personen aus diesem Bereich zu eliminieren, das waren – gemessen am Personalstand von 1938 – 44 Prozent. Im März 1946 taten daher in Wien nur 225 Richter und zwanzig Staatsanwälte Dienst, im Gegensatz zu 406 Richtern und fünfzig Staatsanwälten im Jahre 1938. Und das, obwohl die Zahl der Geschäftsfälle bedeutend gestiegen war. Die Entnazifizierung, die hohe Kriminalität in der ersten Zeit nach dem Zweiten Weltkrieg und die zahllosen Rechtseingriffe des nationalsozialistischen Staates in Österreich brachten einen weit höheren Arbeitsanfall als unter den Verhältnissen von Anfang 1938. Der Brief eines österreichischen Richters, der dank der alliierten Zensur erhalten geblieben ist, drückt die ganze Problematik der von der Entnazifizierung geschwächten Justiz 1946/47 aus:

»Ich habe im Moment so viel Arbeit im Amt, daß es bereits an einem kritischen Punkt angekommen ist. Ich muß neben zwei Senaten nicht nur Eheschließungen und wirtschaftliche Angelegenheiten durchführen, sondern auch Kompensationsbelange. Ich weiß nicht, wo ich die Zeit hernehmen soll, um das alles zu erledigen. Meine Ernennung zum Obersten Gerichtshof wurde bisher aufgeschoben, da dem Appellationsgerichtshof nicht genügend Richter zur Verfügung stehen, was meinen Rücktritt bisher unmöglich gemacht hat. Wir müssen die ganze Last tragen. Es ist klar, daß das zu einem Zusammenbruch des Gerichtshofes führen wird, wenn nicht radikale Maßnahmen ergriffen werden. Viele sehr fähige Richter, welche auch während der Nazizeit immer eine loyale Haltung gezeigt hatten und deshalb für eine weitere Beschäftigung als verwendbar erklärt worden waren, wurden trotzdem wegen ihrer Mitgliedschaft in der Nazipartei entlassen. Sie bekommen ein Gehalt von 150 Schilling oder verschwinden in Rechtsanwaltskanzleien, während wir durch zuviel Arbeit erschöpft sind und nicht weiterkommen, da schon allein die dringendsten Angelegenheiten die Widmung des ganzen Tages erfordern. Das ist sicher nicht der Weg, den Wiederaufbau anzupakken[57].«

Im März 1946 kam es in Wien tatsächlich zu einem kritischen Punkt in der Rechtsprechung. Das Alliierte Entnazifizierungsbüro hatte die politische Vergangenheit aller 231 Richter in Wien untersucht und danach die Entfernung von 72 von ihnen verlangt. Dabei sahen aber die US-Behörden etwa selbst ein, daß »die Entlassung dieser 72 Männer ernsthaft die Reihen eines bereits überladenen Justizwesens entleeren würde[58]«: »Wenn die Anweisungen des Entnazifizierungsbüros ausgeführt werden, werden die Österreicher nicht mehr fähig sein, die Justizverwaltung durchzuführen. Es wird für sie unmöglich sein, personellen Ersatz zu finden, und daher muß die Justizverwaltung an ihrem Ende ankommen[59].«

Es gab daher 1946/47 so etwas wie eine Schere bei der österreichischen Justiz. Auf der einen Seite einen außerordentlich hohen Arbeitsanfall: die Akten türmten sich, die Zahl der unerledigten Fälle wuchs, und es gab Straffällige, die zehn bis elf Monate in Untersuchungshaft saßen für Delikte, die ein Strafausmaß von drei bis vier Monaten erbrachten[60]. Auf der anderen Seite ein außergewöhnlich niedriger Personalstand: Richter konnte man nicht so ohne weiteres produzieren[61]. Die Entlassung von einem Drittel der Wiener Richter – wie es das Alliierte Entnazifizierungsbüro verlangte – hätte daher die Aufrechterhaltung der Rechtsprechung überhaupt in Frage gestellt. So entließ die österreichische Regierung zehn Richter und enthob weitere 27 vorläufig vom Dienst, um die restlichen aber begann ein regelrechtes Feilschen. Von österreichischer Seite wurde für jeden einzelnen von ihnen ein individuelles Ansuchen ausgestellt, das den Anspruch erhob, jeder dieser 35 Richter sei der Nazipartei nur unter Druck beigetreten, da er als Familienvater von der Naziregierung mit Entlassung und Einzug zur Front eingeschüchtert worden war[62].

Justizminister Gerö setzte sich persönlich für diese Richter ein und schrieb:

»Das Bundesministerium für Justiz beehrt sich mit Bezugnahme auf die in ihrer Note vom 26. März 1946 . . . dem Bundeskanzleramt mitgeteilte Entscheidung, betreffend die wegen ihrer Beziehungen zur NSDAP begehrte Entlassung von 62 Richtern und Staatsanwälten, anliegend die Gesuche von 35 Richtern und Staatsanwälten zur Überprüfung dieser Entscheidung und deren Abänderung auf Weiterbelassung im Dienst zu übersenden.

Das Bundesministerium für Justiz unterstützte diese Gesuche aus folgenden gewichtigen Gründen: Nach dem von dem Hohen Alliierten Rat genehmigten Verbotsgesetze . . . ist es zulässig (§ 21), daß politisch belastete, jedoch durch die Sonderkommission als tragbar beurteilte Beamte, die Mitglieder oder Anwärter der NSDAP oder einer ihrer Gliederungen – SS, SA, NSKK, NSFK – gewesen waren, im Dienste belassen werden. Es sind dies die sogenannten Mitläufer, denen nichts weiter als die Tatsache der Mitgliedschaft ohne jede Betätigung für die nationalsozialistische Bewegung angelastet werden kann.

Da die Sonderkommissionen mit Rücksicht auf den Zeitpunkt der Genehmigung des Verbotsgesetzes und seiner Novellen durch den Hohen Alliierten Rat erst anfangs Jänner 1946 ihre Tätigkeit beginnen konnten, hatte die Justizverwaltung bis dahin die Entnazifizierung des Beamtenkörpers durch zwischenzeitige provisorische Sofortmaßnahmen seit Ingangsetzung der Gerichte nach der Befreiung Österreichs so weit vorangetrieben, daß nur mehr solche politisch belastete Beamte verblieben, die sie aufgrund vorhandener Unterlagen, Personalakten und anderer Aufzeichnungen als Mitläufer qualifiziert hatte, von denen sie also mit Sicherheit annahm, daß sie später von der Sonderkommission als politisch tragbar beurteilt werden würden. Eine weitere Maßnahme bestand darin, daß diese im Dienst Belassenen aus der Strafjustiz bei Gericht und Staatsanwaltschaft und von sonstigen Dienstposten von politischem Einschlag, den Mietrechts- und Gewerbegerichtsangelegenheiten entfernt und auf untergeordneten Dienstposten eingesetzt wurden. Die 62 Richter und Staatsanwälte, deren Entlassung von dem Amt der Viergliedrigen Division für innere Angelegenheiten mit der eingangs angeführten Entscheidung begehrt wird, sind solche Mitläufer, und die namhaft gemachten Staatsanwälte sind nicht in der Strafjustiz, sondern beim Zivilgericht im Außerstreitverfahren eingesetzt. Da sie aber zu den in § 4 des Verbotsgesetzes Genannten zählen, mußten oder müssen die genannten 62 Richter und Staatsanwälte die Sonderkommission passieren und auf ihre politische Tragbarkeit beurteilt werden. Einen Teil dieser Richter hat die Sonderkommission bereits als politisch tragbar beurteilt, und das Erkenntnis ist rechtskräftig. Der Rest hat entweder die Sonderkommission noch nicht passiert, oder das Erkenntnis ist infolge der Berufung des Bundesministeriums für Justiz noch nicht in Rechtskraft erwachsen.

Die eingangs erwähnten 35 Richter . . . umfassen nur die erste Gruppe, die durch die Sonderkommission rechtskräftig Beurteilten und eine Auslese aus jenen, die die Sonderkommission noch nicht passiert haben, von denen aber mit Sicherheit angenommen werden kann, daß sie von der Sonderkommission als politisch tragbar beurteilt werden.

Das Bundesministerium für Justiz verweist noch darauf, daß durch die im Zuge der Entnazifizierungsmaßnahmen durchgeführten Außerdienststellungen von nationalsozialistischen Justizbediensteten, die nicht als harmlose Mitläufer anzusehen sind, ein derartiger Mangel an Richtern eingetreten ist, daß die Außerdienststellung von weiteren 62 Richtern bei einem derzeitigen Stand von nur 231 Richtern gegenüber einem Erfordernis von 443 Richtern . . . einen derartigen Ausfall bedeuten würde, daß die weitere Aufrechterhaltung der Ziviljustiz unmöglich werden würde.

Um die Mitläufereigenschaft richtig beurteilen zu können, ist noch hervorzuheben, daß es sich bei den genannten 35 Richtern zumeist um junge Richter handelt, die nicht aus Überzeugung, sondern bloß aus Existenzgründen, um Nachteile von sich abzuwenden, unter dem Druck der Dienststelle der NSDAP oder als Ausweichlösung dem NSKK oder NSFK beigetreten sind, um nur irgendwie eine parteimäßige Bindung nachweisen zu können. Das Bundesministerium für Justiz ersucht daher, in Abänderung Ihrer oben angeführten Entscheidung den Gesuchen der tieferstehend genannten 35 Richter und Staatsanwälte um Weiterbelassung im Dienst aus den aufgezeigten Gründen, insbesondere in Anbetracht des katastrophalen Personalmangels, stattzugeben, wobei das Bundesministerium für Justiz bereit ist, die Verpflichtung zu übernehmen, diese Richter und Staatsanwälte weder in der Strafjustiz bei Gericht und Staatsanwaltschaft noch in Zivilrechtssachen mit politischem Einschlag zu verwenden, und weiters, sie während der nächsten fünf Jahre von jeder Beförderung und von einer . . . entsprechend der VI. Dienstklasse der Beamten der allgemeinen Verwaltung hinausgehenden Beförderung auf unbestimmte Dauer auszuschließen . . .[63]«

Das Alliierte Entnazifizierungsbüro überprüfte diese Fälle nochmals, und die Bemühungen des Ministeriums waren von Erfolg gekrönt, der personelle Engpaß blieb aber noch lange Zeit hindurch bestehen.

Die österreichische Regierung versuchte, ständig gedrängt von den Alliierten, die mit Vorwürfen und Detailvorschlägen kamen[64], etwas dagegen zu tun. Höhere Gehälter, zusätzliche Lebensmittelkarten und eine Reduzierung der Gerichtspraxiszeit von vier auf zwei Jahre sollten den Richterberuf attraktiver machen. Minderbelastete wurden zunehmend im Zivilrechtsbereich eingesetzt und wiedereingestellt, wie es die Zahlen der Berufsgenehmigungen zeigen. Aber es dauerte noch bis Anfang der fünfziger Jahre, ehe sich die personellen Verhältnisse im Justizbereich normalisierten.

H. Polizei und Gendarmerie

Politisierung und Entpolitisierung des Sicherheitsapparates

Die Geschichte der österreichischen Polizei in der ersten Zeit nach dem Zweiten Weltkrieg ist ein Kapitel für sich. Ein Kapitel, das zum Teil auch schon geschrieben wurde, wobei das Hauptaugenmerk darauf lag, daß die österreichischen Kommunisten mit Hilfe des von ihrer Partei bis Ende 1945 gestellten Innenministers und mit Unterstützung der sowjetischen Besatzungsmacht in Wien versuchten, die Polizei zu kontrollieren und sie mit ihren Parteigängern zu durchsetzen[65].

Die politischen Machtkämpfe um die österreichische Polizei von 1945 bis etwa 1947 können und sollen nicht im Detail aufgezeigt werden; sie berühren das hier verfolgte Thema nur insofern, als sie zeigen, daß die Entnazifizierung in diesem Bereich auf einen neuralgischen Punkt traf und die Personalumwälzungen im Staatsdienst, die Säuberungen und Neueinstellungen auch die Gefahr in sich bargen, für parteipolitische Zwecke umfunktioniert zu werden. Die starken Personalveränderungen im Bereich der Exekutive in den ersten Nachkriegsjahren sind daher nicht nur auf die Entnazifizierung, sondern auch auf den Wiederaufbau eines österreichischen Sicherheitswesens und zuletzt wohl auch auf die politische Auseinandersetzungen um die Polizei zurückzuführen.

Die Schwierigkeiten beim Wiederaufbau eines österreichischen Sicherheitsapparates waren außerordentlich groß. Die Deutschen hatten bei ihrem Rückzug auch die Sicherheitskräfte nach Westen abgezogen, so daß Wien im April 1945 ohne Polizei dastand[66]. Die österreichische Polizei mußte von Grund auf neu aufgebaut werden. Das ermöglichte aber eine nahezu vollständige Entnazifizierung, wobei die österreichische Regierung in diesem Bereich besonders strenge Grundsätze für sich in Anspruch nahm: »Nach diesen Grundsätzen kamen für die Übernahme beziehungsweise Neuaufnahme in den Bundespolizeidienst nur Personen in Betracht, deren einwandfreie österreichische und demokratische Gesinnung feststand. Demgemäß mußte von dem aus der Zeit der nationalsozialistischen Herrschaft verbleibenden Personal, soweit es sich überhaupt für den Dienst in der österreichischen Polizei zur Verfügung gestellt hatte, der größte Teil von vornherein oder aber aufgrund nachträglich zutage getretener Umstände von der Übernahme in den österreichischen Personalstand wegen politischer Belastung ausgeschaltet werden[67].«

Die Wiener Polizei hatte aber bereits nach zwei Monaten wieder einen beachtlichen Stand erreicht. Dabei ist der zahlenmäßige Eindruck allerdings etwas abzuschwächen, nicht nur wegen der 1945 noch überwiegend unzulänglichen Ausrüstung, sondern weil in der ersten Zeit zahlreiche neue, im Polizeidienst unerfahrene Kräfte verwendet werden mußten.

Das trifft jedoch auch in mindestens gleichem Ausmaß auf die

Gendarmerie	Gesamtstand	wiedereingestellte, von NS gemaßregelte Beamte	nicht NS	ehemalige NS	davon Illegale	davon Funktionäre	davon Parteigenossen	davon Parteianwärter	davon entlassen	davon pensioniert	Summe der durch Entnazifizierung Entfernten
Russische Zone											
Österr. Verwaltung	2.618	53	2.147	418	–	–	259	159	13	618	631
Amerikanische Zone	1.179	37	834	308	33	41	177	57	233	27	296[1]
Englische Zone	1.622	19	959	644	1	14	569	60	622	52	674
Französische Zone	535	8	120	407	–	–	215	192	72	43	115
Österreich	5.954	117	4.060	1.777	34	55	1.220	468	950	740	1.716
Polizei											
Wien	8.652	320	8.317	15							1.991
St. Pölten – Wr. Neustadt	488	6	456	26							17
Eisenstadt	30	4	26	–							5
Linz-Urfahr	57	–	57	–							–
Russische Zone	9.227	330	8.856	41							2.013
Salzburg	539	18	496	25							131
Linz	801	25	663	113							127
Amerikanische Zone	1.340	43	1.159	138							258
Graz	924	27	756	141							392
Klagenfurt – Villach	keine Zahlen vorhanden										
Englische Zone	924	27	756	141							392
Innsbruck	534	25	337	172							keine Zahlen
Französische Zone	534	25	337	172							
Österreich	12.025	425	11.108	492							2.663

Quelle: Zusammenstellung des Bundesministeriums für Inneres, Juni 1945, 60.216-1/2, NA.

[1] 36 Fälle noch anhängig.

Gendarmerie, die Sicherheitsbeamten auf dem Lande, zu. Der Aufbau der Gendarmerie mußte 1945 unter Verhältnissen vorgenommen werden, für die sich in der damals schon fast hundertjährigen Geschichte der Gendarmerie kein Vergleich fand. »Mit geringen Ausnahmen waren keine alten, aktiven Gendarmeriebeamten vorhanden, und es fehlte auch an primitivsten Einrichtungsgegenständen . . . Der Dienst durfte zunächst nur in Zivilkleidung mit Armbinde und ohne Waffen versehen werden[68].«

„Wart nur, bis wir ausgerüstet sind!“

Neues Österreich, 14. November 1946

Dabei waren die Sicherheitsverhältnisse auf dem Lande nach Kriegsende äußerst desolat, und schwere Verbrechen waren an der Tagesordnung. In dieser Situation griff die Gendarmerie in unvergleichlich höherem Maße auf ehemalige nationalsozialistische Beamte zurück. Während 1945 bei der Wiener Polizei nur knapp vier Prozent der Beschäftigten ehemalige Nationalsozialisten waren, waren es bei der Gendarmerie in ganz Österreich 30 Prozent, in der französischen Zone gar 76 Prozent und in der britischen Zone immerhin noch etwa die Hälfte.

Neben den erschwerenden Bedingungen der Entnazifizierung war der Wiederaufbau eines geordneten österreichischen Polizei- und Sicherheitsapparates noch dadurch behindert, daß gerade der

Bereich, der mit der Entnazifizierung beauftragt war, ein selbständiges Machtzentrum zu bilden versuchte: die aus der Abteilung für die Fahndung nach Nationalsozialisten hervorgegangene Staatspolizei. Es war dies die wahrhaft politische Abteilung der österreichischen Polizei. Nicht nur war ihr Hauptaufgabenbereich die Entnazifizierung – bis 1946 waren 60.000 Anzeigen nach dem Verbots- und Kriegsverbrechergesetz ergangen –, sie war auch zu 90 Prozent mit Kommunisten besetzt[69]. Unter der Leitung von Dr. Dürmayer erreichte diese Organisation bereits Ende 1945 695 Angestellte und wuchs bis 1947 auf etwa 1000 an. Ihre Tendenz, sich außerhalb der staatlich-ministeriellen Hierarchie zu stellen, und die bewußte Mißachtung von Gesetzen waren nicht zu übersehen. So sandte Dürmayer im Dezember 1945, nachdem die Kommunisten das Innenministerium verloren hatten, unter Mißachtung des Dienstweges und Umgehung des neuen sozialistischen Innenministers Helmer ein Memorandum an alle vier Besatzungsmächte, in dem er seine Vorstellungen von der Durchführung der Entnazifizierung darlegte und die Arbeitsweise der Staatspolizei zu rechtfertigen versuchte:

»Da das erste erlassene Gesetz (Verbotsgesetz) keine genügende Handhabe bot, mußte in der ersten Zeit die Verfolgung der Faschisten ohne gesetzliche Basis erfolgen. Das hatte jedoch zur Folge, daß von verschiedenen österreichischen und alliierten Stellen auf mich ein starker Druck augeübt wurde, nur nach den Gesetzen vorzugehen, wodurch aber der Kampf gegen den Faschismus starke Einbußen erlitt. Als in der weiteren Folge das Kriegsverbrechergesetz beschlossen und publiziert wurde, das jedoch – vom Standpunkt eines allgemeinen Kampfes gegen den Faschismus – gleichfalls als lückenhaft zu bezeichnen ist, konnte der Kampf auf etwas breiterer und gesetzlicher Basis aufgenommen werden . . . Absolut unmöglich war es, die Untersuchungen in der von der Strafprozeßordnung (die allerdings für normale Zeiten berechnet ist) vorgesehenen Frist von 48 Stunden bei Haftsachen zu erledigen. Die Folge davon war ein weiterer starker Druck auf mich von seiten österreichischer Zentralbehörden (und der Rechtsanwaltskammer) sowie alliierter Stellen, die Haftsachen fristgerecht abzuschließen (was unmöglich war) oder die Beschuldigten aus der Haft zu entlassen.

Eine weitere Schwierigkeit ergab sich dadurch, daß von allen zuständigen Stellen und auch von den alliierten Mächten auf mich ein Druck ausgeübt wurde, nur streng nach den Gesetzen vorzugehen. Die österreichischen Gesetze erlauben mir jedoch nur dann ein Einschreiten gegen Faschisten, wenn ich ihnen einen *gerichtlich strafbaren Tatbestand nachweisen* kann. Über die Tätigkeit der Gerichte soll hier nicht weiter gesprochen werden, außer der Feststellung, daß die Ansichten der Staatspolizei und die des Gerichtes darüber, was strafbare Tatbestände sind resp. was als Beweis zu genügen hat, weit auseinandergehen. Faschisten schlechthin, und seien sie aufgrund ihrer politischen Vergangenheit und gegenwärtigen Einstellung auch als sehr gefährlich zu betrachten, sind nach den österreichischen Gesetzen für die Staatspolizei eigentlich unantastbar . . . Wenn die Staatspolizei im abgelaufenen Jahr rund 2000 Faschisten in ein Arbeitslager eingewiesen hat (eine Zahl, die natürlich zu klein ist, was aber auf die unglückliche Fassung der §§ 17,18 zurückzuführen ist), so geschah dies ohne gesetzliche Basis, oder besser gesagt, *gegen* die bestehenden Gesetze, und der Leiter der Staatspolizei, auf dessen Initiative und Verantwortung die Lagereinweisungen vorgenommen wurden, hat sich dadurch im strengen, *normalen* Sinn der Gesetze – so absurd es klingt – strafbar gemacht. Aufgrund dieser eigenartigen gesetzlichen Verhältnisse war der Leiter der Staatspolizei dem Druck aller österreichischen und alliierten Stellen ausgesetzt, denen gegenüber er sich auf keine gesetzliche Basis berufen konnte, sondern die Vorwürfe anhören mußte, er handle *willkürlich* und *undemokratisch.*

Die gegenwärtige gesetzliche Lage bringt nur für die zuständige Stelle, das ist die Staatspolizei, Hemmungen und bietet praktisch den Faschisten Schutz. Aufgrund der letzten Anweisungen des Herrn Bundesministers für Inneres und des Herrn Sektionschefs Dr. Nagy wurde am Weihnachtstag wieder eine größere Anzahl von Personen aus den Lagern entlassen, so daß derzeit nur rund 500 Häftlinge in Arbeitslagern gehalten werden. So wenig das ist, werden selbst diese 500 ohne gesetzliche Grundlage und nur mit der persönlichen Verantwortung des Leiters der Staatspolizei in Haft gehalten[70].«

Dürmayer schlägt dann eine Reihe von Verbesserungen vor, die im wesentlichen auf eine umfangreiche Ausweitung der Kompetenzen der Staatspolizei und eine Einschränkung der Kontrolle über sie hinauslaufen sollten. Die Politisierung des Sicherheitswesens fand erst im September 1947 ihr Ende, als Josef Holoubek Wiener Polizeipräsident wurde und Dürmayer, der letzte Kommunist an einflußreicher Stelle im Polizeidienst, zurücktreten mußte[71]. Die Entfernung des Leiters der Staatspolizei hatte aber noch weitere Auswirkungen. Zumindest ergab sich eine zeitliche

Übereinstimmung mit dem Ausscheiden der Kommunisten aus den besonderen Kommissionen, die über die Zulassung von Minderbelasteten zum Polizei- und Gendarmeriedienst zu entscheiden hatten. Am 5. September 1947 stellten die Vertreter der Kommunistischen Partei – unter Protest gegen die Milde der Entscheidungen – ihre Mitwirkung an diesen Kommissionen ein, obwohl bis dahin mehr als 90 Prozent der behandelten Fälle einstimmig entschieden worden waren[72].

Damit waren die Kommissionen beschlußunfähig geworden und konnten ihre gesetzmäßige Funktion nicht mehr erfüllen. Das Innenministerium verfiel nun auf den Ausweg, die minderbelasteten Polizei- und Gendarmeriebeamten, welche infolge des Verhaltens der Kommunistischen Partei von der Kommission nicht mehr behandelt werden konnten und die bereits seit 1945 in Dienst standen – also bisher von österreichischer und alliierter Seite als tragbar empfunden worden waren –, dem Bundespräsidenten zur Amnestie vorzuschlagen. Das Innenministerium behauptete, nur jene Beamten berücksichtigt zu haben, »bei denen nach der Sachlage mit Sicherheit angenommen werden konnte, daß sie auch in einem Verfahren vor der Kommission nach § 19 Abs. (2) des Verbotsgesetzes 1947 für tragbar erklärt worden wären[73]«. Die Amerikaner waren etwas anderer Ansicht und stellten bei einer Überprüfung fest, daß mindestens fünfzig der zur Amnestie Vorgeschlagenen bereits vor 1938 Mitglieder der NSDAP gewesen waren und die illegale Nazi-Partei aktiv bei der Herbeiführung des Anschlusses unterstützt hatten[74].

Diese Information wurde zwar dem Innenministerium übermittelt, aber ohne Wirkung. Im September 1947 wurden alle 435 Polizei- und Gendarmeriebeamten en bloc vom Bundespräsidenten amnestiert. Die Lahmlegung der Kommission zeigte sich aber dennoch an der relativ hohen Zahl der unerledigten beziehungsweise als nicht zuständig erklärten Fälle bei den Ansuchen um Berufsausübung bei Polizei und Gendarmerie.

Als die Kommunisten die Kommission verließen, befanden sich noch 1209 Minderbelastete im Dienst der Gendarmerie; bis Mai 1948 sank ihre Zahl aber auf die Hälfte (601). Bis zu diesem Zeitpunkt waren durch die Entnazifizierung 2736 Personen aus der Gendarmerie entlassen worden[75].

Bei der Polizei war vor allem der erstaunliche Personalwechsel der ersten Jahre bemerkenswert.

Von 1945 bis 1953 veränderte sich der Personalstand folgendermaßen[76]:

	Stand 1945	Abgang bis Ende 1953	Zugang bis Ende 1953
Sicherheitswache	6.152	11.093	13.128
Kriminalbeamte	1.235	1.655	1.452

Dabei ergab sich schon im Jahr 1945 ein Personalwechsel von 75 Prozent beziehungsweise 50 Prozent bei der Sicherheitswache beziehungsweise Kriminalbeamten[77]. Die Zahlen zeigen, daß fast das gesamte Personal im Laufe von wenigen Jahren erneuert worden ist. Im Mai 1950 befanden sich daher bei einem Personalstand von 17.000 Polizeibeamten nur 500 ehemalige Nationalsozialisten im Dienst. Bei der Gendarmerie mit etwa 10.000 Angehörigen waren es zu diesem Zeitpunkt 619 ehemalige Nationalsozialisten, davon 19 in der russischen Zone und alle anderen 600 in den westlichen Zonen[78] – unter anderem auch ein Zeichen für die regional unterschiedlichen Entnazifizierungsbedingungen im Sicherheitswesen seit 1945.

I. Schulwesen

Der Mangel an »intakt gebliebenen« Lehrern

Durch Nationalsozialismus und Krieg war auch das österreichische Unterrichtswesen in einen desolaten Zustand gelangt. Einberufungen und Kriegshandlungen hatten dem Unterricht an allen Schulen bereits schwer zugesetzt, und als das Deutsche Reich zusammenbrach, hörte auch das Unterrichtswesen zu funktionieren auf. 1945 mußte von Grund auf neu aufgebaut werden.

In Österreich wurden die vom Deutschen Reich abgeschafften österreichischen Schultypen wieder eingeführt, doch die materiellen Bedingungen der ersten Nachkriegszeit wirkten sich noch jahrelang behindernd auf den Unterricht aus. Es fehlte nicht nur die grundlegende Ausstattung – Papier, Bücher, Mobiliar, Heizmaterial usw. , sondern auch die Schulgebäude hatten durch den Krieg schwer gelitten. In Österreich waren 95 Schulen völlig zerstört worden, 176 schwer und rund 1000 leicht beschädigt[79]. Zusätzlich wurde ein Teil der Schulgebäude von den Alliierten für ihre Zwecke oder als Flüchtlingslager beschlagnahmt. Nach Kriegsende kam daher auf zwei Klassen häufig nur ein Klassenzimmer, und in Wien hatten von den 1905 zur Verfügung stehenden Klassenzimmern 789 keine verglasten Fenster[80].

Doch es fehlte nicht nur an intakt gebliebenen Schulgebäuden, sondern auch an intakt gebliebenen Lehrern, wie es Erich Kästner ausdrückte[81]. 1945 mußten daher 4000 Lehrer sofort aus dem Dienst entlassen und weitere 10.000, die von den Sonderkommissionen überprüft werden sollten, suspendiert werden. Denn der Nationalsozialismus hatte gerade dem Unterrichtswesen große Aufmerksamkeit geschenkt, und hier vor allem den Pflichtschulen (Volks- und Hauptschulen). Die Volksschullehrer waren besonders auf dem Land für den Aufbau der Partei wichtig gewesen, weil sie in kleineren Orten – neben Bürgermeister und Pfarrer – die intellektuellen Kapazitäten darstellten. Im Bereich der Volksschulen soll der Nationalsozialismus im Deutschen Reich daher einen Organisationsgrad von 80 Prozent erreicht haben[82]; in der deutschen US-Zone wurden 1945 65 Prozent aller Volksschullehrer entlassen[83].

Dem Bildungsbereich mußte daher bei der Entnazifizierung besondere Aufmerksamkeit geschenkt werden. Davon hing langfristig der Erfolg ab, und hier konnten nicht nur negative, sondern auch positive Maßnahmen gesetzt werden: Maßnahmen, die die Engländer »re-education« – Umerziehung – nannten. »Das wirkliche Problem der Entnazifizierung wird jedoch nicht durch Einsperren oder Bestrafen einer Anzahl von ehemaligen Parteimitgliedern gelöst. Es ist notwendig, die Theorien und Prinzipien des Nationalsozialismus aus dem Bewußtsein der Österreicher und insbesondere der österreichischen Jugend auszulöschen[84].« Und auch die österreichische Regierung argumentierte in diesem Sinn: »Seit dem Wiedererstehen Österreichs ist dem Bundesministerium für Unterricht die vordringliche Aufgabe gestellt gewesen, durch ein erzieherisches Programm auf lange Sicht die Jugend und Bevölkerung aller Altersklassen zu einer demokratischen Lebensführung zu bringen, wozu im Negativen die Ausmerzung aller Spuren der Nazi-Ideologie gehört. Es wurden daher in allen Sparten die notwendigen Personalmaßnahmen durchgeführt, gleichzeitig aber auch der geistigen Erneuerung ein besonderes Augenmerk zugewendet[85].«

Eine der ersten konkreten Maßnahmen dieser geistigen Erneuerung waren die am 3. September 1945 herausgegebenen *Allgemeinen Richtlinien für Erziehung und Unterricht an den österreichischen Schulen*, in welchen, nach den Worten des Unterrichtsministeriums, »an die Stelle des Nationalsozialismus das österreichische Volks- und Staatsbewußtsein, anstatt des Führertums die

Überlegenheit echter Demokratie und anstatt der Idee der Gewalt die der Humanität als Ziel österreichischer Erziehung gesetzt wurde[86].«

In diesem Sinne mußten auch die österreichischen Schulbücher neu gestaltet werden. Zwar waren im Dritten Reich nicht alle Schulbücher völlig neu geschrieben worden, aber auch bei weiterbestehenden Ausgaben wurde eine Anreicherung mit nationalsozialistischen Anschauungen vorgenommen, ganz gleich, um welches Fach es sich handelte, so daß sie im neuen Österreich nicht mehr verwendet werden konnten. Die Schulbücher aus der nationalsozialistischen Zeit wurden daher gesammelt und bei den Landesregierungen unter Aufsicht der Alliierten und der österreichischen Polizeibehörden eingestampft. Die Schwierigkeiten beim Ersatz dieser Werke durch neue österreichische Lehrbücher waren jedoch erheblich. Die Zahl der politisch akzeptierten Schulbuchautoren war recht gering, und das schwierige Genehmigungsverfahren beim Unterrichtsministerium und bei den Alliierten brachte es mit sich, daß für manche »kontroversielle Bereiche« wie Geschichte oder Wirtschaft im ersten Schuljahr überhaupt kein Buch approbiert wurde[87].

Daneben setzte natürlich die wirtschaftliche Not in der ersten Nachkriegszeit der Versorgung mit Schulbüchern Grenzen. Es fehlte an Arbeitskräften, Rohstoffen und Energie für die Produktion. Die Demontage von Druckereibetrieben zeitigte ihre Wirkung, der größte Engpaß aber lag bei den Buchbindereien. Im Schuljahr 1945/46 arbeiteten die Schulen fast ohne Bücher, und als der Druck eines ersten Schubs Anfang Sommer 1946 abgeschlossen war, ergab sich eine weitere Verzögerung, weshalb die Bücher beinahe auch zum neuen Schuljahr nicht fertig geworden wären: die Wiener Buchbindereien waren auf Anweisung der sowjetischen Besatzungsmacht damit beschäftigt worden, zwei Millionen Exemplare der *Geschichte der KPdSU* zu binden[88]. Bis Ende 1946 konnten aber dann doch 45 österreichische Schulbücher in einer Auflage von fast einer Million fertiggestellt werden. 52 weitere Titel waren in Druck. Als dringendster Bedarf wurden etwa fünf Millionen Schulbücher angesehen, ein Stand, der erst 1948 erreicht werden konnte[89].

Neben der »geistigen Erneuerung« im Bereich der Schulbücher mußte auch der personelle Bereich entnazifiziert werden. Dabei wurde immer wieder zum Ausdruck gebracht, daß gerade im Bildungsbereich besonders strenge Grundsätze zu gelten hätten, obwohl das Schulwesen vom Verbotsgesetz her an sich keine besondere Behandlung erfuhr. Es galten dieselben Bestimmungen wie für den übrigen Staatsdienst: schwerbelastete Nationalsozialisten waren ausgeschlossen, die übrigen mußten sich einer politischen Überprüfung durch die Sonderkommissionen und später durch die Dienststellen unterziehen. Minderbelastete waren nach dem Gesetz 1947 nur von Leiterposten in Lehr- und Erziehungsberufen ausgeschlossen beziehungsweise benötigten für deren Ausübung vor dem April 1950 (beziehungsweise 1948) die Genehmigung einer besonderen Kommission.

Obwohl die NS-Gesetzgebung dem Schulbereich keine besondere Behandlung zugedacht hatte, wurde er bei der Durchführung doch als einer der Schwerpunkte der Entnazifizierung betrachtet. Die Alliierten forderten, insbesondere 1945, die absolute Entnazifizierung in diesem Bereich. Die österreichische Regierung bemühte sich, diese absolute Forderung auf den gesetzlichen Rahmen mit seinen Ausnahmebestimmungen einzuschränken. Bezüglich der vom Dienst Suspendierten stellte sie fest: »Für die Übernahme in die neuen Personalstände werden von diesen Lehrern nur jene in Betracht kommen, die in jeder Hinsicht die Gewähr geben, wertvolle Mitarbeiter bei der Erziehung der Jugend zu sein[90].« Diese Formulierung sollte der Regierung eine gewissen Spielraum lassen. Und das Staatsamt für Unterricht zeigte sich 1945 entschlossen und meldete schon im August dieses Jahres den Abschluß der Säuberung im Unterrichtswesen. Alle Beamten, die unter das Verbotsgesetz fielen, seien enthoben worden, auch wenn sie einen Ausnahmeantrag eingebracht hatten. Das Ministerium schränkte aber doch auch ein, daß Ausnahmen erfolgen könnten, »wenn sie zur Weiterführung des Amts- und Schulbetriebes unbedingt notwendig seien[91]«.

Und die Ausnahmen sollten sich als notwendig erweisen, wie die nebenstehende Tabelle zeigt.

Der extreme Lehrermangel erzwang eine Einschränkung der extremen Grundsätze. So fehlte 1946 etwa ein Drittel der benötigten Mittelschullehrer[92].

1946 und 1948 waren mehr als 20 Prozent der in Dienst stehenden Lehrer registrierungspflichtig, wobei die Pflichtschulen mit 27 Prozent beziehungsweise 24 Prozent den höchsten Stand aufwiesen – ein Beweis dafür, wie sehr auch in Österreich gerade diese Lehrer eine Zielgruppe des Nationalsozialismus gewesen waren. Bei den Mittelschullehrern betrug der Prozentsatz der ehemaligen Nationalsozialisten nur die Hälfte. Am auffälligsten aber war der regionale Unterschied in der Entnazifizierung des Schulwesens.

Entnazifizierung im österreichischen Schulwesen

	Gesamtzahl Lehrer März 1947	Zahl der im Dienst befindlichen registrierungspflichtigen Lehrer absolut 1946/7	absolut 1947/8	in % 1946/7	in % 1947/8	vom Dienst enthobene Lehrer absolut März 1947	in % März 1947
Pflichtschulen							
Wien	3.892	–	1	–	–	1.325	34
Niederösterreich	3.677	962	1.086	26	24	1.582	43
Burgenland	644	128	135	20	16	707	110
Oberösterreich	2.913	715	811	25	23	788	27
Salzburg	783	103	285	13	26	285	36
Steiermark	3.409	1.406	1.445	41	42	452	13
Kärnten	1.660	743	613	45	37	464	28
Tirol	1.183	628	511	54	43	260	22
Vorarlberg	668	407	332	61	45	44	7
Österreich	18.829	5.092	5.219	27	24	5.907	31
Mittelschulen und Lehrerbildungsanstalten							
Wien	1.411	–	–	–	–	727	52
Niederösterreich	412	68	55	17	12	85	21
Burgenland	46	2	5	4	14	14	30
Oberösterreich	391	30	52	8	14	123	32
Salzburg	139	9	11	7	10	51	37
Steiermark	465	112	136	24	33	169	36
Kärnten	174	51	46	29	26	–	–
Tirol	255	93	46	37	21	75	29
Vorarlberg	114	55	40	48	40	5	4
Österreich	3.407	420	391	12	12	1.249	37
Fach- und Berufsschulen							
Wien	1.321	–	–	–	–	190	14
Niederösterreich	170	20	31	12	18	14	8
Burgenland	40	4	4	10	11	–	–
Oberösterreich	311	22	24	7	8	37	12
Salzburg	104	5	2	5	2	44	42
Steiermark	911	50	67	6	28	50	6
Kärnten	76	24	92	32	34	–	–
Tirol	137	62	47	45	31	63	46
Vorarlberg	84	30	30	36	28	5	6
Österreich	3.154	217	297	7	12	403	13
Gesamtsumme	25.390	5.729	5.907	23	22	7.559	30
Gesamtsumme ohne Wien	18.766	5.729	5.906	31	29	5.317	28

1946/7 = Stichtag 31. März 1947, Fach- und Berufsschulen: Ende Schuljahr 1946/7.
1947/8 = Stichtag 15. Oktober 1947.
Quelle: Bericht des Bundesministeriums für Unterricht an das Alliierte Entnazifizierungsbüro, Stand 31. März 1947, Bericht des Entnazifizierungsbüros vom 8. 8. 1947, 60216-3/46, Bericht des Bundeskanzlers an das Alliierte Entnazifizierungsbüro, Entnazifizierung Lehrer, 22. Oktober 1947, 60258-2/033.3, Bericht des Bundeskanzlers an das Alliierte Entnazifizierungsbüro, 25. Juli 1947, 60258-2/033.3. Die Prozentsätze beziehen sich auf die Gesamtzahl des jeweiligen Stichtages.

Während etwa in der Steiermark oder in Tirol an die 40 Prozent der Pflichtschullehrer minderbelastet waren, gab es in Wien in allen Schulbereichen 1947 nur einen minderbelasteten Lehrer, und das war ein Blindenlehrer, den man im Interesse der blinden Schüler im Dienst beließ. Die Entnazifizierung der Schulen in Wien verlief also anders als in den Bundesländern, und das wirft ein bezeichnendes Licht auf die ganze Entnazifizierung.

Die vier Alliierten in Wien legten gemeinsam offensichtlich weit strengere Maßstäbe an, als sie es jeweils in ihrer eigenen Besatzungszone taten. Während in den Bundesländern der Lehrermangel auch die Alliierten zu einer mäßigenden Haltung veranlaßte, verlangte das Interalliierte Erziehungskomitee in Wien die vollständige Entnazifizierung dieses Bereiches[93].

Am 1. August 1945 meldete der Wiener Stadtschulrat den Alliierten, daß von den Schulen der Stadt alle Personen mit Naziberührung entfernt worden seien. Inwieweit das 1945 kurze Zeit unter der Leitung des Kommunisten Ernst Fischer stehende Unterrichtsministerium an dieser radikalen Entnazifizierung beteiligt war, ist nicht festzustellen. Im August war die Entnazifizierung bis zum letzten Lehrer aber noch nicht allzu schwierig, da die Schulen noch geschlossen hatten. Bei Wiederbeginn des Schuljahres im September mußten jedoch im Volksschulbereich 345 Lehrer mit Nazivergangenheit eingestellt werden. Die Alliierten warnten daraufhin die Wiener Schulbehörde, unternahmen jedoch vorläufig nichts, um nicht eine Unterbrechung des Schulprogramms herbeizuführen. Im Dezember war die Zahl der Wiedereinstellungen auf 440 gewachsen, im Februar 1946 waren es bereits 480 und bis Ende des Schuljahres 496. In dieser Situation bestimmten die Alliierten, daß mit dem Ende des Schuljahres alle Lehrer, die Nationalsozialisten gewesen waren, entlassen werden mußten, obwohl ein großer Teil der Wiedereingestellten von den Sonderkommissionen bereits als politisch tragbar eingestuft worden war. Diesem Befehl mußte die Wiener Schulbehörde sich fügen, und das Resultat war die ständige Entnazifizierung dieses Bereiches in Wien ab dem Schuljahr 1946/47. Insgesamt 2242 Lehrer wurden in Wien ohne Rücksicht auf den Grad ihrer Belastung auf Weisung der Alliierten außer Dienst gestellt[94]. Diese unterschiedslose Entlassung von Registrierten aus dem Schulbereich veranlaßte sowohl die Gemeinde Wien als auch den Stadtschulrat, sich schützend vor einen Teil dieser Lehrer zu stellen, wenn auch letztlich ohne Erfolg.

So schrieb der Wiener Bürgermeister Körner im Mai 1947 an das Interalliierte Kommando:

»Mit Bezug auf die vielen Schreiben, welche zwischen dem Wiener Interalliierten Kommando und mir betreffend der Entnazifizierung im Lehrdienst ausgetauscht worden sind, möchte ich Ihnen versichern, daß nun kein einziger registrierungspflichtiger Nationalsozialist als Lehrer beschäftigt ist. Als Folge dieses Entnazifizierungsprozesses hat die Zahl der beschäftigten Lehrer einen derartigen Stand erreicht, daß es unmöglich ist, auf diese Weise lange fortzufahren. Um nur den dringendsten Anforderungen der Wiener Pflichtschulen zu begegnen, wurden am Anfang des Schuljahres 1946/47 240 Hilfslehrer eingestellt, das sind Studenten im letzten Jahr ihrer Ausbildung. Diese müssen nun vom Dienst entfernt werden, damit sie sich selbst zu den Schlußprüfungen vorbereiten. Die Hauptlehrer müssen jetzt die Arbeit der Hilfslehrer übernehmen.

Es ist wohl bekannt, daß es unter den nationalsozialistischen Lehrern, die vom Dienst entfernt wurden, zahlreiche Lehrer gibt, welche nur formal Mitglieder der Partei waren, ohne nachweisbar aktiv an der Politik teilgenommen zu haben. In vielen Fällen sind sehr fähige Lehrer auf diese Weise belastet. Auch ist es nach dem Nationalsozialistengesetz 1947 . . . zulässig, minderbelastete Lehrer nach spezieller Untersuchung ihres politischen Verhaltens bei Bedarf einzustellen. Das Unterrichtskomitee der Stadt Wien hat eine Liste solcher Personen aufgestellt, welche eine Reserve von 100 Lehrern darstellt, die durch die verantwortliche Abteilung des Bundesministeriums für Unterricht ebenso wie durch den Wiener Stadtrat, der für die personellen Fragen der Stadt Wien zuständig ist, als tragbar erklärt werden können. Ich möchte daher bekanntgeben, daß ich als Präsident des Unterrichtskomitees für Wien bei dem gegenwärtigen Notstand aufgrund der Knappheit an Lehrern und des erwarteten Ansteigens der Schülerzahl im nächsten Schuljahr mich gezwungen sehe, die Anweisung zu geben, daß die oben erwähnten 100 Lehrer in den verschiedenen Zonen Wiens als Lehrer zum Dienst berufen werden können[95].«

Und der Präsident des Wiener Stadtschulrates, der Nationalratsabgeordnete Dr. Zechner, versuchte ein Bild von der individuellen Problematik des absoluten Ausschlusses und Anstellungsverbots von Personen mit Nazivergangenheit im Erziehungsbereich in Wien zu geben:

»Wir wissen ganz gut, daß die Schule eine wichtige Angelegenheit ist und daß wir dort keine Nazierzieher brauchen können. Aber es ist doch eine Tatsache, daß eine tiefe Erschütterung durch diese Leute geht. Wir haben kurze Zeit, ehe wir sie hinauswerfen mußten, eine geringe Anzahl von ihnen beschäftigt. Sie waren so brav, so fleißig, so gefügig; diesen Leuten fällt es ja nicht im Schlaf ein, irgend etwas zu unternehmen, was sie noch irgendeinmal gefährden könnte. Wir haben gewissenhafte Prüfungen durchgeführt, um eben ja alle auszuschließen, die irgendwie für den Unterricht nicht in Betracht kommen, alle die, die ein schlechtes Leumundszeugnis haben oder bei denen die Aktenlage schlecht ist. Aber außerdem gibt es in Wien tatsächlich noch ungefähr 1000 Pflichtschullehrer, die von dieser sehr strengen Kommission, in der nur Leute saßen, die geschädigt sind, das Prädikat erhalten haben, das ihnen die Möglichkeit der Wiederanstellung gibt: Sie bieten, wie es heißt, Gewähr. Es ist nicht möglich, diese 1000 in Wien anzustellen. Daß wir in Wien nicht einen einzigen einstellen können, auch nicht die sozial Gefährdetsten – beispielsweise Familienväter, die ihre Kinder im Studium haben –, das empfinden wir als ungerecht. Wir sprechen von der Zulassung zum Studium. Daher muß ich Sie fragen: Wie soll man das machen, die Kinder studieren zu lassen, wenn der Vater nur ein Einkommen von 150 Schilling hat? Was nützt es, wenn das Kind die Erlaubnis zum Studium hat, wenn der Vater das Studium nicht bezahlen kann und mir weinend die Bilder seiner studierenden Kinder vorlegt und sagt: ›Helfen Sie mir!‹

Ich bekomme täglich Briefe, in denen mir die Leute schreiben: Herr Präsident, helfen Sie mir, als Mensch und Lehrer! Ich kann nicht mehr weiter; ich habe niemandem etwas getan! Ich kann Ihnen sagen: Kürzlich war die Matura in der Lehrerinnenbildungsanstalt. Dort gibt es solche junge Menschen, die mit $16^1/_2$ Jahren automatisch vom Bund Deutscher Mädchen in die Partei überführt wurden, ihre Zeugnisse, ihre Noten in den Semesterzeugnissen waren vorzüglich. Nette Mädl, fleißig und intelligent, die nun auch noch bei der Matura eine Auszeichnung bekommen. Und da erhebt sich dann der Vorsitzende, spricht freundliche Worte zu ihnen, gibt jedem die Hand, und in dem gleichen Augenblick bricht das Kind in Tränen aus und sagt: ›Nun beginnt mein Elend! Nun kann ich keine Stelle bekommen, und nun ist alles, was ich gemacht habe, umsonst[96].‹«

Daß in Wien diese rigorose Entnazifizierung letztlich keine wesentliche Einschränkung im Schulbetrieb zur Folge hatte, war auf das relativ günstige Lehrerangebot in der Hauptstadt zurückzuführen. Auch in Wien bestand in den ersten Nachkriegsjahren ein Lehrermangel, aber kein so extremer wie in anderen Bundesländern. Und auch die durch Förderungsmaßnahmen wie Kurse, Prüfungs- und Studiumserleichterungen vermehrte Zahl von neu ausgebildeten Lehrern kam zu einem wesentlichen Teil Wien zugute, besonders im Bereich der Mittelschulen. So stellte der Bundeskanzler in einem Bericht 1947 fest, »daß viele Absolventen der Universität Wien Lehrstellen, die ihnen in der Provinz vom Bundesministerium für Unterricht angeboten werden, unter Hinweis auf die großen wirtschaftlichen und sonstigen Schwierigkeiten, oft familiärer Natur, eine Übersiedlung ablehnen und lieber in Wien durch Privatstunden ihren Lebensunterhalt verdienen[97]«. Daher enspannte sich die Situation im Wiener Unterrichtsbereich sehr bald.

Zahl der Lehrer in Wien	Oktober 1945	Juni 1946	März 1947
Pflichtschulen	2.956	3.009	3.892
Mittelschulen	876	1.129	1.411

Von Oktober 1945 bis zum März 1947 stieg die Zahl der Pflichtschullehrer in Wien um 32 Prozent und die der Mittelschullehrer um 61 Prozent. 1949 gab es sogar schon ein Überangebot an Junglehrern[98].

Das Schulwesen in Wien überstand also die Radikalkur der alliierten Entnazifizierung; in den Bundesländern wäre das ohne schwere Beeinträchtigung des Unterrichtswesens wohl nicht möglich gewesen. Insgesamt befanden sich 1947 bei einem Personalstand von 25.390 Lehrern 5729 oder 23 Prozent Minderbelastete im Unterrichtswesen. Weitere 7559 waren zu diesem Zeitpunkt vom Dienst enthoben, das waren weitere 30 Prozent des Personalstandes. Alle Minderbelasteten im Lehrdienst befanden sich in den Bundesländern. Hier war die Durchsetzung des Lehrkörpers mit Nationalsozialisten so groß und der Mangel an Lehrkräften so stark, daß der Lehrbetrieb ohne die Minderbelasteten kaum hätte aufrechterhalten werden können. Nimmt man Wien aus, waren im März 1947 in den Bundesländern 31 Prozent der Lehrer irgendwie mit der NSDAP in Verbindung gewesen.

Betrachtet man den Lehrerstand im Verhältnis zum Sollzustand Ende des Schuljahres 1946/47, wie er vom Unterrichtsministerium festgelegt worden war, so können die anderen Bundesländer sich durchaus mit Wien messen. Alle Werte liegen bei oder über 90 Prozent. Hätte aber in den Bundesländern eine Entnazifizierung bis zum Nullpunkt stattgefunden wie in Wien, so hätten die dortigen Schulen nur 64 Prozent ihres Lehrersollstandes erreicht, was vor allem in den Pflichtschulen zu schwerwiegenden Folgen geführt hätte.

Lehrerstand im Verhältnis zum Lehrerbedarf
Ende Schuljahr 1946/47

	Wien	Bundesländer ohne Wien insgesamt	Bundesländer ohne Wien ohne Minderbelastete
Plichtschulen	88%	91%	60%
Mittelschulen	95%	96%	75%
Fach- und Berufsschulen	97%	95%	84%
Insgesamt	91%	95%	64%

Der Anteil der Minderbelasteten am Lehrberuf hatte daher auch im Schuljahr 1947/48 nur relativ etwas abgenommen, absolut war er sogar gestiegen. Damit war die Entnazifizierung auch im Schulbereich der, man könnte fast sagen, üblichen Linie gefolgt: personelle Säuberung, wesentlich eingeschränkt durch den Mangel an qualifizierten Fachkräften.

K. Hochschulen und Universitäten

Entnazifizierungsroutine und Zwischenfälle

Das Hochschulwesen war ein spezieller Bereich im Rahmen der Entnazifizierung, da es hier nicht nur um die Hochschullehrer ging, sondern auch um den Zugang zum Studium, die politische Kontrolle der Studenten.

Die Universitäten hatten durch die politischen Veränderungen von 1938 bis 1948 stark gelitten. Schon der österreichische Ständestaat wirkte restriktiv auf den Hochschullehrkörper ein, aber die Nationalsozialisten entfernten neben den Juden auch alle politisch Andersdenkenden von den Universitäten, was etwa im medizinischen und juristischen Bereich zu einem fast völligen Austausch der Professorenschaft führte. Ein großer Teil der wissenschaftlich fähigen Persönlichkeiten wurde so 1938 von den österreichischen Hochschulen entfernt. Die Lücken waren mit Österreichern allein nicht mehr zu besetzen, sondern vielfach nur durch Berufungen aus dem Altreich, wobei das Reichssicherheitshauptamt selbst feststellen mußte, ». . . daß der wirklich wertvolle Hochschulnachwuchs nur außerordentlich gering ist[99]«.

Während des Krieges verbesserte sich die Situation keineswegs; der Professorenstand erschien sowohl vom Ideologischen als auch von der persönlichen Stellung her als erstrebenswerte Position für Parteigenossen, weshalb 1945 mehr als zwei Drittel aller Hochschullehrer Nationalsozialisten waren. Diese wurden nun im Zuge der Entnazifizierung entlassen, so daß an Österreichs Hochschulen nicht mehr viel übrigblieb. Die *Arbeiter-Zeitung* schilderte die Situation folgendermaßen:

»In Österreich bestand die ›Intelligenz‹ aus drei deutlich unterschiedenen Gruppen: aus einer in einzelnen Berufen beträchtlichen Minderheit jüdischer Abstammung – sie ist vollkommen ausgerottet worden –, aus der ehemals deutschfreiheitlichen, später deutschnationalen antiklerikalen Gruppe – die dann zu den Nazis überging und die heute hinausgesäubert werden sollte – und schließlich aus der katholisch eingestellten und gebundenen Gruppe, den CV-ern – sie sind heute die einzig Überlebenden. Im heutigen Österreich hat der politische Katholizismus fast ein Monopol auf die akademischen Berufsstellungen[100].«

Ohne dieser politischen Schwarzweißzeichnung völlig folgen zu müssen, kann man doch von einer »geistigen Entgüterung Österreichs« zu dieser Zeit sprechen. Im wissenschaftlichen und universitären Bereich war Österreich an einem Tiefpunkt angelangt. Der akademische Lehrbetrieb war enger, ärmlicher und provinzieller geworden als je zuvor.

Wohl bemühte sich das Unterrichtsministerium, die Hochschulen nicht nur materiell, sondern auch personell wieder aufzubauen. Bis zum November 1946 waren 46 von den Nationalsozialisten entfernte Professoren wieder auf ihren Lehrstühlen eingesetzt worden, und weitere 73 politisch einwandfreie Professoren hatten eine Berufung erhalten. Aber allein an der Universität Wien waren fünfzehn der wichtigsten Lehrkanzeln unbesetzt, darunter die für Englisch und die für romanische Sprachen, und noch im August 1947 waren in ganz Österreich 83 Lehrstühle nicht besetzt. Vor allem gestaltete sich die Rückkehr der aus Österreich emigrierten Wissenschaftler und die Berufung von Hochschullehrern aus dem westlichen Ausland trotz Bemühungen des Unterrichtsministeriums schwierig[101].

Es gehörte wohl eine Portion Idealismus dazu, in ein besetztes, vom Krieg zerstörtes Land mit unsicherer Zukunft zurückzukehren.

Für die Entnazifizierung des Hochschulwesens selbst galten 1945 keine besonderen Richtlinien, sondern es waren die allgemeinen Bestimmungen für den Staatsdienst anzuwenden. In Wien wurde sie durch die österreichische Gesetzgebung, sonst durch die alliierten Besatzungen durchgeführt. Das Ergebnis war aber doch recht ähnlich, wie ein Vergleich der Universität Wien mit den Hochschulen in der Steiermark (britische Zone) zeigt.

April 1945	Universität Wien	Hochschulen Steiermark
Zahl der Professoren	130	136
davon unbelastet (in %)	40 = 31%	41 = 30%
entlassen oder pensioniert	71	64
suspendiert	15	8
im Lehrbetrieb belassene registrierte ehemalige Nationalsozialisten	4	25

Quelle: *Report on Denazification in Graz; Denazification in Austrian Universities, Report of Quadripartite Sub-Committee,* 7. 9. 1946, 60216-3/42. Hochschulen Steiermark: Universität Graz, Technische Hochschule Graz, Montanistische Hochschule Leoben.

In Wien wie in der Steiermark war nur knapp ein Drittel der Hochschullehrer nicht mit dem Nationalsozialismus in Verbindung gewesen – ein Ergebnis, das der britischen Auffassung widersprach, wonach gerade die in ihrem Besatzungsbereich liegende Universität Graz ein Nährboden des Nationalsozialismus gewesen sei[102].

Auch an den anderen Universitäten war die Situation ähnlich. Nach der ersten Entnazifizierung 1945, bei der auch alle reichsdeutschen Professoren entfernt worden waren, verblieben der Technischen Hochschule Wien von 56 Professoren nur fünfzehn, der Hochschule für Welthandel von siebzehn nur vier, der Hochschule für Bodenkultur von 26 nur vier und der Tierärztlichen Hochschule von siebzehn nur sechs. Nach dieser ersten Entnazifizierungswelle und nach der Übergabe der gesamten Entnazifizierung an die österreichische Regierung erfolgte die politische Säuberung an den österreichischen Hochschulen während des Studienjahres 1945/46 nach dem Verbotsgesetz und durch die Sonderkommissionen, die ihre Tätigkeit bis Ende des Studienjahres 1945/46 im wesentlichen abgeschlossen hatten. Dabei wurden einige geringer belastete Hochschullehrer wieder zur Berufsausübung zugelassen.

Damit war die Entnazifizierung an Österreichs Hochschulen weitgehend beendet. Obwohl etliche geringer belastete Hochschullehrer wieder im Dienst waren, standen im September 1946 273 im Universitätsbereich tätigen Professoren 274 ihrer Funktion enthobene Professoren gegenüber.

Im Februar 1947 brachte dann das neue NS-Gesetz für Hochschullehrer besondere Regelungen, die aber weniger wegen ihrer realen Auswirkungen als wegen der dahinterstehenden Absicht von Interesse sind. Wie im gesamten öffentlichen Dienst waren Belastete auch von der Tätigkeit an Hochschulen ausgeschlossen, Minderbelastete mußten von ihrer Dienststelle politisch überprüft werden. Von den gesellschaftswissenschaftlichen Fächern waren jedoch auch Minderbelastete generell ausgeschlossen: Philosophie, Psychologie, Pädagogik, Geschichte, mittlere und neuere deutsche Literaturgeschichte, Volkswirtschaftslehre, Volkswirtschaftspolitik, Sozialpolitik, Soziologie, Recht und alle Teilbereiche aus diesen Fächern gehörten zu den speziell verbotenen Berufen, wobei es jedoch die Möglichkeit gab, nach politischer Über-

Entnazifizierung der Hochschulprofessoren September 1946

	Wien	Steiermark	Innsbruck	Summe
Zahl der Professoren	150	66	57	273
davon:				
im Lehrbetrieb belassene registrierte ehemalige Nationalsozialisten	3	25	19	47
entlassen oder pensioniert	145	64	12	221
suspendiert	31	8	14	53

Quelle: *Denazification in Austrian Universities, Report of Quadripartite Sub-Committee,* 7. 9. 1946, 60216-3/42, NA.

prüfung durch die besonderen Kommissionen doch zur Berufstätigkeit zugelassen zu werden. Die neuen Bestimmungen hatten aber im Hochschulbereich keine großen Auswirkungen mehr. Die besondere Kommission behandelte gerade 37 Fälle, wobei sie 21 Zulassungen und neun Berufsverbote aussprach. Der Rest wurde nicht entschieden, oder die Kommission erklärte sich für nicht zuständig. Bis 1948 war im Hochschulbereich weitgehend das erreicht, was man als »Entpolitisierung der Wissenschaft« bezeichnete[103].

Die Entnazifizierung der Hochschullehrer war wegen der starken Durchsetzung mit Nationalsozialisten und der politischen Bedeutung dieses Bereiches bemerkenswert. Aber sie war nur die eine Seite der politischen Säuberung an den Hochschulen und gegenüber dem, was sich bei den Studenten abspielte, eigentlich Entnazifizierungsroutine. Dabei hatten die Maßnahmen gegen die Hochschüler ursprünglich recht gemäßigt begonnen. Die Verordnung vom September 1945 über die allgemeine Studienordnung an wissenschaftlichen Hochschulen übertrug die Überprüfung der politischen Zuverlässigkeit der Studenten ihrer Interessenvertretung, der österreichischen Hochschülerschaft. De facto entschied aber im Wintersemester 1945/46 noch der Rektor mit Unterstützung der Staatspolizei über Zulassung oder Ausschluß von Studienwerbern.

Im Februar 1946 wurden dann durch einen Erlaß des Unterrichtsministeriums eine Kommission gegründet, die aus dem Rektor und drei Parteienvertretern der Hochschülerschaft bestanden. Für die Technische Hochschule in Wien liegen Zahlen über diese Tätigkeit vor. Bei einem Stand von 2404 Studenten im Wintersemester 1945/46 hatte der Rektor 55 Personen ausgeschlossen, und die Kommission hatte in 416 Fällen als Sühneleistung einen Arbeitseinsatz im Ausmaß von einem bis sechs Monaten bei sechzehn Wochenstunden ausgesprochen, also neben dem Studium, so daß 37.440 Arbeitsstunden für den Wiederaufbau der zum Teil schwer beschädigten Gebäude der Technischen Hochschule zur Verfügung gestellt werden konnten[104]. Die Knappheit an intakten Hochschulgebäuden war ja neben dem durch die Entnazifizierung des Lehrkörpers entstandenen personellen Engpaß und der relativ hohen Studentenzahl in den ersten Nachkriegssemestern für die schwierige Lage an den Hochschulen verantwortlich. So hatte die Universität Wien bereits im ersten Nachkriegssemester wieder 9014 Studenten, davon etwa 20 Prozent Ausländer, die Hälfte davon Staatenlose[105].

Es wäre wohl auch nötig, ein Bild von der Zusammensetzung der österreichischen Studentenschaft 1945/46 zu geben, das ist aber wegen der spärlichen Quellen und der heterogenen Zusammensetzung gerade zu dieser Zeit nur in beschränktem Maß möglich.

Die Haltung der politischen Parteien zur Jugend der ersten Nachkriegszeit war zwiespältig, von Hoffnung und Mißtrauen erfüllt. Einerseits war diese Jugend in der »vergifteten Atmosphäre des Faschismus« aufgewachsen und hatte nichts anderes gekannt als den Faschismus. Ihr fehlte jede politische Schulung über den Rahmen der NSDAP hinaus, und sie war zu allem anderen eher erzogen worden als zu kritischem Denken[106]. Oder, wie es Ernst Fischer ausdrückte: »Sie waren jahrelang nichts anderes als ewige Marschierer. Wir müssen ihnen Schritt für Schritt die Erkenntnis, das Bewußtsein beibringen, daß die Gehirnlappen des denkenden Menschen wichtiger sind als die Fußlappen des ewigen Marschierers . . . Die Problematik dieser Generation ist offenkundig. In einem Teil dieser Jugend glimmen und schwelen immer noch alle möglichen faschistischen und halbfaschistischen Gedankengänge.« Bei einem anderen Teil glaubte man einen erschreckenden Zynismus oder einen Rückzug ins Private und ins Materielle feststellen zu müssen[107].

Dann war durch den Krieg das intellektuelle und wissensmäßige Niveau an den Hochschulen auch auf der Studentenseite erheblich gesunken: »Der Nazismus ist zermalmt, die Trümmer sind geblieben. Und – es blieb eine Jugend, sechs Jahre mit Ungeist genährt. Wer Umgang mit Achtzehn- und Zwanzigjährigen hat, braucht nicht erst in die Tiefe zu forschen, er blickt in Abgründe der Unkenntnis. Mir sind Musikstudentinnen begegnet, die den Namen Gustav Mahlers, Schauspielschülerinnen des Schönbrunner Seminars, die den Franz Molnars nicht kannten, nie gehört hatten und nur widerstrebend zur Kenntnis nahmen, daß sie hinter diesen Namen Künstler von Rang und Ansehen zu erblicken haben. Mir sind Hochschüler begegnet, die sich das Wort Superiorität buchstabieren ließen, weil es ihnen im zwanzigjährigen Dasein niemals untergekommen war. Diese Jugend hat keine Zeile von Heine gelesen, keinen Ton von Offenbach gehört. Sie kennt Arthur Schnitzler ebensowenig wie Maxim Gorki, Jakob Wassermann oder Theodore Dreiser, von Hemingway gar nicht zu reden. Albert Einstein gilt ihnen nicht mehr als allenfalls das, was der neue Brockhaus über ihn aussagt: ›Jüdischer Emigrant und Deutschenfresser in Newyork‹[108].«

Anderseits setzte man große Hoffnung in die Studentenschaft. Der Nazigeist, der an den Hochschulen geherrscht hatte, sollte auch an den Hochschulen selbst geistig überwunden werden. »Nicht durch eine geistige Reglementierung, die den Studenten vorschreibt, was sie zu denken haben, sondern durch wirklich freie Forschung und Diskussion. Eine wissenschaftliche Kritik der Rassenlehre soll den Rassenwahn der Nazi widerlegen; die verpönte materialistische Geschichtsauffassung soll neben anderen Formen der Geschichtsbetrachtung ihren Platz finden; an die Stelle der weltanschaulichen Schulung des Nationalsozialismus soll die wissenschaftliche – nicht propagandistische – Darstellung der verschiedenen Weltanschauungen treten[109].« Und manche der mit den Hochschulen befaßten Politiker sprachen sogar von einer glühenden Begeisterung der Studenten für ihre Tätigkeit: »Ich habe viele Studenten selbst gesprochen und mich immer wieder gewundert, daß sie nach all den trüben Erfahrungen der letzten Jahre noch die Kraft aufbringen, von innen heraus, um der Sache selbst willen, Dinge zu betreiben, die ihnen nicht einmal immer einen Nutzen oder ein leichteres Leben versprechen[110].«

Diese Aussagen ergeben ein gewisses, wenn auch subjektives Bild von der Jugend und den Hochschülern der ersten Nachkriegszeit. Sie zeigen auch ein gewisses Unbehagen bei den Erwachsenen und Politikern, auf die diese Aussagen zurückgehen. Ohne zu sehr zu vereinfachen, kann man sagen, daß die Studentengeneration von 1945/46 nicht mit den Studenten in normalen Zeite verglichen werden kann. Sie waren realistischer und älter, nicht nur in bezug auf den Jahrgang, sondern auch auf ihre Einstellungen. Die Beschaffung von Wohnraum, Kleidung und Nahrung war im Österreich der ersten beiden Nachkriegsjahre noch so schwierig, daß sie auch von den Studenten alles andere als Idealismus verlangte, wenn sie diesen nicht ohnehin schon im Krieg gelassen hatten. Diese Studenten hatten den Krieg und den Zusammenbruch mitgemacht. Viele waren bereits jahrelang im Krieg gewesen, manche Vertriebene oder Flüchtlinge geworden, und einige verdienten sich ihr Studium sogar auf dem Schwarzen Markt. Diese bunt zusammengewürfelte Studentenschaft im ersten Studienjahr nach dem Krieg war trotz ihrer Jugend schon alt und sehr erwachsen. Für manche schien das Hochschulstudium aber auch ein Vorwand zu sein, um die weitere Entwicklung nach 1945 erst einmal abzuwarten und eine Beschäftigung nachweisen zu können, um nicht der Arbeitspflicht zu unterliegen oder gar als Ausländer abgeschoben zu werden.

Das Unterrichtsministerium verfügte daher im Anfang des Studienjahres 1946/47 eine Erschwerung des Zugangs zum Studium: »Im Hinblick auf die bedrohliche Überfüllung einzelner Hochschulfächer, die sowohl eine gründliche Ausbildung in Frage stellt als auch eine den Bedürfnissen Österreichs nicht entsprechende Berufsverteilung des akademischen Nachwuchses herbeizuführen geeignet ist, ferner zur Verhinderung eines Scheinstudiums an Hochschulen . . .« wurden durch Erlaß Bestimmungen erlassen, die »ganz besonders auch für ausländische oder staatenlose Hörer« gelten sollten, wie das Ministerium ausdrücklich feststellte[111].

Diese Verschärfung der Studienbedingungen kann man auch einer gewissen Unzufriedenheit der Regierung mit der politischen Säuberung an den Hochschulen, vor allem in den Bundesländern, zuschreiben, was den Bundeskanzler im Mai 1946 sogar zu einer öffentlichen Warnung veranlaßte: »Ich warne alle zuständigen Institutionen und Behörden zum letztenmal, hier rücksichtslos durchzugreifen, sonst werde ich mich, wenn es sein muß, nicht scheuen, einzelne Hochschulen schließen zu lassen[112].« Im Sommer 1946 unternahm dann der Nationalrat – im Rahmen der »Drei-Parteien-Einigung« und der Novelle zum Verbotsgesetz – einen neuerlichen Anlauf, um auch die Verhältnisse an den Hochschulen endgültig zu regeln. Dieser Gesetzentwurf enthielt eine Kann-Bestimmung: Belastete mußten, Minderbelastete konnten für eine bestimmte Zeit vom Hochschulstudium ausgeschlossen werden: »Diese Kann-Bestimmung war zweifelsohne zweckentsprechend. Es sollte verhindert werden, daß nationalsozialistische Elemente die Hochschule besuchen und in das Geistesleben Österreichs einströmen; andererseits war aber auch die absolute Gewähr gegeben, daß alle jene jungen Menschen, die im Zeitalter des Faschismus herangewachsen sind und daher nie die Wirkungen der Demokratie auf das gesellschaftliche und wirtschaftliche Leben kennenlernen konnten, ihre berufliche Ausbildung voll und ungehindert ausüben können[113].« Diese gesetzliche Regelung kann als die grundsätzliche Haltung des österreichischen Nationalrats und der österreichischen Regierung zur Frage der Zulassung ehemaliger Nationalsozialisten zum Hochschulstudium betrachtet werden. Sie ist aber nie in Kraft getreten, und das hing mit einem konkreten Ereignis zusammen: mit den Unruhen an der Wiener Universität im November 1946.

In diesem Monat waren die Wahlen zur Österreichischen Hochschülerschaft angesetzt. Anfangs deutete nichts darauf hin, daß es zu irgendwelchen Schwierigkeiten kommen könnte. Die Wahlversammlungen begannen am 12. November und verliefen zunächst völlig ruhig, bis es am 14. November zu einzelnen Zwischenfällen kam. Die Polizeidirektion Wien gab dazu folgende Auskunft:

»Vor einigen Tagen fand an der Wiener Universität im Zuge der Kampagne für die kommende Wahl der Studentenvertreter eine Versammlung statt. Die Versammlung soll lediglich von einer kleinen Zahl von Studenten besucht worden sein – etwa 200 – und nur von niedrigen Semestern. Als eine Bestätigung dieser Behauptung erwähnte der Informant, daß normale Lehrveranstaltungen, die zur gleichen Zeit stattfanden, gut besucht waren. Während der oben erwähnten Wahlversammlung wurde ein ehemaliger Insasse eines Konzentrationslagers aus den Reihen des Auditoriums mit Rufen wie ›Schade, daß sie dich im Konzentrationslager nicht umgebracht haben‹ und ähnlichen Feststellungen angegriffen. Andere Rufe aus dem Auditorium gingen dahin, daß sie die Hinrichtung von einigen Nürnberger Angeklagten bedauerten. Kurz, sie zeigten den verantwortlichen Leuten, daß sie glühende Verteidiger von Naziregime und -ideologie waren. Die österreichische Presse widmete diesen Ereignissen breiten Raum. Das Zentralorgan der österreichischen Kommunistischen Partei *Volksstimme* und die von der Roten Armee unterstützte *Österreichische Zeitung* kritisierten diese Vorkommnisse heftig. Ein von der (kommunistischen) Freien österreichischen Jugend herausgegebenes Flugblatt stellte fest, daß die österreichische Arbeiterklasse auf die Situation achtgeben wird. Jedoch brachten die oben erwähnten kommunistischen Zeitungen Erklärungen, nach denen sie keine Demonstration von seiten der Arbeiterschaft befürworten. Dennoch bewegte sich heute – am Wahltag – eine organisierte Arbeitergruppe des Stahlkonstruktionsunternehmens Wagner & Biro (21. Bezirk) über die Brücke der Roten Armee zur Universität. Sie marschierten zu Fuß in geordneten Kolonnen, eskortiert von der Polizei. In Nachbarschaft der Universität trafen sie auf andere Gruppen aus verschiedenen Bezirken der Stadt, und es wird geschätzt, daß sich etwa 3000 bis 4000 organisierte Demonstranten in den späteren Vormittagsstunden vor dem Universitätsgebäude versammelt hatten[114].«

Es wurde weiter berichtet, daß die Demonstranten in ihren Zügen Fahnen der Kommunistischen und der Sozialistischen Partei und Protestplakate mit sich trugen und in Sprechchören durch »Nieder mit den Nazi-Studenten« und »Werft die Faschisten raus« ihrer Empörung über die Vorgänge an der Universität Ausdruck gaben.

»Ein Teil der Arbeiterschaft besetzte die Rampe der Universität und hinderte die sich zum Wahlakt begebenden Studenten am Betreten des Gebäudes. Als die Demonstranten versuchten, in die Universität selbst einzudringen, wurden deren Tore von innen verschlossen. Hierauf kam es zu Auseinandersetzungen zwischen den aufs höchste erregten Arbeitern und Studenten, die sich in nächster Umgebung befanden, und bald darauf zu Prügeleien ... Schließlich wurde auf Verlangen der Demonstranten eine Delegation der Arbeiterschaft unter Führung von Gemeinderat Maller (KP) in das Innere der Universität eingelassen, in dem sich Hunderte von Hochschülern befanden, um dem Rektor ihre Forderung nach sofortiger Bekanntgabe der Maßnahmen zu stellen, die die Universitätsbehörden zur restlosen Säuberung der Hochschulen von jeglichen irgendwie nazistisch belasteten Studenten zu ergreifen gedenke.

Rektor Prof. Adamovich erklärte der Delegation, er habe diese

Entwicklung der Dinge schon seit langem vorausgesehen, da entgegen seinem Willen die Siebung der Studentenschaft viel zu wenig streng vorgenommen wurde. Er habe deshalb schon am 25. Oktober seinen Rücktritt angeboten, der jedoch abgelehnt wurde. Im übrigen aber stehe die Säuberung der Hochschulen nicht allein in seinem Machtbereich. Diese sodann von der Rampe herab durch den Delegationsführer Maller der inzwischen weiter angewachsenen Menge von Demonstranten bekanntgegebenen Erklärung des Rektors wurde allgemein mit Pfui-Rufen aufgenommen. Die Menge forderte sofortige Schließung der Universität bis zu ihrer endgültigen Bereinigung, worauf der Redner mitteilte, daß das Naziunwesen auf den österreichischen Hochschulen am Donnerstag noch Gegenstand einer Vertrauensmännerkonferenz der gesamten Arbeiterschaft sein werde und sich diesbezüglich ferner eine Deputation zum Unterrichtsminister begeben werde[115].«

Währenddessen gelang es einzelnen Demonstranten, über einen bombenbeschädigten Teil des Gebäudes in die Universität einzudringen, das Rektorzimmer zu erreichen und über dessen Tür eine rote Fahne anzubringen. Zu dieser Zeit hatte der Rektor bereits die österreichischen Sicherheitskräfte und die Militärpolizei um Schutz gebeten.

Die Hochschülerschaft stellte später fest, daß 31 Studenten zum Teil schwer verletzt worden waren. Unter anderem wurde ein Student gewaltsam aus einem Fenster im ersten Stock herausgestürzt und fiel auf die Demonstranten. Unter den Verletzten befand sich keiner, der jemals Mitglied der NSDAP oder Parteianwärter gewesen wäre[116]. Die österreichische Regierung wollte die nazistischen Vorfälle nicht als typisch für die damalige Studentenschaft verstanden wissen. So stellte das Unterrichtsministerium fest, daß von der Versammlung keiner der provozierenden Zwischenrufer nachträglich festgestellt werden konnte: »Es scheint daher die Vermutung durchaus gerechtfertigt, daß es sich bei den Provokateueren um Personen gehandelt hat, welche entweder vom Hochschulstudium aufgrund der bisherigen Säuberungsbestimmungen ausgeschlossen oder überhaupt hochschulfremd waren. Diese Vermutung findet besonders auch darin ihre Stütze, daß an der auf die Reden der Wahlwerber folgenden Diskussion von verschiedenen Rednern die Frage der Wiederzulassung relegierter Hochschüler aufgeworfen worden ist, eine Frage, die aus dem Munde zugelassener Studenten unverständlich wäre. Diese Vermutung wird weiters dadurch bekräftigt, daß die Wahlversammlungen wieder völlig ungestört verliefen, nachdem aus Anlaß dieser Zwischenfälle vom Bundesministerium für Unterricht der Legitimationszwang für sämtliche Hochschüler eingeführt wurde, so daß von diesem Zeitpunkt angefangen bloß eingeschriebene Hörer die Hochschulen betreten durften[117].«

Auch Bundeskanzler Figl stellte sich vor die Hochschülerschaft und gegen radikale Tendenzen: »Und wenn die Herren meinen«, erklärte er wenige Tage nach den Ereignissen an der Universität, »daß sie ihre Schwäche auf akademischem Boden mit Terror von Außenstehenden verschleiern können, so haben sie sich geirrt. Die Wahlen sind durchgeführt worden trotz der Demonstration und haben das bekannte Ergebnis gezeigt. Und weil der erste Wurf nicht geglückt ist, will man jetzt die Schließung der Universität haben. Die Regierung denkt nicht daran. Wir werden an den Hochschulen gründlich nachsäubern[118].«

Das war letztlich die politische Notwendigkeit, die sich für die österreichische Regierung aus den Vorkommnissen an der Universität ergab. Einerseits stellte sie sich vor die Studenten, anderseits mußte sie aber dem Druck der Arbeiterdemonstration, der Alliierten und zum Teil auch des Nationalrats[119] Rechnung tragen und strengere Maßnahmen auf dem Hochschulsektor setzen. Ganz in diesem Sinne schrieb auch der Bundeskanzler an den Alliierten Rat: »Wenn nun auch begründet angenommen werden kann, daß die nationalsozialistischen Provokationen von Personen ausgelöst wurden, die bei den Hochschulwahlen nicht wahlberechtigt waren, so deutet doch die Möglichkeit solcher Zwischenfälle darauf hin, daß die bisherigen Säuberungsmaßnahmen nicht ausgereicht haben, um nationalsozialistische Tendenzen an den österreichischen Hochschulen restlos auszumerzen[120].«

So konnte eine Schließung der Universitäten verhindert werden; das Unterrichtsministerium ordnete aber durch Erlaß eine »neuerliche strenge Überprüfung aller bisher überprüften Studenten[121]« an. Diese Maßnahmen wurden in der *Wiener Zeitung* unter dem treffenden Titel »Reinemachen an den Hochschulen« veröffentlicht und umfaßten einen Kreis der Studenten, der noch über die unter das Verbotsgesetz fallenden hinausging. So waren etwa schon niedrigere Ränge der HJ und des BdM erfaßt, ebenso Offiziere der ehemaligen deutschen Wehrmacht und alle Ausländer[122].

Mit diesem Erlaß erklärte sich auch der Nationalrat einverstanden. So stellte der Berichterstatter zu den meisten NS-Gesetzen, der Abgeordnete Migsch, fest, daß das Unterrichtsministerium die nach den Unruhen notwendige Sichtung in richtiger und objektiver Weise vornahm. »Die Studenten wurden von eigenen Kommissionen daraufhin überprüft, ob sie nach ihrem politischen Verhalten vor dem April 1945 zum Hochschulstudium zugelassen werden sollen oder nicht. Das Merkmal, wann ein Ausschluß oder wann eine Verweigerung erfolgen solle, war richtig gewählt. Es kann nie und nimmer Absicht der Republik, der Demokratie sein, Menschen, die erst eine Bewährungsprobe zu erbringen haben, den Zutritt zur Hochschule zu erlauben. Jene, die engagierte Nationalsozialisten waren und sich auch vor dem Umbruch als solche betätigt hatten, sollen in ihrem Leben gleich der übrigen Masse der arbeitenden Bevölkerung erst den Ernst des Lebens kennenlernen; erst dann können sie befähigt sein, an der Spitze von Staat, Wirtschaft und Gesellschaft mitzureden. Ganz anders aber die Masse derer, die wie in so vielen Fällen automatisch aus der Hitlerjugend zur NSDAP übergereiht worden waren[123].«

Und auch die Alliierten, die ausdrücklich eine neuerliche Säuberung der Hochschulen verlangten, billigten ausdrücklich die Maßnahmen des Unterrichtsministeriums[124].

Die Kommissionen untersuchten nun neuerlich bis zum Februar 1947 von insgesamt etwa 26.000 österreichischen Studenten 4392, das war die Gesamtzahl derer, die unter den Erlaß fielen. Davon wurden 680 Studenten vom Studium ausgeschlossen, und zwar 312 ehemalige NS-Funktionäre und 368 ehemalige Offiziere der Wehrmacht und unerwünschte Ausländer. Nach dem neuen NS-Gesetz waren 85 von ihnen Belastete, 431 minderbelastet und 164 unbelastet[125].

Alle diese Aktivitäten und Kommissionstätigkeiten blieben jedoch letztlich ohne konkrete Auswirkungen. Das Wintersemester 1946/47 fiel weitgehend aus. In diesem langen und kalten Winter wurde der Energiemangel in Österreich so groß, daß viele öffentliche Gebäude, darunter auch Schulen und Hochschulen, geschlossen werden mußten. So wurden wegen der Kohlennot an den Universitäten die Weihnachtsferien verlängert, zuerst bis zum 14. Januar und dann bis zum 3. März 1947. Das Semester, in dem sich die dramatischen Ereignisse um die Universitäten abspielten, war daher für das Studium ohnehin zum Großteil verloren. Vor allem aber brachte das NS-Gesetz vom Februar 1947 neue Regelungen im Hochschulbereich: Danach waren nicht nur Belastete, sondern auch Minderbelastete vom Hochschulstudium generell und ohne Ausnahme bis 1950 auszuschließen. Alle früheren Bestimmungen waren damit gegenstandslos. Dieser globale Ausschluß aller Studenten, die irgendwie einmal mit dem Nationalsozialismus zu tun gehabt hatten, ging auf eine Forderung des Alliierten Rates, angeblich der Russen, zurück. Sie gehörte zu den Verschärfungen des NS-Gesetzes, die vom Nationalrat gefordert wurden. Dabei spielte es sicherlich eine Rolle, daß die Vorkommnissse an der Wiener Universität gerade zu der Zeit stattfanden, in der die österreichische Novelle zum NS-Gesetz dem Alliierten Rat zur Begutachtung vorlag. Die Bestimmungen für die Studenten waren damit strenger als die für die Hochschullehrer, und ein bitterer Witz war damals im Umlauf: »Ein Dozent, der an einer Hochschule unterrichtet, hat angesucht, eine Vorlesung bei einem anderen Professor an einer anderen Fakultät zu hören. Das wurde ihm untersagt, weil er ein Minderbelasteter ist. Er durfte zwar Vorlesungen an seiner eigenen Fakultät halten, er durfte aber nicht die Vorlesung an einer anderen Fakultät hören[126].«

Die Österreichische Hochschülerschaft selbst richtete einen Appell an die Alliierten, in dem sie die Zahl der vom Ausschluß betroffenen Studenten mit 5000 angab[127] und darauf hinwies, daß dieser Personenkreis beim Anschluß 1938 zum größten Teil noch nicht einmal das achtzehnte Lebensjahr erreicht hatte. Eine besonders unbillige Härte sah die Hochschülerschaft bei den Jahrgängen von 1924 aufwärts, die im März 1938 noch nicht einmal vierzehn Jahre alt waren: »In den folgenden Jahren wurde diese Jugend zum größten Teil gegen ihren Willen, meist unter Hinweis auf die außerordentlichen Verhältnisse des Kriegszustandes, zum Dienste in die Hitlerjugend gezwungen und dann, sobald sie das entsprechende Alter erreicht hatten, automatisch in die Verbände und Gliederungen der NSDAP überstellt. Jener Personenkreis aber, der *heute noch* sich zu nationalsozialistischen Ideologien bekennt oder solche zu verbreiten sucht, wird bei der Österreichischen Hochschülerschaft schärfste Ablehnung und Bekämpfung finden. Die Österreichische Hochschülerschaft weist jedoch auf das schärfste zurück, daß die Jugend von heute nunmehr das büßen soll, was ihre Erzieher von damals an ihr und an dem Lande verbrochen haben[128].«

Die Hochschülerschaft erhielt zwar keine Antwort von den Besatzungsmächten, aber sowohl die österreichische Regierung als auch die Alliierten beschäftigten sich mit dem Studentenproblem. Obwohl auch die Amerikaner vom österreichischen Nationalrat die harten Bestimmungen gefordert hatten, kamen sie bald zu der Überzeugung, daß es völlig widersprüchlich war, die Hochschüler strenger zu behandeln als jene, die sie unterrichteten: »Ferner könnte es, indem man solchen jungen Leuten die Gelegenheit zu einem konstruktiven Verlauf einer demokratischen Erziehung versagt, zur Bildung einer Gruppe führen, die sich wieder der Nazi-Ideologie als ihrer einzigen Alternative zuwendet[129].«

Auch die Briten und die Franzosen schlossen sich dieser Meinung an, und die österreichische Regierung fühlte mehrmals beim Alliierten Rat vor, ob nicht eine Erleichterung zugunsten der minderbelasteten Studenten möglich wäre[130]. Bereits fünf Monate nach dem NS-Gesetz beschäftigte sich daher der Nationalrat wieder mit den Studenten und verabschiedete eine Novelle, die für Minderbelastete den Hochschulzugang über Kommissionen ermöglichen sollte. Alle im Parlament vertretenen politischen Parteien sprachen sich gegen den generellen Ausschluß von minderbelasteten ehemaligen Nationalsozialisten vom Hochschulstudium aus, und der sozialistische Abgeordnete Migsch stellte fest: »Diese Bestimmung war in den Aufträgen des Alliierten Rates zur Abänderung des Nationalsozialistengesetzes enthalten. Wenn wir heute diese Novelle beschließen, kommen wir damit nur zu dem zurück, was in den seinerzeitigen Parteienverhandlungen und in dem Gesetzesbeschluß des österreichischen Nationalrates vom 24. Juli 1946 als die Auffassung der Vertretung des österreichischen Volkes festgelegt war[131].«

Der Gesetzesvorschlag kam im August 1947 vor den Alliierten Rat – und ging in der dort üblichen Uneinigkeit unter. Da die Novelle ein Verfassungsgesetz war, bedurfte sie der Einstimmigkeit. Die westlichen Alliierten stimmten für den österreichischen Gesetzesvorschlag, doch die Russen blockierten ihn mit ihrem Veto und dem Argument, sie sähen keinen Grund für die Zulassung ehemaliger Nazis an die Universität. Der sowjetische Vertreter sprach den österreichischen Entnazifizierungskomitees und Entnazifizierungsmaßnahmen überhaupt sein Mißtrauen aus und lehnte alle Kompromißvorschläge ab[132]. Er machte zwar noch den Gegenvorschlag, Minderbelastete doch zum Studium zuzulassen, wenn sie neben den österreichischen Kommissionen auch noch vom Alliierten Entnazifizierungsbüro einstimmig zugelassen würden. Die westlichen Alliierten lehnten das jedoch ab, mit dem Hinweis, daß dadurch jede einzelne Besatzungsmacht eine vollständige Kontrolle über den Zugang dieser Personengruppe zu den Universitäten haben würde.

Zu dieser Zeit waren bereits in allen Besatzungszonen Deutschlands Jugendamnestien in Kraft, die nicht nur die Studenten, sondern alle nach 1919 geborenen Jugendlichen von den Folgen der Entnazifizierung befreiten. Im Alliierten Rat wurde daher auch argumentiert, daß die Jugendlichen in Deutschland zu dieser Zeit eine günstigere Behandlung erfuhren als die in Österreich, was zu dem Schluß führen könnte, es wäre für Österreich doch besser gewesen, ein Teil Deutschlands zu bleiben[133]. Erst im April 1948 wurde die Frage der Minderbelasteten im Hochschulstudium durch die Jugendamnestie weitgehend gelöst. Auf sie wird später noch einzugehen sein.

Die Studenten waren nach dem Krieg wohl eine der sozial schutzbedürftigsten Gruppen. Anfangs hatte man bei der Entnazifizierung dem Zugang zu den Hochschulen keine besondere Aufmerksamkeit zugewendet. Die daraus folgende, anscheinend mangelhafte politische Säuberung und die Überfüllung der Hochschulen ließen das Unterrichtsministerium und den Nationalrat 1946 zu restriktiven Maßnahmen greifen, um eine endgültige Regelung auch in diesem Bereich anzustreben. Ein einziges Ereignis bei den Hochschülerschaftswahlen im November 1946 ließ – obwohl es sich nur um einige wenige Unruhestifter gehandelt hatte – das Pendel an den Hochschulen nach der anderen Seite ausschlagen. Man reagierte empfindlich auf die nationalsozialistischen Überreste bei den Hochschülern, und die bis dahin milden Bestimmungen der Entnazifizierung wurden durch den Erlaß vom 6. Dezember 1946 durch solche abgelöst, die bereits strenger waren als jene in den meisten anderen Berufsbereichen. Das NS-Gesetz vom Februar 1947 brachte dann den totalen Ausschluß aller ehemaligen Nationalsozialisten, auch der »formalen« oder Minderbelasteten, vom Hochschulstudium bis zum April 1950. Damit waren die Bestimmungen für die Studenten nicht nur strenger als die für Hochschullehrer, sondern die strengsten von allen Berufsverboten überhaupt.

Nach den ohnehin schon schwierigen Studienverhältnissen in den beiden ersten Hochschuljahren nach dem Krieg hätte das auch für die Minderbelasteten einen Zeit- und Studienverlust von sechs Semestern bedeutet und damit für die meisten von ihnen das Ende ihres Studiums. Diese harte Situation war im wesentlichen dadurch entstanden, daß die Studenten zu dieser Zeit wenig politisches Gewicht und kaum eine wirkliche politische Vertretung oder Unterstützung hatten. Anders wäre es wohl nicht zu erklären, daß ein einziges Ereignis, an dem noch dazu relativ wenige Personen teilgenommen hatten, solche politischen Folgen haben und zu solchen extremen Maßnahmen führen konnte.

Die Inkonsequenz dieser Maßnahmen war der österreichischen Regierung offenkundig, ebenso wie den Alliierten, die aber aufgrund ihrer eigenen politischen Auseinandersetzungen zu keiner Einigung kommen konnten.

Erst die Jugendamnestie 1948, um die die Alliierten, nachdem sie eine solche schon ein Jahr vorher in Deutschland verkündet hatten, nicht herumkamen, brachte die Wende. Damit war die Entnazifizierung an den Hochschulen abgeschlossen. Die Minderbelasteten hatten ein Jahr in ihrem Studium verloren und lagen damit durchaus im Entnazifizierungsdurchschnitt.

ANMERKUNGEN

1 Hans Mommsen, *Beamtentum im Dritten Reich,* Stuttgart 1966, 13.
2 Gerhard Botz, *Wien vom Anschluß zum Krieg,* Wien 1978, S. 233.
3 Erlaß des Reichsministeriums des Inneren vom 7. 3. 1939, R 43 II/421 a, BA.
4 Heß an den Chef der Reichskanzlei, Lammers, München, 6. 3. 1940, 43 II/421, BA.
5 Lammers an Heß, 13. 6. 1939, R 43 II/421, BA.
6 Lammers an Heß, 13. 6. 1939, R 43 II/421, BA.
7 Bormann an den Reichsminister des Inneren, Führerhauptquartier, 21. 8. 1941, R 43 II/421, BA.
8 *Neues Wiener Abendblatt,* 17. 3. 1938, zit. bei Botz, S. 111.
9 Ernst Fischer, »Für eine demokratische österreichische Beamtenschaft«, *Neues Österreich,* 21. 8. 1943.
10 K. H. H., »Nazismus und Bürokratismus«, *Neues Österreich,* 3. 7. 1945.
11 *Österreichisches Jahrbuch 1948,* S. 155.
12 Staatsamt für Inneres, Säuberung des öffentlichen Dienstes von Nationalsozialisten, Wien, 13. 12. 1945, 60216-1/2.
13 Frisch, ÖVP, 28. Sitzg., 24. 7. 1946, S. 607.
14 Nicholls to Bevin, Wien, 19. 2. 1946, FO 371/55.188, PRO.
15 Koref, SPÖ, 28. Sitzg., 24. 7. 1946, S. 592.
16 Frisch, ÖVP, 28. Sitzg., 24. 7. 1946, S. 606 f.
17 Staatsamt für Inneres, Säuberung des öffentlichen Dienstes vom Nationalsozialismus, 13. 12. 1945, 60.216-1/2, BA.
18 Heller-Loebenstein-Werner, II/214.
19 Heller-Loebenstein-Werner, II/211.
20 Staatsamt für Inneres, a. a. O.
21 *Wiener Zeitung,* 21. 12. 1946.
22 Karl Hans Heinz, »Gerechtigkeit«, *Neues Österreich,* 7. 6. 1945.
23 *Wiener Zeitung,* 1. 4. 1948.
24 Migsch, SPÖ, 28. Sitzg., 24. 7. 1946, S. 587.
25 Staatsamt für Inneres, a. a. O.
26 Die Sonderkommissionen wurden nach der Verbotsgesetznovelle vom 15. August 1945 geschaffen. Sie wurden in erster Instanz bei den Dienststellen errichtet und bestanden aus einem Vorsitzenden und zwei Beisitzern, wobei ein Mitglied rechtskundiger Beamter sein mußte und ein Beisitzer von den Gewerkschaften gestellt wurde. Sie waren in ihrem Aufbau den Gerichten nachgebildet und in ihrer Tätigkeit selbständig und unabhängig. Gegen ihre Erkenntnisse

konnte Berufung bei der Sonderoberkommission erhoben werden, welche beim Bundeskanzleramt eingerichtet war und aus einem Richter und je einem von den drei demokratischen Parteien vorgeschlagenen Mitglied bestand. Ihre Entscheidung war endgültig; eine Anrufung des Verwaltungsgerichtshofes war ursprünglich nicht vorgesehen, eine Bestimmung, die allerdings durch den Verwaltungsgerichtshof aufgehoben wurde, was wenig änderte, da der Verwaltungsgerichtshof regelmäßig die Erkenntnisse der Sonderkommissionen bestätigte.

27 Bundesministerium für Inneres an alle Landeshauptmannschaften und Magistrate der Stadt Wien, 8. 1. 1946, 60216-1/2, NA.

28 Brief des Bundeskanzlers an die Abteilung für Innere Angelegenheiten, Alliierter Rat für Österreich, 3. 5. 1946, 60.216-1/2, NA.

29 Schreiben des Bundeskanzleramtes an die Vorsitzenden der Sonderkommissionen und die Landeshauptmannschaften, 7. 2. 1946, 60.216-1/2, NA.

30 Diesem Komitee gehörten der Bundeskanzler, Vizekanzler, die Minister für Auswärtige Angelegenheiten, für Inneres, für Energiewirtschaft und Elektrifizierung und der Staatssekretär für Inneres an. Report of US-Commissioner, Jan. 1946, S. 2, und Febr. 1946, S. 13.

31 Bundeskanzler Figl an den Alliierten Rat, 4. Juli 1946, FO 371/55191, PRO.

32 *A review of Denazification in Austria,* 9-11-49, 60236-1, NA.

33 Bericht der Sonderkommissionen vom März 1946, 60.216-4, NA; bei 0,8 Prozent erklärte sich die Kommission für nicht zuständig.

34 Die »administrative Entnazifizierung« läßt sich auch bei anderen Dienststellen nachweisen: So waren etwa bei der Postsparkasse von 535 politisch Belasteten im Dezember 1945 394 sofort entlassen worden, und nur der Rest wurde vor eine Sonderkommission gestellt. – Brief des Bundesministers an den Vorsitzenden für Innere Angelegenheiten des Alliierten Rates für Österreich, 5. 6. 1946, 60.216-1/2, NA.

35 Schreiben des Bürgermeisters der Bundeshauptstadt Wien, Theodor Körner, an das Bundesministerium für Inneres, 25. 3. 1946, 60.216-4. – Im ganzen wies daher die Gemeinde Wien im Mai 1947 bei 54.649 öffentlich Bediensteten nur 4322 oder 8 Prozent registrierungspflichtige Personen auf, die einer Überprüfung durch die Sonderkommissionen unterlagen. 66.755-2/30, NA.

36 Brief des Bundeskanzlers an den Leiter der Abteilung für Innere Angelegenheiten, Alliierter Rat für Österreich, 5. 5. 1946, 60.216-1/2, NA.

37 US-Commissioner, July 1946, S. 46.

38 Solche Wiedereinstellung von Minderbelasteten, die ja nach dem alten Gesetz als die schwersten Nazi gegolten hatten, fand tatsächlich statt. So heißt es etwa für Salzburg, daß im Mai 1949 50 Prozent der beim Land wiedereingestellten Minderbelasteten ehemalige Illegale waren.

39 »Sühnefolgen für öffentlich Bedienstete«, *Wiener Zeitung,* 9. 8. 1947.

40 Dienstklasse V oder VI; die Frist endete durch die Minderbelastetenamnestie zwei Jahre früher.

41 Bundeskanzler Figl an den Vorsitzenden des Alliierten Rates für Österreich, 4. 7. 1946, FO 371/55191, PRO.

42 Bundeskanzler an den Alliierten Rat, Bericht über den Stand der Entnazifizierung am 1. 9. 1947, 60.216-1/20, NA.

43 *Wiener Zeitung,* 1. 4. 1948.

44 US-Commissioner, Mai 1946, S. 54.

45 OÖ. Landeshauptmann Dr. Gleißner an das Bundeskanzleramt, Durchführung der politischen Reinigung in Oberösterreich, Linz, 29. 3. 1948,

60.216-3142. Die angesprochenen Entlassungen waren im russisch besetzten Teil (Mühlviertel) durch das Verbotsgesetz, im amerikanisch besetzten Teil durch die Militärregierung erfolgt. Die durch die Sonderkommissionen zu treffenden Maßnahmen waren noch nicht berücksichtigt.

46 Ernst Fischer, »Die Drehtür«, *Neues Österreich,* 6. 11. 1945.

47 Davon waren: 1741 Entregistrierte, 712 durch den Bundespräsidenten Amnestierte, 252 Invalide, 188 amnestierte Jugendliche, 529 aus der Kriegsgefangenschaft Zurückgekehrte und 3558 durch Kommissionsbescheid wieder zur Berufsausübung Zugelassene. – *Report of Denazification,* Allied Denazification Bureau, 14. 12. 1948, 60.258-2/033.2, NA.

48 Wobei sich aber nicht mehr alle von der Kommission positiv beurteilten Personen in ihrem Beruf befanden. Nach einer Angabe des Bundeskanzleramtes sollen Ende Oktober 1947 38 Prozent der positiv Beurteilten ihren Beruf nicht ausgeübt haben. Allied Denazification Bureau, 25. 8. 1948, 60.258-2/033.2, NA.

49 US-Commissioner, März 1948, S. 31.

50 *Österreichisches Jahrbuch 1946–47,* S. 101/2.

51 Justizminister Gerö, »Die Verfolgung der Nazi und Kriegsverbrecher«, *Arbeiter-Zeitung,* 5. 1. 1946.

52 J. S., »Rund um die Nazijustiz«, *Arbeiter-Zeitung,* 8. 6. 1948.

53 J. S. »Rund um die Nazijustiz«, a. a. O.

54 US-Commissioner, Oct. 1948, S. 24 und S. 29: Der Verfassungsgerichtshof stellte sich auf den Standpunkt, daß die Immunität nur für die Richter zutrifft, welche nach 1945 vom österreichischen Präsidenten oder Justizminister ernannt worden waren.

55 Auch wenn sie deshalb noch nicht automatisch im Justizdienst verwendet wurden oder werden mußten.

56 *Wiener Zeitung,* 10. 4. 1946.

57 Legal Division, Censorship Report, July 31., 1947, 60219/20.346. Der Brief wurde vom Autor aus dem Englischen rückübersetzt. Er dürfte von Anfang 1947 stammen, der »Appellationsgerichtshof« dürfte wahrscheinlich die Sonderoberkommission sein.

58 a. a. O.

59 Legal Division, *Denazification-Judges & Prosecutors in Vienna Courts,* 11. 3. 1946, 60216-3/47, NA.

60 Legal Division, *Denazification-Judges . . .,* a. a. O.

61 Der Ausdruck stammt aus einem britischen Bericht über die österreichische Entnazifizierung, wo der Schluß gezogen wird: »Aufgrund der vollen Anerkennung der personellen Schwierigkeiten im Gerichtsbereich haben wir gezögert, Druck auf die Regierung auszuüben, weitere Entlassungen in diesem Bereich durchzuführen.« FO 371/55192, PRO.

62 US-Commissioner, April 1946, S. 166.

63 Schreiben Bundesministers Gerö an den Präsidenten im Amte der Viergliedrigen Division für Innere Angelegenheiten, 4. 4. 1946, 676-0142, NA.

64 So beschäftigte sich der Alliierte Rat etwa am 25. 3., 24. 5. 1946, am 14. 2., und vor allem am 25. 5. 1947 mit diesem Problem und richtete eine ganze Reihe diesbezüglicher Schreiben an die Bundesregierung; US-Commissioner, 4. 6. 1950, S. 14/15.

65 Siehe dazu Adolf Schärf, *Österreichische Erneuerung,* S. 145 ff.; William B. Bader, *Austria between East and West 1945–1955,* S. 77 ff., und *80 Jahre Wiener Sicherheitswache,* Bundespolizeidirektion Wien 1949.

66 Anfangs wurde die Verkehrsüberwachung in Wien von weiblichen russischen Armeeangehörigen durchgeführt, da die im Aufbau befindliche österreichische Polizei nicht genügend Leute hatte. *Austria Courts and Legal System 1945,* 260-USACA-869, NA.
67 *Österreichisches Jahrbuch 1946–1947,* S. 141.
68 *Österreichisches Jahrbuch 1946–1947,* S. 143.
69 Bader, *Austria,* S. 29, der sich zur Bestätigung dieser Zahl auf ein Gespräch mit Dr. Dürmayer beruft, Fußn. 34.
70 Dr. Dürmayer, 31. 12. 1945: »Der Kampf gegen den Faschismus in Wien und das Instrument desselben, die staatspolizeiliche Abteilung der Polizeidirektion Wien«, 60216-3/43, NA.
71 Dürmayer wurde nach Salzburg versetzt, zog es aber vor, zurückzutreten.
72 US-Commissioner, Sept. 1947, S. 25 u. 214, Bericht des Bundeskanzleramtes an den Alliierten Rat über den Stand der Entnazifizierung mit Stichtag 1. November 1947, 60216-1/20, NA.
73 Bericht des Bundeskanzleramtes, a. a. O.
74 US-Commissioner, Sept. 1947, S. 209.
75 *Memorandum Re Soviet Accusations Voiced in London,* 4. May 1950, 60236-2, NA.
76 Schärf, *Österreichs Erneuerung,* S. 150.
77 Josef Holoubek, *Der schwierige Personalaufbau in der Wiener Polizei,* in: *20 Jahre Wiener Sicherheitswache,* S. 145 f.
78 Memorandum, *Soviet Accusations,* a. a. O.
79 *Österreichisches Jahrbuch 1946–1947,* S. 182.
80 *Wiener Zeitung,* 2. Sept. 1949.
81 Erich Kästner, *Zur Entstehungsgeschichte des Lehrers, Gesammelte Schriften für Erwachsene,* Bd. 7, S. 70.
82 Friedmann, S. 179.
83 Niethammer, S. 186.
84 *Fourth Report,* S. 17.
85 *Österreichisches Jahrbuch 1946–1947,* S. 171.
86 *Österreichisches Jahrbuch 1946–1947,* S. 183.
87 US-Commissioner, March 1946, S. 26; bis zum 31. März 1946 waren 88 Schulbücher von österreichischer und alliierter Seite approbiert worden, darunter aber kein einziges aus den beiden erwähnten Bereichen.
88 US-Commissioner, Sept. 1947, S. 5. Diese Blockierung der Schulbücherproduktion für Österreich führte zu einem Protest der englischen und der amerikanischen Besatzungsmacht.
89 *Österreichisches Jahrbuch 1946–1947,* S. 183.
90 *Österreichisches Jahrbuch 1945–1946,* S. 185.
91 *Kleines Volksblatt,* 14. 8. 1945.
92 US-Commissioner, March 1946, S. 27; Sept. 1946, S. 28 u. 31.
93 US-Commissioner, Febr. 1946, S. 40.
94 US-Commissioner, Febr. 1946, S. 180/1, Juni 1946, S. 202.
95 Bürgermeister der Stadt Wien, Körner, an das Interalliierte Kommando, 12. 5. 1947, 260-676-0142, NA.
96 Zechner, SPÖ, 58. Sitzg., 3. 7. 1947, S. 178/179.
97 Bericht des Bundeskanzlers an das Alliierte Entnazifizierungsbüro, *Entnazifizierung Lehrer,* 22. Oktober 1947, 60258-2/033.3, NA.
98 *Wiener Zeitung,* 2. 9. 1949. – Als solche Förderungsmaßnahmen führt ein Bericht des Bundeskanzlers vom 25. 7. 1947 an: »Im Bereich des Pflichtschulwe-

sens wurden Anschlußkurse für solche Studenten geführt, die wegen der Kriegsereignisse ihr Studium an den Lehrerbildungsanstalten in den niederen Jahrgängen unterbrechen mußten. Weiters wurden Abiturientenkurse geführt, um Maturanten von Mittelschulen in einem einjährigen Lehrgang für die Arbeit eines Pflichtschullehrers einzuschulen. Überdies befindet sich eine größere Zahl von Lehrerbildungsanstalten erst im Aufbau, das heißt, sie führen derzeit erst niedere Jahrgänge, werden aber in den nächsten Jahren die Zahl der neuen Lehrer wesentlich vermehren. Im Bereich des Mittelschulwesens wurde die raschere Beendigung des Studiums für die Lehramtskandidaten durch Anrechnung von Semestern und gewisse Erleichterungen bei den Prüfungen gefördert. Die praktischen Auswirkungen sind so, daß besonders begabten Studenten ein Abschluß des Studiums schon im 8. Semester möglich ist. Weitergehende Erleichterungen wären nicht empfehlenswert, da hiedurch das Niveau unserer Mittelschulen heruntergedrückt würde. Überdies wurden zur Heranbildung neuer Lehrer und Schulung der im Dienst stehenden, jedoch erst nach 1938 ausgebildeten Lehrkräfte von den einzelnen Landesschulräten in Orten mit mehreren Mittelschulen Kurse veranstaltet.« – 60258-2/033.3, NA.

99 Jahresbericht 1938 des Reichssicherheitshauptamtes, Bd. 2, S. 7 und S. 53, R 58/1095, BA.

100 »Immer wieder die Hochschulen«, *Arbeiter-Zeitung,* 8. 1. 1946.

101 Unterrichtsminister Hurdes, *Wiener Zeitung,* 22. 11. 1946.

102 *Fourth Report,* S. 17, FO 371/55216, und *Minutes of Evidence,* Major-General Winterton, S. 18/20, FO 371/55218, PRO.

103 *Wiener Zeitung,* 15. 12. 1948.

104 »Nazisäuberung auf der Technik«, *Wiener Zeitung,* 27. 6. 1946.

105 US-Commissioner, March 1946, S. 28/29.

106 Koref, 28. Sitzg., 24. 7. 1946, S. 596.

107 Fischer, 58. Sitzg., 3. 7. 1947, S. 1576; Ernst Fischer (KPÖ) war in der provisorischen Regierung 1945 Staatssekretär für Unterricht.

108 »Jugend ohne Wissen und Urteil«, Hugo Krizkovsky, *Neues Österreich,* 2. Juni 1945.

109 »Immer wieder: die Hochschulen«, *Arbeiter-Zeitung,* 8. 1. 1946.

110 Gschnitzer, 58. Sitzg., 3. 7. 1947, S. 1579.

111 »Inskription an Hochschulen erschwert«, *Wiener Zeitung,* 5. 10. 1946. Bewerber, deren Hochschulreife mehr als fünf Jahre zurücklag, wurden zur Erstinskription nicht mehr zugelassen, wobei allerdings die Kriegsdienstzeit oder Zeiten politischer Verfolgung nicht berücksichtigt wurden. Weiters wurde durch das Ministerium nach dem ersten Studienjahr und dann nach jedem Semester der Nachweis eines Studienerfolges vorgeschrieben, der durch die einzelnen Universitäten und Hochschulen noch erschwert werden konnte.

112 »Der Kanzler über das Hochschulproblem«, *Wiener Zeitung,* 11. 5. 1946.

113 Migsch, 58. Sitzg., 3. 7. 1947, S. 1575.

114 Memorandum – Information Hofrat Walitschek der Polizeidirektion Wien an Colonel Rose, 60259-2/033.3, NA.

115 »Die Hochschulwahlen abgeschlossen«, *Wiener Zeitung,* 20. 11. 1946.

116 *Wiener Zeitung,* 22. 11. 1946.

117 Bundeskanzler Figl an den Alliierten Rat, 8. 12. 1946, 60258-2/033, NA.

118 »Straßenterror darf nicht diktieren«, *Wiener Zeitung,* 26. 11. 1946.

119 So wurde etwa bei der Budgetdebatte am 20. November 1946 auch auf die Vorfälle bei den Hochschulwahlen eingegangen und eine Entschließung für schärfere Maßnahmen an den Hochschulen gegen das Wiederaufleben des

nationalsozialistischen Ungeistes beantragt. *Wiener Zeitung,* 21. November 1946.

120 Bundeskanzler Figl an den Alliierten Rat, 8. 12. 1946, 60258-2/033, NA.

121 *Wiener Zeitung,* 22. 11. 1946.

122 *Wiener Zeitung,* 7. 12. 1946.

123 Migsch, 58. Sitzg., 3. 7. 1947, S. 1575.

124 *Wiener Zeitung,* 14. 12. 1946.

125 *Report on Denazification of Students of Universities and higher educational establishments in Austria,* ACA, Executive Committee, July 12., 1947, 66755-2/30, NA.

126 Fischer, 58. Sitzg., 3. 7. 1947, S. 1576.

127 Insgesamt waren es 3500 Hörer, die vom Studium an den Hochschulen ausgeschlossen wurden: und zwar 1612 Hörer an den Wiener, 810 an den Grazer Hochschulen, 1075 an der Universität Innsbruck und sechs Hörer an der Montanistischen Hochschule Leoben. *Österreichisches Jahrbuch 1948,* S. 140.

128 Memorandum des Zentralausschusses der Österreichischen Hochschülerschaft an den Alliierten Rat, 4. 2. 1947, 676-0142, NA.

129 US-Commissioner, August 1947, S. 15.

130 So etwa in einem Schreiben des Bundeskanzlers vom 14. 3. 1947 und einem des Unterrichtsministeriums an den Alliierten Rat vom 3. 6. 1947, 66755-2/30, NA.

131 Migsch, 58. Sitzg., 3. 7. 1947, S. 1580.

132 US-Commissioner, Sept. 1947, S. 2/3; March 1948, S. 12.

133 US-Commissioner, March 1948, S. 12.

4. Die Entnazifizierung der Wirtschaft

Nach einer verbreiteten Auffassung war die Industrie des Deutschen Reiches eine der Säulen des Nationalsozialismus, und es gibt eine ganze Reihe von historischen Arbeiten, die sich damit beschäftigen, den Nachweis zu erbringen, ab wann und in welchem Ausmaß die deutschen Industriellen den Nationalsozialismus unterstützt haben. Anderseits wurde bei der Entnazifizierung in Deutschland festgestellt, daß die Wirtschaft dem politischen Druck und der Säuberung nicht so zugänglich gewesen war wie der Staatsdienst[1]. Abgesehen davon, daß die Verhältnisse im wirtschaftlichen Bereich weitaus differenzierter waren und häufig über die Erfahrungen der politischen Instanzen hinausgingen, waren auch die Ausweichmöglichkeiten, etwa durch Stellenwechsel oder Versetzung, weitaus zahlreicher.

Für Österreich stimmt das alles zum Teil, zum Teil aber auch nicht. Der wesentlichste Unterschied ergab sich aus der erst späteren Nazifizierung des Landes nach dem Anschluß im Jahre 1938 und aus der wirtschaftlichen Stellung der »Ostmark« im Deutschen Reich. Die Großindustrie, der eine so wesentliche Rolle im Nationalsozialismus zugesprochen wurde, wurde in Österreich zum Teil erst durch das Deutsche Reich geschaffen, wie etwa die Eisen- und Stahlwerke in Linz, zum anderen Teil geriet sie nach dem Anschluß in vielen Fällen unter deutschen Einfluß. Dabei kam der Verkauf von Industrieanteilen oft gar nicht so freiwillig zustande, und es wurde, vor allem von Göring, politischer Druck ausgeübt, um Österreich auch wirtschaftlich ins Deutsche Reich zu integrieren. Das betraf nicht nur die »Arisierung«, über die noch besonders zu reden sein wird, sondern vor allem auch die Industriebeteiligungen der österreichischen Banken. Auch über die Verkaufspreise wurde nicht allzu lange verhandelt, sondern sie wurden zumeist von oben festgelegt. Die Folge war eine starke Durchdringung der österreichischen Industrie durch private oder staatliche deutsche Beteiligungen, für die die Engländer und Franzosen das Wort »Prussifizierung« geprägt hatten. Und die weitere Folge war, daß nach dem Krieg die sowjetische Besatzung dieses sogenannte »deutsche Eigentum« in Österreich als Kriegsreparationen beanspruchte und, soweit die Industrieanlagen in ihrem Besatzungsgebiet lagen, bis 1955 auch tatsächlich in Besitz hatte;

ein Teil dieser Industrien wurde von der Republik Österreich verstaatlicht. Infolge dieser historischen Entwicklung war aber die ohnehin nie große Zahl der Großindustriellen in Österreich sehr, sehr klein geworden, und eine Problematik wie etwa die von Thyssen in Deutschland stellte sich in Österreich nicht mehr. In diesem Sinne kann man durchaus auch die Verstaatlichung als eine Entnazifizierungsmaßnahme verstehen.

Ansonsten aber galt in Österreich wie in Deutschland, daß man bei der Wirtschaft wohl vor dem schwierigsten Kapitel der Entnazifizierung stand, sowohl hinsichtlich einer sinnvollen Regelung als auch einer entsprechenden Kontrolle der politischen Säuberung. Denn die Verhältnisse waren in den einzelnen Wirtschaftsbereichen recht unterschiedlich und oft schwer zu durchschauen. Manche, wie etwa die freien Berufe oder auch der Fremdenverkehr, waren stark nationalsozialistisch belastet, andere Bereiche schienen die Zeit politisch indifferent überstanden zu haben.

A. Das Wirtschaftssäuberungsgesetz

»Saubere Verhältnisse«

Schon das Verbotsgesetz vom Mai 1945 sah Bestimmungen für die Wirtschaft vor. So war etwa vorgesehen, daß die Personen, gegen die sich das Gesetz vor allem richtete – die Illegalen, die Funktionäre und jene, welche die NSDAP schon vor 1938 gefördert hatten –, im wirtschaftlichen Leben an keiner führenden Stelle mehr tätig sein durften, auch nicht als Vorstand oder Aufsichtsrat von Unternehmensgesellschaften. Ebenso waren sie nicht mehr berechtigt, ein Gewerbe zu betreiben, das Verläßlichkeit und Unbescholtenheit voraussetzt.

Diese Bestimmungen waren aber mehr eine Richtlinie und eine Willenserklärung und mußten, um anwendbar zu sein, noch genauer formuliert werden. Es wurde daher bereits kurze Zeit nach Verlautbarung des Verbotsgesetzes von Vertretern der Arbeitgeber- und der Arbeitnehmerorganisationen ein Redaktionskomitee gegründet, das zusammen mit der Regierung ein Wirtschaftssäuberungsgesetz ausarbeitete. Dieses wurde am 12. September 1945 als »Verfassungsgesetz über Maßnahmen zur Wiederherstellung gesunder Verhältnisse in der Privatwirtschaft« veröffentlicht. Das Gesetz baute auf dem Verbotsgesetz auf und richtete sich vor allem gegen die dort angeführten schwerbelasteten Nationalsozialisten[2]. Sie waren von nun an von der Leitung »irgendwelcher« Betriebe ausgeschlossen. Für diese Betriebe konnten öffentliche Verwalter eingesetzt werden. Schwerbelastete Arbeitnehmer waren fristlos zu entlassen. Die Entlassung galt als von ihnen selbst verschuldet, sie verloren damit die Abfertigung und alle Ansprüche aus dem Dienstverhältnis. Als besondere Sühnemaßnahme verloren sie – und auch ihre Angehörigen – alle Pensions- und Rentenansprüche. Alle übrigen Registrierunspflichtigen und solche, die »sich erwiesenermaßen im Betrieb in nationalsozialistischem Sinne betätigt haben oder hauptsächlich aus politischen, dem Nationalsozialismus dienlichen Gründen oder deshalb eingestellt wurden, weil sie zu Behörden, Parteistellen oder wirtschaftlichen Organisationen enge Beziehungen hatten, oder im Zuge der wirtschaftlichen Durchdringung Österreichs durch das Deutsche Reich aufgrund von Sonderverträgen angestellt wurden[3]« – alle diese konnten unter Einhaltung der Kündigungsfrist ebenfalls entlassen werden.

Wesentlich für die Entnazifizierung der Arbeitnehmer war die Mitarbeit des Arbeitgebers. Er war bei Strafandrohung verpflichtet, sich zu überzeugen, ob er Personen beschäftigte, die vom Gesetz betroffen waren. Wollte er sie nicht entlassen, so hatte er den Betriebsrat oder, wo keiner vorhanden, die Landesstelle des Gewerkschaftsbundes unter Angabe seiner Gründe zu verständigen. Nun lag die Entscheidung bei ihnen. Waren sie nicht einverstanden, so konnten sie bei einer Kommission beim Landesarbeitsamt einen Antrag auf Entlassung stellen[4]. Bei dieser Kommission konnte aber auch jeder Arbeitnehmer Einspruch gegen seine Entlassung erheben. Für die Neu- und Wiedereinstellung von Registrierungspflichten war ebenfalls eine ausdrückliche Genehmigung des Arbeitsamtes notwendig, als »Schutz vor dem eventuellen Wiedereinsickern faschistischer Elemente in den Wirtschaftskörper[5]«.

Soweit zu diesem Gesetz, das der »Herstellung reinlicher und klarer und gesunder Verhältnisse in der österreichischen Wirtschaft[6]« dienen sollte. Die Bestimmungen selbst waren relativ einfach. Gab es eine Problematik, so lag sie bereits im Verbotsgesetz, vor allem in dem betroffenen Personenkreis, der dann auch durch das NS-Gesetz 1947 geändert wurde. Aber die eigentliche Schwierigkeit des Wirtschaftssäuberungsgesetzes, die dessen Durchführung letztlich fragwürdig machte, lag nicht in den Bestimmungen selbst, sondern in der Durchführung. Eine der Gesetzesabsichten war, die Säuberungsmaßnahmen rasch durchzuführen und dann einen Schlußstrich zu ziehen. Um einen zeitlichen Druck auszuüben, setzte das Wirtschaftssäuberungsgesetz daher nur eine sehr kurze Frist von sechs Wochen zur Durchführung der Entlassungen. Diese Frist lief bis zum 5. November 1945. Bis zu dieser Zeit erstreckte sich der Einflußbereich der provisorischen österreichischen Regierung aber nur auf die russische Zone. Das Gesetz konnte daher nur hier und auch da nicht vollständig angewandt werden. In den anderen Zonen führten die Militärregierungen die Entnazifizierung der Wirtschaft nach ihren Vorstellungen und nur in relativ geringem Ausmaß durch. Das Wirtschaftssäuberungsgesetz wurde darum bis 28. Februar 1946 verlängert, in der Annahme, daß es bis dahin gelingen müßte, das Gesetz in ganz Österreich und vollständig durchzuführen. Aber das Wirtschaftssäuberungsgesetz konnte erst nach Genehmigung durch den Alliierten Rat am 5. Februar 1946 für ganz Österreich in Kraft treten. Dadurch wurde die Durchführungszeit bis zum 28. Februar nun doch etwas zu kurz, und man mußte das Wirtschaftssäuberungsgesetz nun noch einmal, diesmal bis zum 31. Juli 1946, verlängern[7]. Bis zu diesem Zeitpunkt glaubte man aber nun doch, das Gesetz in allen Besatzungszonen lückenlos und plangemäß durchführen zu können.

Aber in dieser Zeit begannen die Parteienverhandlungen über ein neues NS-Gesetz, das auch die Säuberung der Wirtschaft auf eine neue Grundlage stellen sollte. Die weitere Durchführung der bestehenden gesetzlichen Bestimmungen kam infolgedessen ins Stocken. Man wartete verständlicherweise auf die neuen Bestimmungen. Vor allem in den westlichen und südlichen Bundesländern wurde das Wirtschaftssäuberungsgesetz wiederum nicht vollständig durchgeführt[8]. Abermals war eine Gesetzesverlängerung notwendig, diesmal bis zum 31. Oktober 1946, und dann noch einmal, da das neue NS-Gesetz durch Einspruch der Alliierten verzögert wurde, bis zum 31. März 1947[9]. Der letzte Termin diente nicht mehr sosehr der wirklichen Durchführung des Gesetzes, sondern der Verhinderung eines Gesetzes- oder Entnazifizierungsvakuums.

Vor dem Ablauf dieser fünften und letzten Frist trat am 18. Februar 1947 das neue NS-Gesetz in Kraft und beendete die Geltung des bisherigen Wirtschaftssäuberungsgesetzes. Das Wirtschaftssäuberungsgesetz vom September 1945 hätte die politische Reinigung der österreichischen Wirtschaft innerhalb von sechs Wochen bringen sollen. Das war eine Illusion. Die Entnazifizierung der Wirtschaft war auch 1947 noch nicht abgeschlossen. Aber insgesamt wurden doch etwa 100.000 Personen von diesem Gesetz erfaßt; von ihnen verloren etwa zwei Drittel ihre Stellungen, die übrigen konnten auf ihren Arbeitsplätzen verbleiben.

Vor allem die relativ hohe Zahl an entfernten Unternehmern fällt ins Gewicht. Wie auch bei der Entnazifizierung im öffentlichen Bereich, waren es die ersten, gesetzlich anscheinend unzureichenden Maßnahmen, der erste Entnazifizierungsschub, der die Massenentlassungen brachte. Das neue Entnazifizierungsgesetz 1947 hatte auf die Wirtschaft bei weitem nicht mehr so große direkte Auswirkungen.

Entnazifizierung der Wirtschaft nach dem Wirtschaftssäuberungsgesetz bis 30. April 1947

Entlassen	Gesamt	davon Illegale oder Funktionäre	Verblieben	davon Illegale, Funktionäre
Dienstnehmer	32.064	9.319 (29%)	14.621	–
davon leitend	4.693	–	1.016	–
Unternehmer	26.693	7.430 (28%)	16.592	307 (2%)
Freie Berufe				
Unternehmer	1.019	562 (55%)	3.335	898 (27%)
Dienstnehmer	1.274	368 (29%)	1.376	–
Summe	61.050	17.679 (29%)	35.924	

Quelle: Bericht des Bundeskanzlers vom 29. April und 29. Mai 1947 an das Alliierte Entnazifizierungsbüro, 66755-2/30, NA.

B. Das NS-Gesetz 1947 und die Wirtschaft

Das neue NS-Gesetz 1947 brachte auch für die Wirtschaft ausgefeiltere, vielleicht gerechtere, auf alle Fälle aber kompliziertere Bestimmungen der Entnazifizierung. Die Maßnahmen betrafen sowohl Arbeitgeber als auch Arbeitnehmer und sahen für eine ganze Reihe von Berufen Sonderbestimmungen vor. Vor allem änderte sich der Personenkreis, gegen den sich die Entnazifizierung in erster Linie richtete: weg von den Illegalen hin zu den Belasteten. Minderbelastete waren bereits weitgehend von Sanktionen gegen ihre berufliche Tätigkeit ausgenommen, außer bei den speziell verbotenen Berufen. Während daher nach dem alten Wirtschaftssäuberungsgesetz 36.000 Personen nach kommissioneller politischer Überprüfung in ihrer beruflichen Tätigkeit bleiben konnten, befanden sich nach dem neuen NS-Gesetz Anfang 1947 15.000 Personen in Berufssituationen, die für sie verboten waren.

Der Grad der Belastung wurde nun nicht mehr individuell von Kommissionen unter Beteiligung der politischen Parteien und vor allem der Arbeitgeber- und Arbeitnehmerorganisationen festgestellt, sondern auf dem Verwaltungswege von der Registrierungsbehörde nach generellen Richtlinien[10].

Für jene, die als Belastete eingestuft wurden, bedeutete das im allgemeinen den völligen, zeitlich unbeschränkten Berufsausschluß. Für Mindersbelastete, soweit sie vom Gesetz überhaupt noch betroffen wurden, waren die Berufsverbote zeitlich beschränkt und zumeist durch die Möglichkeit einer individuellen politischen Überprüfung durch eine besondere Kommission gemildert, die eine vorzeitige Berufszulassung aussprechen konnte und dies in den meisten Fällen auch tat.

Belastete Arbeitnehmer waren fristlos zu entlassen. Die Entlassung galt auch hier als selbstververschuldet mit den entsprechenden finanziellen und arbeitsrechtlichen Folgen. Der Arbeitgeber hatte diese Sühnemaßnahme bis zum 18. Mai 1947 durchzuführen; erfuhr er erst später von der politischen Belastung des Arbeitnehmers, so innerhalb von vier Wochen. Im ganzen waren 1947 noch etwa 3000 belastete Arbeitnehmer von diesen Entlassungsmaßnahmen betroffen.

Die Durchführung der Entnazifizierungsmaßnahmen wurde von den Arbeiterkammern, den Gewerkschaften und speziellen Kommissionen bei den Landesarbeitsämtern überwacht. Die Kontrolle erfolgte durch eine laufende Abstimmung der bei allen Arbeitsämtern geführten Kartothek der registrierungspflichtigen Nationalsozialisten mit den Registrierungslisten beim Innenministerium.

Minderbelastete Arbeitnehmer unterlagen keinen Arbeitsbeschränkungen mehr, außer bei besonders aufgezählten Berufen und Stellungen. So standen zwar bei den verbotenen Berufen die Selbständigen im Vordergrund, vielfach aber galten die Verbote auch für Angestellte, nicht zuletzt, um ein Ausweichen der betroffenen Selbständigen zu verhindern. Vor allem aber war es Angestellten mit nationalsozialistischer Vergangenheit verboten, leitende Positionen in wirtschaftlichen Unternehmen einzunehmen, wie Prokurist, Handlungsbevollmächtigter oder Abteilungsleiter. Registrierte sollten in keine wirtschaftliche Vertrauensstellung kommen, ebenso wie es manchen politischen Kräften untragbar schien, daß ehemalige Nationalsozialisten Vorgesetzte von Nichtnazi oder Antifaschisten sein sollten. Für Belastete galt das Verbot daher selbstverständlich und unbeschränkt, für Minderbelastete bis zum April 1950. Dabei gab es keinen Ausweg über eine besondere Kommission, so daß von den Betroffenen etwa 2000 Minderbelastete in leitenden Funktionen – in der Wirtschaft ein hoher Anteil – tatsächlich entfernt werden mußten. Die Entnazifizierungsbestimmungen gegen leitende Angestellte waren damit recht hart, sie waren vor allem härter als die Maßnahmen gegen die Unternehmer selbst, allerdings mit der Einschränkung, daß die Entfernung von einem leitenden Posten nicht unbedingt Entlassung bedeuten mußte, es konnte auch die Versetzung auf einen nichtleitenden Posten innerhalb desselben Unternehmens sein. Die Statistiken geben darüber – ob mit Absicht oder nicht – keine genaue Auskunft. Und es bleibt eine Frage, inwieweit nach Durchführung der Entnazifizierungsmaßnahmen bei Verbleiben der betroffenen leitenden Angestellten in niedrigerer Stellung im Unternehmen die formale mit der tatsächlichen Entscheidungshierarchie noch übereinstimmte.

C. Die Komödie um den Mittelbetrieb

Aber auch für Unternehmer gab es eigene Entnazifizierungsbestimmungen. Wenn ihrer Entnazifizierung auch nicht die gleiche Bedeutung zugemessen werden mußte wie in Deutschland, so waren sie doch auch in Österreich eine wirtschaftlich und politisch bedeutsame Gruppe. Aber während die Entnazifizierung der Wirtschaftsführer und Industriellen in Deutschland, mit Anklagen im Nürnberger Prozeß, etwas Dramatisches an sich hatte, fast wie eine Götterdämmerung, so war sie in Österreich eher so etwas wie eine Komödie.

Das NS-Gesetz 1947 sprach für registrierte Nationalsozialisten ein Verbot der unternehmerischen Betätigung aus. Neben Verwaltungs- und Aufsichtsrat betraf das vor allem die Tätigkeit eines selbständigen Unternehmers. Den ehemaligen Nationalsozialisten sollte die Führung von wirtschaftlich bedeutenden Unternehmen entzogen werden. In diesem Sinne war das Unternehmerverbot auch nach politischer Belastung und Unternehmensgröße abgestuft. Belastete Nationalsozialisten waren von der Führung eines Unternehmens ausgeschlossen, das über den Rahmen eines Kleinbetriebes hinausging. Als Kleinbetrieb galt jedes Unternehmen, in dem außer dem Inhaber niemand beschäftigt war[11].

Der Betroffene verlor damit die Fähigkeit, ein Unternehmen zu führen. Er war in seiner Geschäftsfähigkeit beschränkt und konnte keine Willenserklärung mehr in bezug auf die Geschäftsführung abgeben. Es war ihm daher auch nicht mehr möglich, einen Stellvertreter, Geschäftsführer oder Pächter einzusetzen. Bei den Belasteten erlosch auch die Gewerbeberechtigung für immer, so daß das Unternehmen eingestellt werden mußte, wenn es von der Gewerbeberechtigung des Unternehmers abhing. Die Beschränkung der Unternehmensgröße galt auch für die weitere Entwicklung und für neu zu gründende Unternehmen. Damit wurde den Belasteten nicht nur die Machtposition als Dienstgeber entzogen, sondern sie wurden auch mit einer Beschränkung des möglichen wirtschaftlichen Erfolges bestraft. Nur am Eigentumsrecht änderte das NS-Gesetz zumindest prinzipiell nichts. Eine Veräußerung des Unternehmens und der einzelnen Vermögensobjekte war auch Belasteten – nach Abgeltung einer Sühnezahlung – möglich. Für minderbelastete Unternehmer galten im wesentlichen dieselben Bestimmungen, nur zeitlich begrenzt bis zum April 1950 und nur für Unternehmen, die größer als ein Mittelbetrieb waren. Und das, was sich um den Begriff des »Mittelbetriebes« im Rahmen der Entnazifizierung abspielte, kann man durchaus als »Komödie« bezeichnen.

Es begann schon damit, daß beim ursprünglichen Entwurf des NS-Gesetzes 1947 Minderbelasteten die unternehmerische Tätigkeit ab einem Mittelbetrieb verboten war. Bei der endgültigen Gesetzesvorlage war aus diesem »ab« – fast unbemerkt – ein »größer als« geworden[12]. Minderbelastete waren demnach bis 1950 von der Führung eines Unternehmens ausgeschlossen, das über den Rahmen eines Mittelbetriebes hinausging.

Die zentrale Frage bei dieser Entnazifizierungsbestimmung war nun: »Was ist ein Mittelbetrieb?« Das NS-Gesetz selbst hatte die Bestimmung dieses Begriffes einer späteren Verordnung überlassen. Bereits im Februar 1947 begann sich daher der Ministerrat mit dieser Frage zu beschäftigen, aber bis März war trotz mehrerer Sitzungen noch keine Einigung zustandegekommen. Der zugrunde liegende Vorschlag setzte die Grenzen des Mittelbetriebes sehr hoch an, so daß nur wenige Betriebe und noch weniger Unternehmen unter diese Bestimmung gefallen wären. Im Bundeskanzleramt aber bestand man aus volkswirtschaftlichen Gründen ausdrücklich auf dieser hohen Grenzziehung: »Wichtige wirtschaftliche Erwägungen und Erkenntnisse lassen in der Durchführungsverordnung keine Verschärfung zu. Es ist unbedingt notwendig, an den vorgeschlagenen Merkmalen (5 Millionen Betriebsvermögen, 20 Millionen Umsatz, 1000 Personen Beschäftigtenstand) festzuhalten. Es wird darauf Wert gelegt werden müssen, den Mittelbetrieben die Möglichkeit zu geben, sich in einem gewissen Rahmen für den Wiederaufbau Österreichs entfalten zu können, ansonsten eine wirtschaftlich unhaltbare Situation entstehen würde[13].«

Doch die politischen Parteien waren sich über den Begriff des Mittelbetriebes und damit über den Umfang der konkreten Entnazifizierungsmaßnahmen bei den Unternehmern nicht einig. Die Kommunisten erklärten über ihren Minister Altmann kategorisch, »einer solchen weiten Definition nicht zustimmen zu können«. Aber auch die Sozialistische Partei wollte den Kreis der Betroffenen erweitert wissen. »Die Industriellenvereinigung ist an einer Definition interessiert, die so wenig Unternehmer wie möglich erfaßt, mit der Begründung, daß diese personellen Veränderungen die Wirtschaft des Landes beeinträchtigen würden. Die Volkspartei neigt dazu, die Industriellenvereinigung zu unterstützen, will sich aber nicht zu sehr festlegen, um die Kritik der Alliierten zu vermeiden, und befürchtet auch, der Unterstützung von Nazis, die sich noch in den führenden Positionen der Wirtschaft befinden, beschuldigt zu werden[14].«

Ohne diese Stellungnahme der US-Besatzung überbewerten zu wollen, kann man doch eine grundlegende Uneinigkeit der politischen Parteien und der wirtschaftlichen Interessenvertretungen über das, was in der Entnazifizierung ein Mittelbetrieb sein soll, feststellen. Es wurde nun noch der Versuch gemacht, von Fachleuten eine allgemein akzeptable Definition ausarbeiten zu lassen. Nachdem aber auch das kein schnelles Ergebnis brachte, erließ der Ministerrat die erste Verordnung zum NS-Gesetz ohne die Klärung des Begriffes »Mittelbetrieb«, um nicht mit dieser Einzelfrage die gesamte Entnazifizierung aufzuhalten. Das war politisch und vom Gesetz her sicherlich notwendig, der Nachteil war jedoch, daß nun die Entnazifizierung der Arbeitnehmer – auch der leitenden Angestellten – durchgeführt wurde, während die der Unternehmer sich verzögerte.

Doch die Diskussion um diesen strittigen Punkt ging auf österreichischer Seite weiter, und endlich, am 13. Mai 1947, schon drei Monate nach dem NS-Gesetz, konnte die 2. Durchführungsverordnung von der österreichischen Regierung erlassen werden. In ihr wurde der Begriff »Mittelbetrieb« branchenspezifisch und mit einer Vielzahl von Kriterien festgelegt. Die Verordnung mußte aber noch dem Alliierten Rat zur Genehmigung vorgelegt werden, und dieser lehnte sie im Juni 1947 einstimmig ab.

Die oberen Grenzen des Mittelbetriebes waren nach Meinung

aller Besatzungsmächte auch in der neuen österreichischen Verordnung viel zu hoch angesetzt, so hoch, daß sie die Bestimmungen des zugrunde liegenden NS-Gesetzes gegen minderbelastete Unternehmer scheinbar null und nichtig machten: »... der Standpunkt, der in der folgenden Ministerratssitzung von Staatsbeamten und von Vertretern der Volkspartei eingenommen wurde, zeigt an, daß die Werte, auf die man sich schließlich geeinigt hatte, nicht die wahre Definition eines Mittelbetriebes widerspiegeln, sondern eher eine Interpretation, welche die Beibehaltung einer großen Zahl von Personen erlaubt, die sonst durch das Gesetz ausgeschlossen wären[15]«, lautete einer der Kommentare im Alliierten Rat.

VERORDNUNGSENTWURF
der Bundesregierung vom 13. Mai 1947 zur Durchführung des Verbotsgesetzes 1947.

Aufgrund des § 19 Abs. (1) lit. d, des Verbotsgesetzes 1947 wird verordnet:

§ 1

Über den Rahmen eines Mittelbetriebes gehen hinaus:

1. Erzeugungs-, Gewinnungs- und Verarbeitungsbetriebe der nachstehend angeführten Art, wenn sie

a) einen Beschäftigtenstand aufweisen, der in Bergbau und in Eisenhütten 900
in der sonstigen Eisen- und Metallerzeugung und -verarbeitung 500
in der Erdölgewinnung 500
in der Baustoffgewinnung, Baustofferzeugung und keramischen Erzeugung 600
in der Textilerzeugung und -veredlung 600
in der Papierkonfektion 500
in der Holzverarbeitung 500
im Bau- und Baunebengewerbe 800

erreicht oder

b) einen Jahresumsatz erzielen, der
in der Textilkonfektion . . . . 4 Millionen Schilling
in der Ledererzeugung . . . . 5 Millionen Schilling
in der Lederverarbeitung . . . . 3,5 Millionen Schilling
bei Elektrizitäts- und Gaswerken . . . . . 7 Millionen Schilling
bei Sägewerken aus betriebseigenem Verschnitt . . . . 2,5 Millionen Schilling

erreicht oder

c) ein Betriebsvermögen besitzen, das bei der

Erdölverarbeitung	7	Millionen Schilling
chemischen Erzeugung	4	Millionen Schilling
Papier-, Zellulose-, Zellstoff- und Pappenerzeugung	6	Millionen Schilling

erreicht;

2. Handelsbetriebe, wenn sie einen Beschäftigtenstand aufweisen, der mehr als 30 Angestellte im Sinne des Angestelltengesetzes erreicht;
3. Betriebe des Geld-, Kredit- und Versicherungswesens, wenn sie einen Beschäftigtenstand an Angestellten im Sinne des Angestelltengesetzes aufweisen, der bei

Banken, Sparkassen und Hypothekenanstalten	250
sonstigen Kreditunternehmungen	150
Unternehmungen der Privatversicherung	200

erreicht;

4. Brauerei-Unternehmungen, wenn sie im Jahre 1937 mehr als 300.000 hl Jahresausstoß gehabt haben;
5. Unternehmungen der Glaserzeugung, wenn sie eine Rohglas-Erzeugungskapazität von täglich 30 t brutto erreicht haben, wobei der Durchschnitt der Höchstkapazität der Geschäftsjahre 1944 und 1945 maßgebend ist;
6. Speditions-Unternehmungen, wenn sie einen Beschäftigtenstand aufweisen, der mehr als 200 Dienstnehmer erreicht;
7. Autobus-Unternehmungen, wenn sie ein Betriebsvermögen von 750.000 Schilling erreicht oder im Durchschnitt der Geschäftsjahre 1944 und 1945 einen Autobuspark mit mindestens 500 Sitzplätzen besessen haben, wobei die Durchschnittsziffer der Höchstände der beiden angeführten Geschäftsjahre maßgebend ist;
8. Unternehmungen mit Kraftfahrzeugen im Gelegenheitsverkehr, wenn sie ein Betriebsvermögen von 320.000 Schilling erreicht oder wenn sie im Durchschnitt der Geschäftsjahre 1944 und 1945 mehr als 20 Kraftfahrzeuge besessen haben, wobei der Durchschnitt der Höchststände der beiden angeführten Geschäftsjahre maßgebend ist;
9. Lastfuhrwerks-Unternehmungen mit Kraftwagen, wenn sie ein Betriebsvermögen von 1 Million Schilling erreicht oder wenn sie im Durchschnitt der Geschäftsjahre 1944 und 1945 einen Fahrpark von mindestens 120 t Ladegewicht besessen haben, wobei der Durchschnitt der Höchststände der beiden angeführten Geschäftsjahre maßgebend ist;
10. Garagierungs-Unternehmungen, die jemals in den Geschäftsjahren 1944 oder 1945 eine reine Garagierungsfläche von mindestens 1500 m² besessen haben;
11. die nachstehend angeführten Betriebe, wenn jeweils zwei der folgenden Größenmerkmale überschritten sind:

	Betriebs-vermögen	Jahresumsatz	Beschäf-tigtenstand
Gast- und Schankbetriebe, ausgenommen Fremdenbeherbergung	300.000 Schilling	1 Million Schilling	50
Vergnügungsbetriebe (Theater, Kabaretts, Varietés, Zirkus-unternehmungen)	500.000 Schilling	1,5 Millionen Schilling	60
Bäder (Kur-, Heil-, Frei- und Hallenbäder)	500.000 Schilling	500.000 Schilling	25
Reisebüros, Theaterkartenbüros und sonstige Fremdenverkehrs-betriebe	100.000 Schilling	400.000 Schilling	20

12. Unternehmungen der Nahrungs- und Genußmittelerzeugung, wenn eines der nachstehend angeführten Größenmerkmale überschritten ist:

	Betriebs-vermögen	Jahresumsatz	Beschäf-tigtenstand
Nahrungs- und Genußmittelerzeugung	4 Millionen Schilling	7 Millionen Schilling	500

13. Bewachungsgewerbe, wenn sie einen Beschäftigtenstand aufweisen, der mehr als 50 Dienstnehmer erreicht;
14. Auskunfteien, wenn sie einen Beschäftigtenstand aufweisen, der mehr als 50 Angestellte im Sinne des Angestelltengesetzes erreicht;
15. Unternehmungen der Schiffahrt, wenn eines der nachstehend angeführten Größenmerkmale überschritten ist:
    Fassungsvermögen . . . . 2000 Personen
    Schiffsladeraum . . . . 5000 Bruttoregistertonnen
16. Unternehmungen der Filmproduktion, wenn sie im Geschäftsjahr 1944 eine Produktion von mehr als 10.000 fertiggestellten Metern des Negativfilmes überschritten haben.

§ 2

(1) Unter Betriebsvermögen sind die Wirtschaftsgüter auf der Aktivseite der Steuerbilanz abzüglich der Posten der Wertberichtigung (das sind die Abschreibungen ohne sonstige Rückstellung) zu verstehen. Das Betriebsvermögen ist aus dem Durchschnitt der Steuerjahre 1944 und 1945 zu errechnen.

(2) Der Ermittlung des Jahresumsatzes ist der Durchschnitt der Umsätze in der Zeit vom 1. Juli 1943 bis zum 30. Juni 1944 und vom 1. Juli 1944 bis zum 30. Juni 1945 zugrunde zu legen.

(3) Als Beschäftigtenstand gilt die Durchschnittsziffer der Höchstbeschäftigtenzahl im Kalenderjahr 1944 und der Höchstbeschäftigtenzahl im Kalenderjahr 1945. Unter Beschäftigten werden, soweit in dieser Verordnung nichts anderes bestimmt ist, alle im Betrieb tatsächlich verwendeten Personen verstanden.

§ 3

(1) Jedes Unternehmen ist in seiner Gesamtheit zu betrachten; mehrere im Inland befindliche Zweigniederlassungen und Betriebsstätten sind zusammenzurechnen.

(2) Umfaßt ein Unternehmen verschiedene Betriebe der in § 1 erfaßten Art oder setzt sich ein Unternehmen aus einem Betrieb der in § 1 erfaßten Art und aus einem anderen dort nicht aufgezählten Betrieb zusammen, so sind die Bestimmungen dieser Verordnung anzuwenden, wenn ein Betrieb der in § 1 erfaßten Art über den Rahmen eines Mittelbetriebes hinausgeht.

§ 4

In dieser Verordnung nicht namentlich angeführte Arten von Erzeugungs-, Gewinnungs- und Verarbeitungsbetrieben sind jenen in der Verordnung genannten Gruppen gleichzustellen, mit denen sie verbandsmäßig in der Wirtschaftsorganisation verbunden sind.

§ 5

(1) Die Bestimmungen der §§ 1 bis 4 sind auf Unternehmungen (Betriebe) der Land- und Forstwirtschaft nicht anzuwenden. Ein land- und forstwirtschaftliches Unternehmen (Betrieb) geht dann über den Rahmen eines Mittelbetriebes hinaus, wenn die Summe der steuerlichen Einheitswerte der zum Unternehmen gehörenden Liegenschaften 1 Million Schilling übersteigt. Bei Gärtnereien ist ein Einheitswert von 250.000 Schilling maßgebend. Der Einheitswert ist in beiden Fällen nach dem Stande vom 1. Jänner 1944 zu bemessen.

(2) Meiereien gehen dann über den Rahmen eines Mittelbetriebes hinaus, wenn sie im Kalenderjahr 1944 mindestens 50 Kühe besessen haben.

Quelle: 260 – USACA – 60219-1

Die endlich gefundene österreichische Definition des Mittelbetriebes beinhaltete eine ganze Reihe von Problemen. Die entnazifizierungsrelevante Feststellung eines Mittelbetriebes sollte auf Beschäftigung, Betriebskapital und Umsatz der Jahre 1943 bis 1945 aufbauen. Die österreichische Regierung gab jedoch selbst offen zu, keine vollständigen wirtschaftlichen Statistiken aus dieser Zeit in der Hand zu haben. Auch dort, wo Unterlagen vorhanden waren, blieb die Frage, inwieweit Unternehmensangaben aus der Endzeit der deutschen Plan- und Kriegswirtschaft überhaupt zuverlässig waren. Doch abgesehen davon waren die in der Verordnung festgelegten Fristen zur Ermittlung der Durchschnittsumsätze – man könnte sagen – mittelbetriebsfreundlich. Es war der Durchschnitt der Umsätze vom 1. Juli 1943 bis 30. Juni 1944 und 1. Juli 1944 bis 30. Juni 1945 heranzuziehen. Insbesondere die zweite Periode war mehr als problematisch. In diese Periode fielen bereits die Kriegseinwirkungen, die starken Produktionsrückgänge und die ersten drei Monate der Besatzungszeit, wo schon allein infolge der Transport-, Energie- und Rohstoffschwierigkeiten in Österreich fast überhaupt nichts mehr produziert wurde.

Bereits diese Bestimmung hätte daher vielen großen Unternehmungen erlaubt, ihren entnazifizierungsrelevanten Durchschnittsumsatz entscheidend und auf Mittelbetriebsniveau zu senken. Dazu kam noch eine ganze Reihe von Bestimmungen für die einzelnen Branchen, in denen die Grenzen sehr unterschiedlich, aber durchwegs hoch angesetzt waren: bei der Baustoffindustrie etwa mit 600 Beschäftigten, wodurch von mehreren hundert Ziegelwerken nur eines und von neun Zementwerken ebenfalls nur eines unter die Bestimmungen fallen sollte. Von den Bauunternehmern lagen nur vier über der Grenze von 800 Beschäftigten, wobei gerade in dieser Branche ein starkes Wirtschafts- und Personalwachstum zu erwarten war. Von den österreichischen Papierfabriken erreichte keine einzige die Obergrenze zu einem Großbetrieb nach der Entnazifizierungsbestimmung (500 Beschäftigte), bei der Holzverwertung waren es von vierzehn immerhin fünf, aber von den 107 österreichischen Brauereien jener Zeit sollte nur eine einzige über den Rahmen eines Mittelbetriebes hinausgehen. Im Textilgewerbe hatten von 2036 Betrieben nur acht mehr als 600 Mitarbeiter, und bei der Glasindustrie war die Bewertung nach Tonnenproduktion absolut unzulässig, da zum Beispiel die in Österreich nicht unbedeutende optische Glasfabrikation dadurch ganz herausfiel[16].

Die Alliierten gaben die österreichische Verordnung zur Überprüfung an ihre eigenen Wirtschaftsabteilungen weiter, von denen Kommentare zurückkamen wie: ». . . daß diese Verordnung nicht verfaßt wurde, um exakt, angemessen und unparteilich zwischen Mittel- und Großunternehmen zu unterscheiden.« »Die Kriterien, die zur Bestimmung eines Mittelbetriebes gewählt wurden, wurden in jedem einzelnen wirtschaftlichen und industriellen Bereich so bestimmt, um entweder die Zahl der als groß zu definierenden

Unternehmen auf einem absoluten Minimum zu halten oder, in manchen Fällen, um zweifelsfreie Großunternehmen als Mittelunternehmen einzustufen[17].«

Die Alliierten waren sich in ihrer Kritik an der österreichischen Mittelbetriebsverordnung einig, so einig wie sonst zu dieser Zeit nur noch selten. Aber doch nur in der Kritik, denn die Festlegung, was sie unter einem österreichischen Mittelbetrieb verstehen wollten, bereitete auch ihnen arge Schwierigkeiten.

»Es gibt zur Zeit erhebliche Meinungsunterschiede zwischen den Alliierten über die Größe eines Mittelbetriebes. Da minderbelastete Nazi von Unternehmen, die über einen Mittelbetrieb hinausgehen, entfernt werden, wird die Definition eine sehr wichtige Auswirkung auf das Ausmaß der Entnazifizierung aufgrund der Verordnung erhalten. Die gegenwärtige sowjetische Haltung würde, wenn sie akzeptiert wird, minderbelastete Nazi aus der Leitung und Überwachung von etwa 70 bis 75 Prozent der gesamten österreichischen Industrie entfernen, während bei Annahme des Standpunktes der US-Besatzung die Auswirkung bedeutend geringer sein würde. Da jedoch die Anwendung des Entnazifizierungsgesetzes bei der österreichischen Regierung liegt, und da viele Staatsbeamte durch ihre Haltung und durch ihre Handlungen haben bemerken lassen, daß sie eine extrem freizügige Haltung gegenüber dem Gesetz und gegenüber der für eine weitere Entnazifizierung entworfenen Verordnung einnehmen werden, ist diese Abteilung davon überzeugt, daß unter keinen Umständen ein großes Maß an zusätzlicher Entnazifizierung stattfinden wird. Daraus folgt, daß die Entnazifizierung wahrscheinlich nicht bis zu dem Ausmaß durchgeführt werden wird, wo sie sich ernsthaft auf die Leistungsfähigkeit der österreichischen Wirtschaft auswirkt, wenngleich die Leistungsfähigkeit ohne Zweifel irgendwie beeinträchtigt werden wird, je nach dem Ausmaß der Entnazifizierung, auf dem die Alliierten bestehen werden[18].«

Nicht nur bei den österreichischen Parteien, sondern auch beim Alliierten Rat kam man daher über die Behandlung der minderbelasteten Unternehmer, etwa 1500, zu keiner schnellen Einigung. Auch hier zogen sich die Verhandlungen lange hin. Erst am 30. April 1948, mehr als ein Jahr nach dem NS-Gesetz 1947, wurde im Alliierten Rat ein Kompromiß erzielt, wonach ein Mittelbetrieb höchstens fünfzig ständig Angestellte haben durfte. Was für ein Unterschied zu den Beschäftigungszahlen von 500 bis 900 in der ursprünglichen österreichischen Verordnung! Aber was nützte das alles? Am 19. Mai 1948 wurde die Verordnung mit den alliierten Änderungswünschen veröffentlicht, doch bereits zehn Tage später trat die Minderbelastetenamnestie in Kraft. Die Mittelbetriebsverordnung war daher gerade zehn Tage in Geltung und ist praktisch nie durchgeführt worden.

D. Anwälte und Notare

Neben den betrieblichen Führungspositionen gab es aber noch eine ganze Reihe von Berufen in der Privatwirtschaft, die für Nationalsozialisten zumindest teilweise verboten wurden. Diese Berufe wurden im NS-Gesetz ausdrücklich aufgezählt[19].

Hier ging es weniger um die Machtstellung als Arbeitgeber als um den Einfluß, den diese Berufe auf die öffentliche Meinung haben konnten, oder um Vertrauensstellungen.

Das galt vor allem für Berufe, die die Interessen von anderen Personen zu vertreten hatten. Hier erstreckte sich das Verbot daher auch auf die Berufsanwärter und die Angestellten in den Kanzleien. Für Belastete waren diese Berufe absolut gesperrt. Mit Ausnahme der Berufe Finanz- und Wirtschaftsberater, Buchrevisor und Helfer in Steuersachen waren diese Berufe auch den Minderbelasteten verboten, allerdings nur bis April 1950 und mit der Möglichkeit einer vorzeitigen Berufszulassung über die besonderen Kommissionen, was auch stark in Anspruch genommen wurde. Die wichtigsten Berufe dieser Kategorie waren Rechtsanwälte und Notare; auf sie soll nun eingegangen werden.

Die Rechtsberufe hatten infolge der politischen Entwicklung von 1938 bis 1948 eine recht unruhige Entwicklung durchgemacht und waren stark in Mitleidenschaft gezogen worden. Es handelte sich hier offenbar um exponierte, dem politischen Zugriff stark ausgesetzte Berufe. Bereits 1938 wurde im Deutschen Reich der Anwaltsberuf für Juden gesperrt, was aber in Österreich gar nicht so leicht durchzuführen war. Denn in Wien waren im August 1938 von der ohnehin schon etwas reduzierten Zahl von 2100 Anwälten drei Viertel oder 1600 jüdisch[20]. Aber das Verbot wurde durchgeführt, wenn auch mit Übergangsbestimmungen und zeitlich beschränkten Ausnahmen[21].

Der Nationalsozialismus wandte den Rechtsberufen nicht nur im staatlichen, sondern auch im privatwirtschaftlichen Sektor große Aufmerksamkeit zu. Der politische Druck war hier weitaus größer als sonstwo in der Wirtschaft. Zusammen mit der Verdrängung des hohen jüdischen Anteils und der damit verbundenen großen Zahl neu zu vergebender Rechtsanwaltsstellen nach 1938 ergab sich in Österreich eine starke Nazifizierung dieses Berufsstandes.

Der Krieg und die zweimalige politische Säuberung brachten den Stand der Rechtsanwälte und Notare in Österreich der ersten Nachkriegszeit auf einen alarmierenden Tiefstand.

Zahl der Rechtsanwälte und Notare

	1938	1946
Österreich		
Rechtsanwälte	3.419	1.317
Notare	316	226
Wien		
Rechtsanwälte	2.500	600

(Österreich: März 1938 und März 1946, Wien: März 1938 und Mai 1946)
Quelle: Berichte des Bundeskanzlers an den Alliierten Rat über den Stand der Entnazifizierung, 26. Juli 1946, FO 371/55-191, NA.

In Wien war die Zahl der Rechtsanwälte auf ein Viertel des Vorkriegsstandes gefallen. Darunter befanden sich aber immer noch viele registrierte ehemalige Nationalsozialisten, obwohl bereits 247 aus dem Berufsstand entfernt worden waren. In ganz Österreich war die Zahl der Notare auf 70 Prozent und die der Rechtsanwälte auf 40 Prozent des Standes von 1938 gesunken. In Krems blieben von sechzehn Anwälten nur vier übrig, und davon waren drei bei der NSDAP gewesen. In vielen Bezirksgerichtssprengeln Niederösterreichs gab es 1946 überhaupt keine praktizierenden Rechtsanwälte mehr. »Das hängt damit zusammen, daß gerade auch auf dem Lande der Beitritt zur NSDAP aus den verschiedensten Gründen für den Rechtsanwalt unvermeidlich wurde.« So stellte der Präsident der Wiener Rechtsanwaltskammer in einem Schreiben an die Alliierten 1946 fest, wobei er die politisch belasteten Rechtsanwälte verteidigte: »Bekanntlich mußten alle jungen Rechtsanwaltsanwärter, die im März 1938 noch nicht in die Liste eingetragen waren, der NSDAP oder wenigstens einer ihrer Wehrverbände oder Gliederungen beitreten, um überhaupt zur Ablegung der Anwaltsprüfung (später der sogenannten großen Staatsprüfung) und zur Eintragung in die Liste zugelassen zu werden[22].«

Das Verbotsgesetz 1945 enthielt selbst keine Bestimmungen, die einen Berufsausschluß von Rechtsanwälten oder Notaren ermöglicht hätten, ebensowenig wie die erste Fassung des Wirtschaftssäuberungsgesetzes. Darum wurden mit dem 31. Juli 1946 Sondergesetze geschaffen über die Wiederherstellung der österreichischen Rechtsanwaltschaft und über die Wiederherstellung des österreichischen Notariats. Jeder einzelne Fall sollte individuell überprüft werden. Illegale und ehemalige NS-Funktionäre waren generell ausgeschlossen, die übrigen Registrierten wurden überprüft, ob sie nach ihrer bisherigen Betätigung Gewähr boten, daß sie sich rückhaltslos für die unabhängige Republik Österreich einsetzen würden. Die Interessen- beziehungsweise Standesorganisationen hatten mitzuwirken und über ihre Mitglieder Auskunft zu erteilen. Über die einzelnen Fälle entschied eine Kommission im Innenministerium, wobei ein negativer Bescheid als Berufsausschluß für immer formuliert wurde.

Insgesamt wurden 632 Rechtsanwälte und Notare bis zum 1. Mai 1947 nicht mehr in ihrem Beruf zugelassen. Bei den Rechtsanwälten standen 1061 Zugelassene 458 Ausgeschlossenen gegenüber, von den Notaren wurden 155 zugelassen und 174 ausgeschlossen[33].

Dann aber kamen die neuen Bestimmungen des NS-Gesetzes 1947, die alle bisherigen Regeln über den Haufen warfen und eine neue politische Überprüfung aller – zugelassenen und ausgeschlossenen – Rechtsanwälte und Notare erforderlich machte. Die Entnazifizierung dieser Berufsstände wurde nun ausdrücklich in das NS-Gesetz aufgenommen. Für Belastete war diese Berufstätigkeit generell verboten, ebenso wie die Tätigkeit als Berufsanwärter oder die Tätigkeit in einer Kanzlei. Eine Bestimmung, die allerdings nur mehr 45 von den noch tätigen Rechtsberatern betraf. Minderbelastete waren bis 1950 ausgeschlossen beziehungsweise mußten den Weg der politischen Überprüfung durch die besondere Kommission gehen.

Diese auf den ersten Blick harten Bestimmungen liefen aber im Vergleich zu den bisherigen Regelungen bereits auf eine Teilamnestie hinaus. Während nach den alten gesetzlichen Bestimmungen 632 Personen von diesem Berufsstand für »immer« ausgeschlossen wurden, erfolgten nach der Neubewertung ab 1947 nur mehr 91 Berufsverbote: 45 Belastete, die obligatorisch zu entfernen waren, und 46 Fälle, in denen die besondere Kommission ein Berufsverbot aussprach. Bei 929 Fällen, also der weitaus überwiegenden Zahl, sprach die Kommission die Berufszulassung aus. Damit war an sich schon vor der Minderbelastetenamnestie 1948 die Entnazifizierung in diesem Bereich abgeschlossen.

Formblatt 4

Bundesministerium für soziale Verwaltung
Kommission gem. § 19 Abs. (3) des Verbotsgesetzes 1947 bzw. § 2 lit. e
des Bundesverfassungsgesetzes, BGBl. Nr. 113/47.

Erkenntnis

Die beim Bundesministerium für soziale Verwaltung gem. § 2 lit. e des Bundesverfassungsgesetzes vom 21. Mai 1947, BGBl. Nr. 113, eingesetzte Kommission zur Entscheidung über die Zulässigkeit der Ausübung des Berufes eines Arztes, Zahnarztes oder Pharmazeuten durch minderbelastete Personen hat gem. § 5 Abs. (3) dieses Bundesverfassungsgesetzes erkannt, daß ....

....

....

trotz Verzeichnung in den besonderen Listen der Nationalsozialisten gem. § 1 dieses Bundesverfassungsgesetzes im Zusammenhalte mit § 19 Abs. (2) des Verbotsgesetzes 1947 seinen/ihren Beruf als Arzt – Zahnarzt – Pharmazeut weiter ausüben darf.

Gem. § 5 Abs. (3) des Bundesverfassungsgesetzes, BGBl. Nr. 113/1947, bleibt die Erfüllung weiterer Erfordernisse, die für die Ausübung dieser Tätigkeit in anderen Rechtsvorschriften begründet wird, unberührt.

Gem. § 7 des bezogenen Bundesverfassungsgesetzes kann das Verfahren auch zum Nachteil des Betroffenen wieder aufgenommen werden, wenn nachträglich Umstände hervorkommen, die eine andere Entscheidung herbeigeführt hätten.

Gem. § 6 des Bundesverfassungsgesetzes, BGBl. Nr. 113/1947, ist eine Berufung gegen das Erkenntnis der Kommission nicht zulässig.

Entscheidungsgründe:

Formblatt 5

Bundesministerium für soziale Verwaltung
Kommission gem. § 19 Abs. (3) des Verbotsgesetzes 1947 bzw. § 2 lit. e des Bundesverfassungsgesetzes, BGBl. Nr. 113/1947.

Erkenntnis

Die beim Bundesministerium für soziale Verwaltung gem. § 2 lit. e des Bundesverfassungsgesetzes vom 21. Mai 1947, BGBl. Nr. 113, eingesetzte Kommission zur Entscheidung über die Zulässigkeit der Ausübung des Berufes eines Arztes, Zahnarztes oder Pharmazeuten durch minderbelastete Personen hat gem. § 5 Abs. (3) dieses Bundesverfassungsgesetzes entschieden, daß ....

....

gem. § 1 dieses Bundesverfassungsgesetzes im Zusammenhalte mit § 19 Abs. (2) bzw. § 19 Abs. (1) lit. e des Verbotsgesetzes 1947, BGBl. Nr. 25, seinen/ihren Beruf als Arzt – Zahnarzt – Pharmazeut bis 30. April 1950 n i c h t ausüben darf.

Gem. § 6 des Bundesverfassungsgesetzes, BGBl. Nr. 113/1947, ist eine Berufung gegen das Erkenntnis der Kommission nicht zulässig.

Entscheidungsgründe:

E. Medizinische, kulturelle und sonstige Berufe

Dann gab es noch eine Reihe von Berufen im Gesundheitswesen, im Fremdenverkehr und im kulturellen Leben, denen in der Entnazifizierung solche Bedeutung zugemessen wurde, daß sie für ehemalige Nationalsozialisten ganz oder zumindest teilweise verboten waren.

Da war einmal der medizinische Bereich. Er war von den ursprünglichen Entnazifizierungsgesetzen 1945 kaum betroffen. Nur für Tierärzte waren schon teilweise Bestimmungen vorgesehen, und der Betrieb einer Apotheke, ein Gewerbe, das Verläßlichkeit voraussetzt, war Schwerbelasteten verwehrt. Nur die Alliierten führten bei ihren eigenen Entnazifizierungen spezielle Maßnahmen im medizinischen Bereich durch[24]. Doch die österreichische Regierung hatte diese Berufe aus den ersten Entnazifizierungsgesetzen ausgelassen, in der Absicht, für den Gesundheitsbereich eigene Bestimmungen zu schaffen. Diese kamen dann auch, aber erst mit dem NS-Gesetz 1947. Der österreichische Nationalrat wollte sie ursprünglich nur auf Belastete angewandt wissen, aber als eines der Ergebnisse der alliierten Gesetzesverschärfung wurden auch Minderbelastete in die Entnazifizierungsmaßnahmen miteinbezogen. Belastete waren nun vom Beruf des Arztes absolut und von dem eines Zahnarztes, Pharmazeuten, Dentisten und Tierarztes bis zum April 1955 ausgeschlossen. Auch für Minderbelastete wurde – außer bei Dentisten – ein Berufsverbot ausgesprochen, allerdings befristet bis zum April 1950, und auch hier mit der Möglichkeit der Berufszulassung über eine besondere Kommission.

Aber für das Gesundheitswesen hatte man sich noch etwas ganz Besonderes als Sühnemaßnahme ausgedacht. Nach dem NS-Gesetz 1947 war es nämlich möglich, minderbelastete, aber doch zum Beruf zugelassene Ärzte oder Tierärzte zu versetzen. Aus Gründen des öffentlichen Interesses, das heißt zur Sicherstellung einer ordnungsgemäßen und hinreichenden ärztlichen Betreuung der Bevölkerung, konnten diese Ärzte vom Bundesministerium für soziale Verwaltung oder vom zuständigen Landeshauptmann Auflagen hinsichtlich der Berufsausübung erhalten, vor allem hinsichtlich des Ortes[25]. Diese Bestimmung galt auch nach Ablauf der Frist vom April 1950.

Wie weit und wie häufig diese Bestimmung auch tatsächlich angewandt wurde, läßt sich nicht feststellen. Was sich aber feststellen läßt, ist, daß eine rigorose Durchführung der politischen Säuberungsmaßnahmen dem österreichischen Gesundheitswesen einen schweren Schlag versetzt hätte. Bei Durchführungsbeginn des NS-Gesetzes 1947 befanden sich 2088 Ärzte, 221 Zahnärzte, 535 Pharmazeuten und 397 Tierärzte in verbotener Beschäftigung. Diese verbotenen Beschäftigungen wurden bis 1948 fast gänzlich abgebaut, aber wie auch bei den anderen freien Berufen nicht so sehr durch Entfernung, sondern zum überwiegenden Teil durch Legalisierung der Berufstätigkeit der Minderbelasteten über eine Zulassung durch die besonderen Kommissionen.

Dann waren da noch der Fremdenverkehr und die Monopolbetriebe, Berufe mit starker Kommunikationsmöglichkeit oder mit Vertrauensstellungen. So war das Fremdenbeherbergungsgewerbe für Belastete unbegrenzt gesperrt und bis zum April 1950 auch das Gast- und Schankgewerbe und der Lebensmittelgroßhandel, der in einer Zeit der Lebensmittelknappheit und der Rationierung durchaus eine Machtstellung bedeutete. Minderbelastete waren nur vom Fremdenbeherbergungsgewerbe ausgeschlossen, und auch das nur bis 1950 und nur dann, wenn ihr Betrieb 1944 mehr als fünfzehn Nächtigungsmöglichkeiten aufzuweisen hatte.

Die Auswirkungen dieser Bestimmungen waren aber nicht allzu groß. Lediglich beim Fremdenbeherbergungsgewerbe betraf sie 637 Betriebe von Minderbelasteten, die, da keine Kommissionszulassung vorgesehen war, zum Großteil auch tatsächlich zeitweise eingestellt werden mußten.

In die Entnazifizierung einbezogen waren auch die Geschäftsstellen des Tabakverkaufes, der Klassenlotterie und der Lottokollektur, für Belastete dauernd, Minderbelastete konnten von den staatlichen Behörden in einzelnen Fällen bis April 1950 ausgeschlossen werden.

Die kompliziertesten aller Berufsverbote und zugleich auch jene, die den kleinsten Personenkreis betrafen, waren die im Bereich des kulturellen Lebens und der Öffentlichkeitsarbeit. Im ganzen waren 1947 nur 518 Personen in diesen für sie verbotenen Berufen tätig, so daß die Gesamtzahl der Betroffenen sicherlich mit weniger als tausend angenommen werden kann.

Da war einmal eine ganze Reihe von Publikationsverboten. Belasteten war es verboten, literarische Werke, deren Urheber sie waren, der Öffentlichkeit zugänglich zu machen. Das Verbot bezog sich auf die Person des Schreibenden und nicht auf bereits früher publizierte Werke. Dafür sollte das Literaturgesetz zuständig sein, auf das etwas später eingegangen werden wird. Es war ein

Ausübungsverbot, ein Berufsverbot in den Bereichen des geistigen und kulturellen Lebens, mit der Begründung: »Wir haben die traurige Tatsache erlebt, daß sehr viele Dichter, Schriftsteller, Redakteure und Gelehrte sich willfährig in den Dienst des Nazifaschismus gestellt haben. Es hat kaum ein lyrisches Gedicht, einen Film, eine Kurzgeschichte oder ein wissenschaftliches Werk gegeben, das nicht der faschistischen Propaganda diente[26].« Daher durften Belastete sich nicht mehr an einer Zeitung, einer Zeitungskorrespondenz oder einem Sammelwerk beteiligen. Die Bestimmungen richteten sich also nicht nur gegen schreibende Journalisten, sondern auch gegen Drucker, Verleger, Zeitungsherausgeber, Redakteure, verantwortliche Personen und Verbreiter. Minderbelasteten war von all dem nur das Schreiben in einer Zeitung verboten, und auch das nur bis 1950.

Ähnliche Bestimmungen galten auch für Buchdruck und Buchhandel. Belasteten war die Vervielfältigung und der Handel mit literarischen Erzeugnissen unbeschränkt verboten, Minderbelasteten bis 1950; eine Kommission gab es nicht.

Als zweites waren alle Möglichkeiten der darstellenden Kunst berücksichtigt. So waren Belastete bis zum April 1950 vom öffentlichen Auftreten als freischaffende Künstler (Schauspieler, Sänger, Tänzer), als Dirigenten, Musiker, Regisseure und Bühnenbildner ausgeschlossen. Es gab aber – in diesem Fall sogar für die Belasteten – eine besondere Kommission, die sie doch zum öffentlichen Auftreten zulassen konnte. Minderbelastete – und das war eine ganz besondere Regelung im kulturellen Bereich – mußten nicht, konnten aber in einzelnen Fällen von eben dieser Kommission ausgeschlossen werden. Im ganzen fielen bei dieser Kommission 87 Fälle an, wobei knapp die Hälfte für die Betreffenden günstig entschieden wurde. Daneben war aber auch der Betrieb von Veranstaltungsunternehmungen (Theater, Konzert, Kino, Varieté, Zirkus, Filmverleih) für Belastete bis zum April 1950 gesperrt.

F. Die Entnazifizierungsbilanz in der Wirtschaft

Nach dieser ziemlich detaillierten Darstellung der Entnazifizierung in der Wirtschaft ist es nur noch notwendig, einen zahlenmäßigen Überblick zu geben und die Tabellen zu präsentieren, auf die im einzelnen schon Bezug genommen wurde. Bei den Personen in verbotener Beschäftigung zeigt sich, daß von dieser Entnazifizierungsmaßnahme vor allem die leitenden Posten in der Wirtschaft, die Unternehmer und die Ärzte betroffen waren. Sie machten etwa zwei Drittel der Gesamtzahl der Personen in verbotener Beschäftigung aus. Die Tabelle zeigt, daß die Entnazifizierung in diesem Bereich auch tatsächlich gemäß der österreichischen Gesetzgebung durchgeführt wurde. Von den 12.323 betroffenen Personen im Juni 1947 befanden sich im Mai 1948 nur mehr 194 in einer für sie verbotenen Beschäftigung. Und die nächste Tabelle zeigt drastisch den Verlauf dieser Entnazifizierungsmaßnahme bis zum Dezember 1950, wo nur noch ein einziger ehemaliger Nationalsozialist in einem für ihn verbotenen Beruf tätig war.

Zahl der Personen in verbotenen Beschäftigungen

Monat/Jahr	Insgesamt	Belastete	Minderbelastete
7. 1947	12.323	3.444	8.879
8. 1947	11.593	3.278	8.315
9. 1947	11.260	3.195	8.065
11. 1947	2.578	1.677	881
12. 1947	1.190	751	439
1. 1948	1.233	754	479
5. 1948	193	99	94
7. 1948	99	99	
9. 1948	44	44	
11. 1948	26	26	
4. 1949	13	13	
8. 1949	12	12	
12. 1949	10	10	
12. 1950	1	1	

Verminderung in der verbotenen Beschäftigung vom 10. Juli 1947 bis 1. August 1948

4.822	(40%)	tatsächliche Entfernung
2.783	(23%)	Berufsbewilligung durch Kommission
3.198	(26%)	Veränderung der Belastung
1.333	(11%)	Sonstige
12.136		

Quelle: ACA, 14. 12. 1948. Die einzelnen Monatswerte stammen aus den Berichten des Bundeskanzlers an den Alliierten Rat über den Stand der Entnazifizierung und den Östereichischen Jahrbüchern.

Die entscheidenden Zeitpunkte bei dieser Entnazifizierungsmaßnahme lagen jedoch schon früher. Einmal im April 1948, als durch die Minderbelasteten-Amnestie alle Berufsverbote für diesen Teil der ehemaligen Nationalsozialisten wegfielen. Die beruf-

Personen in verbotener Beschäftigung

	Belastet		Minderbelastet		Summe	
	Juni 1947	Mai 1948	Juni 1947	Mai 1948	Juni 1947	Mai 1948
Leitende Posten	247	2	2.002	61	2.249	63
Führung eines Unternehmens	2.443	70	1.436	1	3.879	71
Verwaltungs- und Aufsichtsräte	6	–	36	2	42	2
Rechtsberatung	45	–	854	–	899	–
Wirtschaftsprüfer	5	1	52	–	57	1
Steuerberater und Gebäudeverwalter	21	3	326	1	347	4
Beratende Ingenieure und Ziviltechniker	27	–	181	–	208	–
Ärzte	222	9	1.866	9	2.088	18
Zahnärzte	21	–	200	2	221	2
Pharmazeuten	46	1	489	4	535	5
Zahntechniker	76	2	–	–	76	2
Tierärzte	43	–	354	6	397	6
Fremdenbeherbergungsgewerbe	22	–	637	3	659	3
Gast- und Schankgewerbe	119	3	–	–	119	3
Großhandel mit Lebensmitteln	5	–	–	–	5	–
Presse und Literatur	7	–	82	2	89	2
Vervielfältigung und Handel mit literarischen Erzeugnissen	7	2	161	3	168	5
Theater-, Film-, Kino- und sonstige Veranstaltungsunternehmen	6	–	203	1	209	1
Künstlerische Berufe	52	6	–	–	52	6
Summe	3.444	99	8.879	95	12.323	194

Quelle: ACA, Allied Denazification Bureau, 25. 8. 1948, 60258-2/033.2, NA.

lichen Beschränkungen galten jetzt nur noch für Belastete. Damit hatten es nicht nur jene 94 Minderbelasteten geschafft, die zu diesem Zeitpunkt immer noch in verbotener Beschäftigung waren, sondern auch die 506 Minderbelasteten, die von den besonderen Kommissionen nicht zur Berufsausübung zugelassen worden waren, ebenso wie die 936, bei denen die Kommissionen noch keine Entscheidung getroffen hatten, und auch ein Großteil jener 769, für die sie sich unzuständig erklärt hatten.

Der zweite relevante Zeitpunkt war der große Schub im Abbau der verbotenen Beschäftigungen, der zwischen September und November 1947 stattfand. In dieser Zeit wurden drei Viertel der betroffenen Personen von den verbotenen Beschäftigungen abgebaut. Allerdings bedeutete eine Verminderung in den verbotenen Beschäftigungen nicht gleich auch eine Entfernung der betreffenden Personen. Nur 40 Prozent wurden bei der Verminderung auch tatsächlich entfernt. 26 Prozent erreichten eine Verringerung ihrer Belastung, vor allem durch eine Amnestie des Bundespräsi-

Kommissionstätigkeit bis 10. Februar 1948

	Zahl der Fälle	zum Beruf zugelassen	nicht zugelassen	nicht zuständig	anhängig
Rechtsanwälte	1.138	743 (65%)	39	286	70
Notare	261	186 (70%)	7	62	6
Wirtschaftsprüfer	28	17 (60%)	3	7	1
Steuerberater	160	125 (78%)	23	10	2
Gebäudeverwalter	257	156 (60%)	38	37	26
Ziviltechniker	442	345 (78%)	17	53	27
Patentanwälte	17	10 (58%)	1	3	3
Ärzte und Zahnärzte	3.984	3.014 (75%)	242	131	597
Pharmazeuten	817	613 (75%)	47	28	129
Tierärzte	642	470 (73%)	56	87	29
Zirkus- und Varietéunternehmer	2	2 (100%)	–	–	–
Theaterunternehmer	7	3 (43%)	1	–	3
Kinobesitzer	272	151 (55%)	28	63	30
Filmverleih- und Konzertunternehmer	47	25 (53%)	7	2	13
Summe	8.074	5.860 (73%)	509 (6%)	769	936
Künstler (31.5.1949)	87	40 (46%)	11	26	10

Quelle: Bericht des Allied Denazification Bureau (US proposal) über die Entnazifizierung in Österreich bis zum 1. Juni 1948, 60258-2/033.2, NA.

denten, der in einem Gnadenakt das Berufsverbot aufheben konnte.

In »Veränderung der Belastung« und »Sonstige« sind auch die Unternehmer enthalten, deren Entnazifizierung wegen des Fehlens des Begriffes »Mittelbetrieb« nicht durchgeführt wurde. Sie wurden aus der Statistik der verbotenen Beschäftigungen herausgenommen[27]. 23 Prozent erhielten eine Berufsbewilligung über die besonderen Kommissionen. Die Kommissionstätigkeit wirkte sich sehr zugunsten der Minderbelasteten aus, wie aus der Tabelle zu entnehmen ist. Zum Teil kann sie geradezu als administrative Aufhebung der alliierten Gesetzesverschärfung gewertet werden, die ja viele Berufsverbote für Minderbelastete erst bewirkt hatte und bei allen Parteien auf Widerstand stieß. Von vier Minderbelasteten, die sich an eine besondere Kommission wandten, konnten drei mit einer Aufhebung des Berufsverbotes rechnen. Für den letzten war man entweder nicht zuständig, oder sein Fall verzögerte sich. Nur in 6 Prozent aller Fälle wurde tatsächlich ein Berufsverbot ausgesprochen.

Dank dem Fleiß der österreichischen Arbeitsämter ist uns auch eine Übersicht über die berufliche Umschichtung der registrierten

Nationalsozialisten erhalten geblieben, in dieser Form und in diesem Umfang sicherlich ein einmaliges wirtschafts- und sozialgeschichtliches Dokument[28].

Es wurden hier die Auswirkungen der Entnazifizierungsgesetze 1945 und des Wirtschaftssäuberungsgesetzes auf den Arbeitmarkt dargestellt[29]. Danach hatten 28 Prozent der registrierten Nationalsozialisten ihre Beschäftigung nach dem 27. April 1945 geändert und waren vor allem Arbeiter geworden oder nicht mehr erwerbstätig. Wirklich dramatisch war die Entwicklung vor allem bei den Angestellten. Hier hatten 59 Prozent ihre Beschäftigung geändert. Von vier Nationalsozialisten, die im April 1945 noch als Angestellte tätig waren, war bis 1947 einer Arbeiter geworden und einer nicht mehr erwerbstätig – ganz im Gegensatz zu den selbständig Erwerbstätigen, die mit 5 Prozent Berufswechsel von der Entnazifizierung im Sinne eines Zwangs zur Beschäftigungsveränderung kaum betroffen waren. Eigentum schien auch einen gewissen Schutz vor politischer Säuberung zu bieten. Die Nichterwerbstätigkeit konnte mehreres bedeuten: vor allem Arbeitslosigkeit, aber auch Pensionierung und bei Frauen die Rückkehr in den Haushalt. Die Zahl der nichterwerbstätigen Nationalsozialisten war von 1945 mit 86.157 bis 1947 mit 125.488 um knapp die Hälfte gestiegen.

Bei der Frauenarbeit war diese Entwicklung noch stärker ausgeprägt. Während die Beschäftigungssänderung mit einem Viertel bei beiden Geschlechtern etwa gleich war, bedeutete Beschäftigungsänderung bei den Frauen weit mehr das Absinken in die Nichterwerbstätigkeit. Besonders bei den weiblichen Angestellten war die Entwicklung viel härter als sonst. Von den 38.071 weiblichen Angestellten mit Verbindung zum Nationalsozialismus, die im April 1945 tätig waren, hatten bis 1947 63 Prozent ihre Beschäftigung geändert, 15 Prozent waren Arbeiterinnen geworden, aber 43 Prozent waren überhaupt nicht mehr erwerbstätig. Bei aller Mobilität und Berufsänderung, die in einer unmittelbaren Nachkriegszeit sicherlich zum Normalfall zählt, waren das doch Werte, die weit über der Norm lagen, und auch die in der Nichterwerbstätigkeit enthaltene Arbeitslosigkeit dürfte deutlich über dem Durchschnitt gelegen sein, betrachtet man etwa die Arbeitslosenrate von 1948, die bei 2,6 Prozent lag[30].

Schließlich sei noch auf die Aufgliederung der registrierten Nationalsozialisten nach einzelnen Berufsgruppen eingegangen. Da war einmal die nicht unbedeutende Gruppe der Beschäftigten in der Land- und Forstwirtschaft, die außer bei landwirtschaftlichen

Berufsstellung und Belastung der registrierten Nationalsozialisten, Stichtag 10. Juli 1947

Grad der Belastung	Registrierte insgesamt (ohne öffentliche Angestellte)	davon selbständige Erwerbstätige insgesamt	davon selbständige Erwerbstätige: davon in verbotener Beschäftigung	davon unselbständige Erwerbstätige insgesamt	davon unselbständige Erwerbstätige: davon in verbotener Beschäftigung	davon nicht Erwerbstätige insgesamt	davon nicht Erwerbstätige: davon Hochschüler
Belastet	19.837	5.650	3.057	9.582	387	4.605	40
Minderbelastet	363.146	99.120	5.870	154.532	3.009	109.494	3.076
Zusammen	382.983	104.770	8.927	164.114	3.396	114.099	3.116

Quelle: Meldung der Landesarbeitsämter aufgrund der »amtlichen Fragebogen«. Bericht des Bundeskanzlers an den Alliierten Rat über den Stand der Entnazifizierung, 29. Juli 1947, 60216-1/10, NA.

Änderung der Berufstätigkeit der registrierten Nationalsozialisten, Stichtag 10. Juli 1947

Berufstätigkeit vor dem 27. April 1945	Registrierte insgesamt	davon haben ihre Beschäftigung nicht geändert	davon haben ihre Beschäftigung geändert: insgesamt	geändert und sind tätig als Selbständige	geändert und sind tätig als Angestellte	geändert und sind tätig als Arbeiter	geändert und sind tätig als nicht erwerbstätig
selbständig Erwerbstätige	105.412	(95%) 99.644	(5%) 5.768	122	781	(2%) 2.209	(3%) 2.656
Angestellte	161.346	(41%) 66.832	(59%) 94.514	(2%) 3.231	(5%) 7.639	(25%) 40.642	(27%) 43.002
Arbeiter	118.774	(82%) 97.273	(18%) 21.501	(2%) 2.176	(1%) 1.350	(6%) 7.732	(9%) 10.243
nicht Erwerbstätige	86.157	(90%) 77.872	(10%) 8.285	(1%) 627	(3%) 2.172	(6%) 5.486	–
Zusammen	471.689	(72%) 341.621	(28%) 130.068	(1%) 6.156	(3%) 11.942	(12%) 56.069	(12%) 55.901
Männer	347.041	(72%) 248.646	(28%) 98.395	(2%) 5.511	(3%) 9.387	(14%) 47.712	(10%) 35.785
Frauen	124.648	(75%) 92.975	(25%) 31.673	645	(2%) 2.555	(7%) 8.357	(16%) 20.116

Quelle: Meldungen der Landesarbeitsämter aufgrund der »amtlichen Fragebogen«. Bericht des Bundeskanzlers an den Alliierten Rat über den Stand der Entnazifizierung, 29. Juli 1947, 60216-1/10, NA.

Großbetrieben – mit mehr als zehn ständig Beschäftigten – kaum von der Entnazifizierung betroffen waren. Sie waren zu wichtig für die Nahrungsmittelversorgung in der Notzeit nach dem Krieg, denn Berufsverbote hätten in den meisten Fällen wohl eine Einstellung des landwirtschaftlichen Betriebes zur Folge gehabt. Dann war da der Bereich Haushalt, der kaum entnazifiziert werden konnte und in den sogar viele weibliche Berufstätige durch die Entnazifizierung abgedrängt wurden. Und da waren die Studenten, die zur Gänze unter die Entnazifizierungsmaßnahmen in Form des Studienverbotes fielen, und schließlich die Pensionisten, die unter Umständen drastische Pensionskürzungen hinnehmen mußten.

Bei den Zahlenangaben für den öffentlichen Dienst zeigt sich jedoch die Schwäche dieser Zusammenstellung. Es handelt sich hier um eine Berufsaufgliederung entsprechend den Registrierungslisten. Infolgedessen sind sowohl die ursprünglichen Berufe als auch die bis zur Registrierung bereits vollzogenen Berufsveränderungen enthalten. Die Tabelle beinhaltet daher teilweise schon die Folgen der Entnazifizierung. Während von der Entnazifizierung im öffentlichen Dienst bis Mai 1947 etwa 127.000 Personen betroffen waren – 79.000 waren ausgeschieden und 48.000 noch im Dienst –, weist die Tabelle nur 97.562 Registrierte mit Berufen im öffentlichen Dienst auf. Die Tabelle beinhaltet daher bereits eine gewisse Berufsverlagerung vom öffentlichen Dienst zur Wirtschaft aufgrund der Entnazifizierung. Das erfährt auch durch die Zahl der Registrierten in der Wirtschaft eine gewisse Bestätigung. In den Berufsbereichen, die vom Wirtschaftssäuberungsgesetz abgedeckt wurden, befanden sich nach dieser Tabelle 264.775 registrierte ehemalige Nationalsozialisten. Von der Entnazifizierung selbst waren aber in der Wirtschaft bis zu diesem Zeitpunkt nur etwa 100.000 Personen betroffen. Auch wenn man die etwa 30.000 Entnazifizierten berücksichtigt, die vom öffentlichen Sektor zur Wirtschaft herübergekommen sein mochten, und außerdem noch die etwa 15.000 Personen, die vom neuen NS-Gesetz 1947 noch zusätzlich betroffen waren, so bleiben doch immerhin an die 120.000 Registrierte im Bereich der Wirtschaft übrig, die anscheinend nie mit beruflichen Entnazifizierungsmaßnahmen in Berührung gekommen sind.

Übersicht der 1947 registrierten Nationalsozialisten nach Berufen

	Wien	Salzburg und Oberösterreich US-Zone	Kärnten und Steiermark britische Zone	Vorarlberg und Tirol französische Zone	Oberösterreich, Burgenland, Niederösterreich sowjetische Zone	Insgesamt
Land- und Forstwirtschaft	746	12.969	24.446	8.805	22.134	69.100
Industrie und Handwerk	7.709	14.084	20.104	11.050	17.422	70.369
Handel	5.709	6.395	8.510	5.169	6.751	32.534
andere Gewerbe	2.572	2.805	3.600	3.916	5.169	18.062
freie Berufe	5.517	5.165	5.517	2.927	3.573	22.699
Angestellte im öffentlichen Dienst	24.639	13.135	21.420	10.190	15.192	84.576
Privatangestellte	20.537	13.058	12.930	4.610	7.425	58.560
Arbeiter im öffentlichen Dienst	2.434	2.594	2.789	1.937	3.232	12.986
Arbeiter in der Privatwirtschaft	17.323	13.160	8.914	3.917	5.337	48.651
Hauspersonal	623	2.997	3.887	3.085	3.308	13.900
Pensionisten	5.856	3.342	4.836	2.432	3.757	20.223
Studenten	1.140	1.412	2.365	923	1.012	6.852
Haushalt	12.490	18.134	20.987	5.349	11.371	68.331
andere	11.110	2.485	4.209	4.726	2.350	14.880
Insgesamt	108.405	111.735	144.514	69.036	108.033	541.723

Quelle: (U.S. Department of State). Military Government, Austria. Report of the United States Commissioner, March 1947, p. 211; Luza, S. 86.
Die Tabelle beinhaltet die ursprüngliche Registrierung ohne Berichtigung durch Einsprüche und Amnestie.

G. »Entarisierung« und Wiedergutmachung

Aber die Reinigung der Wirtschaft betraf nicht nur bestimmte Berufe und Führungspositionen, sondern auch die vielen politischen Vermögensübertragungen, die mehr oder weniger legalisiert unter dem nationalsozialistischen Regime vor sich gegangen waren. Als Abschluß der Entnazifizierung der Wirtschaft muß man sich daher mit der Entnazifizierung des Besitzes auseinandersetzen, wenngleich wir über dieses schwierige Kapitel der österreichischen Nachkriegsgeschichte bis heute noch wenig wissen und kaum Unterlagen haben. Es kann daher auch hier kein detaillierter Überblick gegeben, sondern im wesentlichen nur das Problem aufgezeigt werden.

Während der Zeit, in der Österreich ein Teil des Deutschen Reiches war, hatten umfangreiche Vermögensübertragungen stattgefunden. Es dürfte sich um die größten Eigentumsverschiebungen handeln, die es in Österreich je gegeben hat. Die auffälligste unter diesen Maßnahmen war die »Arisierung«, die Verdrängung der Juden aus dem wirtschaftlichen Besitz. Diese Maßnahmen wurden zwar im ganzen Deutschen Reich durchgeführt, erreichten aber in Wien das größte Ausmaß. Hier gab es 1938 von insgesamt 146.000 Betrieben 33.000, die Juden gehörten. Davon wurden etwa 7000 sofort nach dem Anschluß aufgelöst, die anderen waren im Rahmen der »Arisierung« anzumelden und wurden, wenn man sie als rentabel ansah, an wirtschaftlich qualifizierte und »politisch einwandfreie« Bewerber verkauft. Auf diese Weise wurden 4361 jüdische Unternehmungen von insgesamt 25.497 »arisiert« und der Rest geschlossen.

»Der Wert der Enteignungen war ungeheuer, er betrug 2.295,085.000 RM (einschließlich des registrierten Vermögens in der Höhe von über 5000 Reichsmark, Wohnungen nicht inbegriffen). Der Wert der Betriebsvermögen soll etwa 321 Millionen RM betragen haben. Man kann annehmen, daß den Juden 50 Prozent weniger gutgeschrieben wurden, als der wirkliche Wert ihres angemeldeten Vermögens ausmachte[31].«

Dann gab es noch eine große Zahl von Vermögensgegenständen, vor allem auch Wohnungen und Möbel, die von Juden, politisch Verfolgten und Emigranten zurückgelassen werden mußten. Sie wurden entweder formlos in Besitz genommen oder nach einer gewissen Zeit parteitreuen Leuten zugewiesen oder günstig verkauft[32]. »Es hat von 1938 bis 1945 auch kleine Leute gegeben, die früheres jüdisches Eigentum, oft aus zweiter und dritter Hand, gekauft haben. Es war damals nicht leicht, sich dem Taumel des Besitzenwollens, der billigen Preise zu entziehen. Man hatte zuwenig Möbel, man wollte die paar Mark, für die man nichts zu essen bekam, weil alles ins Reich geschleppt wurde, sicher anlegen. Die Gelegenheit bot sich, einen Schrebergarten, ein paar Schmuckstücke, Möbel, Kleider, Wäsche billig zu kaufen[33].«

Und schließlich muß auf die schon einmal angesprochene wirtschaftliche Durchdringung Österreichs durch das Deutsche Reich hingewiesen werden. Das Deutsche Reich und die NSDAP eigneten sich in Österreich große Vermögenswerte von politischen Organisationen, Vereinen und auch von der Kirche an. Der Hermann-Göring-Konzern entwickelte sich auch oder gerade in der »Ostmark« zu einem regelrechten Trust, da in dem eben annektierten Land der Widerstand der Wirtschaft nicht so stark war wie im »Altreich«. Aber auch die deutsche Privatwirtschaft, allen voran die deutschen Banken, beteiligte sich am wirtschaftlichen Anschluß der »Ostmark«. So hatten sich die Eigentumsverhältnisse in Österreich schon wenige Jahre nach dem Anschluß erheblich verändert. In einem immer noch emotionsgeladenen Rückblick im Jahre 1946 sah das folgendermaßen aus:

»Nach den Märztagen des Jahres 1938 stellte die österreichische Bevölkerung mit Entsetzen fest, daß nicht nur die politische, sondern auch die wirtschaftliche Freiheit im weitesten Sinn des Wortes verloren war. Der Ausverkauf, der durch die deutschen Truppen kurz nach der Besetzung unseres Staates begonnen hatte und durch eine nachdrängende, wahllos kaufende Menge Altreichsdeutscher aus unserem Lande das Letzte herausholte, ernüchterte alsbald breite Teile des österreichischen Volkes und ließ, wenn auch zunächst nur schüchtern, Bedenken gegen diese Art der Geschäftsbelebung laut werden.

Während sich vor aller Augen eine Entwicklung anbahnte, deren Folgen sehr bald dem einfachen Mann nicht verborgen bleiben konnten, vollzog sich parallel ein Prozeß, der, wenn auch zunächst für breite Bevölkerungskreise unsichtbar, in seinen Auswirkungen diesen Landessturm bei weitem übertreffen sollte: Es war dies der Ausverkauf der österreichischen Unternehmungen, Industrien, landwirtschaftlichen Betriebe und Liegenschaften aller Art. Waren derartige Bestrebungen seitens des Deutschen Reiches schon früher mehr oder weniger getarnt fühlbar gewesen, so traten sie in der Folge in einer schnell zunehmenden Offenheit, die auf die Gefühle der österreichischen Bevölkerung nicht mehr Rücksicht nahm, zutage. Ein durch die vorangegangene fünfjährige Rüstungskonjunktur bereichertes Unternehmertum riß alles an sich, zerschlug Betriebe, die aus den wirtschaftlichen Bedingungen des Donauraumes gewachsen waren, verteilte unter sich Exportmärkte, die österreichischer Fleiß in jahrelangem Kampf erworben und behauptet hatte, und war bestrebt, alle Aktivposten der österreichischen Privatwirtschaft zur Befriedigung des infolge der Rohstoffknappheit unstillbar gewordenen Warenhungers zu verschlingen. So wurden gleicherweise der Goldschatz unserer Nationalbank ebenso wie die Bodenschätze unseres Landes, der Holzreichtum unserer Wälder und die Kunstschätze unserer Heimat aufgesogen. Schließlich wetteiferten aber auch die deutschen öffentlichen Stellen darin, die österreichischen Organisationen mit ihrem beträchtlichen Vermögen, die Staatsbetriebe und Verwaltungsapparate an sich zu bringen und auszurichten. Nach kurzer Zeit war auch hier der wirtschaftliche Anschluß vollzogen, und es blieb nichts mehr zu tun übrig, als in den öffentlichen Büchern den verhängnisvollen Vermerk anzubringen: Eigentum des Deutschen Reiches[34].«

Wenn es sich hier auch um eine bewußt politische Interpretation der Vorgänge nach dem Anschluß handelt, so können die Tendenzen durchaus bestätigt werden, die hier so anschaulich aufgezeigt werden. Auch nach einer graphischen Darstellung der US-Besatzung hatte sich der Anteil des deutschen Eigentums in Österreich gewaltig erhöht.

II. Deutsches Eigentum an österreichischen Unternehmen 1938 und 1944

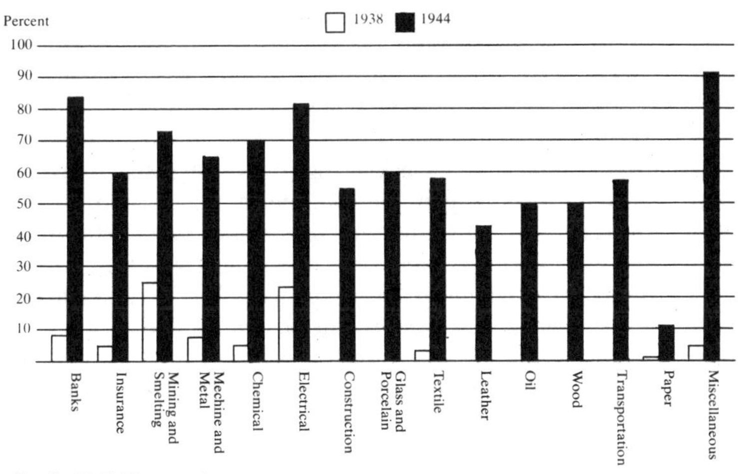

Quelle: U. S. Element Austria, A. Graphic Survey, December 1948, p. 105. Luza, S. 332

Nach dem Ende des »Dritten Reiches« bestand daher der Wunsch nach der Wiederherstellung der Eigentums- und Rechtsverhältnisse von vor 1938, »daß alles, was die Deutschen im Zuge der wirtschaftlichen Durchdringung unseres Landes durch offenen Zwang oder zumindest durch eine infolge ihrer allgegenwärtigen militanten Anwesenheit auf österreichischer Seite bewirkten Unsicherheit in der Entschlußfassung an sich gebracht hatten, nunmehr dem österreichischen Staat und seinen Bürgern zurückgegeben werden möge[35]«.

Dabei konnte Österreich auf eine feierliche Erklärung der Alliierten in London vom 5. Jänner 1943 zurückgreifen, wo diese eine offizielle Warnung ausgesprochen hatten, daß sie nach dem Krieg alle unter Zwang und Terror entstandenen Rechtsgeschäfte für null und nichtig erklären würden: »Diese Warnung gilt in gleicher Weise für alle Übertragungen und Transaktionen, mag es sich um offene Plünderung oder um Brandschatzung oder auch um anscheinend legale Transaktionen handeln, sogar wenn diese äußerlich mit Zustimmung des Opfers durchgeführt worden sind[36]«. Den gleichen Willen drückte auch die österreichische provisorische Staatsregierung in ihrer ersten Proklamation am 27. April 1945 aus.

Diese Politik führte in der Folge zur Verstaatlichung der großen Betriebe, die ehemals deutsches Eigentum gewesen waren, ein sehr umfangreicher Problemkreis, auf den hier nicht weiter eingegangen werden kann, und zu dem Versuch, das nationalsozialistische Unrecht wieder gutzumachen und die geraubten Vermögen den rechtmäßigen Eigentümern zurückzugeben.

Für die Wiedergutmachung wurden in der Folge eine ganze Reihe von Gesetzen erlassen: ein »Gesetz über die Erfassung arisierter und anderer im Zusammenhang mit der nationalsozialistischen Machtübernahme entzogenen Vermögenschaften«, ein »Gesetz über die Nichtigkeitserklärung von Rechtsgeschäften und sonstigen Rechtshandlungen, die während der deutschen Besetzung Österreichs erfolgt sind«, ein Gesetz über öffentliche Verwalter und eine ganze Anzahl von Rückstellungsgesetzen[37].

Die gesetzliche Grundlage dieser ganzen Wiedergutmachung sollte im wesentlichen das ABGB liefern, demzufolge nach § 870 niemand zur Einhaltung eines Vertrages verpflichtet ist, dessen Abschluß durch begründete Furcht veranlaßt wurde. Da die nationalsozialistischen Methoden aber mit dem ABGB allein nicht gemessen werden konnten und die Vermögensentziehungen in Österreich ein so großes Ausmaß angenommen hatten, war ein eigenes Nichtigkeitsgesetz notwendig. Dieses Gesetz bestimmte in seinem ersten Paragraphen, daß entgeltliche und unentgeltliche Rechtsgeschäfte und sonstige Rechtshandlungen während der deutschen Besetzung Österreichs null und nichtig sind, »wenn sie im Zuge seiner durch das Deutsche Reich erfolgten politischen und wirtschaftlichen Durchdringung vorgenommen worden sind, um natürlichen oder juristischen Personen Vermögenschaften oder Vermögen zu entziehen, die ihnen am 13. März 1938 zugestanden sind[38]«. »Damit ist dem Wunsch des österreichischen Volkes, die unerwünschte Überfremdung aus dem Deutschen Reich auf ein erträgliches Maß zurückzuführen, entsprochen[39]«, wie es in der Erläuterung zur Regierungsvorlage dieses Gesetzes hieß. Das Gesetz fand daher nicht nur auf alle »Germanisierungen« österreichischen Vermögens zugunsten des Reiches oder auch deutscher Privatpersonen und Unternehmen Anwendung, sondern auch auf Vermögenstransaktionen zwischen Österreichern, zu denen es ohne die Besetzung Österreichs durch das Deutsche Reich nicht gekommen wäre, vor allem also auf »Arisierungen«.

Die Nichtigkeitsbestimmung stand im Zusammenhang mit einer Anmeldepflicht für alle im Rahmen der nationalsozialistischen Machtübernahme entzogenen Vermögenschaften. Die Anmeldung wurde durch Androhung schwerer Strafen erzwungen – ein bis zehn Jahre Kerker – und durch eine freiwillige Anmeldung der Geschädigten kontrolliert. Der Anmeldepflicht unterlagen alle Rechtsgeschäfte, also auch Schenkungen, wenn eine freie Willensübereinstimmung nicht angenommen werden konnte, besonders dann, wenn die Veräußerung nicht vom Eigentümer selbst vorgenommen worden war, wenn zwischen Erlös und Wert ein Mißverhältnis bestand oder wenn angenommen werden konnte, daß sich der geschädigte Eigentümer angesichts der nationalsozialistischen Machtübernahme zum Abschluß des Vertrages entschlossen hatte. Insgesamt wurden in Österreich bis zum 25. Jänner 1947 25.859 Anmeldungen erstattet, davon 15.259 in Wien. Beim überwiegenden Teil handelte es sich jedoch um kleinere Vermögenswerte an der unteren Grenze der Anmeldepflicht von 1000 Schilling (Wert 1938)[40].

Ihren eigentlichen Sinn hatten das Nichtigkeitsgesetz und das Anmeldegesetz in der Vorbereitung der Rückstellung. Schon allein das stufenweise und tastende Vorgehen zeigte, daß die Schwierigkeiten auf diesem Gebiet außerordentlich waren. »Der Gesetzgeber steht vor einer der schwierigsten Aufgaben; die Verwirrung in tatsächlicher und rechtlicher Beziehung ist groß, die Entwirrung wird nicht so leicht sein. Im wahrsten Sinn des Wortes ein gordischer Knoten, der aber nicht mit einem Hieb, sondern nur behutsam gelöst werden kann[41].« Denn auch nach dem Anschluß ging in Österreich das Wirtschaftsleben weiter. Die entzogenen Vermögensgegenstände blieben weiter im Wirtschafts- und Rechtsverkehr. »Es ist daher klar, daß sie in tatsächlicher und rechtlicher Beziehung in der Zeit zwischen dem 13. März 1938 und der Befreiung Österreichs den verschiedensten Änderungen unterworfen waren. ›Entzogene‹ Liegenschaften wechselten in dieser Zeit den Eigentümer; Betriebe wurden aufgelöst, liquidiert, Firmen gelöscht; umgekehrt kam es zur Erweiterung und Fusionierung. Vom Erwerber wurden Aufwendungen gemacht, Objekte belastet. Die ›geschädigten Berechtigten‹ sind oft in der Republik Österreich nicht mehr wohnhaft, noch öfter nicht mehr am Leben; es ergeben sich die Fragen, ob und welche Erben, wenn solche nicht vorhanden sind, wer überhaupt das Vermögensobjekt nunmehr erhalten soll. In vielen Fällen bestehen juristische Personen, die eigentlich die geschädigten Eigentümer wären, nicht mehr[42].«

Die Vermögenswerte konnten bereits weiterverkauft, verschenkt oder vererbt worden sein, durch die Tüchtigkeit des neuen Erwerbers und die Kriegskonjunktur konnten Betriebe beträchtliche Wertsteigerungen erfahren haben; sie konnten aufgelöst, verändert und ausgebaut, aber auch durch Kriegseinwirkungen oder Demontage zerstört worden sein. Das Vermögen konnte ins Ausland transferiert worden oder, wenn es sich um Realbesitz handelte, mit Schulden belastet sein. Eine Rückstellung im wahrsten Sinne des Wortes, also eine Rückstellung des Eigentums im Zustand von 1938, war daher nur in sehr wenigen Fällen möglich, zumal der österreichische Gesetzgeber versuchte, aus rechtlichen und volkswirtschaftlichen Gründen die Rechte aller Beteiligten zu berücksichtigen. Es war ja gerade das Charakteristikum der ganzen österreichischen Entnazifizierung, daß versucht wurde, sie auf dem Boden des Rechtsstaates durchzuführen. Deshalb wurde der gordische Knoten auch nicht einfach zerschlagen, indem man ohne Rücksichten die entsprechende Umverteilung in Gang gesetzt hätte, sondern man versuchte, ihn sorgsam zu lösen, die Rechte der Geschädigten, der Erwerber, dritter Personen – wie Kreditgeber – und auch die Leistungsfähigkeit der Wirtschaft in ein Verhältnis zu setzen.

Es war ja nicht jeder, der etwas gekauft hatte, gleich ein »übler

Ariseur«. In der Mehrzahl der Fälle war der Zwang nicht vom Vertragspartner selbst ausgeübt worden, sondern hatte sich durch den allgemeinen Druck und die Entrechtung eines Teils der Bevölkerung unter dem Nationalsozialismus ergeben. Es bestand daher die Frage, ob dem Erwerber sein Kaufpreis zurückerstattet werden sollte, und wenn ja, in welcher Währung. »Denn andernfalls wäre er ja sozusagen dafür bestraft, daß er in vielen Fällen durch den Vertragsabschluß seinem Mitbürger geholfen hat, dem damaligen Regime zu entrinnen und auf diese Weise sein Leben zu retten. Daran kann auch die Tatsache nichts ändern, daß die Eigentümer vielfach der Möglichkeit beraubt waren, die vom Käufer entrichteten Beträge nach ihrem Belieben zu verwenden, da sie oft auf Sperrkonten einbezahlt oder für Steuern zurückbehalten wurden[43].«

Grundsätzlich wurden daher Vermögensentziehungen in Österreich für null und nichtig erklärt, allerdings mit verschiedenen Einschränkungen, vor allem bei Rechtshandlungen, die für die Geschäftsführung notwendig gewesen waren. Das war das erste Prinzip der Rückstellung. Das zweite war, daß sich der österreichische Staat darauf beschränkte, für die Wiedergutmachung seine Machtmittel und seinen Verwaltungsapparat zur Verfügung zu stellen, darüber hinaus aber jede Haftung und jede finanzielle Leistung ablehnte. Der österreichische Staat stellte sich auf den Standpunkt, daß seine Handlungsfähigkeit während der deutschen Okkupation ausgeschaltet gewesen sei und er deshalb für das unter dem bewaffneten Schutz der Besatzung verübte Unrecht keine Verantwortung übernehmen könne.

Ein weiterer Grundsatz der Widergutmachungsgesetze bestand darin, daß der ordentliche Rechtsweg über die Gerichte unzulässig war. Bei den Landesgerichten wurden eigene Rückstellungskommissionen errichtet, die vor allem versuchen sollten, Billigkeitsentscheidungen zu treffen. So sollten sich – und das war das vierte Prinzip der Wiedergutmachung – die Beteiligten zwar unter Kontrolle der Rückstellungskommission und nach den Regeln des Bürgerlichen Rechts, aber wenn möglich selbst einigen. »Am wünschenswertesten aber wäre es, daß die Beteiligten, die selbst wohl am besten die Verhältnisse kennen, sich untereinander verständigen, daher werden derartige Übereinkommen nicht nur an keinerlei einschränkende Vorschriften geknüpft, sondern vielmehr nach Möglichkeit begünstigt[44].« Denn nur so bestand eine Aussicht auf eine schnelle Abwicklung der Rückstellungen und auf eines der Hauptziele dieses Gesetzes: »eine Regelung zu schaffen, die der gegenwärtigen Unsicherheit auf allen Gebieten des Wirtschaftslebens über die Eigentumsverhältnisse ehestens ein Ende macht, da diese Unsicherheit lähmend auf die ganze Wirtschaft einwirken muß[45].«

Dann gab es noch die zwei gar nicht so seltenen Möglichkeiten, daß kein Vermögen mehr vorhanden war oder daß niemand mehr die Rückstellung beanspruchen konnte. Für den ersten Fall sollte ein Fonds geschaffen werden, aus dem die Ansprüche von Personen befriedigt werden sollten, die das entzogene Vermögen nicht mehr vorfanden. Für den zweiten Fall, wenn niemand mehr das Vermögen beanspruchte, galten dennoch die Bestimmungen des Nichtigkeitsgesetzes, denn es sollte verhindert werden, »daß durch die bloße Tatsache der Vernichtung so zahlreicher Gegner des früheren Systems nunmehr Personen Vermögen erhalten, das sie andernfalls nie erhalten hätten[46]«. Solche Vermögen sollten eben diesem Fonds zur Entschädigung von Personen dienen, die keine Rückstellung ihres Eigentums mehr erreichen konnten.

Den deutlichsten Ausdruck fand die Problematik der Wiederherstellung legaler Besitzverhältnisse nach österreichischem Recht in der Einsetzung öffentlicher Verwalter. Sie wurden zur Sicherung und Weiterführung herrenlos gewordener Betriebe und Vermögen bestellt. Denn bei Kriegsende herrschte in vielen Unternehmensleitungen eine verwirrende Situation. Reichsdeutsche Direktoren waren verschwunden, österreichische Niederlassungen deutscher Unternehmen von ihren Muttergesellschaften abgeschnitten, Nazi-Manager geflohen oder abgesetzt. In der Sowjetzone hatten Arbeiterräte, die unter dem Einfluß der sich schnell wieder organisierenden Gewerkschaften standen, die Führung einer größeren Zahl von Betrieben übernommen. In manchen Betrieben versuchte einfach das Stammpersonal, eine gewisse Produktion aufrechtzuerhalten.

»Als nach Beendigung der Kämpfe in Österreich die Betriebe herrenlos waren, waren es die Arbeiter und Angestellten, die sofort einsprangen und die Betriebe unter schwierigsten Verhältnissen wieder in Gang zu bringen versuchten. Sie taten dies oft unter schwierigsten Umständen, ohne Verkehrsmittel benutzen zu können, oft ohne genügende Ernährung, wochenlang ohne geldliche Entschädigung[47].«

In den Besatzungszonen der westlichen Alliierten setzten die Militärregierungen von sich aus Verwalter für führungslose Betriebe ein. Auch die österreichische Regierung erließ bereits am 10. Mai 1945 ein Gesetz über die Bestellung von öffentlichen

Verwaltern und öffentlichen Aufsichtspersonen, mit der Aufgabe, »die Vermögenswerte, die durch den Krieg angefallen sind, zu sichern, vor allem aber den nationalsozialistischen Einfluß auf die Wirtschaft hintanzuhalten[48]«.

Aufgrund des österreichischen Gesetzes wurden die Verwalter nach Anhörung der Arbeitgeber- und der Arbeitnehmervertretungen vom Staatsamt für Handel, Gewerbe und Industrie eingesetzt.

In ganz Österreich wuchs die Zahl der unter öffentlicher Verwaltung stehenden Betriebe ohne Vermögen sehr schnell auf 6000 bis 7000 an, wobei jedoch in den einzelnen Besatzungszonen nach unterschiedlichen Bestimmungen vorgegangen wurde. Wie in anderen Bereichen auch, versuchte darum die österreichische Regierung einheitliche Regelungen für das ganze Bundesgebiet aufgrund der österreichischen Bestimmungen durchzusetzen. Der Weg bis dahin war voller Hindernisse, denn die Alliierten beanspruchten einen erhöhten Einfluß auf die gesamte Vermögenssicherung in Österreich und wollten speziell ihre Hand weiterhin auf Unternehmen haben, wo sie Eigentum ihrer Staatsbürger vermuteten. Für die US-Besatzung waren das im Februar 1946 198 Unternehmen oder Vermögenswerte und im Oktober bereits 920[49]. Der Alliierte Rat verweigerte daher am 18. Dezember 1945 die Ausdehnung des österreichischen Verwaltergesetzes auf das ganze Bundesgebiet und bestand ausdrücklich auf einer Aufhebung des Gesetzes. Der österreichische Nationalrat erließ deshalb am 1. Februar 1946 ein provisorisches Verwaltergesetz, um einen gesetzlosen Zustand zu vermeiden, und kam am 20. März mit einem von den österreichischen Parteien ausdiskutierten neuen Verwaltergesetz heraus, das sowohl die Forderungen der westlichen Alliierten berücksichtigte als auch die Erfahrungen, die man mit dem alten Verwaltergesetz gemacht hatte. Vor allem waren die Kompetenzen der öffentlichen Verwalter und die Bedingungen, unter denen es zu einer öffentlichen Verwaltung kommen sollte, im Gesetz erschöpfend aufgezählt, so daß Mißbräuche ausgeschlossen werden konnten. Aber das neue Verwaltergesetz enthielt eine Verfassungsbestimmung, wonach es vom Wahlrecht ausgenommenen registrierten Nationalsozialisten ausdrücklich verboten war, als öffentlicher Verwalter tätig zu werden. Folglich erforderte das Gesetz die einstimmige Bewilligung des Alliierten Rates, aber die war nicht zu bekommen. Daraufhin wurde dieser Abschnitt aus dem Gesetz herausgenommen, wodurch es zum einfachen Bundesgesetz wurde, gegen das der Alliierte Rat nur einstimmig Veto einlegen konnte. Bei Uneinigkeit trat das Gesetz nach 31 Tagen automatisch in Kraft.

Genau dies geschah auch mit dem Verwaltergesetz. »Zu etwaigen Bedenken, daß es auf diese Art den früheren Nationalsozialisten doch möglich sein könnte, öffentliche Verwalterstellen zu bekommen, liegt eine bindende Erklärung des zuständigen Ressortministers vor, daß es nicht in seiner Absicht gelegen sei, ehemalige Nationalsozialisten zu öffentlichen Verwaltern oder Aufsichtspersonen zu bestellen[50].« Es war geradezu ein Merkmal der österreichischen Gesetzgebung in der Besatzungszeit, daß sich der Nationalrat wegen der Uneinigkeit des Alliierten Rates mit manchen Gesetzesentwürfen immer wieder beschäftigen mußte.

Das Verwaltergesetz sollte nun die Möglichkeit bieten, die Weiterführung eines Unternehmens sicherzustellen, wenn der Inhaber an der Führung des Betriebes verhindert war. Die öffentliche Verwaltung war aber nur als vorübergehende Maßnahme gedacht, die dann eintreten sollte, »wenn wichtige öffentliche Interessen an der Weiterfürhung des Unternehmens oder an der Erhaltung und Sicherstellung der Vermögenschaft (des Vermögensrechts) vorlagen« (§ 2). Sie blieb solange aufrecht, als auch die Ursachen für die Einsetzung vorhanden waren, in den meisten Fällen, bis die Eigentumsverhältnisse geregelt waren. Der betroffene Personenkreis war im Gesetz aufgezählt; es handelte sich vor allem um schwerbelastete Nationalsozialisten und Ariseure, um den Besitz von Flüchtigen oder Vermißten und um deutsche Staatsangehörige[51].

In ganz Österreich gab es im August 1947 6457 öffentliche Verwaltungen, die meisten davon in Wien, und hier vor allem in Gewerbe, Handel und Industrie, die zusammen 64 Prozent der öffentlichen Verwaltungen ausmachten. Auch die Liegenschaften nahmen mit 22 Prozent einen beachtlichen Anteil ein. Die einzelnen Betriebsgrößen und damit die Bedeutung der Unternehmungen war aber recht unterschiedlich, was aus nebenstehender Tabelle nicht hervorgeht. Doch handelte es sich bei den öffentlichen Verwaltungen überwiegend um Klein- und Mittelbetriebe.

Die Kompetenzen wurden auf dem Verordnungsweg weitgehend den Bundesländern übertragen, wobei allerdings die Kontrolle dem Bundesministerium für Vermögenssicherung und Wirtschaftsplanung überlassen blieb. »Die Kontrolle dieser Verwaltungen erfordert umfangreiche Arbeiten durch die Gebarungsprüfung, durch die Kontrolle der öffentlichen Verwalter sowie durch die Mitwirkung der Behörden bei Fragen der Verpachtung,

Übersicht über die öffentlichen Verwaltungen in Österreich, Stichtag 1. August 1947

	Wien	Burgen- land	Nieder- österreich	Ober- österreich Nord	Ober- österreich Süd	Salzburg	Steier- mark	Kärnten	Tirol	Vor- arlberg	Summe	in %
Bergbau – Energie	6	–	1	–	2	4	15	4	6	4	42	1
Industrie	514	5	111	12	25	3	40	34	37	63	844	13
Verkehr	21	–	2	1	–	–	7	2	7	–	40	1
Gewerbe	1.182	1	103	10	171	22	167	86	59	58	1.863	29
Handel	1.110	2	84	4	109	5	44	28	26	23	1.435	22
Geldwesen	49	–	3	–	–	–	24	1	2	–	79	1
Theater, Kino	200	–	9	2	1	–	5	4	2	2	225	3
Liegenschaften	806	2	114	11	3	29	108	184	82	53	1.392	22
Landwirtschaft	42	–	124	1	1	6	69	202	11	7	463	7
Bauverein	9	–	2	–	1	–	3	2	2	3	22	–
Sonstige Vereine	16	–	2	1	–	–	15	–	18	–	52	1
Summe	3.955	14	555	42	313	69	497	547	252	213	6.457	100
In %	61	–	9	6		1	8	8	4	3	100	

Quelle: Bericht des Bundeskanzlers an den Alliierten Rat über den Stand der Entnazifizierung mit Stichtag 1. August 1947, 60216-1, NA.

Stillegung, Veränderung von Teilen der Unternehmungen, bei Kreditaufnahmen, hypothekarischen Sicherstellungen, Übernahme von Bürgschaftsverpflichtungen, bei der Errichtung und Auflassung von Zweigniederlassungen, beim Abschluß von Dienstverträgen usw[52].« Unrentable Betriebe wurden geschlossen, wenn auch die Liquidierungen kein allzu großes Ausmaß angenommen haben dürften. Ein US-Bericht spricht von der Schließung von 368 ehemaligen Nazibetrieben bis Oktober 1946, das wären zwischen 5 und 10 Prozent der in öffentlicher Verwaltung gestandenen Betriebe[53].

Allerdings war es gar nicht so leicht, geeignete und qualifizierte Verwalter zu finden. Man griff manchmal auch daneben und setzte zum Teil als öffentliche Verwalter von arisierten Vermögenschaften sogar Personen ein, die selbst Nazi gewesen waren[54]. Besonders wenn eine gewisse fachliche Qualifikation und Berechtigung zur Unternehmensführung verlangt werden mußte, war das Auffinden geeigneter Persönlichkeiten schwierig. In vielen Fällen übernahmen Angestellte des Unternehmens selbst diese Funktion. Auch war die Stellung des öffentlichen Verwalters problematisch, da er sich im Spannungsfeld zwischen dem urprünglichen Eigentümer oder Besitzer, den öffentlichen Stellen und den Angestellten befand. Umfangreiche Streitigkeiten waren daher die Regel und die Auswechslung von öffentlichen Verwaltern aus stichhältigen oder weniger fundierten Gründen gar nicht so selten.

So zeigte die Regelung der Besitz- und Eigentumsverhältnisse nach dem Krieg, wie sehr die Entnazifizierung mit allen anderen Entwicklungen nach 1938 zusammenhing. Es war dies eine Entnazifizierung Österreichs, wie sie die Alliierten verstanden hatten, nicht nur als Befreiung vom Nationalsozialismus, sondern auch als Befreiung vom deutschen Einfluß, vor allem in der Wirtschaft. Da dieser Einfluß nach dem Anschluß durch die »Arisierungen«, die Vermögensbeschlagnahmen des Deutschen Reiches und auch die privatwirtschaftliche Beteiligungspolitik in Österreich außerordentlich groß geworden war, folgte nach dem Krieg eine Umkehrung und Rückgängigmachung dieser Entwicklung.

Von der »Germanisierung« und »Entpreußung« – wie es die Engländer nannten – hin zur Verstaatlichung eines Teiles der österreichischen Industrie; von der »Arisierung« und dem Vermögensverlust von politischen Gegnern hin zur öffentlichen Verwaltung und Rückstellung. Beide Prozesse dauerten bis in die fünfziger Jahre hinein und kamen erst mit dem Staatsvertrag 1955 zu einem gewissen Abschluß.

1 Siehe etwa Friedmann, S. 136 ff.
2 Für einzelne Bestimmungen der Entnazifizierungsbestimmungen in der Wirtschaft wurde herangezogen Heller-Loebenstein-Werner, S. II/333 ff.
3 Die Kommission bestand aus einem Richter und je einem Vertreter der Arbeitgeber und der Arbeitnehmer; beim Staatsamt für soziale Fürsorge war eine Berufungskommission eingerichtet.
4 Heller-Loebenstein-Werner, a. a. O.
5 Hub, »Säuberung der Wirtschaft von den Nazis«, *Arbeiter-Zeitung,* 10. 10. 1945.
6 A. a. O.
7 Hillegeist, 12. Sitzg., 22. 3. 1946, S. 155.
8 Uhlir, 29. Sitzg., 25. 7. 1946, S. 668.
9 Hillegeist, 33. Sitzg., 13. November 1946, S. 820.
10 Eine Ausnahme bildete die Bestimmung über den »Kollaborateur in der Wirtschaft«, die auf sowjetische Initiative in das NS-Gesetz 1947 aufgenommen wurde und wonach registrierungspflichtig und belastet waren: § 4 (1) e: »Leiter von industriellen, finanziellen und sonstigen wirtschafltichen Unternehmungen, die . . . für schuldig befunden wurden, tatkräftig an der Erreichung der Ziele der NSDAP oder ihrer angeschlossenen Organisationen mitgearbeitet, die Grundsätze des Nationalsozialismus unterstützt, für diese Propaganda gemacht oder nationalsozialistische Organisationen oder ihre Tätigkeit finanziert und durch eine dieser Handlungen die Interessen eines unabhängigen und demokratischen Österreich geschädigt zu haben.« Die Feststellung eines »Kollaborateurs der Wirtschaft« hatte auf Antrag der Standesvertretung, der Gewerkschaft oder einer Partei durch eine Kommission beim Bundesministerium für Inneres zu erfolgen.
11 Dies mußte am 18. 2. 1947, dem Tag des Inkrafttretens des Gesetzes, der Fall gewesen sein, und am 1. 1. 1945, um Zufälligkeiten oder Manipulationen mit der Betriebsgröße auszuschalten. Nicht als Dienstnehmer galten Pesonen, die Dienste leisteten, welche nicht den Gegenstand des Unternehmens ausmachten (Reinigung) oder nur vorübergehend beschäftigt waren (Ernte). Die besondere Rücksicht auf die Landwirtschaft wurde in der Bestimmung deutlich, daß Ehepartner, Eltern, Kinder und deren Ehepartner nicht als Dienstnehmer galten. Zusätzlich wurde bei landwirtschaftlichen Betrieben, deren Einrichtungen nicht über die Einkaufsmöglichkeiten hinausgingen, welche für den Eigentümer und seine nächsten Familienangehörigen notwendig waren, rechtlich nicht von einem Unternehmen gesprochen.
12 USACA, Legal Division, June 16, 1947, 60219-203.46, NA.
13 Heiterer, Information für den Bundeskanzler, 25. 2. 1947, 60219-1, NA.
14 USAF, Denazification Branch, March 12, 1947, 60219-1, NA.
15 USACA, Legal Division, June 16, 1947, 60219-203, NA.
16 Bericht USACA, Industrial Branche, June 22, 1947, 60219-1, NA.
17 Bericht USACA, Industrial Branch, June 22, 1947, 60219-1, NA.
18 Report Industrial Branche to Denazification Branche (Wallach) USACA, 60219-1, 1947, NA.
19 Vertreter von Interessen Dritter: Öffentliche Wirtschaftsprüfer, Vereidigte Buchprüfer, Steuerberater, Helfer in Steuersachen, Gewerbliche Buchrevisoren, Finanz- und Wirtschaftsberater, Gebäudeverwalter, Rechtsanwälte, No-

tare, Verteidiger in Strafsachen, Patentanwälte, Behördlich autorisierte und beeidete Ziviltechniker und beratende Ingenieure.
Gesundheitsberufe: Ärzte, Zahnärzte, Pharmazeuten, Dentisten (Zahntechniker), Tierärzte.
Fremdenverkehr und Monopolbetriebe: Fremdenbeherbergungsgewerbe, Gast- und Schankgewerbe, Großhandel mit Lebensmitteln, Tabakverschleißgeschäft, Geschäftsstellen der Klassenlotterie, Lottokollektur.
Kulturelles Leben: Urheber von Werken der Literatur; Verfasser von Druckschriften und Filmdrehbüchern; Journalisten; an der Herstellung einer Zeitung, einer Zeitungskorrespondenz oder eines Sammelwerkes beteiligte Personen; freischaffende und darstellende Künstler; Betrieb von Theater-, Konzert-, Kino-, Varieté-, Zirkus- und anderen Veranstaltungsunternehmungen; Vervielfältigung oder Handel mit literatischen Erzeugnissen; Filmverleihunternehmungen.
Die einzelnen detaillierten Bestimmungen finden sich bei Heller-Loebenstein-Werner, *Das Nationalsozialistengesetz, Das Verbotsgesetz 1947,* Wien 1947.

20 Gürtler, Reichsminister für Justiz, 27. 8. 1938, R 43 II 598, BA.

21 Vgl. Botz, *Wien vom Anschluß zum Krieg,* S. 243 ff.

22 Schreiben des Präsidenten der Rechtsanwaltskammer in Wien, 10. 4. 1946, an den Alliierten Kontrollrat in Wien, 260-676-46, NA.

23 Übersicht über die nach dem Nationalsozialistengesetz zugelassenen und nicht zugelassenen Rechtsanwälte und Notare in Österreich, Stichtag 1. 5. 1947, 60216-1/15, NA.

24 So untersuchte etwa die US-Besatzung in Wien die politische Vergangenheit von 1076 Ärzten und verfügte oder empfahl die Entlassung von 422. US-Commissioner, April 1946, S. 52.

25 Heller-Loebenstein-Werner, S. II/398.

26 Migsch, 28. Sitzg., 24. 7. 1946, S. 585.

27 Bericht des Bundeskanzlers an den Alliierten Rat über den Stand der Entnazifizierung, 15. 11. 1947, 60216-1/20, NA.

28 Die Übersicht basiert auf von den Landesarbeitsämtern ausgesandten Fragebögen, wobei bis zum Stichtag 19. 7. 1947 78,1 Prozent aller Registrierten erfaßt worden waren. Etwa 30.000 Fragebögen waren noch ausständig, die restlichen 7 bis 8 Prozent waren nach dem neuen NS-Gesetz nicht mehr registrierungspflichtig und konnten daher nicht mehr erfaßt werden. Im vorliegenden Umfang wurde daher die Untersuchung als abgeschlossen betrachtet. – Bericht des Bundeskanzlers an den Alliierten Rat über den Stand der Entnazifizierung, Wien 29. 7. 1947, 60216-1/10, NA.

29 Die Durchführung des NS-Gesetzes 1947 befand sich am Stichtag 10. 7. 1947 gerade am Anfang. Das spielt aber für die Aussagekraft dieser Tabelle keine so große Rolle, da die Massenentlassungen nur nach den ersten Entnazifizierungsgesetzen stattfanden und vom NS-Gesetz 1947 nur mehr etwa 15.000 Personen zusätzlich betroffen waren.

30 Arbeitnehmer + Arbeitslose/Arbeitslose. Zahlen aus: *Österreichisches Volkseinkommen 1913 bis 1963,* Österreichisches Institut für Wirtschaftsforschung, 14. Sonderheft, Wien 1965, S. 44.

31 Luza, S. 144; zur Arisierung siehe Luza, S. 142 ff., und Botz, S. 328 ff.

32 Nach Luza wurden in Wien 1939 8863 jüdische Wohnungen zur Verfügung gestellt, S. 194, Fußnote 34. – Angeblich sollen in Wien 60.000 Wohnungen und

Geschäftslokale geräumt worden sein, Granichstaetten-Czerva, »Wer ist Ariseur?«, *Wiener Zeitung,* Nr. 95, 1947.

33 J. S., »Die Flüsternazi«, *Arbeiter-Zeitung,* 3. 10. 1948.

34 Erläuternde Bemerkungen zur Regierungsvorlage des Nichtigkeitsgesetzes, 15. 5. 1946, 83 der Beilagen zu den Stenographischen Protokollen des Nationalrates.

35 A. a. O.

36 Feierliche Erklärung der Alliierten vom 5. 1. 1943 in London, Heller-Rauscher-Baumann, *Nichtigkeitsgesetz,* S. 41.

37 Es waren das Rückstellungsgesetz über die vom Deutschen Reich selbst entzogenen Vermögen, über Vermögen von Parteien und Organisationen, dann das 3. Rückstellungsgesetz, auf das hier vor allem eingegangen wird, das grundsätzlich alle übrigen Vermögen betraf; ferner Rückstellungsgesetze bei Ansprüchen von Mietern oder Pächtern von Wohnungen, Geschäftslokalen, Kleingärten, Ansprüche bezüglich unter dem Nationalsozialismus gelöschter oder geänderter Firmennamen, Ansprüche von Dienstnehmern, Rückstellungsansprüche von juristischen Personen, die ihre Rechtspersönlichkeit unter nationalsozialistischem Zwang verloren haben, und immaterielle Güterrechte. Siehe dazu genauer: Heller-Rauscher-Baumann, *Zweites und drittes Rückstellungsgesetz,* Wien 1947.

38 Nichtigkeitsgesetz vom 15. 5. 1946, BGBl. Nr. 206, § 1. Diese Handlungen waren außerdem durch das Kriegsverbrechergesetz strafbar, das unter § 6 »mißbräuchliche Bereicherung« vorsah: »Wer sich oder anderen unverhältnismäßige Vermögensvorteile durch Ausnützung der nationalsozialistischen Machtergreifung zukommen ließ«, sollte mit zehn bis zwanzig Jahren schweren Kerkers bestraft werden. Diese Strafbestimmung wurde jedoch nur dort angewendet, wo bei der Vermögensentziehung eine bewußte und grobe Ausbeutung des Vertragspartners vorlag. Heller-Loebenstein-Werner, S. II/139.

39 83 der Beilagen zu den Stenogr. Protokollen des Nationalrates, *Erläuternde Bemerkungen der Regierungsvorlage zum Nichtigkeitsgesetz.*

40 Ludwig, 44. Sitzg., 6. 2. 1947, S. 306.

41 Erläuternde Bemerkungen zum Gesetz über die Erfassung arisierter und anderer im Zusammenhang mit der nationalsozialistischen Machtübernahme entzogenen Vermögenschaften vom 10. 5. 1945; Heller-Rauscher-Baumann, *Wiedergutmachungsgesetz,* S. 66.

42 Siehe Anmerkung 41.

43 Erläuternde Bemerkungen zur Regierungsvorlage des 3. Rückstellungsgesetzes, 1946, 244 der Beilagen zu den stenogr. Protokollen des Nationalrates.

44 Erläuternde Bemerkungen . . ., a. a. O.

45 A. a. O.

46 Erläuternde Bemerkungen zur Regierungsvorlage des 1. Rückstellungsgesetzes, 26. 7. 1946, BGBl. Nr. 156, 139 d. Beil. zu den stenogr. Protokollen des Nationalrates.

47 Proksch, 7. Sitzg., 1. 2. 1946, S. 83.

48 Schumy, 7. Sitzg., 1. 2. 1946, S. 82.

49 US-Commissioner, Februar 1946, S. 158, Oktober 1946, S. 208.

50 Schumy, 30. Sitzg., 26. 7. 1946, S. 741. – Zum Verwaltergesetz siehe Heller-Rauscher-Baumann, *Verwaltergesetz,* Wien 1946.

51 Nach § 2 Verwaltergesetz 1946 konnten öffentliche Verwalter bei Unternehmen oder Vermögen von Personen bestimmt werden:
a) auf die die Bestimmungen des § 17 des Verbotsgesetzes Anwendung finden;

b) über die die ordentliche Untersuchungshaft wegen des Verdachtes einer strafbaren Handlung verhängt wurde, die mit der Einziehung des Vermögens bedroht ist;
c) die flüchtig oder unbekannten Aufenthalts oder aus sonstigen Gründen nicht in der Lage sind, für die ordnungsgemäße Führung des Unternehmens die nötigen Verfügungen zu treffen oder sonst keine Gewähr hierfür bieten;
d) die zur Anmeldung im Sinne des Gesetzes über die Erfassung arisierter und anderer im Zusammenhang mit der nationalsozialistischen Machtübernahme entzogener Vermögenschaften vom 10. Mai 1945, StGBl. Nr. 10 in der derzeitigen Fassung, verpflichtet sind, sofern die Gefahr einer Vermögensverschleppung besteht;
e) die entweder am 13. März 1938 die deutsche Staatsangehörigkeit besessen oder nach diesem Tage in Österrreich gelegene Vermögenschaften (Vermögensrechte) von einer derartigen Person erworben haben.

52 *Österreichisches Jahrbuch 1945–1946,* S. 347.

53 US-Commissioner, Oktober 1946, S. 209.

54 FO 371/55.191 – Der britische Bericht spricht davon, daß das österreichische Bundesministerium für Inneres 181 Verwalter von arisiertem Eigentum entheben mußte, weil sie Nazi waren. – Die US-Besatzung untersuchte in ihrem Bereich 167 öffentliche Verwalter, wobei sie bei zwanzig eine politische Belastung feststellte, zehn davon galten nach US-Bestimmungen sogar als schwerbelastet. US-Commissioner, April 1946, S. 52 (Mandatory Removal Group), PRO.

5. Die Reinigung der Literatur

Entnazifizierung wird oft gleichgesetzt mit personeller Säuberung. Tatsächlich waren Entlassungen und Berufsverbote auch die wichtigsten Maßnahmen der politischen Säuberung. Aber darüber hinaus erstreckte sich die Entnazifizierung auch noch auf andere Gebiete, wie bei der Entnazifizierung des Besitzes aufgezeigt werden konnte. Ebenso war etwa die Entnazifizierung der Gesetze ein umfangreiches Unterfangen. So wurden nicht nur die Gesetze mit nationalsozialistischem oder rassendiskriminierendem Inhalt aus dem österreichischen Rechtssystem ausgeschieden und viele Reichsgesetze wieder durch österreichische ersetzt, sondern auch die vielen Bezugnahmen auf den »Führer und Reichskanzler« in den einzelnen Gesetzen mußten ausgemerzt und durch den Bezug auf die Republik Österreich ersetzt werden.

Eine – zumindest überwiegend – nichtpersonelle Entnazifizierung gab es auch im Bereich der Literatur. Auch hier war es Ziel der Entnazifizierung, das rückgängig zu machen, was die Nationalsozialisten auf diesem Gebiet angerichtet hatten. Und der Nationalsozialismus hatte gerade im Bereich der Literatur und des gedruckten Wortes eine bewußte und aktive Politik betrieben. Das betraf einmal die Verbote und die Bücherverbrennungen, wobei in Österreich 1938 in wenigen Monaten das nachgeholt wurde, was der Nationalsozialismus im »Altreich« seit 1933 durchgeführt hatte. »Die sogenannten Säuberungsaktionen wüteten so vandalisch wie später die Bomben. So wurden 1939 die Bestände des katholischen Bibliotheks- und Lesevereins, der Volkslesehalle ... des Wiener Volksbildungsvereins, der Urania, der Pfarrbüchereien von den städtischen Büchereien übernommen und zum überwiegenden Teil aufgelöst. 90 Prozent der übernommenen Bestände, unter anderem die ganzen Schulbücher des Bundesverlages, wurden eingestampft. Der Begriff Österreich sollte ausgelöscht werden. Allein der Verein Zentralbibliothek hat 1938 und später durch Beschlagnahme von seiten der NSDAP über 100.000 Werke verloren. Die Gestapo konfiszierte in den tausenden und abertausenden Privatbüchereien Österreichs weitere Zehntausende, wenn nicht Hunderttausende von Büchern, Broschüren, Zeitschriften. Die riesigen Arbeiterbüchereien der Stadt Wien verloren durch die braune Säuberungsaktion über 60 Prozent ihrer Gesamtbestände. Demgegenüber muten die Bücherverbrennungen früherer Jahrhunderte wie die Stümperei von Anfängern an[1].«

Aber der Nationalsozialismus ließ es dabei nicht bewenden, sondern setzte auch aktive Maßnahmen. Nach der Beseitigung »der gesamten gegnerischen Kulturorganisationen und Kulturinstitutionen liberaler, jüdischer, freimaurerischer, marxistischer und politisch-konfessioneller Art[2]« wurde versucht, die entstandenen Lücken durch eine bewußte Personal- und Förderungspolitik im nationalsozialistischen Sinn wieder aufzufüllen. Denn durch den Anschluß Österreichs und des Sudetenlandes waren mit Wien und indirekt auch Prag die zwei wichtigsten Zentren gegnerischer Kultur und Schrifttumspolitik im deutschen Sprachraum ausgeschaltet[3]. »Abgesehen von Leipzig, galt Wien als das wichtigste Produktionszentrum deutscher Literatur. Etwa 200 jüdische Verlagshäuser wurden liquidiert und alle Buchverlage gründlich durchleuchtet. In einem Publikationsprogramm wählte man einige österreichische Autoren aus, die dem vorgesehenen Standard entsprachen – Mirko Jelusich, Bruno Brehm, Robert Holbaum, Karl Hans Strobl –, sie wurden dadurch populär gemacht, daß ihre Romane in Riesenauflagen erschienen[4].«

Diese Durchdringung und Überschwemmung mit nationalsozialistischen Schriften galt es nun 1945 zu beseitigen.

Die Literaturreinigung erfolgt bei der Bevölkerung und den Verwaltungsbehörden vorerst spontan und ohne Anweisungen von oben. »Bilder und Inschriften sind im Nu verschwunden. Ebenso selbstverständlich verschwanden diese Bücher aus den Auslagen der Buchhandlungen, und auch die Nazi haben ihre Bücher wohlweislich versteckt. Das war eine Reinigung[5].«

Auch die Verwaltungsbehörden trachteten von sich aus danach, daß alle diese Literatur verschwand. »In allen Büchereien, vom Unterrichtsministerium angefangen bis in die letzte Elementarschule, Schüler- oder Lehrerbibliothek, ist diese Reinigung bereits längst erfolgt. Ähnlich geschah es auch in den anderen öffentlichen Büchereien, und selbst die Verlage und Buchhandlungen haben aus einem politischen Gefühl heraus diese Bücher bereits aus ihren Beständen entfernt, ja selbst der einzelne Private, der ein solches Buch gehabt hat, hat sich seiner entledigt. So konnte man im Jahre 1945 neben den zertrümmerten Büsten der nationalsozialistischen Götzen auf den Schutthaufen auch diese Literatur in ganz großen Mengen finden[6].«

Auf der generellen Basis des Verbotsgesetzes und ohne eine besondere gesetzliche Regelung abzuwarten, wiesen das Unterrichtsministerium und die Landesregierungen in mehreren Erlässen die Schulbehörden, Volksbildungsstätten, Bibliotheken, Leihbüchereien und Buchhandlungen an, nationalsozialistische Literatur und alle der Völkerversöhnung feindlichen und den Rassenhaß fördernden Schriften auszuscheiden und unter Verschluß zu halten. Zur Erleichterung dieser Arbeit wurde im Jänner 1946 eine Liste der gesperrten Autoren und Bücher herausgegeben. Aufgrund dieser Liste waren alle Schriften, die eindeutig nationalsozialistische Ideologie enthielten oder der Kriegsverherrlichung, dem positiven Militarismus und der Förderung des Rassenhasses dienten, sowie alle Autoren, die bekannte Faschistenführer oder Kriegsverbrecher waren, von der Verbreitung und dem Gebrauch an Bibliotheken ausgeschlossen. Für die in der Verbotsliste angeführten und für die Ablieferung vorgesehenen Werke wurden Ablieferungsorte bei den Bezirksbehörden und zentrale Sammelpunkte in den Ländern bestimmt[7].

So wurden in den städtischen Büchereien Wiens nach 1945 60.000 Bücher oder etwa 40 Prozent des Gesamtbestandes als faschistisches Schriftgut entfernt. Die Säuberung wurde auf der Grundlage der offiziellen Sperrlisten durchgeführt, unter der Aufsicht einer Sichtungskommission[8]. Zusätzlich wurden herrenlose Privatbibliotheken auf faschistisches Schriftgut hin untersucht und alle diese Bücher an Sammelstellen gelagert, von wo die Nationalbibliothek sie übernahm und unter Kontrolle der österreichischen Regierung und der Alliierten einstampfen ließ. Auf diese Weise übergaben die Wiener Städtischen Büchereien bis zum September 1945 92.350 Bücher zur Vernichtung[9].

Die Literaturreinigung erfolgte daher in Österreich im Sinne der Entnazifizierungsgesetze, aber ohne spezielle gesetzliche Grundlage, fast aus einer gewissen »Selbstverständlichkeit« heraus.

Zu einem besonderen Gesetz kam es erst auf Initiative der Besatzungsmächte. Bereits im Oktober 1945 befaßte sich der Alliierte Rat mit einem sowjetischen Vorschlag zu einem Gesetz über die Entfernung faschistischer Literatur in Österreich. Die sowjetischen Vorschläge sahen eine umfassende Entfernung und Zerstörungen von faschistischen Druckwerken aller Art und auf allen Gebieten vor, wobei nur noch jeweils zwei Exemplare im Unterrichtsministerium aufbewahrt werden sollten. Im Verlauf der Monate November und Dezember 1945 arbeiteten die Alliierten eine Direktive über die Entnazifizierung der Literatur aus, die dann am 10. Januar 1946 im Alliierten Rat angenommen wurde. Diese

Entschließung sah im einzelnen vor:

1. Die Entfernung aller nationalsozialistischen und gegen die Alliierten gerichtete Literatur muß von den österreichischen Behörden durchgeführt werden.

2. Die Entfernung betrifft nationalsozialistische und gegen die Alliierten gerichtete Schriften auf allen Gebieten: Politik, Wirtschaft, Philosophie, Technik, Geschichte, Kunst, Erziehung, auch auf den Gebieten der periodischen Publikationen, Plakate, Filme, Diagramme und Alben.

3. Alle öffentlichen und privaten Bibliotheken, Buchgeschäfte, Warenhäuser und Verlage unterliegen der Entfernung von nationalsozialistischer oder gegen die Alliierten gerichteter Literatur. Gleichzeitig werden Kataloge, Indexkarten und Inventarbücher gereinigt.

4. Für wissenschaftliche Studien und Forschungszwecke ist es erlaubt, einen besonderen Bestand (zwei Exemplare jeder Ausgabe) der zu entfernenden Schriften an der Nationalbibliothek und den Universitätsbibliotheken, ebenso an den Bibliotheken anderer höherer Bildungsanstalten in Österreich entsprechend ihrem Ausbildungsziel zu belassen. Die Verantwortung für die ordentliche Zusammenstellung dieser Bestände und den Gebrauch dieser Literatur ist dem Unterrichtsminister übertragen.

5. Die Entfernung der nationalsozialistischen und gegen die Alliierten gerichteten Literatur hat innerhalb von zwei Monaten nach Erhalt dieser Entschließung des Alliierten Rates durch den Erziehungsminister zu erfolgen.

6. Alle nationalsozialistische und gegen die Alliierten gerichtete Literatur, welche von den Bibliotheken, Buchgeschäften, Warenhäusern und Verlagen entfernt wurde, ist für ein späteres Einstampfen unter Leitung der Alliierten besonders zu lagern.

7. Zur Beschleunigung der Entfernung von nationalsozialistischer Literatur aus den österreichischen Buchbeständen hat ein Zentralkomitee beim Unterrichtsministerium errichtet zu werden. In Wien steht dieses Komitee unter der Schirmherrschaft des Bürgermeisters, in den Bundesländern unter der der Landtage.

8. Die österreichische Regierung hat bis zum 25. Januar 1946 einen Gesetzesentwurf vorzulegen, der die Verfolgung von Personen vorsieht, die Naziliteratur, -plakate, -zeitungen, -Illustrierte, -Handschriften, -porträts und -karten verbergen[10].

Diese Entschließung wurde der österreichischen Regierung übergeben, mit der Aufforderung, gemäß diesen Richtlinien ein Literaturreinigungsgesetz auszuarbeiten. Die Bundesregierung kam dem alliierten Auftrag nach und legte dem Nationalrat ein »Bundesverfassungsgesetz betreffend die Vernichtung von Druck- und Bildwerken nationalsozialistischen Gehalts oder eines den alliierten Mächten feindlichen Charakters« vor.

Die im Nationalrat vertretenen Parteien taten sich aber mit dem Literaturreinigungsgesetz schwer. Es widerstrebte ihren grundsätzlichen Auffassungen, insbesondere nach den Erfahrungen der dreißiger und vierziger Jahre, irgendwelche Einschränkungen der politischen Meinungsfreiheit zu dekretieren. Diese Bestimmungen berührten grundsätzliche Fragen der Demokratie, und im österreichischen Nationalrat wurde das Gesetz mit einem gewissen Unbehagen behandelt. »Unsere demokratische Auffassung über die freie Meinungsäußerung in Wort und Schrift und Bild macht es uns nicht leicht, eine solche Zwangsmaßnahme zu ergreifen«, stellte der ÖVP-Abgeordnete Frisch in seiner Funktion als parlamentarischer Berichterstatter fest. »Wir haben solche Literaturreinigungen in der österreichischen Geschichte im Verlauf eines Menschenalters schon mehrere Male mitgemacht, so daß wir vor einer gewissen Leere stehen[11].«

Für die Sozialistische Partei versuchte der Abgeordnete Scharf die Maßnahme zu rechtfertigen: »Es bedarf wohl einer gewissen Erklärung, wenn eine Partei, deren Entwicklung und Wachstum mit dem Kampf um die Geistesfreiheit eng verbunden ist, einem Gesetz wie dem vorliegenden seine Zustimmung gibt . . . Es ist also nicht die Angst, wie sie etwa die Nationalsozialisten zu den Bücherverbrennungen geführt hatte, sondern es ist eine viel weitgehendere Begründung. Es ist vor allem die Konsequenz des Kampfes um die Geistesfreiheit selbst, die schließlich dahin führen muß, alle Werke, die sich gegen die Geistesfreiheit wenden, zu bekämpfen und auszuschalten. Wir haben aus den Erfahrungen der vergangenen Jahre gelernt, daß man die demokratischen Freiheiten nicht jenen gewähren darf, die entschlossen sind, diese Freiheiten zur Vernichtung der Demokratie auszunützen. Es ist dasselbe, wie sich auch niemand mit einem Partner zu einem Schachspiel zusammensetzt, von dem er weiß, daß er die Regeln des Schachspiels nicht anerkennen wird[12].«

Auch die *Arbeiter-Zeitung* setzte sich mit der Problematik der Literaturvereinigung als – zumindest scheinbar – antidemokratischer Maßnahme auseinander: »Vor allem muß der oberflächliche Eindruck verhütet werden, als handle es sich hier um ein umgekehrtes Nazigesetz. Das ist kein Gegenstück zur Goebbelsschen Bücherverbrennung, die den Geist traf; hier handelt es sich um die

Beseitigung von Dingen, die als Werkzeug der Weltvergiftung gedient haben, deren Verwendung zum Verbrechen bereits erwiesen ist.« Das Gesetz sei daher »ein Schutz gegen die Verbreitung verbrecherischer Mittel, gegen gedruckte Mordwerkzeuge . . . Es ist eine Erweiterung der gesetzlichen Bestimmungen über das Verbot hochverräterischer oder aufrührerischer Literatur. Gewiß, diese Bestimmung hat der in den Traditionen der Demokratie aufgewachsene freiheitliche Sozialismus immer mit Unbehagen betrachtet, da sie allzuoft von reaktionären Regierungen gegen ihn selber angewendet wurde. Aber gerade wir Sozialisten verstehen, daß dies ein Beispiel, ja geradezu ein Prüfstein für den Grundsatz ist, den wir im Laufe der letzten zwei Jahrzehnte in furchtbaren Prüfungen gelernt haben: daß Demokratie nur für Demokraten gelten kann. Den Feinden der Freiheit dürfen nicht wieder im Namen der Freiheit die Waffen geliefert oder belassen werden, mit denen sie dann die Freiheit umbringen. Das gilt auch von den geistigen Waffen[13]«.

Ganz in diesem Sinn stellte auch der Kommunist Ernst Fischer für seine Partei fest: »Es gehört zum Wesen der menschlichen Gesittung und der Zivilisation, daß der Bereich des Erlaubten eingeengt wird, und ich glaube, darin liegt kein Widerspruch zur Demokratie[14].«

Schließlich wurde das Literaturreinigungsgesetz auch noch mit »staatspolitischen Erwägungen« und mit Rücksicht auf die Alliierten begründet, die es wünschenswert erscheinen ließen, »das weltgeschichtlich geistige und sittliche Übel von der Bedeutung des Nationalsozialismus konkret aus der Literatur herauszuheben und durch ein eigenes Bundesverfassungsgesetz zu bekämpfen[15]«. Allerdings war man sich auf allen politischen Seiten darüber im klaren, daß mit einem Verbot allein noch wenig getan war. »Es genügt nicht, das Gift des Nationalsozialismus in seinen gedruckten Manifestationen zu bekämpfen, seine Verbreitung zu hindern und zu bestrafen«, wie es die sozialistische Parteizeitung ausdrückte, »dem Gift muß entgegengewirkt werden durch gesunde geistige Nahrung.« Und der parlamentarische Berichterstatter richtete einen Mahnruf an die Schöpfer der Literatur, Forscher und Gelehrten, Künstler und Dichter, die Leere auszufüllen: »Ein Gesetz zur Schaffung neuer Werke können wir nicht herausgeben[16].«

Der österreichische Nationalrat nahm schließlich am 20. März 1946 das Literaturreinigungsgesetz an, das im wesentlichen den alliierten Forderungen entsprach. Danach waren alle Druckwerke, welche die Grundsätze der Nationalsozialisten oder sonstiger faschistischer Parteien vertraten, ablieferungspflichtig. Ursprünglich hatten diese Worte »oder sonstiger faschistischen Parteien« gefehlt. Sie waren erst während der parlamentarischen Verhandlungen auf Initiative der Sozialistischen Partei hinzugefügt worden. Die zweite Gruppe der ablieferungspflichtigen Druckwerke umfaßte alles, was gegen die Politik und die Kriegführung der alliierten Mächte gegen das nationalsozialistische Deutsche Reich gerichtet war – ein Passus, an dem man heute durchaus einige Kritik anbringen könnte und der nur indirekt mit der Entnazifizierung zu tun hatte. Auch wurde ein Zentralkomitee beim Unterrichtsministerium gegründet, welches für die Liste der ablieferungspflichtigen Werke zuständig war und ein fachmännisches Urteil über den Charakter einzelner Literaturwerke abzugeben hatte[17]. Die Strafbestimmungen für die Zurückhaltung solcher Literatur waren drakonisch. Der Besitz eines Buches sollte mit mindestens sechs Monaten Arrest, in schweren Fällen sogar mit zwei Jahren geahndet werden.

Aber die österreichischen Parlamentarier hatten auch an den einzelnen Maßnahmen der Literaturreinigung nach dem Verständnis der Besatzungsmächte einiges auszusetzen. So war ihnen die Anzahl der Bibliotheken, die ein Kontingent der verbotenen Werke behalten durften, zu gering. Denn es war keine einzige Landesbibliothek darunter, ebensowenig wie die Städtische Bibliothek Wien. Und es widerstrebte ihnen auch, aus praktischen wie aus prinzipiellen Gründen, die Reinigung von Privatbibliotheken von Einzelpersonen anzuordnen. Für die österreichischen Gesetzgeber aber wichtig und wesentlich waren die Bestimmungen über die Ausnahmen von der Bücherablieferungspflicht. In der alliierten Entschließung und in der ersten Regierungsvorlage waren nur Werke für wissenschaftliche Zwecke an Hochschulen und der Nationalbibliothek ausgenommen. Der Nationalrat war der Meinung, daß dies zu wenig sei. Insbesondere sollten solche Personen oder Institutionen unbedingt im Besitz solcher Werke bleiben können, die aufgrund ihrer öffentlichen Tätigkeit jederzeit Einblick in diese Literatur haben sollten: »Es ist selbstverständlich, daß wir zur Bekämpfung des Nationalsozialismus seine geistigen Waffen genau kennen müssen[18].« Der Nationalrat legte deshalb im Gesetz fest, daß die gewählten Mitglieder des österreichischen Parlaments und auch andere Personen des öffentlichen Lebens in ihrer politischen Tätigkeit nicht durch eine Ablieferungspflicht eingeengt werden sollten und mit Genehmigung des Unterrichts- und des Innenministeriums auch solche verbotenen

Bücher in ihren Privatbibliotheken behalten durften.

Das Literaturreinigungsgesetz wurde in dieser Form verabschiedet und dem Alliierten Rat vorgelegt, der es, eben wegen dieser Ausnahmebestimmungen, einstimmig ablehnte. Der Alliierte Rat stellte fest, daß dieser Gesetzentwurf mit seinen Beschlüssen vom 10. Januar 1946 nicht übereinstimmte, und schickte ihn zum Nationalrat zurück. Der aber bestand auf seiner Haltung und faßte im Juli 1946 einen Beharrungsbeschluß[19]. Um die Frage, ob die österreichischen Abgeordneten berechtigt sein sollten, in ihrer öffentlichen Tätigkeit, in der Auseinandersetzung mit dem Nationalsozialismus auch dessen Literatur in ihren Privatbibliotheken zu haben, entspann sich nun eine lange Auseinandersetzung. Die Abgeordneten standen auf der einen Seite, der Alliierte Rat auf der anderen und die österreichische Regierung in der Mitte. Sie hatte entsprechend den Anweisungen des Alliierten Rates das Literaturreinigungsgesetz dem Nationalrat vorzulegen und bekam es dann von dort mit dem Abgeordnetenprivileg wieder zurück. »Die Parlamentsmitglieder waren zutiefst davon überzeugt, daß Minister, Parlamentsangehörige, Pressevertreter und andere führende Personen des öffentlichen Lebens solche Bücher als Bezug für einen wirkungsvollen Kampf gegen zukünftige Nazi-Aktivitäten benötigen[20].« Auch der Hinweis der Alliierten, die Personen des öffentlichen Lebens sollten eben ihre Bedürfnisse bei den Bibliotheken befriedigen, überzeugte nicht. Auf diese Weise kam das Literaturreinigungsgesetz dreimal vor den Alliierten Rat (April 1946, Dezember 1946 und April 1948), jedesmal mit der Bestimmung, derentwegen sie vorher abgelehnt worden war, daß Personen im öffentlichen Leben zur Ausübung ihrer Pflicht der Besitz verbotener Bücher erlaubt sein müsse. Und der Nationalrat hatte sich sogar sechsmal mit diesem nicht in Kraft getretenen Gesetz zu befassen. Noch öfter intervenierte die österreichische Regierung, die immer wieder dem Alliierten Rat eine Bilanz über die bereits vollzogene Literaturreinigung vorlegte und den Alliierten Rat ersuchte, seinen Standpunkt doch zu überprüfen.

Diese Auseinandersetzung, die im Jahr 1946 begann, zog sich über die Jahre 1947 und 1948 hin, mit Stellungnahmen, Korrespondenzen und Beschlüssen auf österreichischer wie auf alliierter Seite. Als das Gesetz im Mai 1949 auch noch vom Bundesrat abgelehnt wurde – mit der Begründung, daß die Ausnahmebestimmungen auch auf die Landesbibliotheken ausgedehnt werden müßten –, war man endgültig in einer Sackgasse angelangt[21]. Es waren nun bereits drei Jahre seit dem ersten Gesetzesbeschluß vergangen. Und schon seit September 1947 hätten sich die drei westlichen Alliierten mit dem österreichischen Gesetzesentwurf einverstanden erklärt, die Russen bestanden jedoch auf einer Erfüllung der ursprünglichen alliierten Forderungen. Ende 1949 waren aber die Amerikaner, die Briten und die Franzosen von diesem Gesetz bereits genauso »fed up«[22], hatten bereits genauso die »Schnauze voll« wie die Österreicher. Der Alliierte Rat forderte nun nicht mehr, sondern ließ nunmehr beim Bundeskanzler anfragen, was er zu tun gedenke.

Das ganze Literaturreinigungsgesetz war bereits überholt. Die Literaturreinigung, soweit sie überhaupt durchführbar war, war schon ohne dieses Gesetz vollzogen worden. 1950, nachdem die Minderbelasteten-Amnestie bereits zwei Jahre vorüber und die ganze Entnazifizierung im Ausklingen war, war die Entfernung von Naziliteratur kein vorrangiges Problem mehr. Der zuständige Parlamentsausschuß kam daher zu der Überzeugung, daß das Gesetz nicht mehr notwendig sei[23]. Er war der Meinung, daß alle öffentlichen Bibliotheken bereits völlig von Nazischriften gereinigt seien, ebenso die privaten Leihbibliotheken und der Buchhandel. Der Vertrieb von Nazibüchern war bereits durch das NS-Gesetz 1947 verboten. Als zusätzliche Garantie hatte der Unterrichtsminister auf dem Verordnungsweg den Umlauf von unerwünschten Büchern blockiert. Schließlich fragte der Bundeskanzler beim Alliierten Rat an, ob er nach der ablehnenden Haltung des parlamentarischen Ausschusses immer noch auf einer Annahme des Literaturreinigungsgesetzes bestehen sollte. Abgesehen von den Russen hielten aber auch die Alliierten dieses Gesetz nicht nur für unnötig, sondern sahen darin sogar eine potentielle Gefahr für die demokratischen Freiheiten[24].

ANMERKUNGEN

1 Margarete Fichna, »Über 12 Millionen Bücher zerstört«, *Wiener Zeitung,* 12. 2. 1948.
2 Jahresbericht 1938 des Reichssicherheitshauptamtes, Bd. 2, S. 1.
3 A. a. O., S. 133.
4 Luza, S. 185.
5 Frisch, 11. Sitzg., 20. 3. 1946, S. 141.
6 Frisch, »Sechster Beschluß über Literaturreinigungsgesetz«, *Wiener Zeitung,* 13. 5. 1949.
7 »Die Literaturreinigung«, *Wiener Zeitung,* 20. 12. 1946.

8 Diese Kommission bestand aus je einem Vertreter des Unterrichtsministeriums, des Verbandes demokratischer Schriftsteller und Journalisten Österreichs und der Wiener Stadtbibliothek.

9 Bürgermeister Körner an die Wiener Interalliierte Kommandantur, Sowjetische Sektion, 12. April 1947, 60216-3/47, NA.

10 Pressenotiz über die Reinigung von Naziliteratur, USACA, 60236-3, NA.

11 Frisch, 11. Sitzg., 20. 3. 1946, S. 142.

12 Scharf, 11. Sitzg., 20. 3. 1946, S. 142.

13 »Literaturreinigung«, *Arbeiter-Zeitung,* 15. 3. 1946.

14 Fischer, 11. Sitzg., 20. 3. 1946, S. 143.

15 »Literaturreinigung«, *Arbeiter-Zeitung,* 15. 3. 1946.

16 Frisch, 11. Sitzg., 20. 3. 1946, S. 142.

17 Die »Zentralkommission zur Bekämpfung der NS-Literatur beim Bundesministerium für Unterricht« nahm tatsächlich ihre Tätigkeit auf, hatte aber bis August 1948 erst eine Verbotsliste aufgestellt, die gerade sechs Autoren umfaßte. Daneben wurde auch eine »Ablieferungsliste« angelegt, für Werke, die zwar nationalsozialistisches Gedankengut enthielten, aber dieses nicht in propagandistischer Absicht darstellten. Die Zahl der zur Ablieferung bestimmten Werke betrug zu diesem Zeitpunkt gerade fünfzehn. Die Kommission ging aufgrund von Anzeigen und der 1946 vom Unterrichtsministerium herausgegebenen »Liste der gesperrten Autoren und Bücher« vor und versuchte auch eine Rechtfertigung für das geringe Resultat ihrer Arbeit zu geben: »Die Arbeit ist ungemein zeitraubend und geht deshalb nur langsam vorwärts, weil nicht nur alle behandelten Werke gelesen werden müssen, sondern auch, weil es notwendig ist, zur gerechten Abrundung des Bildes auch die polizeilichen Erhebungen über das politische Verhalten der Autoren während der nationalsozialistischen Zeit heranzuziehen.« Schreiben der »Zentralkommission zur Bekämpfung der NS-Literatur beim Bundesministerium für Unterricht« an das Bundesministerium für Unterricht, Sektion I, Wien, 13. August 1948, 60216-3/28, NA.

18 Frisch, 11. Sitzg., 20. 3. 1946, S. 141.

19 29. Sitzg., 25. Juli 1946, S. 682 f.

20 Pressenotiz über die Reinigung von NS-Literatur, USACA, 25. August 1950, 60236-3, NA.

21 Die Ablehnung erfolgte am 24. Mai 1949.

22 Pressenotiz über die Reinigung von NS-Literatur, USACA, 25. August 1950, 60236-3, NA.

23 »Sechster Beschluß über Literaturreinigungsgesetz«, *Wiener Zeitung,* 13. 5. 1949, und Pressenotiz, a. a. O.

24 Pressenotiz über die Reinigung von NS-Literatur, a. a. O.

6. Die Volksgerichte

Die Entnazifizierung hatte – natürlich – auch eine strafrechtliche Seite. Es war ja bereits in der ersten Regierungserklärung angekündigt worden, daß jene, »welche aus Verachtung der Demokratie und der demokratischen Freiheiten ein Regime der Gewalttätigkeit, des Spitzeltums, der Verfolgung und Unterdrückung über unserem Volke aufgerichtet und erhalten, welche das Land in diesen abenteuerlichen Krieg gestürzt und es der Verwüstung preisgegeben haben«, auf keine Milde rechnen könnten und unter ein Ausnahmerecht gestellt werden sollten[1]. Die Aburteilung von nationalsozialistischen Verbrechen erfolgte daher nicht aufgrund der gewöhnlichen österreichischen Gesetze, sondern aufgrund von Sondergesetzen und durch Sondergerichte: die Volksgerichte.

Diese Sondergerichte wurden an den Sitzen der Oberlandesgerichte errichtet. Sie arbeiteten in Senaten mit zwei Berufsrichtern

Der Wiener Werkelmann

Es tritt heut' mit dem Volksgericht
ein ganzes Volk zusammen,
um vor der Welt die Unterwelt
Herrn Hitlers zu verdammen.

Merkwürdig ist es sicher, wenn
in dem und jenem Falle
ein Illegaler ganz — legal
steht vor dem Tribunale.

Das Pg-sindel kann kein Mensch
von seiner Schuld entbinden,
die Haken-Kreuzelschreiber-Tat
Wird ihre Sühne finden.

Es wird nun gründlich ausgemerzt,
was Schuld an unserm Leid.
Die braune Pest in unserm Land
erlischt für alle Zeit...

Quelle: Das kleine Volksblatt, 14. August 1945

und drei Schöffen. Die Laienrichter konnten nicht nur über die Schuld, sondern auch über das Strafausmaß mitbestimmen, worauf wohl der Name »Volksgericht« zurückzuführen sein dürfte. Auf diese Sondergerichte fand die Strafprozeßordnung nur teilweise Anwendung. Vor allem entschieden die Volksgerichte endgültig, in erster und einziger Instanz, unter Ausschluß ordentlicher Rechtsmittel wie der Berufung. Nur der Oberste Gerichtshof konnte von Amts wegen ein Urteil aufheben. Die Volksgerichte waren daher »Ausnahmegerichte mit verkürztem Verfahren«[2] zur strafrechtlichen Behandlung der Entnazifizierung und von Kriegsverbrechen.

Bereits das Verbotsgesetz hatte strafrechtliche Bestimmungen gegen nationalsozialistische Funktionäre, Förderer und Illegale gesetzt, ursprünglich vom Rang des Gauleiters und mit der Novellierung des NS-Gesetzes 1947 vom Rang des Kreisleiters aufwärts. Ferner sollte das Strafgesetz auch jene Personen treffen, die in Verbindung mit ihrer nationalsozialistischen Betätigung »Handlungen aus besonders verwerflicher Gesinnung, besonders schimpfliche Handlungen oder Handlungen, die den Gesetzen der Menschlichkeit gröblich widersprechen«, begangen hatten.

Das Verbotsgesetz ging hier über ins Kriegsverbrechergesetz, das eigentliche Strafrecht in der Entnazifizierung, das am 26. Juli 1945 in Kraft trat. Dieses Gesetz stellte im einzelnen unter Strafe: Kriegsverbrechen im engeren Sinne, Kriegshetze, Quälerei und Mißhandlungen, Verletzung der Menschlichkeit und der Menschenwürde, Vertreibung aus der Heimat, mißbräuchliche Bereicherung, Denunziation und letztlich auch Hochverrat am österreichischen Volk. Das Kriegsverbrechergesetz drohte Todesstrafe und Vermögensfall an, wobei jedoch »in besonders berücksichtigungswürdigen Fällen« anstelle der Todesstrafe lebenslänglich oder mindestens zehn Jahre schweren Kerkers verhängt werden konnte.

An sich waren die Straftatbestände überwiegend solche, die auch nach dem österreichischen Strafrecht hätten verfolgt werden müssen. Es stellt sich daher die Frage, warum überhaupt solche Sondergesetze notwendig waren, eine Frage, die der Schöpfer des Kriegsverbrechergesetzes, Josef Gerö, 1945 Staatssekretär für Justiz, selbst beantwortete:

»Das österreichische Strafgesetz rechnet mit Menschen, aber nicht mit Nationalsozialisten. Es bestraft den ›bösen Vorsatz‹, der Menschen zum Verbrechen treibt. Die nazistischen Untaten jedoch verraten eine solche Bestialität, daß man ihnen mit den bisher geltenden Strafparagraphen nicht gerecht werden kann. Durch diese Bestialität ist das neue Gesetz erzwungen worden ... Es sind Fälle vorgekommen, daß auf Befehl deutscher Kommandeure ganze Dörfer niedergebrannt und dem Erdboden gleichgemacht wurden, bloß deshalb, weil ein einziger Partisan sich innerhalb der Dorfgemeinde verborgen hielt. Hier wäre nach dem alten Gesetz bloß das Delikt der Brandstiftung und der boshaften Sachbeschädigung gegeben. Nicht selten hat sich auch der Fall ereignet, daß Menschen gezwungen wurden, ihren eigenen Kot zu essen. Wenn aus einer solchen Unmenschlichkeit keine weitere Schädigung entstanden ist, würden hier bloß die Schutzbestimmungen für die körperliche Sicherheit gelten, es wäre eine einfache Übertretung mit geringfügigem Strafsatz. Klar, daß die bisherige Gesetzgebung dem Wesen solcher Straftaten nicht gerecht wird; an derartige Bestialitäten hat der Gesetzgeber nicht gedacht ... Das Zustandekommen des Gesetzes entspricht drei Forderungen: einer innenpolitischen, einer außenpolitischen und einer Forderung der Opfer und Märtyrer. Innenpolitisch ist zu sagen, daß nicht nur die österreichisch gesinnte Bevölkerung, sondern sogar jene nazistischen Kreise, die zum österreichischen Staatsgedanken zurückfinden wollen, die Trennung von jenen Elementen verlangen, die konkrete Straftaten begangen haben. Außenpolitisch ist das Gesetz deshalb wichtig, weil es einen Teil des geforderten Beitrags liefert, mit dem wir unsere radikale Abkehr vom Nazismus bekunden. Und was die dritte Forderung anlangt, ist es einfach eine Schuld, die wir an den Opfern der Naziverbrechen abzutragen haben, indem wir die Urheber der Verbrechen zur Verantwortung ziehen ... Es liegt mir ferne, Bluttribunale aufrichten zu wollen und serienweisen Hinrichtungen das Wort zu sprechen. Es soll nur in den schwersten Fällen, wo Gnade geradezu ein Unding wäre, klarer Tisch gemacht werden. Auch in jener Zeit, als in Österreich die Todesstrafe abgeschafft war, blieb für außerordentliche Fälle der Galgen aufgerichtet, und zwar beim Standrecht. Auch unseren heutigen Zustand in Österreich kann man wohl als einen staatlichen Notstand bezeichnen, und deshalb können wir auch jetzt von der Todesstrafe nicht absehen ... Wir wollen ein Verfahren, das im Gegensatz zum nazistischen Justizmißbrauch mit allen Rechtsgarantien ausgestattet ist. Darum will ich weder heute noch in irgendeinem künftigen Zeitpunkt der kommenden Rechtsprechung in irgendeiner Weise vorgreifen oder den Richtern eine vorgefaßte Meinung aufoktroyieren. Unsere österreichischen Richter werden nach freier Beweiswürdigung ihr Urteil schöpfen und damit dem

Geist des Gesetzes ebenso wie seinem Inhalt gerecht werden[3].«

Das Kriegsverbrechergesetz war also ein Sühnegesetz, das für die von den Nationalsozialisten begangenen Taten gerechte Strafen herbeiführen sollte. Daher fiel hier der wesentliche Zweck jeder Strafandrohung, die Verhütung strafbarer Handlungen, weg. »Das Kriegsverbrechergesetz ist seiner Natur nach und seinem Zwecke nach ein Strafgesetz, das in der Vergangenheit liegende Handlungen verfolgt, dem also rückwirkende Kraft innewohnt.«

Das Kriegsverbrechergesetz war demnach eine Ausnahmeerscheinung im österreichischen Recht und auch nur als solche zu erklären und zu rechtfertigen. »Katastrophen bedingen außerordentliche Maßnahmen, gleichgültig, ob sie sich in der Natur oder im Leben eines Staates oder Volkes ereignen. Taten, wie sie die Nationalsozialisten setzten, konnten vom Standpunkt der Idee der Sittlichkeit nicht ungesühnt bleiben. Aus ethischen Rücksichten mußte eine Reaktion erfolgen ... Das Kriegsverbrechergesetz stellt also den Versuch dar, eine sittliche Forderung im Wege eines Strafgesetzes zu erfüllen[4].«

Zwei Bestimmungen dieses Gesetzes waren nicht so sehr auf Kriegsverbrechen, wie auf die Entnazifizierung ausgerichtet. Bei der einen war die Strafbarkeit nicht an eine individuelle Schuld, sondern an eine Funktion geknüpft. Alle Personen, die während der nationalsozialistischen Zeit in Österreich Hoheitsträger der NSDAP gewesen war – vom Rang eines Kreisleiters aufwärts und bei der SS, einschließlich der Waffen-SS, vom Standartenführer aufwärts –, wurden mit der Todesstrafe bedroht. Ebenso galt auch ohne besondere nachweisbare Handlungen der Tatbestand des

Neues Österreich, 14. August 1945

Wiener Kurier, 25. Februar 1946

Verbrechens der Quälerei und Mißhandlung bei allen leitenden Funktionären der Konzentrationslager, der Geheimen Staatspolizei (Gestapo) und des Sicherheitsdienstes (SD) sowie bei den Mitgliedern der nationalsozialistischen Volksgerichtshöfe als gegeben. »Das Kriegsverbrechergesetz ging dabei von der Annahme aus, daß die Träger gewisser Funktionen im nationalsozialistischen Staat infolge der Gestaltung seiner Normen und seiner Verwaltung und Justiz notwendigerweise unmenschliche Handlungen gegen die der nationalsozialistischen Staatsgewalt unterworfenen Bürger setzten und setzen mußten[5].«

Die zweite für die Entnazifizierung wesentliche Bestimmung

war der § 8 KVG, in dem es hieß: »Wer für sich allein oder in Verbindung mit anderen in führender oder doch einflußreicher Stellung etwas unternommen hat, das die gewaltsame Änderung der Regierungsform in Österreich zugunsten der NSDAP oder die Machtergreifung durch diese vorbereitete oder förderte, es sei solches durch Anraten, Aneiferung oder Anleitung anderer oder durch persönlich tätiges Eingreifen durch Mittel der Propaganda oder durch was sonst immer für eine dahin abzielende Handlung«, hat sich des Verbrechens des Hochverrates am österreichischen Volk schuldig gemacht. Diese Bestimmung war an sich die logische Entsprechung der Einstufung der Illegalen als schwerbelastete Nationalsozialisten durch das Verbotsgesetz 1945. Im Sinne dieser Entnazifizierungsgesetze hatten nicht nur die kleinen Parteigenossen, die während der Zeit, als die NSDAP in Österreich verboten war, dennoch für diese Partei tätig waren, Hochverrat begangen, sondern natürlich auch die führenden Persönlichkeiten in Politik und Wirtschaft, wenn sie den Anschluß Österreichs an das nationalsozialistische Deutschland gefördert und betrieben hatten. Der Hochverratsparagraph sollte »jene in der Zeit des Kampfes um Österreich in verantwortungsvoller Stellung des öffentlichen Lebens, der Verwaltung oder der Wirtschaft tätig gewesenen Personen treffen, die in bewußter Verletzung ihrer staatsbürgerlichen Pflichten die nationalsozialistischen Bestrebungen, wenn auch nur entfernt, unterstützt oder gefördert haben«. Zum Tatbestand war der Vorsatz erforderlich, »das Bewußtsein, daß eine konkrete Handlung oder Äußerung den nationalsozialistischen, auf die Machtergreifung in Österreich gerichteten Bestrebungen förderlich ist . . . Wer nur aus Mangel an politischer Einsicht es unterlassen hat, Vorkehrungen zu treffen und Maßnahmen zu ergreifen, um Österreichs Unabhängigkeit zu schützen, kann nicht zur Verantwortung gezogen werden[6].«

Das Gesetz richtete sich gegen die Männer in leitenden Positionen, »die wußten, um was es ging«, wie es die erste österreichische Zeitung nach dem Krieg im Mai 1945 ausdrückte. »Die Mitglieder der sogenannten ›Regierung‹ Seyß-Inquart haben gewußt, was sie taten, als sie unsere Heimat den deutschen Wölfen zum Fraß hinwarfen, sie haben gewußt, daß mit der österreichischen Grenze zugleich die Grenze zwischen Krieg und Frieden überschritten wurde, daß Hitler entschlossen war, sein Programm des Raubzuges gegen Europa zu verwirklichen. Die österreichischen Wirtschaftsführer, die Herren der Alpine Montan-Gesellschaft und anderer mit Deutschland versippter Unternehmungen haben gewußt, daß der Krieg geplant war, und eben darum, weil sie es wußten, weil sie an der Blutbeute teilhaben wollten, haben sie Österreich unterwühlt und sturmreif gemacht für die deutschen Eroberer[7].«

Aus diesem Artikel sprach noch die ganze Emotion der unmittelbaren Nachkriegszeit, aber er drückte den Gedanken aus, der hinter dem Hochverratsparagraphen stand. In diesen Bestimmungen lag jedoch ein Widerspruch, wie er typisch für die ganze Entnazifizierung in Österreich war: der Widerspruch, eine politische Säuberung auf dem Boden des Rechtsstaates durchführen zu wollen. Wie problematisch dieser Hochverratsparagraph war, zeigte sich dann bei einem Volksgerichtsprozeß, von dem gesagt wurde: »Kein Gerichtsverfahren seit dem ersten Nürnberger Prozeß gegen die Hauptschuldigen des Zweiten Weltkrieges hat in so gewaltigem Maß das Interesse der österreichischen und auch der Weltöffentlichkeit erregt wie der Hochverratsprozeß gegen den letzten Außenminister der österreichischen Republik, Dr. Guido Schmidt[8].« Ihm wurde von der Anklage vorgeworfen, er »habe in den Jahren 1936 bis 1938 in- und außerhalb Österreichs als Staatssekretär, zuletzt auch als Bundesminister für Auswärtige Angelegenheiten, somit in führender Stellung, im Zusammenspiel mit maßgeblichen Persönlichkeiten des Deutschen Reiches und der NSDAP ohne Wissen und unter Täuschung der österreichischen Bundesregierung, insbesondere des Bundeskanzler Dr. Kurt Schuschnigg, in Verfolgung persönlicher politischer Ziele etwas unternommen, was die gewaltsame Änderung der Regierungsform in Österreich zugunsten der NSDAP und die Machtergreifung durch diese förderte[9]«.

Über diesen Prozeß wurde eine 700 Seiten starke Dokumentation verfaßt, 76 Zeugen waren angetreten, die Zeugenliste las sich wie ein Prominentenverzeichnis der Ersten und der Zweiten Republik; der Angeklagte selbst verfaßte einen detaillierten Bericht über die österreichische Außenpolitik 1936 bis 1938, und viele politische Dokumente aus dieser Zeit wurden für die Beweisführung herangezogen. Beinahe vier Monate lang befaßte sich ein Senat des Wiener Volksgerichtes nur mit diesem Prozeß – und sprach schließlich den ehemaligen österreichischen Außenminister von der Anklage des Hochverrats frei.

Das Problem der Hochverratsprozesse nach dem Entnazifizierungsgesetz 1945 lag darin, daß sie politische Prozesse waren, die auf strafrechtlicher Grundlage abgehandelt wurden. Es sollten juristische Urteile über politische Haltungen und Handlungsweisen gefällt werden. In diesem Sinne hätten die Hochverratsprozesse politische Schauprozesse sein können. Aber bei einem Schauprozeß steht das Urteil von vornherein fest, er ist nur mehr ein Ritual, mit dem Zweck, der Öffentlichkeit die Schuld des Angeklagten zu demonstrieren. Diesen Weg aber wollte man in Österreich nach 1945 nicht gehen, auch nicht in der Entnazifizierung, man wollte auf dem Boden der Rechtsstaatlichkeit bleiben. Und hier lagen zwei politische Prinzipien, das der Vergeltung und das des Wiederaufbaus, im Widerstreit. Hier lag auch der Widerspruch der politischen Prozesse, die Verurteilungen wie Freisprüche als unbefriedigend erscheinen ließen.

Die Hochverratsprozesse waren zwar auffällig, machten aber nur einen kleinen Teil der Prozesse aus. Die hauptsächliche Tätigkeit der Volksgerichte lag in der Behandlung und Beurteilung von leitenden NS-Funktionären und von eigentlichen Kriegsverbrechern.

Dabei hatten die Volksgerichte bis zum Jahr 1947 mit argen Schwierigkeiten zu kämpfen. In dieser Zeit konnten sie die große Zahl der Fälle, die auf sie zukamen wie eine Lawine, nicht ganz bewältigen. Vor allem standen zu wenig Justizbeamte, Richter und öffentliche Ankläger zur Verfügung, denn die ordentlichen Strafgerichte konnten wegen der außerordentlich hohen Nachkriegskriminalität personell kaum zugunsten der Sondergerichte eingeschränkt werden. Dann nahmen viele Volksgerichtsverhandlungen wegen das Sammelns und Überprüfens von Beweisen eine beträchtliche Zeit, manchmal mehrere Wochen, in Anspruch.

Zu einem nicht unwesentlichen Teil waren aber auch die Besatzungsmächte für die Verzögerung der Volksgerichtsbarkeit verantwortlich. Abgesehen davon, daß die alliierte Postzensur Briefsendungen bis zu zwei Wochen aufhielt und dadurch auch die Gerichtstätigkeit behinderte, konnten die österreichischen Gesetze erst 1946 außerhalb der sowjetischen Zone in Kraft treten. Während in Wien der Volksgerichtshof bereits im August 1945 zu arbeiten begann, wurden die Volksgerichte in den westlichen Zonen erst im Februar 1946 eingesetzt und begannen erst im Sommer 1946 zu arbeiten. So waren etwa beim Volksgerichtshof Linz, dessen Einzugsgebiet sich mit der amerikanischen Zone deckte, am 1. August 1946 erst 37 Urteile gefällt worden[10], während in Wien allein 1945 schon 130 Urteile erfolgt waren, darunter sieben Todesurteile[11]. Erst Anfang 1948 wurde diese Krise der Volksgerichte überwunden. Von da an konnten die Sondergerichte mehr Fälle erledigen, als neue hinzukamen[12].

Im ganzen behandelten die Volksgerichte bis zum Jahr 1955 136.829 Fälle, von denen 23.477 oder 17 Prozent mit einem Urteilsspruch abgeschlossen wurden. Dieses Verhältnis der Gesamtzahl der Fälle zu den schließlich erfolgten Urteilen stieß auf einige Kritik, etwa, daß zu viele Strafanzeigen fallengelassen wurden. Dem hielt der österreichische Justizminister entgegen, daß auch 1925 bis 1934 nur 19 bis 24 Prozent der bei der Staatsanwaltschaft eingegangenen Anzeigen zu einer Anklage geführt hatten. »Wer Gelegenheit hätte, Einblick in die Akten zu nehmen, würde sich wundern, in welch ungerechtfertigter Weise vielfach Anzeigen erstattet werden, ohne daß ein strafbarer Tatbestand überhaupt vorliegt[13].« Eine andere Kritik ging aber gerade dahin, daß es mit der

Tätigkeit der Volksgerichte
Regional

	Gesamt-anfall	Urteile	in %	Schuld-sprüche	Frei-sprüche	Freisprüche in % der Urteile
Volksgericht Wien	52.601	11.230	21	6.701	4.529	40
Volksgericht Graz	51.176	6.587	13	3.873	2.714	41
Volksgericht Linz	19.928	4.313	22	1.993	2.320	54
Volksgericht Innsbruck	13.124	1.347	10	1.040	307	23
Summe	136.829	23.477	17	13.607	9.870	42

Insgesamt bis zur Aufhebung 1955

	Gesamt-anfall	Urteile	Schuld-sprüche	Frei-sprüche	Freisprüche in % der Urteile
1945–1947	102.899	9.183	6.829	2.355	26
1948	19.092	8.076	3.908	4.167	52
1949	6.904	3.493	1.696	1.797	52
1950	2.185	1.458	666	792	54
1951	1.135	653	263	390	60
1952	780	346	125	221	64
1953–1955	3.834	268	120	148	55
Summe	136.829	23.477	13.607	9.870	42

Ausmaß der verhängten Strafen

	Urteile		Freiheitsstrafen in Jahren						Durchschnittliche Dauer der
Jahr	insgesamt	Tod	insgesamt	Lebenslänglich	10–20	5–10	1–5	bis 1	Freiheitsstrafen
1945–1947	9.183	38	6.791	24	157	301	4.702	1.607	2,6
1948	8.076	5	3.903	4	82	52	2.449	1.316	2,2
1949	3.493	–	1.696	3	15	14	759	905	1,6
1950	1.458	–	666	2	5	4	266	389	1,5
1951	653	–	263	–	1	3	73	186	1,2
1952	346	–	125	–	2	2	35	86	1,4
1953–1955	268	–	120	1	2	5	42	70	1,9
1945–1955	23.477	43	13.564	34	264	381	8.362	4.559	2,3
1956–1972	18	–	18	3	6	7	2	–	12,4

Quelle: Offizielle Angaben aus den Österreichischen Jahrbüchern 1946 bis 1955, Zahlen von 1956 bis 1972 aus: *Volksgerichtsbarkeit und Verfolgung von nationalsozialistischen Gewaltverbrechen in Österreich 1945 bis 1972,* herausgegeben vom Bundesministerium für Justiz, Wien 1977. Die Zahlen betreffen die verhängten Urteile, nicht die durchgeführten Strafen.

Für die durchschnittliche Dauer der Freiheitsstrafen wurden Durchschnittswerte der einzelnen Kategorien genommen – bei 10–20 Jahren 15 Jahre, bei 5–10 Jahren 7,5 Jahre usw. Für lebenslänglich wurde 25 Jahre eingesetzt.

Entnazifizierung und den Volksgerichten in Österreich zu einer »Renaissance der Denunziation« gekommen sei[14]. Nicht umsonst sah sich die österreichische Gesetzgebung gezwungen, in der ersten Strafgesetznovelle 1947 den strafbaren Tatbestand der »falschen Verdächtigung« zu schaffen.

Von den 23.477 Volksgerichtsurteilen lauteten 58 Prozent »schuldig« und 42 Prozent »nicht schuldig«. 43 Todesurteile wurden gefällt, davon dreißig vollstreckt. Zwei Verurteilte begingen Selbstmord, ein Verfahren wurde wieder aufgenommen und endete mit Freispruch, und zehn Todesstrafen wurden in Freiheitsstrafen umgewandelt. Von den 34 »lebenslänglich« wurden gleichfalls sechs zu zeitlich begrenzten Freiheitsstrafen gemildert. Der weitaus größte Teil der Strafen lag bei ein bis fünf Jahren (61 Prozent); allerdings zeigten sich große Unterschiede vor und nach 1947. Ab 1948 war die Zahl der Freigesprochenen regelmäßig größer als die der Verurteilten, und ab 1949 verlagerte sich auch noch das Schwergewicht der Strafen von der Kategorie ein bis fünf Jahre zu der mit Strafen von höchstens einem Jahr. Auch die durchschnittliche Dauer der zeitlich begrenzten Freiheitsstrafen ging von 2,5 Jahren im Jahr 1947 auf 1,2 Jahre im Jahre 1951 zurück[15]. Am deutlichsten zeigt sich die Veränderung der Volksgerichtshöfe, wenn man die Periode 1945 bis 1947 der Periode 1948 bis 1955 gegenüberstellt. Bis einschließlich 1947 waren 75 Prozent aller Anzeigen, 37 Prozent aller Urteile und 50 Prozent aller Schuldsprüche erfolgt, aber erst 24 Prozent aller Freisprüche. Bis zu diesem Zeitpunkt wurden 88 Prozent aller Todesurteile gefällt, 71 Prozent aller Urteile auf lebenslänglich, 60 Prozent der Kerkerstrafen von zehn bis zwanzig Jahren, 79 Prozent der von fünf bis zehn Jahren und 57 Prozent der von ein bis fünf Jahren, aber erst 35 Prozent aller Freiheitsstrafen bis zu einem Jahr. Verallgemeinernd kann man daher sagen, daß das Strafausmaß in den Volksgerichtsurteilen mit zunehmender Entfernung von Krieg und NS-Zeit abnahm.

Für diese Entwicklung sind mehrere Erklärungen möglich: Einmal, daß die schwersten Fälle bereits in der ersten Zeit nach dem Krieg, eben bis 1947, behandelt wurden. Das würde auf ein konsequentes und schnelles Arbeiten der Sondergerichte schließen lassen. Anderseits war aber auch eine gewisse Kritik an den Volksgerichten nicht zu übersehen, so von den Alliierten, nicht nur, aber vor allem von den Russen, die den österreichischen Sondergerichten vorwarfen, zu langsam und zu milde vorzugehen.

»Eine große Zahl von Fällen gegen Kriegsverbrecher sind offensichtlich fallen gelassen worden, andere endeten in Freisprüchen und außerordentlich milden Urteilen, welche in Einzelfällen auch eine schockierende Wirkung auf die Öffentlichkeit hatten[16].« Auch auf österreichischer politischer Seite war man daher mit manchen Volksgerichtsentscheidungen nicht einverstanden[17], und der Justizminister beziehungsweise der Oberste Gerichtshof hob manchmal – seiner Meinung nach – zu milde Urteile oder Freisprüche auf[18]. Und schließlich gab es auch noch die Meinung, die in der Zeitschrift *Berichte und Informationen* vertreten wurde, daß die Verurteilungen und Freisprüche der Volksgerichte ein Stimmungsbarometer darstellten: »Es zeigt sich nämlich immer deutlicher, daß die Strafbemessung nicht nach dem seit 1945 unveränderten Gesetz erfolgt, sondern in ihrer Höhe ein Barometer für die allgemeine Stimmung der Öffentlichkeit gegenüber den ehemaligen Nationalsozialisten darstellt. Dieses Barometer stand 1945 auf Vergeltung, heute steht es auf Versöhnung. Daher wurde 1945 ein Ortsgruppenleiter zu zehn oder zwanzig Jahre schweren, verschärften Kerker verurteilt, wohingegen er heute meist mit der Untersuchungshaft davonkommt[19].«

Mit der zunehmenden Normalisierung des politischen Lebens in Österreich und der Minderbelasteten-Amnestie 1948 als erstem großen Schritt zur Beendigung der Entnazifizierung unternahm die österreichische Regierung schließlich auch Bemühungen, die Sondergerichte abzuschaffen. Bedenken über die Verfassungsgemäßheit der Volksgerichte hatte es ohnehin schon gegeben, und 1950 stellte auch der Justizminister fest: »Das Parlament hat die verfassungsgemäßen Geschworenengerichte wieder eingeführt. Nunmehr müßten der Verfassung entsprechend alle politischen Prozesse vor Geschworenengerichten geführt werden. Sondergerichte sind auf die Dauer mit der österreichischen Verfassung unvereinbar[20].«

Die Volksgerichte waren ursprünglich gegründet worden, um in dem speziellen und für das österreichische Rechtssystem außergewöhnlichen Bereich der Entnazifizierung und der Kriegsverbrechen spezialisiert und schnell zu arbeiten. Für ein Sonderrecht ein Sondergericht! Nach der Meinung der beiden großen politischen Parteien war diese Aufgabe bis 1948 erfüllt; nur hatte man es 1945 verabsäumt, die Volksgerichte zeitlich zu begrenzen. Die österreichische Regierung war daher gezwungen, einen Gesetzentwurf über die Aufhebung der Volksgerichte zu erstellen und dem Alliierten Rat vorzulegen. Dieser lehnte die Vorlage am 15. Dezember 1950 ab. Der österreichische Justizminister erklärte zwar, er werde neuerliche Versuche unternehmen, »den verfassungsmäßigen Zustand auch auf diesem Gebiet wiederherzustellen«. Aber es dauerte bis zum Staatsvertrag, bis zur Wiederherstellung der vollen staatlichen Souveränität Österreichs im Jahr 1955, ehe man auch auf diesem Gebiet der Rechtsprechung zu den ordentlichen Formen der Gerichtsbarkeit zurückkehren konnte.

Am 20. Dezember 1955 stellten die Volksgerichte ihre Tätigkeit ein. Damit war ein Kapitel österreichischer Rechtsgeschichte abgeschlossen. Die restlichen Fälle wurden den Geschworenengerichten übergeben. 1955 waren bei den Volksgerichten noch 4742 Fälle anhängig, davon war in 4671 bereits Anklage erhoben, 71 befanden sich noch im Stadium der Vorerhebung. Doch nach der NS-Amnestie 1957 waren Strafverfahren aufgrund der Entnazifizierungssondergesetze nicht mehr einzuleiten beziehungsweise einzustellen. Das Kriegsverbrechergesetz wurde damit aufgehoben. Handlungen wurden nun nur noch verfolgt, wenn sie auch unter die Bestimmungen des österreichischen Strafrechtes fielen; dafür wurde allerdings in den sechziger Jahren die Verjährungsbestimmung für Verbrechen aus der NS-Zeit aufgehoben. Nach Abschaffung der Volksgerichte wurde bis 1972 noch in 46 Fällen Anklage wegen nationalsozialistischer Delikte erhoben; die Verfahren endeten mit achtzehn Schuldsprüchen, darunter dreimal lebenslänglich[21].

ANMERKUNGEN

1 Regierungserklärung der provisorischen Staatsregierung vom 27. 4. 1945, *Österreichisches Jahrbuch 1945–1946,* S. 13.

2 »Das Volk und das Volksgericht«, *Arbeiter-Zeitung,* 5. 12. 1946.

3 »Gespräch über das Kriegsverbrechergesetz«, *Neues Österreich,* 28. Juni 1945.

4 Heller-Loebenstein-Werner, S. II/128.

5 Volksgerichtsbarkeit und Verfolgung von nationalsozialistischen Gewaltverbrechen in Österreich 1945–1972, Bundesministerium für Justiz, Wien 1977, S. 13.

6 Heller-Loebenstein-Werner, S. II/143.

7 »Tod den Kriegsverbrechern!«, *Neues Österreich,* 11. Mai 1945.

8 *Der Hochverratsprozeß gegen Dr. Guido Schmidt vor dem Wiener Volksgericht, Veröffentlichte gerichtliche Protokolle,* Wien 1947, S. 1; Guido Schmidt war unter der Regierung Schuschnigg als Außenminister bis zum 11. März 1938 tätig. Der Regierung Seyß-Inquart gehörte er nicht mehr an.

9 S. 2, a. a. O.

10 *Report of Legal Subcommittee,* US-Element, ACA, 20. März 1946, 60219-2, NA.

11 »Die Verfolgung von Nazi und Kriegsverbrechern«, *Arbeiter-Zeitung* 5. 1. 1946.

12 Bundeskanzler Figl an den Alliierten Rat, 19. April 1948, 60219-2/20.346, NA.

13 »Eine Statistik, die entlarvt – Eine Erwiderung«, *Wiener Zeitung,* 8. 4. 1948.

14 *Berichte und Informationen,* 11. Februar 1949, S. 1.

15 Das Ansteigen der Strafdauer nach 1953 und vor allem die hohen Strafbemessungen nach 1955 zeigen, daß ab diesem Zeitpunkt nur mehr schwere Fälle vor Gericht kamen.

16 *Short Summary of the History of Austrian Denazification Legislation,* 1. Dec. 1949. USACA, Legal Division, 60236-1, NA.

17 Siehe etwa »Das Volk und das Volksgericht«, *Arbeiter-Zeitung,* 5. 12. 1946; »Die Flüsternazi«, *Arbeiter-Zeitung,* 3. 10. 1948.

18 So etwa im Dezember 1948, als der ehemalige Gestapochef von Wien nur zu acht Monaten verurteilt wurde, die er bereits in Untersuchungshaft abgesessen hatte; er wurde neuerlich vor Gericht gestellt.

19 »Renaissance der Denunziation«, *Berichte und Informationen,* 11. Februar 1949, S. 2.

20 »Alliierter Rat gegen Aufhebung der Volksgerichte«, *Wiener Zeitung,* 20. 12. 1950.

21 *Volksgerichtsbarkeit und Verfolgung von nationalsozialistischen Gewaltverbrechen in Österreich 1945–1972,* Wien 1977, S. 166.

Dritter Teil

Problematik

1. Sühne und Strafen

Spätestens bei diesem Teil der Arbeit wird deutlich, daß die Dreiteilung: Vorstellungen – Durchführung – Problematik nie völlig durchgehalten werden konnte. Die drei Themen waren immer nur als Schwerpunkte, als Leitlinie für die einzelnen Kapitel gedacht, griffen jedoch stets ineinander. So ist es auch im letzten Teil, der mit »Problematik« überschrieben ist. In diesem Abschnitt soll noch einmal ein Blick auf das umfangreiche und vielseitige Instrumentarium der Entnazifizierung geworfen werden, um an der konzentrierten Darstellung all der Sühne- und Strafmaßnahmen die Problematik aufzuzeigen und dann die Reaktion der politischen Instanzen in Österreich zu betrachten. Die auf Personen bezogenen Sühne- und Strafmaßnahmen kann man nach Bereichen zusammenfassen: berufliche Diskriminierung, finanzielle Sühnemaßnahmen, Verlust politischer und staatsbürgerlicher Rechte und Freiheitsentzug.

A. Internierungslager und Anhaltelager

»*Wir kamen aus Glasenbach*«

Die Volksgerichte hatten in Österreich bis 1955 – außer Todesstrafen und lebenslänglich – etwa 30.000 Jahre Freiheitsentzug verhängt. Das war aber bei weitem noch nicht alles. Die Zahl der im Rahmen der Entnazifizierung verhafteten und eingesperrten Personen ging wesentlich über das hinaus, was die österreichischen Sondergerichte verfügt hatten. Bis es zu einer gerichtlichen Behandlung kommen konnte, hatten viele Nazi und als Kriegsverbrecher Verdächtigte oft lange Zeit in Untersuchungshaft oder in Internierungslagern verbracht. Die beiden Formen des Freiheitsentzuges waren keineswegs gleichzustellen. Wer in Untersuchungshaft saß, konnte – auch wenn es lange, manchmal mehr als ein Jahr, dauerte – doch mit einem Gerichtsverfahren rechnen. Die Internierung aber war eine Vorsichtsmaßnahme der Alliierten, eine militärische Maßnahme, vielleicht mit der Kriegsgefangenenschaft zu vergleichen.

Im Rahmen der Entnazifizierung Verhaftete:
15. September 1946

	verhaftet	wieder entlassen	in Haft befindlich
Sowjetisch	838	580	258
US	13.580	2.346	11.234
Britisch	8.031	845	7.186
Französisch	6.737	4.866	1.871
Summe Alliierte	29.186	8.637	20.549
Österreichische Behörden	24.334	14.750	9.584
Insgesamt	53.520	23.387	30.133

Quelle: *Report on the Progress of Denazification,* Alliierter Rat, Internal Affairs Directorate, 66755-2/30, NA.

Der Unterschied zeigt sich deutlich bei der Gefangenen-Statistik. Insgesamt wurden in Österreich bis zum September 1946 53.520 Personen verhaftet. Bis zu diesem Zeitpunkt hatten die Alliierten 30 Prozent der Verhafteten wieder entlassen, die Österreicher aber bereits 60 Prozent. Hier lagen zwei verschiedene Systeme vor.

Die Alliierten wollten ihrer Meinung nach politisch gefährliche Personen in Lagern isolieren. Für sie war die Anhaltung der Mitglieder des Führungsapparates der NSDAP der erste Schritt, »den totalitären militärischen Einfluß der Nazipartei aus dem öffentlichen Leben Österreichs auszuschalten[1]«. Die österreichische Regierung wollte aber, wie Innenminister Helmer betonte, »daß diejenigen, denen Gesetzesverletzungen vorzuwerfen seien, sich vor einem ordnungsgemäßen Gericht zu verantworten haben und, falls sie schuldig befunden werden, die nach Recht und Gesetz ausgesprochene Sühne für ihre Verfehlungen tragen müssen. Alle anderen aber mögen in die Freiheit zurückkehren und bedenken, daß sich das Rad der Zeit nicht zurückdreht[2] . . .«

Die Österreicher versuchten, nach den Prinzipien des Rechtsstaates vorzugehen und nur solche Personen in Haft zu lassen, die von einem Gericht verurteilt worden waren beziehungsweise in schweren Fällen in der Untersuchungshaft auf ihren Prozeß warteten. Die beiden großen österreichischen Parteien waren im Prinzip gegen die Internierungslager. Sie paßten nicht oder nur sehr bedingt in das österreichische System der Entnazifizierung. Das bereitete den Alliierten aber einiges Kopfzerbrechen bei der Übergabe der Entnazifizierung an die österreichischen Behörden. »Wir mußten die Internierten wohl oder übel einsperren«, stellte einer der führenden britischen Militärs in Österreich fest. »Vor langer Zeit, im Februar, stellten wir ein Schema auf, das die Leute in Entlassungskategorien einteilte, dann befanden wir uns in furchtbaren Schwierigkeiten. Was wir tun wollten, war, die niedrigeren Kategorien, die ersten drei, den Österreichern übergeben *(das war etwa die Hälfte der 7000 in britischen Lagern Internierten – Anm. d. Verf.).* Aber die Österreicher hatten nicht die gleichen gesetzlichen Bestimmungen, und so konnten wir ihnen die Internierten nicht übergeben. Man könnte sie zwar schon den Österreichern übergeben, aber diese ziehen es vor, eine Anklage zu erheben, sie können die Verhafteten nicht einfach als politisch unerwünscht festhalten, sie müssen sie vor Gericht stellen[3].«

Von den 850 Personen, die bis zum September 1946 von den Briten an die österreichischen Behörden übergeben wurden, sperrten diese nur etwa die Hälfte wieder ein. Denn in Österreich war man nach dem Krieg überwiegend der Meinung, daß »Konzentrationslager nicht geeignet sind, politische Gegner zu überzeugen[4]«. Und man wandte sich nicht nur gegen die Lager, sondern vor allem auch dagegen, große und kleine, Mitläufer und schwere Nazi zusammenzusperren.

Die Kritik von österreichischer Seite erreichte ihren Höhepunkt, als Ende 1947 von den österreichischen Sicherheitsbehörden eine – von einem Grazer Kaufmann organisierte und über den Schwarzmarkt finanzierte – nationalsozialistische Untergrundorganisation aufgedeckt wurde, die ihren Anfang in den Internierungslagern genommen hatte[5]. Der österreichische Innenminister bezeichnete diese Nazi-Verbindung als Folge der Internierungslager:

»Es war insbesondere ein schwerer Fehler, in Glasenbach, in Wolfsberg, in Tulln und in Korneuburg usw. zum Beispiel den bäuerlichen Ortsgruppenleiter, der diese Funktion nur übernahm, um dem Kriegsdienst für Hitler zu entrinnen, neben dem intellektuellen Nazischriftsteller oder den Handwerkerfunktionär, der nicht aus politischer Überzeugung, sondern aus irgendwelchen Geschäftsinteressen eine Funktion zu übernehmen sich bereit fand, neben dem noch immer verbissenen SS-Führer in ein gemeinsames Lager, in eine gemeinsame Baracke, ja in einen gemeinsamen Raum viele Monate hindurch zusammenzusperren. Man hätte besser getan, die Minderbelasteten von den belasteten Nazi sofort abzusondern. In diesen Internierungslagern, wie beispielsweise in Glasenbach und in Wolfsberg, und in der Art des unterschiedslosen Zusammensperrens anstelle einer Trennung nach dem Grade der Verantwortlichkeit und nach dem Maße des schuldhaften Handelns, sind die Anfänge von den Verbindungen zu suchen, die zu einer neuerlichen Betätigung im Sinne nationalsozialistischer Zersetzung führten. Die österreichischen Sicherheitsbehörden haben von dem Augenblick an, in dem sie von den Verhältnissen in den Internierungslagern Kenntnis erlangten, keine Gelegenheit versäumt, die zuständigen alliierten Dienststellen auf diese Gefahr eindringlichst und nachdrücklichst aufmerksam zu machen . . . Ich zweifle nicht daran, daß auch maßgebende alliierte Kreise meine Bedenken gegen die Internierungslager an sich und gegen die Art ihrer Führung teilten. Die nachteiligen Auswirkungen ließen sich freilich nicht mehr gänzlich beseitigen[6].«

Die Internierungslager hatten schließlich auch eine moralische Wirkung. Sie schienen den ehemaligen Nazi recht zu geben, die erklärten, die Alliierten seien auch nicht besser. So konnte etwa ein in der nationalsozialistischen Zeit geförderter österreichischer Schriftsteller seine Rückkehr aus dem Internierungslager selbstsicher und mit »erhobenem Haupt« beschreiben. In diesem Buch *Wir kamen aus Glasenbach*[7], das er auf der ersten Seite allen denen widmete, »die treu geblieben sind!«, stand zu lesen, daß er selbst sich nicht schämen müsse: »Schämen müssen sich diejenigen, die mich so lange Zeit hinter Gitter sperrten, weil ich unser Volk und meine Heimat mehr lieb hatte als mich selbst« (S. 22). Und dann beschrieb er die »Glasenbacher« als eine große Familie, denen die Hilfsbereitschaft und die lebhafte Anteilnahme der Bevölkerung galt und auf deren Seite die Sympathie der österreichischen Öffentlichkeit stand.

Wenn auch diesem Buch keine große Bedeutung beizumessen war, so zeigte es doch die Problematik der Internierungslager auf. Nach dem Krieg befanden sich viele Österreicher in alliierten Lagern, hauptsächlich als Kriegsgefangene. Da war es nicht sonderlich diskriminierend, in einem Lager festgehalten zu werden. Den Nazi ging es da vielleicht noch besser als den Kriegsgefangenen, da sie sich zumindest im eigenen Land befanden. Die Internierung entsprach auch nicht einer Gefängnishaft nach einem Gerichtsurteil mit der damit verbundenen gesellschaftlichen Diskriminierung. Ein Internierungslager war ein militärisches Instrument und damit scheinbar nur Ausdruck dessen, daß »die anderen« den Krieg gewonnen hatten.

Nach dem neuen NS-Gesetz 1947 begannen auch die Alliierten

im März dieses Jahres die Lager abzubauen beziehungsweise den österreichischen Behörden zu übergeben.

Im Rahmen der Entnazifizierung in Haft befindliche Personen, 1. Mai 1947

US-Lager Glasenbach, Marcus W. Orr	6.472
Britisches Lager Wolfsberg	2.958
Französisches Lager	683
Summe Alliierte	10.383
Vier österreichische Arbeitslager	389
Österreichische Gefängnisse	5.737
Summe	16.509

Quelle: *Report Allied Denazification Bureau,* 25. Juli 1947, 66755-2/30, NA.

Im Mai 1947 befanden sich noch 10.383 Personen in den alliierten Lagern in Österreich. Am 5. August 1947 wurde das größte Internierungslager, Marcus W. Orr in Glasenbach bei Salzburg, von der amerikanischen Besatzungsmacht feierlich den Österreichern übergeben. In diesem Lager hatten sich im März 1947 noch 8500 Personen befunden, darunter 135 Frauen.

Zusammensetzung des US-Internierungslagers Marcus W. Orr in Glasenbach, März 1947

Altersgliederung:
- 19% unter 30 Jahre
- 64% 30 bis 50 Jahre
- 17% über 50 Jahre

Berufsstruktur:
- 3% ungelernte Arbeiter
- 3% Studenten und Lehrlinge
- 4% Forst- und Landarbeiter
- 10% selbständige Bauern
- 21% Handwerker und Gewerbetreibende
- 21% Facharbeiter
- 25% Beamte und Angestellte (ohne Hochschulbildung)
- 13% Akademiker

Quelle: *Berichte und Information,* Juli 1947, S. 952.

Wenn auch die Struktur des Lagers nicht unbedingt repräsentativ war, so scheint sie doch die Ansichten zu bestätigen, daß der Nationalsozialismus eine mittelständische Bewegung war. Akademiker, Beamte und Angestellte waren überdurchschnittlich vertreten.

Vom 5. Mai 1947 bis zur Schließung des Lagers wurden den österreichischen Behörden 5304 internierte ehemalige Nationalsozialisten überstellt, von denen 55 Prozent wieder auf freien Fuß gesetzt wurden und nur den einzelnen Sühnemaßnahmen nach dem NS-Gesetz 1947 unterlagen. Die restlichen kamen vor ein österreichisches Volksgericht[8]. Von den Alliierten zurückbehalten wurden nur solche Personen, bei denen eine Verfügung seitens der Alliierten zur Aburteilung wegen Kriegsverbrechen vorlag, so daß am 1. Januar 1948 immer noch 811 Personen den österreichischen Behörden entzogen waren und sich in alliiertem Gewahrsam befanden, 466 davon in österreichischen Gefängnissen und 345 immer noch in alliierten Anhaltelagern, 270 bei den Briten, 19 bei den Amerikanern und 54 bei den Franzosen[9].

Bei der eindeutig ablehnenden österreichischen Haltung gegenüber den alliierten Internierungslagern ist es verwunderlich, daß auch in der österreichischen Entnazifizierungsgesetzgebung Anhaltelager für Nationalsozialisten vorgesehen waren. Damit sind nicht die Arbeitslager gemeint, die der kommunistische Leiter der österreichischen Staatspolizei, Dürmayer, illegal bis zu seiner Absetzung Ende 1947 unterhalten ließ[10]. Sondern bereits im Verbotsgesetz war vorgesehen (§ 18), daß der größte Teil der registrierten ehemaligen Nationalsozialisten auch in »Zwangsarbeitsanstalten« angehalten werden konnte. Die für diese Bestimmung notwendigen Durchführungsgesetze wurden zwar nicht erlassen, aber in der Drei-Parteien-Vereinbarung vom Sommer 1946 über die Grundsätze eines neuen NS-Gesetzes wurde wieder festgelegt, daß belastete Personen einem allfälligen NS-Anhaltelagergesetz unterliegen sollten. Angesichts der zu dieser Zeit bereits bestehenden Arbeitslager Dürmayers und der von den Vertretern der Volkspartei und der Sozialistischen Partei oft geäußerten Ablehnung von Interniertenlagern dürfte diese Bestimmung auf kommunistische Initiative zurückgegangen sein.

Der österreichische Vorschlag zum neuen NS-Gesetz wurde nach der Behandlung durch den Nationalrat dem Alliierten Rat zur Genehmigung vorgelegt, der bekanntlich fünfzig Änderungen vornahm. Einer der wesentlichsten Streitpunkte unter den Alliierten war dabei das österreichische Anhaltelager. Während die Russen die Einführung solcher Lager forderten, stießen sie vor allem bei den US-Vertretern auf prinzipielle Ablehnung. Die amerikanischen Internierungslager waren ja nur als erster Schritt der Entnazifizierung gedacht, und es war bereits beabsichtigt, sie nach Inkrafttreten des diskutierten neuen NS-Gesetzes in Zusammenarbeit mit der österreichischen Regierung aufzulassen. Nun war man nicht bereit, statt dessen auf Dauer österreichische Konzentrationslager einzuführen. »Die Beseitigung dieser unmenschlichen Form der Bestrafung war eines der Ziele, für die wir den letzten Krieg geführt haben«, lautete eine prinzipielle US-Stellungnahme einige Jahre später[11].

Man einigte sich im Alliierten Rat schließlich auf den Kompromiß, daß die österreichische Regierung solche Lager für Nazi errichten konnte, aber nur dann, wenn diese Personen eine außerordentliche Gefahr für die demokratische Regierungsform Österreichs darstellten.

Der § 18 des neuen NS-Gesetzes 1947, der auf Belastete anzuwenden war, lautete daher: »Sie müssen zur Arbeit herangezogen werden. Sie können in einem Lager angehalten werden, wenn außer den Umständen, die ihre Behandlung als belastete Personen begründen, erwiesenermaßen noch andere Tatsachen vorliegen, die sie für die demokratische Regierungsform der Republik Österreich als äußerst gefährlich erscheinen lassen.«

Die Anhaltung in Lagern war durch die Volksgerichte zu verfügen, jeweils für eine Frist von sechs Monaten, insgesamt aber höchstens für zwei Jahre. Sie war nicht an die Voraussetzung geknüpft, daß die belastete Person eine strafbare Handlung begangen hatte, sondern nur, daß sie für die Demokratie in Österreich äußerst gefährlich erschien. Der Freiheitsentzug in Anhaltelagern war nicht eine Strafe aufgrund eines gerichtlichen Urteils, sondern wurde als besondere Form des Arbeitszwanges gesehen, die an die Bestimmungen des Bundesgesetzes vom 10. Juni 1932 (BGBl. Nr. 167) über die Unterbringung von Rechtsbrechern in Arbeitshäusern anknüpfte[12].

Die Anhaltung stellte also eine staatspolizeiliche Maßnahme dar, deren Anordnung aber den Volksgerichten vorbehalten blieb, »um im Hinblick auf die Dauer dieser Freiheitsentziehung eine besondere Garantie zum Schutze der persönlichen Freiheiten zu schaffen[13]«. Im Juli 1947 beschloß der Nationalrat das Durchführungsgesetz zu diesem Abschnitt des Verbotsgesetzes, das *Bundesgesetz betreffend die Anhaltung staatsgefährlicher Nationalsozialisten in Lagern,* das im August 1947 kundgemacht wurde.

Aus der parlamentarischen Gesetzeserläuterung war zu entnehmen, wie ungern man dieses Gesetz beschlossen hatte: »Es ist gewiß bedauerlich, daß es in unserem demokratischen Staate noch notwendig ist, ein derartiges Gesetz zu beschließen. Um so begrüßenswerter ist es, daß das Gesetz Sicherungsmaßnahmen enthält, durch die eine menschliche und menschenwürdige Behandlung gewährleistet ist. Dies scheint vor allem durch die Einschaltung der Volksgerichte, . . . durch die zeitliche Begrenzung der Anhaltung und durch die Beaufsichtigungspflicht des Gerichtshofpräsidenten gesichert zu sein. Wenn wir uns schließlich überlegen, daß es bisher dem freien Ermessen der Alliierten anheimgestellt war, Inhaftierungen durchzuführen, so glauben wir, daß mit dem Inkrafttreten dieses Gesetzes sowohl den Interessen des betroffenen Personenkreises als auch der Souveränität Österreichs gedient ist[14].«

Aber vor der Realisierung solcher österreichischer Internierungslager waren noch zwei Hindernisse zu überwinden. Einmal konnte das Anhaltelagergesetz erst dann in Kraft treten, »sobald die nötigen Anhaltelager zur Verfügung stehen; wann die Voraussetzung erfüllt ist, wird vom Bundesministerium für Inneres durch Kundmachung verlautbart[15]«. Und dann war da die Bedingung der »Gefährlichkeit«. Im Alliierten Rat verlangten zwar die Russen noch 1950, daß endlich österreichische Konzentrationslager für die belasteten Nazi errichtet werden sollten, aber die drei anderen Alliierten lehnten dieses Verlangen ab, weil ihrer Meinung nach die Bedingung zur Errichtung von Lagern, »die außerordentliche Gefährlichkeit für die demokratische Regierungsform der Republik Österreich«, nicht gegeben war. So blieb die Errichtung von Anhaltelagern – ganz im Sinne der Entnazifizierungspolitik der österreichischen Regierung – auf dem Papier.

B. Entlassungen und Arbeitspflicht

Die »klassische« Methode

Die Entfernung aus bestimmten Positionen in Staat und Wirtschaft gehört zu den »klassischen« Methoden der politischen Säuberung. Nicht anders war es bei der Entnazifizierung.

Durch Entlassungen und Berufsverbote sollte der nationalsozialistischen Elite jede Macht und jeder Einfluß entzogen werden. Aber die Entlassungen gingen in Österreich noch über das Ausmaß einer Auswechslung der Eliten hinaus. Die berufsbehindernden und -verbietenden Bestimmungen der Entnazifizierungsgesetze erreichten einen Umfang, wie er mit Entmachtung allein nicht zu erklären war. Neben der Zerschlagung der Nazi-Elite war in diesen Bestimmungen noch ein disziplinierendes Strafelement enthalten. In einer industriell-wirtschaftlichen Gesellschaft ist der Arbeitsplatz die Basis der Existenzsicherung und der Ausgangspunkt der sozialen Identifikation. Die arbeitsteilige Gesellschaft macht die berufliche Tätigkeit zum wesentlichen Kriterium der sozialen Wertschätzung und der wirtschaftlichen Verteilung. Bei langandauernder Arbeitslosigkeit gerät der einzelne daher nicht nur in Existenzschwierigkeiten, sondern auch in eine Identifikationskrise[16]. Der entlassene Nationalsozialist wurde daher zur Strafe für sein politisches Verhalten in wirtschaftliche und soziale Unsicherheit versetzt und aus dem arbeitsplatzbestimmten System der sozialen Wertschätzung ausgeschieden beziehungsweise als aus politischen Gründen ausgestoßener Arbeitsloser ganz unten in der Wertskala angesiedelt. In dieses Bild paßt auch, daß Nationalsozialisten, die von einer Entlassung verschont blieben, Gehaltskürzungen und Rückreihungen im Dienstrang hinzunehmen hatten. Der Entzug des Arbeitsplatzes war daher eines der wirksamsten Instrumente nicht nur zur Entmachtung, sondern auch zur Bestrafung der ehemaligen Nationalsozialisten. Außerdem entsprach er der emotionalen Situation unmittelbar nach dem Krieg, der Forderung: »Hinaus mit den Nazi!«

In Österreich wurden im Zusammenhang mit der Entnazifizierung etwas mehr als 100.000 Personen aus dem öffentlichen Dienst entfernt und etwa 70.000 im Bereich der Wirtschaft entlassen. Das waren 7,5 Prozent der Gesamtzahl der Berufstätigen[17] oder etwa ein Drittel aller registrierten Nationalsozialisten. Für einen Großteil der Betroffenen war diese Maßnahme vor allem als soziale Disziplinierung gedacht. Denn die Entlassung war ja eine recht einfache Maßnahme, aber was dann? Was sollte mit den »Ehemaligen« geschehen, nachdem sie entlassen waren? Die österreichischen Entnazifizierungsinstanzen, allen voran die Regierung, waren sich von Anfang an darüber im klaren, daß die Entlassungen und die Berufsverbote zu einem großen Teil nur vorübergehend sein konnten. Irgendwann mußten die entlassenen Nationalsozialisten wieder in den Arbeitsmarkt eingegliedert werden, und zwar soweit wie möglich auch ihren beruflichen Fähigkeiten entsprechend. Die Entlassungen und Berufsverbote waren daher nur zeitlich begrenzte Maßnahmen mit dem Ziel, die Überreste des nationalsozialistischen Machtsystems auf breiter Basis zu zerschlagen und seine ehemaligen Anhänger sozial zu disziplinieren.

Die Durchführung dieser Maßnahme fiel aber in den verschiedenen Bereichen recht unterschiedlich aus, je nach der politischen

Zugriffsmöglichkeit in den einzelnen Berufen. Die erhebliche Unterschiedlichkeit der entnazifizierungsbedingten Entlassungen waren daher nicht nur eine Frage der Gerechtigkeit, eine Frage, in welchen Berufsbereichen der Nationalsozialismus sich besonders durchgesetzt hatte, sondern auch eine Frage der praktischen Durchführbarkeit. Personen, die vom Staat oder von öffentlichen Berufsgenehmigungen abhängig waren, waren daher weitaus leichter zu erfassen als die meisten Bereiche der Wirtschaft. Daher waren auch der öffentliche Dienst und die freien Berufe durch die Berufsverbote besonders betroffen, und für Studenten bestand zeitweise sogar ein völliges Studienverbot. Generell weniger stark war der Entlassungsdruck in der Wirtschaft. Nur die Angestellten, und hier vor allem die leitenden Angestellten, waren zu einem größeren Anteil betroffen, weniger stark auch die sonstigen Selbständigen und Unternehmer. Die Landwirtschaft schließlich blieb von der Entnazifizierung so gut wie völlig verschont.

Um die Entnazifizierung in der Wirtschaft überhaupt durchführen zu können, mußte man eine ganze Reihe von Institutionen zur Mitarbeit heranziehen. Es ist ein Charakteristikum der Entnazifizierung und vielleicht jeder politischen Säuberung in einer industriell-wirtschaftlichen Gesellschaft, daß gerade die Institutionen, die an sich der sozialen Sicherheit oder der Interessenvertretung des einzelnen dienen sollten, zum Instrument der politischen Säuberung wurden: das Bundesministerium für soziale Verwaltung, die Arbeitsämter, die Gewerkschaften, die Kammer der gewerblichen Wirtschaft, die Ärztekammer, die Ingenieurkammer usw. Die Interessenvertretungen mußten einen wesentlichen Teil der Unterlagen zur Entnazifizierung liefern und Auskünfte über ihre Mitglieder erteilen, sie verwalteten vielfach die Unterlagen ihrer Vorgängerorganisationen aus der Nazizeit und waren stets an den Kommissionen beteiligt, die über die Entnazifizierung der von ihnen vertretenen Berufstätigen zu entscheiden hatten. Die Arbeitsämter legten Karteien der registrierungspflichtigen Nationalsozialisten an und verglichen sie mit ihren Unterlagen, um ein unzulässiges Ausweichen der Nationalsozialisten auf dem Arbeitsmarkt zu verhindern.

Die Leitung und Kontrolle dieser Entnazifizierungsmaßnahmen in der Wirtschaft hatte das Bundesministerium für soziale Verwaltung übernommen. Die Institutionen der sozialen Sicherheit, die Interessenvertretungen der Arbeitnehmer und der Arbeitgeber und die Standesorganisationen der freien Berufe hatten – aus politischen wie aus praktischen Gründen – an Maßnahmen mitzuwirken, die gegen die Interessen eines Teils der von ihnen vertretenen Personen gerichtet waren und bewußt und absichtlich soziale Unsicherheit mit sich brachten. Das war aus praktischen Gründen wohl kaum anders möglich, da nur mit ihrer Hilfe ein Überblick über die wirtschaftlich Tätigen erlangt werden konnte. Aber es waren doch Aufgaben, wie sie nicht gerade den Zielen dieser Institutionen – soziale Sicherheit, Interessenvertretung – entsprachen. Und man kann durchaus annehmen, daß die recht großzügigen Berufszulassungen über die Kommissionen ab 1947 nicht zuletzt auf eine mildernde Haltung der Interessenorganisationen zurückzuführen waren.

In diesem Zusammenhang ist auch das Verhalten der Institutionen und Organisationen gegenüber der Entnazifizierung in ihrem eigenen Bereich zu berücksichtigen. Nachdem der erste Entnazifizierungsschub vorüber war, stellten sich viele Organisationen vor ihre Mitglieder und versuchten, eine ihrer Meinung nach zu weitgehende Entnazifizierung zu verhindern. Es gibt hier eine nicht untypische Geschichte von der Hochschule für Welthandel in Wien, wo der Alliierte Rat im April 1946 im Rahmen der Entnazifizierung die Entfernung eines bestimmten Professors verlangt hatte. Im März 1947 mußten die Alliierten zu ihrem Erstaunen feststellen, daß dieser Professor nicht nur noch immer in Amt und Würden, sondern vom Professorenkollegium sogar zum Rektor gewählt worden war[18]. Dieser Akt der Solidarität war bemerkenswert, da sich unter der Professorenschaft auch Gegner des Nationalsozialismus befanden, die im Dritten Reich verfolgt worden waren.

Aber ähnliches konnte man auch in anderen Bereichen feststellen: Der Wiener Bürgermeister stellte sich vor seine Lehrer, der oberösterreichische Landeshauptmann vor seine Beamten, der Justizminister vor die Richter, der Wiener Präsident der Rechtsanwaltskammer vor die Rechtsanwälte und die Unternehmen vor einzelne Angestellte.

Und wo das formal nicht erreicht werden konnte, wurden diese Maßnahmen von den Organisationen zum Teil sogar informell unterlaufen, zumindest im Bereich der Wirtschaft. So gilt es etwa als sicher, daß mit Berufsverbot belegte Juristen von Rechtsanwaltskanzleien unangemeldet beschäftigt wurden, und ein US-Bericht aus dem Jahre 1947 nahm es als gegeben an, »daß viele dieser Nazi, die geflohen sind oder kurz nach der Einstellung der Kampftätigkeit eingesperrt oder als belastete Nazi entfernt wurden, immer noch die Geschäftstätigkeit vieler österreichischer Unternehmen beeinflussen, entweder direkt oder indirekt[19]«. Auch die Absetzung von Minderbelasteten aus leitenden Funktionen in der Wirtschaft, wie es das NS-Gesetz vorschrieb, muß kritisch betrachtet werden. Bei einer ähnlichen Maßnahme in der US-Zone Deutschlands wurde festgestellt: »In vielen Betrieben wurden Direktoren ›einfache Arbeiter‹ und wurden einem Beratungsstab eingegliedert, wo sie nicht öffentlich auffielen[20].«

Hier spielte es nicht nur eine Rolle, daß diese Organisationen an ihrem Funktionieren und ihrem Wiederaufbau interessiert waren und dies durch den Entzug von zu vielen Personen oder von solchen, die über ein für diese Organisation wichtiges Know-how verfügten, gefährdet sahen. Die Organisationen kannten ihre Mitglieder, und während die Entnazifizierungsgesetzgebung generelle Richtlinien aufstellen mußte, wußte man innerhalb der Organisation um den individuellen Fall, man wußte, wer außer dem Besitz eines braunen Parteibuches nichts weiter verbrochen hatte, wer nur ein Mitläufer gewesen war und wer sich nur um der Karriere oder wirtschaftlicher Vorteile willen der NSDAP angebiedert hatte.

Die Organisationen entwickelten daher eine gewisse Solidarität mit ihren Mitgliedern und damit auch einen teilweisen Widerstand gegen Entnazifizierungsmaßnahmen. In einzelnen Fällen hatten sie auch Erfolg und konnten eine mildere Anwendung der personellen Entnazifizierungsmaßnahmen erwirken. Diese Milderung wurde dann im NS-Gesetz 1947, nicht zuletzt auf Druck dieser Organisationen, im Gesetz verankert. Gegen Minderbelastete wurden beruflich diskriminierende Maßnahmen von da an nur noch in geringem Maße angewendet. Auch für die restlichen verbotenen Berufe gab es Zulassungskommissionen, in denen die Interessenvertreter in irgendeiner Weise engagiert waren. Bei den minderbelasteten Unternehmern gelang es sogar – letztlich auf Betreiben der Interessenorganisationen –, mit Hilfe des Begriffes »Mittelbetrieb« die Entnazifizierung im Sinne eines Berufsverbotes gänzlich zu verhindern.

Anderseits war die generelle Problematik der Entnazifizierung auf dem Arbeitsmarkt nicht zu übersehen. Es war die Frage, inwieweit Österreich es sich erlauben konnte, auf die Mitarbeit der durch die Entnazifizierung entlassenen Personen zu verzichten, oder konkret gefragt, »ob es sinnvoll ist, einen geschickten Chirurgen die Fertigkeiten seiner Finger sich durch Arbeit mit einer Spitzhacke ruinieren zu lassen[21]«. Nicht nur die österreichische Regierung, auch die Alliierten sahen diese Problematik. So hieß es etwa in einem Kommentar des britischen Außenministeriums bereits 1946:

»Obwohl eine systematische Entnazifizierungspolitik, ausgeführt von uns oder den Österreichern oder von beiden, wünschenswert genug bleibt, erscheint es mir mehr und mehr zweifelhaft, ob wir klug daran handeln, so energisch auf eine umfassende Unterbrechung von Österreichs wirtschaftlichem und verwaltungsmäßigem Leben zu drängen, welche diese Maßnahmen bedauerlicherweise beinhalten. Meiner Ansicht nach erscheint es auch zweifelhaft, ob in dem Stadium, das nun erreicht worden ist, noch irgend etwas sehr Wesentliches erreicht werden kann, lediglich durch eine Intensivierung der Politik der Verhaftungen, Entlassungen vom Arbeitsplatz usw. Es scheint mir, daß derzeit die Organisation der Nazipartei in Österreich bereits vollkommen zerschlagen sein muß, und ich zweifle, ob nicht mehr Schaden als Gutes angerichtet wird durch das Vorantreiben drastischer Maßnahmen, welche das Risiko der Schaffung großer unversöhnlicher Elemente beinhalten, zu einer Zeit, in der Österreich vor allem eine gewisse Zusammenarbeit und Harmonie seines politischen Lebens benötigt. Dinge wie die Bestrafung des Wiener Philharmonischen Orchesters und die Enthebung ihres einzigen erstklassigen Leiters . . . erscheinen mir bei der gegenwärtigen Lage der Dinge reichlich unangebracht. Individuelle Schuld bei ernsten Verbrechen gegen die Menschlichkeit oder bei Hochverrat gegen den österreichischen Staat sollen sicherlich weiterhin bestraft werden: aber ich selbst würde weit mehr die Neigung sehen, das Kriegsbeil zu begraben und fortzufahren mit den ernsten Aufgaben des Wiederaufbaus in Österreich[22].«

In diesem Zusammenhang stellt sich auch noch die Frage nach dem individuellen Aspekt der Entnazifizierung: Was taten die betroffenen Nazi, nachdem sie entlassen worden waren? Anhand der Berufsumschichtung der registrierten Nationalsozialisten wurde bereits gezeigt, daß viele von ihnen nicht nur ihre Tätigkeit, sondern auch ihren Beruf wechseln mußten. Frauen wurden häufig in den Haushalt zurückgedrängt, Angestellte wurden zu Arbeitern degradiert oder sanken zumindest teilweise in niedrigere Stellungen ab. Aber viele der Entlassenen wurden arbeitslos, und viele gingen mit Absicht keiner geregelten Arbeit mehr nach. Das konnte in der ersten Zeit nach dem Krieg sogar von Vorteil sein, denn die mit der Arbeit verdiente Lebensmittelkarte reichte ohnehin kaum zum Überleben aus, und für das Geldeinkommen gab es kaum etwas zu kaufen. Daher brauchte Nichtarbeiten für den einzelnen gar nicht so ungünstig zu sein und wirkte nur in gewissen Grenzen als Strafe.

1945 schrieb eine österreichische Zeitung über die entlassenen Nazi: »Eine sehr erhebliche Zahl, wenn nicht gar die Mehrheit, wurde mit oder ohne Pension, jedenfalls ohne jede Arbeitsverpflichtung nach Hause geschickt und hat sich bis heute jeder der Allgemeinheit nützenden Dienstleistung mit nachweisbarem Erfolg zu entziehen gewußt . . . Viele tausende ihrer patriotischen Pflicht bewußte Wiener werken täglich am Wiederaufbau ihres Staates, kommen abends müde und hungrig nach Hause, um nach einem meist recht spärlichen Mittagmahle ein ebenso frugales Abendessen einzunehmen – wenn es überhaupt auf zwei Mahlzeiten langt. Und während derselben Zeit ziehen Tag für Tag ungezählte ihrer Stellung enthobene, aber zu keiner Arbeit herangezogene Nazi auf die Länder, um abends mit prall gefüllten Rucksäkken heimzukehren, es sich gütlich zu tun und sich den Buckel voll zu lachen über jene, die etwas leisten und daher zu solchen Hamsterfahrten keine Gelegenheit haben[23].«

Es ist durchaus anzunehmen, daß auch ein wesentlicher Teil des Schwarzmarktes in der Hand der entlassenen Nazi lag[24]. Der Lebensunterhalt ließ sich dort weitaus leichter, wenn auch etwas gefährlicher verdienen als mit Arbeit. Es wurde daher bereits 1945 die Forderung nach einer Arbeitspflicht laut, und der österreichische Nationalrat verabschiedete im Februar 1946 ein Arbeitspflichtgesetz, das generell für alle Österreicher Geltung haben sollte, in erster Linie aber gegen die entlassenen und nun nicht mehr arbeitenden Nationalsozialisten gerichtet war. Sie sollten als erste zur Arbeitspflicht herangezogen werden, als Mitglieder jener Partei, die für all das Unheil und all die Zerstörungen verantwortlich war. »Es ist wohl die leichteste Form der Sühne, die ihnen durch eine Arbeitsverpflichtung auferlegt wird[25].« Die Forderung war aber nicht nur von österreichischer, sondern vor allem auch von alliierter Seite gekommen, die mit dem Hinweis, daß es auch in ihren eigenen Ländern etwas Ähnliches gebe, die Erlassung eines Arbeitspflichtgesetzes verlangt hatten.

Doch bei den österreichischen Parteien stieß die Arbeitspflicht auf einige grundsätzliche Bedenken. »Nun haben wir vor uns ein Gesetz liegen«, sagte ein Nationalratsabgeordneter, »von dem man sagen könnte, daß es stark an nationalsozialistisches Gedankengut anklingt. Diese Auffassung ist in den Verhandlungen des sozialpolitischen Ausschusses ganz eindeutig zum Ausdruck gekommen. Und doch haben sich die drei demokratischen Parteien in einer ernsten Auseinandersetzung darüber geeinigt, daß das Gesetz verabschiedet werden müsse[26].« An sich widersprach die Arbeitspflicht den Prinzipien der österreichischen demokratischen Parteien, was auch in den Parlamentsdebatten deutlich zum Ausdruck kam. Aber das Gesetz wurde nicht nur wegen der Alliierten letztlich angenommen, sondern auch wegen »der gegebenen außerordentlichen wirtschaftlichen Verhältnisse« und »um die vorhandenen Kräftereserven voll zu erfassen und die Arbeitskräfte dort einzusetzen, wo sie derzeit am dringendsten benötigt werden[27]«.

Das Gesetz wurde daher auch »Bundesverfassungsgesetz über die Sicherstellung der für den Wiederaufbau erforderlichen Arbeitskräfte« benannt und als Notgesetz angesehen. Es hatte zwei Zielrichtungen: einmal »zur Durchführung dringender Arbeiten der Ernährungssicherung und des Wiederaufbaus arbeitsfähige Personen für eine begrenzte Dauer zu verpflichten[28]«, worunter wohl Ernteeinsatz und Aufräumearbeiten zu verstehen waren; zum zweiten richtete es sich gegen die nach dem Zweiten Weltkrieg – ebenso wie nach dem Ersten Weltkrieg – verbreitete Arbeitsunlust, nicht nur gegen die Nationalsozialisten, sondern gegen alle, die unter den wirtschaftlichen Bedingungen der ersten Nachkriegszeit nicht bereit waren, regelmäßig zu arbeiten. Durch die Arbeitspflicht sollte jene Personengruppe erfaßt werden, »die es bisher konsequent ablehnte, freiwillig ihre Arbeitskraft für den Wiederaufbau zur Verfügung zu stellen, und die es vorzog, ihren eigenen Interessen nachzugehen . . . Arbeitspflicht und Arbeitszwang brauchen wir nicht für diejenigen, die ihre Pflicht erfüllt haben, sondern vor allem für diejenigen, die es bisher unterlassen haben, dem Appell zur freiwilligen Mitarbeit Folge zu leisten, die also auch in Hinkunft nichts zum Wiederaufbau beitragen wollen[29]«.

Hier war an die sogenannten »Schlurfs« gedacht, die Bars und Nachtlokale bevölkerten, am Schwarzmarkt beteiligt waren, spazieren gingen und anderen bei der Arbeit zuschauten. »Ein Teil unseres Volkes aber scheint doch den Ernst der Situation und den Ernst der Arbeit noch nicht erfaßt zu haben. Leider müssen wir feststellen, daß es gerade jene Menschen sind – ich erinnere dabei nur an den Typ ›Schlurf‹ –, die sich nachts in den Nachtlokalen herumtreiben, bis in den Tag hinein schlafen und dann ihren dunklen Geschäften auf den Schwarzen Märkten nachgehen, um sich mit Leichtigkeit an einem Tag das zu verdienen, was sich der arbeitende Mensch in monatelanger Arbeit niemals verdienen kann.«

Jene sollten erfaßt werden, »die sich als Schmarotzer am Volkskörper von der Arbeit drücken und das neue Österreich sabotieren. All das Gelichter, das man auf den Schwarzen Märkten und in den Nachtlokalen antrifft, muß zur positiven Arbeit herangezogen werden . . . Es soll die Jugend arbeiten lernen und gerade die Jugend, die ihr Ohr jeder Mahnung und jeder vernünftigen Zurede konsequent verschließt[30].« Besonders die Jugend wollte man also wieder zur Arbeit führen, »um die Schädigungen, die ein jahrelanges Landsknechtleben mit sich brachte, wieder gutzumachen und ihr zu zeigen, wie weit wertvoller es ist, zu arbeiten und Friedensprodukte zu erzeugen, als Kriege zu führen[31]«.

Der Schlurf

„Hoch die Arbeit, so hoch, daß man s' net derglengen kann! Im übrigen interessiert mi mehr, wo heut a tulli Dschäß spült und wer Pokäulsieger 1945/46 wird!" . . .

Neues Österreich, 3. August 1945

Einen Vergleich mit der Dienstpflicht unter dem Nationalsozialismus lehnte man aber entschieden ab, vor allem, weil die Anwendung des österreichischen Gesetzes durch soziale Berücksichtigungen entscheidend eingeschränkt war. Frauen wurden überhaupt weitgehend ausgenommen, es gab regionale Begrenzungen, die Arbeit durfte von der Berufstätigkeit des Verpflichteten nicht zu sehr abweichen, sie war zeitlich begrenzt, mußte kollektivvertraglich entlohnt werden, und die Verpflichtung von Personen aus Betrieben heraus war nur in Ausnahmefällen zulässig. Das Gesetz war außerdem bis Ende 1946 begrenzt, wurde aber zweimal, zuletzt bis 1948, verlängert, nicht ohne daß die drei im österreichischen Parlament vertretenen Parteien jedesmal ihre prinzipielle Ablehnung ausdrückten. Die Kommunisten stellten fest, daß sie das Gesetz schon beim erstenmal abgelehnt hätten, die Sozialisten betonten, daß sie das Gesetz nicht aus freien Stücken, sondern nur auf Verlangen der Alliierten geschaffen hatten, und die Volkspartei erklärte, grundsätzlich gegen jede Zwangsmaßnahme gegenüber der Arbeiterschaft zu sein. Jedesmal wurde aber auch darauf hingewiesen, daß es ein Arbeitspflichtgesetz eben auch in anderen Ländern gebe und daß es lediglich dem Zweck diene, »endlich einmal auch jene Menschen, die heute noch glauben, ein Parasitenleben führen zu können, zur Pflicht zu rufen und sie zum Wiederaufbau des Vaterlandes heranzuziehen[32]«.

Im ganzen wurde das Gesetz aber sparsam angewandt. Von Januar bis September 1947 wurden insgesamt 5448 Personen verpflichtet. Das Hauptkontingent stellte die Gruppe der Hilfsarbeiter mit 2512 Personen; in diesen Kreis fielen vor allem belastete Nazi und DPs.

Die tatsächlichen Auswirkungen der Entnazifizierung auf den Wiederaufbau von Österreichs Wirtschaft und Verwaltung, die »volkswirtschaftlichen Kosten«, sind nur schwer zu schätzen. Sicherlich wirkten sich die etwa 170.000 Entlassungen nachteilig auf die Wirtschaft aus, ganz abgesehen von den etwa 55.000 Personen, die irgendwann im Zuge der Entnazifizierung verhaftet wurden. Aber es ist doch auch der Zustand der österreichischen Wirtschaft und Verwaltung in der ersten Nachkriegszeit zu bedenken. Im öffentlichen Dienst hatte die Entnazifizierung auch eine positive Seite. Das Dritte Reich hatte der wiedererstandenen Republik Österreich einen stark aufgeblähten Beamtenapparat hinterlassen. Der notwendige Personalabbau erfolgte nun überwiegend und ohne die sonst erforderlichen sozialen Beschränkungen über die Entnazifizierung. Schwierigkeiten ergaben sich nur in einzelnen Fachbereichen und bei Beamten mit speziellen Kenntnissen. Auch in der Wirtschaft erfolgte eine Personalbereinigung, nicht nur bei überzähligen Beschäftigten, sondern vor allem auch im Management, wo es in vielen Betrieben zu einer frühzeitigen Ablöse und zu einer Verjüngung des Führungsstabes kam. Entnazifizierung bedeutete daher für die Nichtnazi einen Konkurrenzvorteil bei der frühzeitigen Erreichung bestimmter Führungspositionen bis etwa 1948, als die Berufsbeschränkungen für die meisten »Entnazifizierten« wieder wegfielen.

Auf den Wiederaufbau dürften sich die Entnazifizierungs-Entlassungen aber nur in begrenztem Maß ausgewirkt haben, denn die Jahre 1945/46 waren in Österreich auch ohne Entnazifizierung wirtschaftlich immer noch eine Ausnahmesituation. Die von den Alliierten durchgeführte Desintegration, die fast totale Abschneidung der österreichischen Wirtschaft von Deutschland, Rohstoffmangel, Transportschwierigkeiten und Energiemangel führten in den ersten zwei Nachkriegsjahren zu einer wirtschaftlichen Stagnation und dazu, daß selbst die vorhandenen Kapazitäten nicht voll ausgelastet werden konnten. So dürfte auch die Entlassung der ehemaligen Nationalsozialisten für die Unternehmen nicht allzu problematisch gewesen sein, wenn es sich nicht gerade um spezielle Fachleute handelte. Die größten volkswirtschaftlichen Kosten der Entnazifizierung dürften daher nicht durch die Entlassungen selbst entstanden sein, sondern durch die bürokratische Abwicklung.

In den ersten drei Jahren nach dem Krieg waren viele öffentliche Verwaltungsstellen, Polizei, Justiz, Arbeitsämter, Interessenvertretungen und zum Teil auch die Unternehmen neben der österreichischen Regierung und dem Alliierten Rat zu einem nicht unwesentlichen Teil mit der Planung und Durchführung der Entnazifizierung beschäftigt. Das ganze System der Entnazifizierungsgesetze war aufzubauen und den sich verändernden politischen und sozialen Verhältnissen anzupassen. Eine umfangreiche Registrierung war durchzuführen und immer wieder auf den laufenden Stand zu bringen. Mit der Verwaltung und Kontrolle war ein umfangreicher bürokratischer Apparat beschäftigt, und auch die praktische Durchführung erforderte einen hohen Sach- und Personalaufwand.« Die Durchführung des Nationalsozialistengesetzes entwickelt sich allmählich zu einem administrativen Skandal, sie ist allmählich eine bürokratische Landplage geworden«, stellte einer der österreichischen Abgeordneten fest und bezeichnete die Entnazifizierungsgesetze als »gesetzestechnischen Galimathias, den wir nicht verdauen können und an dem wir verwaltungstechnisch geradezu zugrunde gehen müssen[33]«.

Wesentliche finanzielle Mittel und viele Personen waren nicht mit dem Wiederaufbau, sondern mit der an sich unproduktiven, ja sogar wirtschaftsfeindlichen politischen Säuberung beschäftigt, und das in einem Land, das nach dem Zweiten Weltkrieg arm geworden war, so arm, daß Wien im Winter 1945/46 dem Verhungern nahe war und Österreich nur mit ausländischen Hilfslieferungen überleben konnte.

Als sich die wirtschaftliche Situation ab 1947/48 besserte und normalisierte und der österreichische Wiederaufbau tatsächlich in Schwung kam, wurden auch die meisten Beschäftigungsverbote der Entnazifizierung wieder aufgehoben. Auch die noch verbleibenden beruflichen Hindernisse wurden für die meisten ehemaligen Nationalsozialisten bis Anfang der fünfziger Jahre abgebaut, für die Minderbelasteten durch die Zulassungskommissionen und die Amnestie 1948. Zwar wurden in Österreich nicht wie in Westdeutschland 1951 alle Beamten wieder eingestellt, doch Minderbelastete konnten ab 1947 wieder in den öffentlichen Dienst aufgenommen werden[34]. Auch die Beschränkungen für die verbliebenen 42.000 Belasteten gingen stetig zurück. Allein durch den Bundespräsidenten wurde bis 1952 10.689 Belasteten eine teilweise Amnestie gewährt, die sich auf die Wiederausübung des Berufes bezog. Viele Hindernisse liefen 1950 und 1955 automatisch aus, und die letzten fielen mit der NS-Amnestie 1957.

Die Grunderfahrung der von den Entlassungsbestimmungen und Berufsverboten betroffenen ehemaligen Nationalsozialisten war daher eine Bedrohung ihrer sozialen Stellung und eine Unterbrechung der beruflichen Kontinuität, eine entnazifizierungsbedingte Wartezeit, allerdings in einer Zeit allgemeiner Not und sozialer Ausnahmesituation[35]. Mit dem beginnenden wirtschaftlichen Wiederaufstieg ab 1947/48 war die Entnazifizierung für die meisten der ehemals Entlassenen aber gerade rechtzeitig beendet. Sie konnten wieder in ihren Berufen, ja sogar an ihrem ehemaligen Arbeitsplatz tätig sein, ohne allzuviel verloren zu haben.

C. Einkommens- und Vermögensstrafen

Die Reparationen des kleinen Mannes

Eine ganze Reihe von Entnazifizierungsmaßnahmen enthielten auch finanzielle Strafen. Entlassungen und Berufsverbote waren ohne Zweifel auch Einkommensstrafen, ebenso wie Rückversetzung, Beförderungsverbot oder Kürzung und Streichung von Pensionsansprüchen. Eine harte finanzielle Strafe war der Vermögensverfall, der bei schweren Fällen von den Volksgerichten verhängt werden konnte beziehungsweise mußte.

Insgesamt wurden so etwa 10.000 Vermögen für verfallen erklärt, darunter 1500 städtische Liegenschaften, 900 Gewerbebetriebe und 800 landwirtschaftliche Betriebe[36]. Aber auch in der nationalsozialistischen Zeit erlangte Vorteile wurden soweit wie möglich wieder rückgängig gemacht: so wurden etwa aus politischen Gründen erfolgte Einstellungen und Beförderungen aufgehoben. Zum Teil mußten solche materiellen Vorteile zurückerstattet werden, so bei der Entarisierung und Rückstellung, aber auch bei den »Wiedergutmachungszahlungen«, die der nationalsozialistische Staat Personen geleistet hatte, die »im Kampf für die nationalsozialistische Erhebung Österreichs« Dienststrafen, Maßregelungen und finanzielle Benachteiligungen erlitten hatten. Damit wurden praktisch die vom Ständestaat gegen die Nationalsozialisten verhängten Strafen wiederhergestellt und bestätigt. Darüber hinaus wurde registrierten Nationalsozialisten auch eine direkte finanzielle Verpflichtung auferlegt, die Sühneabgabe, sozusagen als individuelle Reparationszahlung an den österreichischen Staat für den vom Nationalsozialismus verursachten Schaden.

An eine finanzielle Bestrafung der Nationalsozialisten in irgendeiner Form war schon 1945 gedacht worden, nur über die Art war man sich lange nicht im klaren. Erst im April 1946 brachte die österreichische Regierung eine Gesetzesvorlage zu einer einmaligen Vermögensabgabe ein, für Personen, bei denen seit dem Anschluß Österreichs an das Deutsche Reich ein Vermögenszuwachs eingetreten war, »um die Nutznießer der nationalsozialistischen Herrschaft und des Krieges einer besonderen Besteuerung zu unterwerfen[37]«. Aber bereits im März 1946 hatte man sich in der Drei-Parteien-Vereinbarung auf eine »Sühneabgabe« im Sinne einer zusätzlichen Lohn- und Einkommensteuer und einer einmaligen Vermögensabgabe geeinigt, die der Nationalrat vier Monate später bewilligte. Diese Einkommens- und Vermögensverminderung wurde mit der individuellen Schuld begründet, die jeder einzelne Nationalsozialist, auch der Mitläufer, auf sich geladen hatte. »Zur Wiedergutmachung gehören Mittel. Wer soll die Mittel in erster Linie herbeischaffen? Wer ist in erster Linie berufen, die Opfer für den Staat, für die Wiedergutmachung, für den Wiederaufbau zu leisten? Doch jene, die ja früher so gerne geopfert und den anderen Teil der Bevölkerung zum Mitopfern aufgefordert haben. Wenige werden die Gauleiter, die Kreisleiter, ja selbst die Ortsgruppenleiter mit der Sammelbüchse auf der Straße gesehen haben. Die mit der Sammelbüchse gingen, das waren die, die sich heute als Mitläufer, als Irregeführte, als Irregeleitete präsentieren. Daran müssen wir denken[38].«

Sie sollten eine Wiedergutmachung, eine Reparation leisten für all die Zerstörungen, die der Nationalsozialismus verschuldet hatte, von ihrer Seite sollte ein verstärkter Beitrag zum Wiederaufbau kommen. »Die Vorschreibung der Sühneabgabe ist angesichts der Tatsache, daß das österreichische Volk den größeren Teil seines Volksvermögens durch den Nazifaschismus verloren hat und beinahe sämtliche Familien unseres Landes um die Früchte ihrer jahrzehntelangen Arbeit betrogen worden sind, selbstverständlich ... Darüber hinaus bietet sie allen denjenigen, die sich innerlich von der Nazi-Ideologie abgewendet haben, die Möglichkeit, den Nachweis ihres guten Willens und der Umstellung zu erbringen, indem sie das ihrige zur Wiederherstellung geordneter wirtschaftlicher und finanzieller Verhältnisse durch die sofortige und willige Leistung der Abgabe beitragen[39].«

Die Sühneabgabe selbst wurde mit der Routine eines Steuerstaates eingehoben. Sie bestand aus einer laufenden Abgabe mit einem 10prozentigen (Minderbelastete) beziehungsweise 20prozentigen (Belastete) Aufschlag zur Lohn- und Einkommensteuer, einer Abgabe vom Ertrag grundsteuerpflichtiger Wirtschaftsgüter und einer einmaligen progressiven Vermögensabgabe. Ihr unterlagen alle registrierungspflichtigen Nationalsozialisten. Die Abgabepflichtigen hatten beim zuständigen Finanzamt selbst eine »Anzeige zur laufenden Sühneabgabe« und eine »Erklärung zur Entrichtung der einmaligen Sühneabgabe« abzugeben. Die Finanzämter legten Listen der Sühneabgabepflichtigen an, »S-Listen« genannt, überprüften die Einkommens- und Vermögensangaben und setzten durch Bescheid die endgültige Höhe der Sühneabgabe fest. Die laufenden Abgaben begannen bei der Einkommensteuer ab 1945, bei der Lohnsteuer mit dem Inkrafttreten des NS-Gesetzes, also mit Februar 1947, und liefen bei Minderbelasteten bis 1948 und bei Belasteten bis 1950. Die einmalige Sühneabgabe wurde vom gesamten Vermögen erhoben[40]. Bei Belasteten waren 5000 Schilling, bei Minderbelasteten 10.000 Schilling abgabefrei, zuzüglich konnten noch 2000 Schilling für jede unterhaltspflichtige Person abgesetzt werden.

Der Nationalrat wollte ursprünglich den Vermögensstand und -wert vom 1. Jänner 1946 für abgabenpflichtig erklären, doch die Alliierten verschärften auch diese Bestimmung und legten als Stichtag den 1. Januar 1944 fest, entsprechend dem damaligen Vermögensbescheid. Das bedeutete eine wesentliche Verschärfung, da inzwischen eingetretene Vermögensminderungen, auch Kriegsschäden und Demontagen, nicht zu berücksichtigen waren. Ebenso verschäften die Alliierten die Progression der einmaligen

Vermögensabgabe erheblich. Während nach den österreichischen Vorstellungen die Obergrenze, je nach Belastung, bei 25 beziehungsweise 50 Prozent liegen sollte, setzten die Alliierten sie auf 40 beziehungsweise 70 Prozent hinauf, was fast einer Enteignung gleichkam.

Bemessungsgrundlagen für die einmalige Sühneabgabe (Schilling)

Vermögensstand 1. Januar 1944:		Belastete %		Minderbelastete %	
von	bis	Ö	A	Ö	A
	10.000	20	20	10	10
10.000	30.000	23	33	11,5	15
30.000	60.000	26	35	13	18
60.000	100.000	30	40	14	20
100.000	150.000	35	45	17,5	22
150.000	200.000	40	50	20	25
200.000	250.000	45	55	22,5	28
250.000	300.000	50	60	25	32
300.000	350.000	50	65	25	35
350.000	und darüber	50	70	25	40

Ö = Der Vorschlag des österreichischen Nationalrates vom Juli 1946.
A = Die endgültige Festsetzung im NS-Gesetz 1947 aufgrund der Forderungen der Alliierten.

Quelle: 28. Sitzung, 24. Juli 1946, S. 588, und Heller-Loebenstein-Werner, *Das Nationalsozialistengesetz, S. II/299.*

Die Anwendung einer Steuerprogression auf die Abgeltung einer politischen Schuld stieß auch auf einige Kritik. Die Höhe der Sühneabgabe richtete sich nur zum geringeren Teil nach der politischen Schuld, zum größeren Teil nach der Höhe des Vermögens. Das Prinzip der Umverteilung, der höheren Besteuerung von Wohlhabenden wurde auch in die Entnazifizierung hineingenommen. Es wurde daher der Verdacht laut, daß über die Entnazifizierung andere politische Ziele, letztlich eine Änderung der Eigentumsverhältnisse, erreicht werden sollte. Die ÖVP wandte sich ausdrücklich gegen solche Bestrebungen. »Leider haben sich in den Verhandlungen gewisse Tendenzen gezeigt, die manchmal dahingegangen sind, die Persönlichkeit des einzelnen nicht nach dem Ausmaß der Schuld im kollektiven Sinne, sondern vielfach nach dem Ausmaß seines Besitzes zu beurteilen, ein Standpunkt, der von meiner Partei wohl nach wie vor immer abgelehnt wurde[41].«

Die Sozialistische Partei aber hob die begünstigte politische Stellung der Besitzenden hervor, die eine verschärfte Bestrafung rechtfertige: ». . . diese Besitzenden unter den Mitläufern hatten es doch infolge der Unabhängigkeit, die der Besitz mit sich bringt, leichter, sich den Gewaltmaßnahmen, dem Zwang in der Partei zu entziehen, als der kleine Arbeiter und Angestellte, der befürchten mußte, daß er entweder seinen Posten verliert oder zumindest verschickt und von seiner Familie getrennt werde. Es ist daher vollkommen gerecht, daß man jene Leute, die viel weniger aus Dummheit, aus politischer Unkenntnis oder Verworrenheit zur Partei gegangen sind, sondern vielmehr ihre materiellen Interessen fördern wollten, in verstärktem Maße zur Wiedergutmachung und Sühne heranzieht[42].«

Die einmalige Sühneabgabe war aufgrund einer Selbstbewertung ohne besondere Aufforderung in vier Teilbeträgen einzuzahlen, wobei die erste Rate einen Monat nach Inkrafttreten des NS-Gesetzes fällig war. Der Ertrag der einmaligen Sühneabgabe war für Währungszwecke gedacht, zur Tilgung der Bundesschuld bei der Nationalbank. Sie wurde als deflationistische Maßnahme zur Abschöpfung von Kaufkraft verwendet und lief nicht einmal über das Bundesbudget, sondern über die Anleihengebarung.

Aber die Einhebung der Sühneabgabe verlief nicht ganz ohne Schwierigkeiten. Einmal war der Ertrag der laufenden Sühneabgabe weitaus zu hoch eingeschätzt worden. »Die Ursache für den geringen Ertrag . . . ist vor allem darin zu suchen, daß die Sühnepflichtigen meist nicht in der Lage sind, Beschäftigungen nachzugehen, die eine höhere Entlohnung oder einen höheren Gewinn mit sich bringen. Daher ist die Masse der Sühnepflichtigen nur mit relativ geringen Beträgen zu erfassen[43].« Aber auch bei der einmaligen Sühneabgabe gab es Probleme, vor allem, wenn das Vermögen nach dem Stichtag 1. Januar 1944 durch Kriegs- oder Nachkriegseinwirkungen geschädigt worden war, aber auch dort, wo ein Auslandsvermögen zur Sühneabgabe herangezogen werden sollte, besonders dann, wenn diese Vermögen vom ausländischen Staat beschlagnahmt oder enteignet worden waren. Das Finanzministerium bestimmte daher 1948, daß Erleichterungen gewährt werden sollten, »wenn der Abgabepflichtige glaubhaft machen kann, daß die Abstattung der einmaligen Sühneabgabe zu ernsten wirtschaftlichen Schwierigkeiten führen würde. Diesen Pflichtigen sind von den Finanzlandesbehörden langfristige Abstattungsbedingungen (Stundungen, Ratenbewilligungen) einzuräumen. In den Fällen jedoch, in denen die Abstattung der einmaligen Sühneabgabe existenzgefährdend sein würde, ist von den Finanzlandesdirektionen der Erlaß oder Teilerlaß der Sühneabgabe beim Finanzministerium zu beantragen[44].« Ebenso hatte das Finanzministerium bereits kurz nach Inkrafttreten der Bestimmungen über die Sühneabgaben in einem Erlaß die Banken zur Unterstützung der betroffenen Nationalsozialisten aufgefordert, um gesamtwirtschaftlich nachteilige Folgen so weit wie möglich zu verhindern. »Vornehmste Aufgabe der Kreditinstitute wird es sein, die sühnepflichtige Kundschaft in Finanzierungsfragen im Zusammenhang mit der Sühneabgabe in einer solchen Weise zu beraten, daß volkswirtschaftliche Schäden nach Tunlichkeit vermieden werden; so wird zur Hintanhaltung überstürzter Verkäufe auf die Möglichkeit hinzuweisen sein, Vermögenswerte zugunsten des Finanzamtes sicherzustellen und über die Entrichtung Zahlungspläne mit den Finanzämtern zu vereinbaren[45].«

Obwohl aber die Sühnesteuer zum Teil nur mit Schwierigkeiten eingehoben werden konnte, erreichte sie doch ein beachtliches Ausmaß und dürfte 300 Millionen Schilling überschritten haben.

Sühneabgabe, Stand 6. Juni 1948

343	Millionen Schilling fällige einmalige Sühnesteuer
243,5	Millionen Schilling eingehobene einmalige Sühnesteuer
19,4	Millionen Schilling eingehobene laufende Sühnesteuer

Quelle: Allied Denazification Bureau, 14. Dezember 1948, 60258-2/033.2.

1957 erklärte der österreichische Finanzminister, daß 97 Prozent der vorgeschriebenen Beträge auch tatsächlich eingehoben werden konnten, nur 3 Prozent waren noch ausständig beziehungsweise uneinbringlich[46].

Mit der Sühneabgabe waren aber auch vermögensrechtliche Beschränkungen verbunden. Da man sich 1945 zwar darüber einig war, den ehemaligen Nationalsozialisten auch eine finanzielle Sühne aufzuerlegen, die Durchführung und das Ausmaß aber noch unbestimmt waren, wurden Maßnahmen verhängt, um diese Vermögen zu sichern. Das Verbotsgesetz sah daher eine teilweise Vermögenssperre vor. Registrierte Nationalsozialisten durften das gesperrte Vermögen weder veräußern noch mit Schulden belasten. Ihr bewegliches und unbewegliches Vermögen unterlag rechtsgeschäftlichen, grundbücherlichen und exekutionsrechtlichen Beschränkungen. Verpflichtungen durften nur im Rahmen der laufenden Verwaltung oder Haushaltsführung übernommen werden. Gegen dieses Verbot verstoßende Rechtsgeschäfte oder

Verfügungen waren nichtig. »Der Zweck dieser Bestimmung war die Sicherung des Vermögens der Nationalsozialisten vor Verschleppung und die Verhinderung einer Veräußerung oder Verschleierung der Rechtsverhältnisse, weil das Schicksal dieses Vermögens noch nicht bestimmt war[47].«

Diese einschränkenden Bestimmungen bildeten jedoch ein wesentliches Hindernis für das ganze wirtschaftliche Leben in Österreich. Bei Bankgeschäften mußte man eidesstattliche Erklärungen abgeben, daß man nicht zum Kreis der Registrierungspflichtigen gehörte, der Immobilienverkehr wurde weitgehend lahmgelegt, und die Durchführung von Exekutionen konnte unmöglich werden. Diese Vorschrift war daher von vornherein nur als vorübergehende Maßnahme gedacht, und politische und wirtschaftliche Stellen drängten zunehmend auf ihre Abschaffung.

Nachdem mit der Sühneabgabe die politisch-finanzielle Schuld der ehemaligen Nationalsozialisten festgelegt war, sollten nach der Vereinbarung der drei Parteien 1946 die Veräußerungs- und Belastungsverbote fallen. Die Regierungsvorlage zum NS-Gesetz sah daher eine ersatzlose Streichung vor. Doch die Änderungsforderungen der Alliierten enthielten wiederum solche Verfügungsbeschränkungen. Sie mußten ins NS-Gesetz aufgenommen werden, um die Einhebung der Sühneabgabe über die Steuervorschriften hinaus sicherzustellen. Während aber bis dahin nur schwerbelastete Nationalsozialisten – Illegale, Funktionäre und Förderer – von diesen Bestimmungen betroffen waren, war sie nun auf alle Registrierten anzuwenden. »Durch § 20 des Verbotsgesetzes 1947 wurde dieses Verbot mit Rückwirkung auf den 31. März 1945 auf alle Registrierungspflichtigen ausgedehnt, so daß Rechtsgeschäfte, die im Zeitpunkt ihres Abschlusses unter kein gesetzliches Verbot fielen, hinsichtlich deren die Vertragspartner daher gutgläubig waren, nachträglich ihre Gültigkeit verlieren, wenn sie der Einbringung dieser Sühneabgabe entgegenstehen[48].«

Personen, denen die Sühneabgabe auferlegt wurde, durften bis zur vollständigen Abzahlung ihr Vermögen weder veräußern noch belasten. Bei Kreditnahme war eine vorherige Zustimmung des Finanzamtes einzuholen, das die Genehmigung nur dann erteilen konnte, wenn die einmalige Sühneabgabe bereits entrichtet beziehungsweise sichergestellt war.

Problematisch war vor allem die lange Rückwirkung dieser Bestimmung. Das Verbot bezog sich auf Rechtsgeschäfte ab dem 31. März 1945. Dieser zurückliegende Stichtag hatte bei dem im Mai 1945 erlassenen Verbotsgesetz durchaus seine Berechtigung. Er lag in nicht allzuferner Vergangenheit und sollte eine Umgehung des Verbotes verhindern. Die unveränderte Übernahme des Stichtages in das NS-Gesetz 1947 ging jedoch über die ursprüngliche Absicht des Gesetzgebers weit hinaus. Dadurch konnten Rechtsgeschäfte für nichtig erklärt werden, die bereits zwei Jahre zurücklagen.

»Veräußerungs- und Belastungsverbote erschweren an und für sich das Rechts- und Wirtschaftsleben. Die Androhung der Nichtigkeit von Rechtsgeschäften, die gegen ein solches Verbot verstoßen, vergrößern diese Erschwerung. Sind Veräußerungs- und Belastungsverbote aus den öffentlichen Büchern nicht ersichtlich, bedrohen sie die Gültigkeit von Rechtsgeschäften infolge Nichtigkeit mit rückwirkender Kraft, und sind die Voraussetzungen für ein solches Verbot im Einzelfall nicht ohne weiteres feststellbar, dann lähmen solche Veräußerungs- und Belastungsverbote geradezu das Rechts- und Wirtschaftsleben und bewirken Rechtsunsicherheit im weitesten Umfang[49].«

Eine schnelle und gleichzeitig entgegenkommende Einhebung der Sühneabgabe durch die Finanzämter lag daher nicht nur im Interesse der betroffenen Nationalsozialisten, sondern war auch wesentlich für die Normalisierung des ganzen Wirtschaftslebens Österreichs in der ersten Nachkriegszeit.

Zu den einschneidendsten materiellen Sühnemaßnahmen für den einzelnen ehemaligen Nationalsozialisten gehörte die Möglichkeit des Verlustes von Wohnung, Möbeln und Kleingärten. In den bombenbeschädigten Städten bei Kriegsende waren Wert und Bedeutung von Wohnungen weit über das übliche Maß hinaus gestiegen. Alle politischen Parteien im Nachkriegsösterreich waren der Ansicht, daß ein Teil dieses Wohnungsproblems über die Nationalsozialisten gelöst werden sollte.

»Es ist vollkommen in Ordnung«, schrieb 1945 das *Kleine Volksblatt,* »daß zur Linderung der Wohnungsnot in erster Linie die Wohnungen herangezogen werden, die den Urhebern der Zerstörungen in unserer Stadt gehören. Lange bevor das Gesetz über die Anforderung und Verwendung von Wohnungen beschlossen war, hat das Volk ganz klar und richtig gesagt: Die Nazi müssen aus ihren Wohnungen heraus, damit die Ausgebombten, die alles verloren haben, hinein können. Und so ist es auch geschehen. Manchmal freilich etwas wild und eigenwillig[50].«

Das *Neue Österreich* sprach von einer sozialen Notwendigkeit: »Denn es ist ein gesellschaftlich untragbarer Zustand, daß Tausende unbarmherzig Verfolgte unter bitterster Wohnungsnot leiden, während die unbarmherzigen Verfolger sich in bequemen, größtenteils luxuriösen Wohnungen breitmachen[51].«

Und der SPÖ-Abgeordnete Migsch stellte für seine Partei fest, daß der Verlust der Wohnung angesichts der Schandtaten, die der Nazifaschismus verübt hatte, durchaus zumutbar erscheine. »Gewiß mag es für viele minderbelastete Nationalsozialisten sehr hart sein, ihre Wohnungen, soweit über sie bereits verfügt wurde, zu verlieren. Das gleiche Schicksal haben aber Zehntausende Familien, die Gegner des Nazifaschismus waren, durch den Bombenkrieg auch erlitten. Gerade dadurch, daß der von Hitler verbrochene Krieg fünf Minuten über zwölf Uhr hinaus fortgeführt wurde – ein Umstand, der nur dadurch möglich war, daß durch den Parteiapparat der NSDAP das Terrorsystem bis zur letzten Minute aufrechterhalten wurde, und weil innerhalb der Mitglieder der NSDAP der Wille, diesen sinnlosen Krieg zu beenden, nur in geringfügigem Umfang zum Ausdruck kam –, wurde der größere Teil der Wohnungen zerstört und sind die meisten Familien um den wirtschaftlichen Erfolg ihrer ganzen Lebensarbeit gekommen. Angesichts der unerhörten Not, die auf diesem Gebiet besteht, ist es selbstverständlich, daß der von den Kriegszerstörungen frei gebliebene Wohnraum an österreichisch gesinnte Familien zuerst verteilt werden mußte. Daß in den Tagen des Umbruchs diese Verteilung rechtlich nicht fundiert vor sich gegangen ist, bedeutet keinen stichhaltigen Einwand, weil die damaligen Zustände, in denen wir das plötzliche Absterben der Organe der menschlichen Gemeinschaft erlebt hatten, einer Naturkatastrophe gleichkommen[52].«

Tatsächlich waren unmittelbar nach dem Krieg auf dem Wohnungssektor viele Maßnahmen ohne gesetzliche Basis gesetzt worden, zum großen Teil reine Notstandsmaßnahmen. Vor allem in Wien gab es 1945 viele leerstehende Wohnungen von Personen, die geflohen waren. Auf der anderen Seite aber stand ein Heer von Ausgebombten und Flüchtlingen. Die Gemeinde beschlagnahmte daher solche Wohnungen und wies sie den bedürftigen Personen mit einer »vorläufigen Benützungsbewilligung« zu. In Wien wurden auf diese Weise bis Oktober 1945 ohne gesetzliche Grundlage 20.000 Wohnungen durch die Gemeinde beschlagnahmt und weitergegeben. Weitere 4000 Wohnungen wurden von den Besatzungsmächten beansprucht[53].

Erst im Oktober 1945 erfolgte eine erste gesetzliche Regelung in Form eines Wohnungsanforderungsgesetzes, das für eine gerechtere Verteilung des Wohnraumbestandes in der Not der ersten Nachkriegszeit dienen sollte, für ehemalige Nationalsozialisten aber eine spezielle Maßnahme vorsah: den zwangsweisen Wohnungstausch. Für die Einziehung der Wohnungen ehemaliger Nationalsozialisten gab es aber außer der allgemeinen Wohnungsnot und ihrer politischen Schuld noch ein anderes Argument. Denn es handelte sich vielfach um ehemalige Wohnungen von Juden. Allein durch die Vertreibung der Wiener Juden wurden von 1938 bis 1942 etwa 70.000 Wohnungen frei[54], die besten davon wurden an nationalsozialistische Parteigänger vergeben. Soweit es sich um Eigentumswohnungen gehandelt hatte, fielen sie unter die Rückstellungsgesetze, bei Mietwohnungen aber stellte es sich das Wohnungsamt 1945 zur Aufgabe, den Nationalsozialisten ihre schönen und großen Wohnungen zu entziehen.

Für die Durchführung des Zwangstausches war folgender Vorgang festgelegt worden: »Durch die Bezirksvorstehung werden jene Wohnungsinhaber festgestellt, deren Wohnungen für den Zwangstausch in Betracht kommen, die Wohnung selbst dem Wohnungsamt dann gemeldet. Dem Wohnungsinhaber werden entsprechende kleinere und weniger schöne Wohnungen zur Auswahl geboten. Innerhalb von zwei Wochen muß dieser sich für eine dieser Wohnungen entscheiden und die Übersiedlung durchführen. Weigert er sich, den angebotenen Wohnungstausch vorzunehmen, dann ist nach den Bestimmungen des Gesetzes seine Wohnung vom Wohnungsamt anzufordern, und er verliert den Anspruch auf eine andere Wohnung[55].«

Die Gemeinden waren damit in der Lage, Wohnungen nach dem Verbotsgesetz schwerbelasteter Nationalsozialisten anzufordern. Mit der Wohnungsanforderung war in vielen Fällen die Überlassung eines Teiles der Möbel verbunden. Der zum Verlassen seiner Wohnung gezwungene ehemalige Nationalsozialist durfte nur soviel an Einrichtungsgegenständen mitnehmen, als er zur notwendigen Ausstattung seiner Ersatzunterkunft benötigte. Das restliche Inventar wurde mit der Wohnung und einer »vorläufigen Benützungsbewilligung« gegen eine Vergütung zugewiesen. Außerdem beschlagnahmte die sowjetische Besatzung in Wien noch umfangreiche Bestände an Möbeln. »Organe der Besatzungsmacht haben anläßlich und nach der Befreiung Österreichs Nationalsozialisten gehörende Möbel den Gemeinden überlassen, damit sie Personen, die durch Kriegseinwirkungen oder aus politischen Gründen geschädigt wurden, zur Benützung übergeben oder sonst im öffentlichen Interesse verwendet werden[56].« Auch für diese Maßnahme fehlte im österreichischen Recht jede gesetzliche Grundlage. Und schließlich ergriff man auch bei Schrebergärten sofort Maßnahmen gegen Nationalsozialisten, ohne eine gesetzliche Regelung abzuwarten. Das war für die Betroffenen eine harte Maßnahme, da ein Kleingarten in der Nachkriegszeit eine nicht zu ersetzende Aufbesserung der Nahrungsmittelgrundlage bedeutete. Die Schrebergärten wurden den ehemaligen Nationalsozialisten entzogen und anderen Personen ebenfalls mit einer »vorläufigen Benützungsbewilligung« zugewiesen.

Eine endgültige Regelung fanden alle Entnazifizierungsmaßnahmen auf dem Wohnungssektor im NS-Gesetz 1947. Vor allem wurden die Wohnungszuweisungen geklärt, die vor dem Inkrafttreten des Wohnungsanforderungsgesetzes, also in der »gesetzlosen Zeit«, erfolgt waren. Mit dem NS-Gesetz bekamen die Besitzverhältnisse, wie sie 1947 de facto bestanden, ihren gesetzlichen Segen. Von Registrierungspflichtigen geschlossene Mietverträge über Wohnungen, für die eine vorläufige Benützungsbewilligung von der zuständigen Behörde ausgestellt worden war, galten kraft Gesetzes als aufgelöst[57]. Der neue Mieter konnte endgültig in der Wohnung bleiben, wenn die vorläufige Zuweisung nicht innerhalb von drei Monaten (bis 18. Mai 1947) von der Gemeinde widerrufen wurde. Damit war für die große Masse der vorläufig Eingewiesenen eine Sicherheit gegeben, daß sie in den Wohnungen bleiben konnten[58]. Der ehemalige Mieter mußte aber Nationalsozialist gewesen sein. War er nicht registrierungspflichtig, so galt die vorläufige Benützungsbewilligung als unbegründet, der Mietvertrag war nicht aufgehoben, und die Gemeinde hatte die Räumung und Rückgabe der Wohnung durchzusetzen.

Auch die unter »vorläufiger Benützungsbewilligung« stehenden Möbel galten kraft des Gesetzes nur als angefordert, den Eigentümern war das Verfügungsrecht entzogen, eine Eigentumsübertragung fand jedoch nicht statt. Die zu entrichtende Vergütung war daher kein Kaufpreis, sondern ein Benützungsentgelt.

Ebenso wurden die Möbelbeschlagnahmen der Alliierten 1947 geregelt. Wenn der zuständige Kommandant einer Besatzungsmacht einer Gebietskörperschaft bis zum 20. Oktober 1945 – dem Zeitpunkt, an dem die Alliierten in Österreich gemeinsam die Machtbefugnis übernahmen – Möbel von Nationalsozialisten übergeben und diese auch darüber verfügt hatte, so gingen sie in das Eigentum der Gebietskörperschaft über. Durch das NS-Gesetz sollten die früheren Verfügungen legitimiert und aufrechterhalten, aber keine Grundlage für weitere Beschlagnahmen von Möbeln geschaffen werden. Im Gegenteil, die Gemeinden versuchten von sich aus, die Möbel ihren ehemaligen Eigentümern wieder zurückzuerstatten. So gab die Gemeinde Wien auf freiwilliger Basis bis zum Jahr 1957 in 23.500 Fällen Möbel wieder zurück, so daß nur mehr 6500 Fälle zu bereinigen waren, woraus indirekt geschlossen werden kann, daß in Wien in 30.000 Fällen Möbel beschlagnahmt worden waren[59].

Und schließlich wurden auch die Maßnahmen bei den Schrebergärten durch das NS-Gesetz 1947 nachträglich legitimiert. Ein einmal erfolgter Entzug eines Kleingartens sollte auch nach 1947 aufrecht bleiben, wenn es sich um einen registrierten Nationalsozialisten handelte. Der Pachtvertrag war erloschen, für die auf dem Grundstück befindlichen Bauten war eine angemessene Entschädigung zu leisten. Minderbelastete waren zwar ab 1947 von den Sühnemaßnahmen im Kleingartenwesen nicht mehr betroffen, bereits entzogene Schrebergärten wurden aber nicht mehr zurückgegeben, und eine Schadensgutmachung wurde mit dem Argument abgelehnt, »daß auch den Opfern des Nazismus eine volle Schadensgutmachung nicht gewährt werden könne[60]«. Belastete, die Eigentümer von Schrebergärten waren, hatten ihre Gärten samt den darauf befindlichen Bauten für die Dauer von zehn Jahren zu ortsüblichen Bedingungen Kleingärtnern zur Nutzung in Pacht zu überlassen. In Wien wurden im ganzen 6000 Schrebergärten auf diese Weise entzogen. Allerdings bemühte sich die Gemeinde später, zu einer gütlichen Einigung zwischen den Kleingärtnervereinen und den ehemaligen Nationalsozialisten zu kommen. Auf diese Weise erhielten viele ihre Gärten wieder, so daß 1957 von den ursprünglich 6000 weggenommenen Schrebergärten nur noch 500 übrig waren[61].

Als Sühnemaßnahme sollte die Wohnungsanforderung nach dem Wunsch der österreichischen Parteien ab 1947 nur noch auf Belastete angewendet werden. Wie gewohnt, verschärfte der Alliierte Rat auch diese Bestimmung und dehnte sie auch auf Minderbelastete und damit auf alle Registrierten aus. Allerdings war die Wohnungsanforderung gegen Minderbelastete nur mehr beschränkt anwendbar, nur noch dann, »wenn dies zugunsten der Kriegsopfer und Opfer der nationalsozialistischen Unterdrückung notwendig erscheint[62]«. Unbeschränkt waren nach 1947 nur noch die Belasteten von den Maßnahmen des Wohnungsanforderungsgesetzes betroffen, und zwar nicht nur sie selbst, sondern auch ihre Ehegatten, wenn am 1. September 1945 oder später eine Wohngemeinschaft bestanden hatte, wodurch auch unbelastete Familienangehörige betroffen werden konnten.

Doch ab dem NS-Gesetz 1947 dürften die Wohnungsanforderungsbestimmungen nicht mehr allzu häufig angewendet worden sein. Denn dieses Gesetz war im wesentlichen geschaffen worden, um die Entnazifizierungsfrage abzuschließen und endgültig zu regeln. Die Sühnebestimmungen auf dem Wohnungssektor traten auch nicht automatisch ein, sondern erforderten eine besondere Verfügung im Einzelfall. Der Belastete hatte seine Mietwohnung den Behörden zu melden, und diese konnten bei Bedarf darüber verfügen. Alle übrigen Bestimmungen auf dem Wohnungssektor im NS-Gesetz 1947 zeigen jedoch, daß es sich dabei wohl nur mehr um eine Drohung handelte, denn im wesentlichen war man bestrebt, die Verhältnisse auch auf dem Wohnungssektor zu normalisieren.

D. Entzug staatsbürgerlicher Rechte

Das Prinzip der Kollektivschuld

Bei einer Aufzählung der Sühnefolgen wird deutlich, wie sehr die Entnazifizierungsmaßnahmen in die Rechte des einzelnen und in die österreichische Verfassung eingriffen. Die Entnazifizierungsgesetze behandelten eine bestimmte Gruppe von Personen aufgrund ihrer Zugehörigkeit zu einer politischen Organisation anders als alle anderen Staatsbürger. Das begann schon bei der Staatsbürgerschaft selbst, wo den sogeannten »Illegalen« die österreichische Staatsbürgerschaft nach dem Krieg verweigert werden konnte, nach dem Motto: »Ihr ständiger Ruf: Heim ins Reich! soll in Erfüllung gehen[63].« Das betrifft auch den rückwirkenden Charakter der Entnazifizierungsgesetze, die ein Verhalten unter Sanktion stellten, welches ursprünglich nicht gesetzwidrig und dessen spätere Strafbarkeit zum Teil nicht voraussehbar war. Das ging weiter mit der Verletzung des Grundsatzes der persönlichen Freiheit durch Anhaltelager und Arbeitspflicht, mit der Verletzung der Vereins- und Versammlungsfreiheit; mit Berufsverboten, Entlassungen und Einstellungshindernissen, wie etwa im öffentlichen Dienst, die eindeutig mit der Freiheit der Erwerbstätigkeit und der Berufswahl in Widerspruch standen; mit dem Verbot der Mitarbeit an Zeitungen und einem Publikationsverbot, das gegen das Prinzip der freien Meinungsäußerung verstieß; denn es wurde nicht nur der Inhalt, sondern schon die Person des Schreibenden erfaßt, ganz gleich, welche Meinung er nach 1945 ausdrücken wollte. Sodann eine der schwerstwiegenden Maßnahmen im Rahmen der Entnazifizierung, den Ausschluß vom aktiven und passiven Wahlrecht. Während am 17. Juni 1947 das Parlament in einer Festsitzung den 40. Jahrestag des allgemeinen und gleichen Wahlrechts in Österreich beging, war zur selben Zeit etwa ein Siebentel der Erwachsenen davon ausgeschlossen. Für diese rund eine halbe Million Menschen gab es noch eine ganze Reihe von anderen Sondergesetzen und Sonderbestimmungen: Registrierung, Vermögensbeschränkungen, Sühnesteuer, Sonderabgaben, Verlust rechtmäßig erworbener Pensions- und Abfertigungsansprüche, Entzug von Wohnungen und Möbeln usw. usf. Alle diese Maßnahmen zusammen verstießen aber gegen einen der wichtigsten Grundsätze der österreichischen Verfassung, den Gleichheitsgrundsatz: »Alle Bundesbürger sind vor dem Gesetz gleich.« Die Entnazifizierungsbestimmungen griffen daher wesentlich in die österreichische Verfassung – nach dem Stand von 1929, wie sie nach dem Zweiten Weltkrieg wieder übernommen worden war – ein. Die Entnazifizierungsgesetze waren daher stets Verfassungsänderungen und mußten als Verfassungsgesetze erlassen werden.

Niethammer schrieb über die Entnazifizierung in Bayern: »Für die Säuberungsfrage interessierte vor allem das Problem, daß Ansehen und Geltung des Rechtes nicht durch neues Unrecht wiederhergestellt werden konnten, andererseits aber der Rückgriff auf geltendes oder traditionelles Recht gegenüber der Massenhaftigkeit und Schwere der vorliegenden Verbrechen unzureichend erscheinen mußte[64] . . .«

Zumindest für Österreich war das aber nur die halbe Wahrheit. Darum ging es nicht. Die Verurteilung von Kriegsverbrechen und wirklichen Vergehen wurde allgemein akzeptiert und den Verhältnissen entsprechend auch ohne großen politischen Konflikt durchgeführt. In dieser Hinsicht bildete die »Nazifrage« keinen innenpolitischen Streitpunkt. »Hinsichtlich der nicht besonders großen Zahl von Kriegsverbrechern und wirklich Belasteten sind Regierung, Parteien des Nationalrates und die ganze Bevölkerung der gleichen Meinung[65].«

Das Problem der Entnazifizierung in Österreich waren nicht Verbrechen; worum es ging, war das, was man später »Formaldelikte« nannte: die Bestrafung von Personen, die kein direktes Verbrechen begangen hatten, sondern denen nur eine formale Bindung zum Nationalsozialismus zum Vorwurf gemacht wurde. Daß es sich nicht um Verbrechen handelte, wurde schon daraus deutlich, daß die Strafen gegen diese Personen »Sühnemaßnahmen« genannt wurden. Worum es ging, war das Prinzip der Kollektivschuld, und zwar nicht, wie der Begriff in bezug auf Deutschland verwendet wurde: »Alle Deutschen sind schuld am Krieg!«, sondern Kollektivschuld im österreichischen Sinn: »Alle österreichischen Nationalsozialisten sind mitschuldig an den Verbrechen des Nationalsozialismus!«

Der Gesetzgeber war sich der rechtlichen Problematik der ganzen Entnazifizierung wohl bewußt, und sie wurde auch im Parlament deutlich ausgesprochen: »Die Rechtstheorie und die Rechtsphilosophie konnten sich – das wird und muß jeder begreifen – in einer solchen Situation nicht durchsetzen. Das wäre eine ganz unmögliche und den Seelenzustand des weitaus größten Teiles des österreichischen Volkes vergewaltigende Zumutung gewesen[66].« Beide großen Parteien lehnten daher im Prinzip die Kollektivschuld als »gesetzliche Sanktion einer Massenverfolgung[67]« ab. Aber für eine breitangelegte Entnazifizierung – und darum kam man weder innenpolitisch noch in bezug auf die alliierten Besatzungsmächte herum – war sie die einzig praktikable Lösung. Im Verbotsgesetz 1945 wurde zum Teil noch versucht, jeden einzelnen ehemaligen Nationalsozialisten nach seiner konkreten individuellen Schuld zu beurteilen, aber gerade das mußte schiefgehen:

»Es mag sein, daß im allgemeinen eine individuelle Behandlung dem Prinzip der Gerechtigkeit besser entspricht. Für den vorliegenden Fragenkomplex trifft dies aber nicht zu. Dem Versuch, das individuelle Beandlungsprinzip anzuwenden, stehen folgende theoretische Schwierigkeiten entgegen:

1. Eine Untersuchung der Motive des Beitrittes zur NSDAP und des Verhaltens als Nationalsozialist erfordert ein genaues Verfahren, das dem der Strafprozeßordnung entsprechen müßte. Der Tatbestand müßte einwandfrei ermittelt, Beweis und Gegenbeweis genau abgewogen werden. Wir sind aber aus technischen Gründen gar nicht in der Lage, etwa 450.000 solcher Prozesse in kurzer Zeit abzuwickeln. Sie würden zehn bis fünfzehn Jahre in Anspruch nehmen. Eine Verschleppung des Naziproblems auf eine solche Zeitdauer ist aus Gründen der Herstellung des inneren Friedens unmöglich. Sie würde das Gegenteil dessen bewirken, was notwendig ist.

2. Die Wirkungen eines solchen Verfahrens haben wir anschaulich genug in den erstinstanzlichen Entregistrierungen kennengelernt. In Wien haben etwa 90 Prozent der Registrierungspflichtigen Befreiungsansuchen eingebracht. Es gab plötzlich keine nationalsozialistischen Parteimitglieder mehr. Jeder erbrachte zahlreiche, unkontrollierbare Bestätigungen über sein Wohlverhalten.

Der Natur nach zeugt ein solches System nur Lippenbekenntnisse. Jedes gesellschaftliche System, das den einzelnen aber vor Aufgaben stellt, die er infolge der Unvollkommenheit der menschlichen Natur nicht lösen kann, ist falsch und führt zu sozialpsychologischen Krankheitserscheinungen. In der Praxis wäre es so gewesen, daß sich der Schlaue und Wendige den Sühnefolgen entzogen hätte, während der einfache Mann in den Maschen des Gesetzes hängengeblieben wäre.

In der Gesamtheit gesehen, ist daher das generelle Behandlungsprinzip gerechter[68].«

Das Hauptziel des NS-Gesetzes 1947 war daher die rascheste Liquidierung des NS-Problems, der Abschluß, die Befriedung nach innen und die politische Rechtfertigung nach außen, der bei den mühseligen Staatsvertragsverhandlungen für die endgültige Befreiung Österreichs, für den Abzug der alliierten Besatzung hohe Bedeutung zukam.

Rechtlich war daher die Entnazifizierung von Anfang an problematisch, auf die Dauer war es aber auch politisch untragbar, ständig Staatsbürger zweiter Klasse zu schaffen. Die Entnazifizierung als Massenunternehmen mußte daher zeitlich begrenzt sein und mit der politischen, wirtschaftlichen und sozialen Normalisierung in Österreich wieder wegfallen. Nach dem Willen der österreichischen Parteien (Drei-Parteien-Vereinbarung) sollte sie auch 1948/1950 ihr Ende finden. Viele der problematischen Bestimmungen gegen Minderbelastete sollten schon 1946/47 wegfallen. Aber Österreich bestimmte seine Politik nicht allein, und die Alliierten waren bereits zu sehr beschäftigt mit ihrer eigenen verhärteten politischen Auseinandersetzung, auch »kalter Krieg« genannt, in der Deutschland die zentrale Rolle spielte und die Verhältnisse in Österreich eher Nebensache waren. Die Reaktion der Alliierten auf das neue NS-Gesetz war daher nicht mehr aus den österreichischen Verhältnissen, sondern vor allem aus ihrer eigenen weltpolitischen Auseinandersetzung zu erklären. Aber als Verfassungsgesetz bedurfte es der einstimmigen Zustimmung des Alliierten Rates, zu einer Zeit, als Einigkeit zwischen der Sowjetunion und den USA fast schon ein Absurdum war. Die Zustimmung war daher nur durch eine wesentliche Verschärfung der österreichischen Entnazifizierungsbestimmungen zu erreichen. Die Entnazifizierung sollte nun bis 1950 beziehungsweise 1955 hinausgezögert werden, eine für den Wiederaufbau und die politische Befriedung Österreichs untragbare Vorstellung, deren Verwirklichung wohl Konsequenzen gehabt hätte, die bis heute spürbar wären. Von österreichischer Seite mußte man aber, um das Gesetz überhaupt zu retten, im Februar 1947 den Änderungsforderungen Rechnung tragen. Doch der österreichische Nationalrat nahm seine Niederlage nicht hin, sondern drang bereits wenige Monate später auf eine sukzessive Änderung der Entnazifizierunggsgesetze, auf eine Politik der kleinen Schritte, um seinen ursprünglichen Willen gegenüber den Besatzungsmächten dennoch durchzusetzen.

ANMERKUNGEN

1 General Collins, *Wiener Zeitung,* 6. August 1946.
2 »Jede Naziaktion wird im Keim erstickt«, *Wiener Zeitung,* 15. 1. 1948.
3 Major-General T. J. W. Winterton, *Minutes of Evidence taken before Sub-Committee F,* Wien 7. Sept. 1946, S. 11.
4 »Strenge gegen die Verschwörer, Gerechtigkeit für alle!«, *Arbeiter-Zeitung,* 15. 1. 1948.
5 »Untergrundbewegung begann in Internierungslager«, *Wiener Zeitung,* 7. 1. 1948; Bericht der Polizeidirektion Graz an den Öffentlichen Ankläger, Graz, 3. März 1948, 60219-2, NA.
6 »Jede Naziaktion wird im Keime erstickt«, *Wiener Zeitung,* 15. 1. 1948.
7 Josef Hieß, *Wir kamen aus Glasenbach,* Wels 1957.
8 US-Commissioner, August 1947, S. 204.
9 *Österreichisches Jahrbuch 1947.*
10 Siehe dazu das Kapitel über die Entnazifizierung des Sicherheitsdienstes.
11 US-Commissioner, 1–3. 1950, S. 16.
12 *Erläuterungen zur Regierungsvorlage zum Anhaltegesetz,* 3. Juli 1947, 351 d. Beil.
13 A. a. O.
14 *Erläuterungen zum Anhaltegesetz,* a. a. O.
15 US-Commissioner, März 1950, S. 16.
16 Vgl. Dieter Stiefel, *Arbeitslosigkeit,* S. 136 ff.
17 1951 2,27 Millionen Berufstätige ohne Landwirtschaft.
18 Sub-Comittee on University Denazification, ACA, 3. 3. 1947, 60259-2/033.3, NA.
19 Report Industrial Branch to Denazification Branch (Wallach), USACA, 1947, 60219-1, NA.
20 Montgomery, *Forced to be Free,* S. 104.
21 *Minutes of Evidence,* 5. September 1946, S. 85.
22 M. F. Cullis, *Kommentar zur Entnazifizierung in Österreich,* 30. 9. 1946, FO 371/55192. Der Name des Dirigenten scheint im Originaldokument auf, wurde aber absichtlich weggelassen, weil er wohl in der Musik, nicht aber in der Entnazifizierung eine besondere Rolle spielt.
23 »Groteske Wirkungen«, *Kleines Volksblatt,* 18. August 1945.
24 Ein US-Bericht sprach etwa davon, daß die mit Studienverbot belegten Studenten sich in vielen Fällen am Schwarzmarkt betätigen. US-Commissioner, März 1948, S. 12.
25 Moik, 7. Sitzg., 1. 2. 1946, S. 103.

26 Geißlinger, 7. Sitzg., 1. 2. 1946, S. 96.
27 Hillegeist, 7. Sitzg., 1. 2. 1946, S. 90.
28 Bundesminister für soziale Verwaltung Maisel, 7. Sitzg., 1. 2. 1946, S. 95.
29 Hillegeist, 8. Sitzg., 15. 2. 1936, S. 93.
30 Geißlinger, 8. Sitzg., 15. 2. 1946, S. 96.
31 Bundesminister für soziale Verwaltung Maisel, 8. Sitzg., 15. 2. 1946, S. 95.
32 A. a. O.
33 Ludwig, *Wiener Zeitung,* 14. 2. 1948 und 18. 2. 1948.
34 Insbesondere nach der Amnestie 1948 war eine Aufnahme von Minderbelasteten in den Staatsdienst wieder möglich. Eine generelle Wiedereinstellung erfolgte aber nicht, »da es im Staatsinteresse liegt, eine der Republik Österreich ergebene, nach Gesinnung und Verhalten einwandfreie österreichische demokratische Beamtenschaft zu schaffen.« – *Österreichisches Jahrbuch 1948,* S. 155. – In den fünfziger Jahren wurden auch die anderen Dienst- und Einkommenssanktionen im Bereich des Staatsdienstes aufgehoben, die Entnazifizierungszeit von 1945 bis 1948 als Dienstzeit wieder angerechnet, wobei es aber den Dienststellen überlassen blieb, auf Ansuchen den einzelnen wiedereinzustellen oder in den Ruhestand zu versetzen.
35 Niethammer, S. 655, a. a. O., stellte für die deutsche US-Zone eine ähnliche Situation fest.
36 Die Vermögen wurden jedoch zum Teil an die Verurteilten oder ihre Verwandten wieder zurückverkauft, oder aber spätestens bei der Vermögensverfallsamnestie 1956 wieder zurückerstattet. Auf Dauer hatte der österreichische Staat keines der im Rahmen der Entnazifizierung für »verfallen« erklärten Vermögen zurückbehalten. *Wiener Zeitung,* 19. Juli 1956.
37 »Vermögensteuer für Nutznießer des nationalsozialistischen Regimes«, *Wiener Zeitung,* 4. 4. 1946.
38 Hackenberg, 28. Sitzg., 24. Juli 1946, S. 604.
39 Migsch, 28. Sitzg., 24. Juli 1946, S. 588.
40 Abzüglich Verbindlichkeiten und Vermögenswerte, die unter die Rückstellung fielen, also etwa arisierte Vermögen.
41 Aichhorn, 28. Sitzg., 24. Juli 1946, S. 592.
42 Hackenberg, 28. Sitzg., 24. Juli 1946, S. 605.
43 Finanzminister Zimmermann, *Wiener Zeitung,* 10. 12. 1947, »Sühneabgabe von 200 Millionen für Währungszwecke«.
44 »Erleichterte Zahlung der einmaligen Sühneabgabe«, *Wiener Zeitung,* 19. 1. 1949.
45 Heller-Loebenstein-Werner, S. II/445.
46 »Innenpolitische Befriedung abgeschlossen«, *Wiener Zeitung,* 15. 3. 1957.
47 Heller-Loebenstein-Werner, S. II/430.
48 Heller-Loebenstein-Werner, S. II/442.
49 Heller-Loebenstein-Werner, S. II/428.
50 »Gesundes Rechtsempfinden«, *Das Kleine Volksblatt,* 8. 11. 1945.
51 »Die Naziwohnung«, *Neues Österreich,* 8. Juli 1945.
52 Migsch, 28. Sitzg., 12. Juli 1946, S. 588/9.
53 *Wiener Zeitung,* 28. 10. 1945.
54 Botz, S. 463.
55 »Die Nazi müssen ihre Wohnung tauschen«, *Wiener Zeitung,* 28. 10. 1945.
56 Heller-Loebenstein-Werner, S. II/483.
57 Im Verbotsgesetz befand sich auch bereits die Bestimmung, daß Miet- und Pachtverhältnisse mit schwerbelasteten Nationalsozialisten unter Einhaltung

der gesetzlichen Kündigungsfrist aufgelöst werden konnten. Anstelle des anderen Vertragsteiles konnte auch die Ortsgemeinde oder die Verwaltungsbehörde das Kündigungsrecht ausüben.

58 Heller-Loebenstein-Werner, S. II/465.

59 »Innenpolitische Befriedung abgeschlossen«, *Wiener Zeitung,* 15. 3. 1957.

60 Heller-Loebenstein-Werner, S. II/489.

61 »Innenpolitische Befriedung abgeschlossen«, *Wiener Zeitung,* 15. 3. 1957.

62 Kriegsopfer waren jene, die durch den Krieg in ihrer Gesundheit geschädigt worden waren, ihren Ernährer verloren hatten oder ihre Wohnungen durch den Krieg verloren. – Opfer nationalsozialistischer Unterdrückung waren jene, die im Kampf um ein freies und demokratisches Österreich gelitten hatten, und Personen, die während der nationalsozialistischen Herrschaft aus politischen Gründen ihre Wohnungen verloren hatten. Für sie konnte eine Wohnung auch von Minderbelasteten angefordert werden, wenn sie keine ihrem Wohnbedürfnis entsprechende Wohnung besaßen. Ein solches Wohnbedürfnis lag dann vor, wenn die Zahl der Bewohner die Zahl der Wohnräume überstieg. Für die Wohnungszuweisung war eine Kommission bei der Gemeinde zuständig (Bürgermeister, ein Gemeindebediensteter, zwei Mietvertreter und und je ein Vertreter der Parteien). – Heller-Loebenstein-Werner, S. II/462.

63 Innenminister Helmer, *Arbeiter-Zeitung,* 8. 1. 1946.

64 Niethammer, S. 71.

65 »Sinn und Zweck wahrer innerer Befriedung«, m. t., *Wiener Zeitung,* 11. 1. 1948.

66 Koref, 79. Sitzg., 21. 4. 1948, S. 2243.

67 Gorbach, 79. Sitzg., 21. 4. 1948, S. 2247.

68 Migsch, 28. Sitzg., 24. 7. 1946, S. 582.

2. Amnestie und innere Befriedung

A. Jugend- und Minderbelastetenamnestie

In Österreich sah man das NS-Gesetz von 1947 von Anfang an als novellierungsbedürftig an, und es verwunderte daher nicht, daß der Erfolg dieses Gesetzes selbst von offizieller Seite in Frage gestellt wurde. »Es stellte sich aber nach Ablauf des ersten Jahres der Geltungsdauer heraus, daß es die gestellten Erwartungen nicht voll erfüllte. Seine Durchführung zog Schwierigkeiten nach sich, die Erfüllung der Absicht, insbesondere die minderbelasteten Personen durch tragbare Sühnefolgen ihre Zugehörigkeit zur nationalsozialistischen Bewegung sühnen zu lassen und sie ansonsten als gleichberechtigte und vollwertige Staatsbürger zu werten, wurde nicht zur Gänze erreicht[1].«

Man war in Österreich enttäuscht über die Haltung der Alliierten, insbesondere wenn man nach Deutschland, »dem Mutterland des Nationalsozialismus«, blickte. ». . . wir sehen dort ein Rennen unter den Besatzungsmächten um die Angehörigen der ehemaligen Mitglieder der NSDAP. In den einzelnen Besatzungszonen sind in größtem Ausmaß Amnestien durchgeführt worden. So hat in der von den Sowjettruppen besetzten Zone Deutschlands Marschall Sokolowski als Oberbefehlshaber eine großzügige Amnestie erlassen, die – auf das österreichische Gesetz übertragen – faktisch einer Annullierung des Nazigesetzes gleichkäme. Auch in der amerikanischen Zone haben wir eine großangelegte Amnestie zu verzeichnen, die nach dem Oberbefehlshaber General Clay benannt wurde. Dasselbe hat sich in der englischen Zone zugetragen, und zuletzt in der französischen, wo der Befehlshaber der französischen Besatzungstruppen, General Koenig, eine Amnestie erlassen hatte, in die die Erfahrung aller drei anderen Besatzungszonen eingebaut war und die die Frage nun nicht mehr nach der formalen Zugehörigkeit, sondern nach dem Tun in der NSDAP behandelt[2].«

Die ungleiche Behandlung war schwer zu verstehen und mit der ursprünglichen Feststellung der Alliierten, Österreich sei das erste Opfer des Hitlerfaschismus gewesen, das sie befreit hatten, schwer in Einklang zu bringen. »Die wesentlich unterschiedliche Behandlung des gleichen Problems in Österreich und in Deutschland könnte dem Österreicher verständlich erscheinen, wenn die Geschichte der letzten Jahrzehnte anders abgelaufen wäre; etwa so, daß 1933 der Nationalsozialismus nicht in Deutschland, sondern in Österreich zuerst an die Macht gelangt wäre, hier aufgerüstet, dann 1938 mit SS, Gestapo, Flugzeugen und Tanks das Deutsche Reich überrannt und seine Bevölkerung unter starken Druck gesetzt hätte. Nun war es aber bekanntlich umgekehrt[3].«

Aber in Österreich waren die Verhältnisse bei der Entnazifizierung eben anders. In Deutschland gab es keine einheitliche Regelung der politischen Säuberung für das ganze Land. In jeder Zone hatte der Kommandeur der Besatzungsmacht die Möglichkeit, selbständig vorzugehen. Österreich aber hatte bereits 1945/46 seine staatliche Einheit wiedererlangt, um den Preis einer gemeinsamen Kontrolle durch die Alliierten. Die Beendigung der Entnazifizierung bedurfte daher in Österreich der einstimmigen Genehmigung aller vier Besatzungsmächte, und die war, zumindest vorläufig, nicht zu bekommen.

Da eine Gesamtreform nicht möglich erschien, versuchten die österreichischen Regierungsparteien zumindest die größten Härten des NS-Gesetzes abzubauen und zu einer schrittweisen Änderung zu kommen. Man begann mit einer relativ kleinen Gruppe von Betroffenen: den 3500 vom Studium ausgeschlossenen minderbelasteten Studenten. Das NS-Gesetz hatte ja auf Forderung der Alliierten ein Studienverbot für alle Registrierten, belastete wie minderbelastete, bis zum Jahr 1950 ausgesprochen. Damit wurden die Studenten strenger behandelt als selbst die Hochschullehrer. Die Bestimmung war deshalb besonders hart, weil ein so langer Ausschluß praktisch einem absoluten Studienverbot gleichkam. »Der Ausschluß vom Studium auf einige Semester ist in den meisten Fällen einer für immer. Die Menschen, die schon Jahre durch den Krieg verloren haben, werden später weder geistig – nachdem sie seit einer großen Zeitspanne die Mittelschule verlassen haben – noch auch materiell in der Lage sein, nach einer Reihe von Semestern ihre Studien wieder aufzunehmen[4].«

Aufgrund der Inkonsequenz dieser Bestimmung und ihrer möglichen negativen gesellschaftlichen Folgen beschloß der österreichische Nationalrat daher bereits am 3. Juli 1947 – also nur vier Monate nach Inkrafttreten des NS-Gesetzes – die erste Gesetzesänderung. Danach sollte minderbelasteten Studenten nach Überprüfung durch eine Kommission der Zutritt zum Universitätsstudium gestattet sein. Diese Gesetzesvorlage fand aber nicht die Zustimmung des Alliierten Rates. Doch bereits im Oktober 1947 stellten Abgeordnete der ÖVP und SPÖ im Parlament einen neuerlichen Abänderungsantrag zum Verbotsgesetz. Dieser Initiativantrag wurde allerdings mit Rücksicht auf die laufenden Staatsvertragsverhandlungen nicht behandelt. »Man hielt es nicht für opportun, die Frage der Novellierung des Nationalsozialistengesetzes ins Rollen zu bringen[5].«

Als aber die Erwartungen bei den Staatsvertragsverhandlungen sich nicht erfüllten und in den deutschen Besatzungszonen bereits Amnestien, vor allem auch Jugendamnestien, erlassen worden waren, wurde Anfang 1948 auch der österreichische Nationalrat in dieser Frage wieder aktiv. Da man mit der Regierung übereinstimmte, daß eine Gesamtreform der Entnazifizierungsgesetze gegenüber dem Alliierten Rat immer noch nicht durchzusetzen war, versuchte man es mit einer Jugendamnestie.

Es stand nun nicht mehr allein die Zulassung zum Hochschulstudium zur Debatte, sondern die generelle Aufhebung der Sühnefolgen für alle Minderbelasteten der Jahrgänge von 1919 aufwärts, ausgehend von der Erkenntnis, daß die Entnazifizierung durch Arbeitsamt und Polizei die betroffenen Jugendlichen nur ins Abseits drängen würde[6]. Die Jugendamnestie sollte 41.216 oder 8,5 Prozent der Minderbelasteten erfassen und sie von den Sühnefolgen befreien. »Maßgebend für die Einbringung dieses Gesetzentwurfes und für die Beschlußfassung im Hauptausschuß ist die Erwägung gewesen, daß man niemand, der zur Zeit der Begehung einer Tat nicht voll entscheidungsberechtigt und -fähig war, nachträglich schwerstens bestrafen und ihn – sei es auch nur auf Jahre hindurch – aus der menschlichen Gesellschaft ausschließen oder beiseitestellen soll[7].« »Ein achtzehn- oder neunzehnjähriger Mensch besitzt wohl nicht eine abgeschlossene politische Weltanschauung. Auch eine Unzahl erwachsener Menschen hat im reifen Alter die politische Auffassung geändert und die Partei gewechselt. Um so weniger kann man also von einem achtzehnjährigen Menschen eine endgültige Weltanschauung verlangen, der sein Weltbild noch dazu in einer Zeit hat formen müssen, in der von allen Seiten mit den Mitteln modernster Propaganda auf ihn eingewirkt worden ist[8].«

Die Festsetzung des Stichjahres 1919, das von den deutschen Jugendamnestiegesetzen übernommen wurde, konnte sicherlich in Frage gestellt werden, wie es die Kommunisten im Nationalrat auch taten. Dieser Geburtsjahrgang war bei der Machtergreifung des Nationalsozialismus in Deutschland erst vierzehn Jahre alt, hatte bei der Machtergreifung des Nationalsozialismus in Österreich aber bereits ein Alter von neunzehn Jahren erreicht. Die in diesem Fall auch von der Volkspartei akzeptierte Erklärung, es sei das Jahr 1934 als Grenze zwischen Demokratie und Faschismus aufzufassen, war daher eher ein politischer Kunstgriff, um den Kreis der Amnestiebegünstigten zu erweitern.

Ohne Zweifel befanden sich auch in den jungen Jahrgängen nicht wenige noch nicht bekehrte Nationalsozialisten. Allerdings waren von diesen nur 1965 Personen als Belastete eingestuft, nicht zuletzt auch deshalb, weil gerade die Achtzehn- bis Neunzehnjährigen bereits in den ersten Jahren nach dem Anschluß zum Militärdienst eingezogen worden waren, was eine politische Betätigung weitgehend unmöglich machte, und höhere Positionen auch im Nationalsozialismus normalerweise erst mit einem gewissen Alter zu erreichen waren.

Nur eine Partei, die österreichischen Kommunisten, war mit der Jugendamnestie nicht voll einverstanden. Sie stimmten der Gesetzesvorlage zwar zu, forderten aber eine Gesamtlösung der Nazifrage. »Wir verstehen schon und wissen aus Erfahrung, daß das Naziproblem, in hunderttausend Einzelfälle aufgelöst, sehr viele Komplikationen ergibt und daher jede Entscheidung hier und dort Widerspruch herausfordert . . . Wir halten es für keine sehr glückliche Methode, mit halben Maßnahmen, mit Einzelmaßnahmen an dieser vereiterten Wunde herumzudoktern[9].«

Und im Hauptausschuß des Nationalrates erklärte der kommunistische Abgeordnete Fischer: »Unbeschadet der Anwesenheit der Alliierten ist eine generelle Lösung dieser Frage notwendig. Es ist vielleicht schon die Zeit gekommen, sämtliche minderbelasteten Nationalsozialisten von allen Sühnefolgen zu befreien; allerdings müßten Nutznießer und Kriegsgewinner, die bisher die Auswirkungen des Gesetzes nicht zu spüren bekommen haben, tatsächlich zu Sühneleistungen herangezogen werden . . . Es bedeutet gewiß eine Ungerechtigkeit, wenn man die junge Generation von den Sühnefolgen ausnimmt, während man zum Beispiel die Fünfzig- oder Sechzigjährigen, von denen kaum eine Gefahr droht, daß sie wieder aktive Nationalsozialisten werden, unter der Last der Sühnefolgen beläßt[10].« Die anderen Parteien warfen zwar den Kommunisten vor, das sei unrealistisch, gerade wegen des Widerstands der mit ihnen befreundeten Besatzungsmacht. Aber die Haltung der Kommunisten war durchaus begründet, denn sie wußten bereits mehr als die beiden Regierungsparteien.

Die vom österreichischen Nationalrat beschlossene Jugendamnestie kam am 27. Februar 1948 vor den Alliierten Rat. Dort hatte man sich nicht zum erstenmal mit Amnestievorschlägen zu befassen. Bereits im August 1947 war die Studentenamnestie zur Debatte gestanden, die von den westlichen Alliierten zwar unterstützt, von den Russen aber in mehreren Sitzungen beharrlich abgelehnt wurde. Die Russen sahen keinen Grund für eine Änderung der Entnazifizierungsgesetze und schon gar keinen Grund für die Zulassung ehemaliger Nationalsozialisten an die Universitäten.

Im Oktober 1947 schlugen dann die anderen drei Alliierten von sich aus den Russen eine Jugendamnestie vor, wobei als gefährlich angesehene Personen ausgeklammert sein sollten. Von den Österreichern sollten Kommissionen errichtet werden, welche die betroffenen Fälle zu begutachten hätten, und der ganze Vorgang sollte unter der Aufsicht des Kommandanten der jeweiligen Besatzungszone erfolgen. Nach Meinung des sowjetischen Vertreters war aber eine Amnestie noch verfrüht, es gebe in Österreich keinen Grund für Amnestiemaßnahmen wie etwa in der deutschen Sowjetzone, da diese weitaus gründlicher entnazifiziert worden sei. Die westlichen Alliierten wollten jedoch keine weitere Verzögerung mehr hinnehmen und erklärten, daß die österreichische Regierung aufgefordert werden sollte, einen Gesetzesentwurf vorzulegen[11].

Am 27. Februar kam dann der vom Nationalrat bereits gebilligte Entwurf zur Jugendamnestie vor den Alliierten Rat, und aufgrund des bisherigen Verhaltens der Russen erwartete man eine lange Auseinandersetzung. Der sowjetische Vertreter begann die Sitzung auch mit einem Schwall an Kritik und einer Verdammung der Durchführung des Entnazifizierungsprogrammes durch die österreichische Regierung. Er erhob den Vorwurf, daß »reaktionäre Kreise in verschiedenen politischen Parteien die Durchführung der Entnazifizierung verhindern und das Entnazifizierungsgesetz in einen Schild umgewandelt haben, um die wichtigen Nazi vor der gerechten Strafe zu schützen. Diese Parteien versuchten nun die kleinen Nazi zu täuschen, um ihre Unterstützung im Kampf gegen demokratische Elemente zu erhalten[12]«.

Dann aber zog der sowjetische Vertreter, sehr zur Überraschung der anderen Mitglieder des Alliierten Rates, einen umfassenden Amnestievorschlag hervor. Nachem die Russen in den vorhergegangenen acht Monaten die Bemühungen der drei westlichen Alliierten um eine Studentenamnestie und eine Jugendamnestie ständig blockiert hatten, legten sie nun plötzlich eine Generalamnestie für alle Minderbelasteten auf den Tisch:

1. Die Gewährung einer vollen Amnestie für minderbelastete

Mitglieder der ehemaligen Nazipartei, sofern sie sich nicht selbst durch Verbrechen gegen den Frieden und die Sicherheit anderer Personen oder durch Verbrechen gegen das österreichische Volk entehrt haben. Die Herausnahme dieser Personen von der Sühnesteuer und anderen Verpflichtungen, die das Gesetz Nr. 25 vorsieht, und die Gewährung des aktiven und passiven Wahlrechts. Die Amnestie soll nicht auf Personen ausgedehnt werden, die nach dem Zusammenbruch Deutschlands und der Wiedererrichtung des österreichischen Staates sich selbst durch Beteiligung an geheimen faschistischen Untergrundorganisationen oder durch andere geheime oder offene Verbindungen mit dem Naziuntergrund entehrt oder die ihren faschistischen Anschauungen offen Ausdruck verliehen haben. Die Strafmaßnahmen, die in Übereinstimmung mit den Entnazifizierungsgesetzen 1945 und 1947 erfolgt sind (Sühneabgabe, Verlust der Wohnung, Eigentumsbeschlagnahme, Entlassung), sind weder aufzuheben noch wiedergutzumachen.

2. Folgende Anweisungen wären an die österreichische Regierung herauszugeben:

a. Alle Bestimmungen des Gesetzes Nr. 25 über die Belasteten sind entschieden und in kürzester Zeit anzuwenden.

b. Alle Belasteten sind innerhalb von drei Monaten von führenden Positionen in Regierung, Öffentlichkeit, privaten Institutionen und Unternehmen zu entlassen.

c. In Übereinstimmung mit dem Gesetz Nr. 25 sind alle Fälle von Kriegsverbrechern, Kollaborateuren, ehemals aktiven Nationalsozialisten, Militaristen und Industriellen, die das Hitlerregime angeregt und unterstützt haben, zu beschleunigen.

d. Wirkungsvolle Maßnahmen zur vollkommenen Liquidierung des Nazi-Untergrundes und der strengen Bestrafung dieses Untergrundes sind anzuwenden.

3. Im Alliierten Rat sollen Empfehlungen zur konkreten Anweisung der österreichischen Regierung über die Vorgangsweise und die Durchführung der Amnestie und Maßnahmen betreffend die Behandlung der belasteten Nazi ausgearbeitet werden, ebenso wie Empfehlungen zur Verstärkung der alliierten Kontrolle über die Durchführung der Entnazifizierung von Personen, die von der Amnestie ausgeschlossen sind.

Der sowjetische Hochkommissar erklärte, mit der Unterbreitung dieser Vorschläge stehe er auf dem Boden der Politik, welche die Sowjetregierung ständig durchgeführt habe, nicht nur während des Krieges, sondern auch nach der Vernichtung Hitler-Deutschlands – einer Politik der strengen Unterscheidung zwischen ehemals aktiven Nazi, die nationalsozialistische Verbrechen gegen die Menschlichkeit und die österreichische Nation begangen haben, und den formalen Nazi, die nicht so belastet sind[13].

Die anderen Alliierten waren jedenfalls verblüfft über den vollkommenen Wandel der sowjetischen Haltung und verlangten Zeit, die Vorschläge genauer zu überprüfen. Man stellte Überlegungen über die Ursache dieses Sinneswandels an: Propagandagründe, die bereits in Deutschland durchgeführten Amnestien oder die Befürchtung eines reaktionären Rückfalls der formalen Nazi. Bemerkenswert ist jedenfalls, daß die österreichischen Kommunisten im Nationalrat bereits zwei Wochen vorher die Grundzüge des sowjetischen Vorschlages – generelle Amnestie für Minderbelastete, verbunden mit einer verschärften Bestrafung der Belasteten – dargelegt hatten, und das zu einer Zeit, als die österreichischen Regierungsparteien nach den Erfahrungen mit dem Alliierten Rat auf den Erfolg einer allgemeinen Amnestie nicht zu hoffen wagten und die Alliierten sich gerade wegen der harten Haltung der Russen in einer Auseinandersetzung befanden.

Die westlichen Besatzungsmächte erklärten sich schließlich einverstanden, lehnten es aber als mit ihrer Österreichpolitik unvereinbar ab, die alliierte Kontrolle über Österreich wieder zu verstärken[14]. Am 12. März 1948 einigte sich der Alliierte Rat auf einen gemeinsamen Brief an den österreichischen Bundeskanzler, in dem es hieß, »daß es für den Wiederaufbau Österreichs günstig sei, wenn die Entnazifizierung beschleunigt würde[15]«. Es wurde eine Amnestie der Minderbelasteten bei gleichzeitig schnellerer und strengerer Durchführung der Entnazifizierungsgesetze bei den Belasteten gefordert. Von einer verstärkten alliierten Kontrolle war keine Rede mehr.[16]

Bereits vier Tage nach der entscheidenden Sitzung im Alliierten Rat – und noch eine Woche vor dem offiziellen Brief an den Bundeskanzler – hatten Vertreter der Volkspartei und der Sozialistischen Partei im Nationalrat einen Antrag auf totale Amnestie der Minderbelasteten eingebracht, bei dessen Begründung die Abgeordneten ihre Genugtuung nicht verhehlen konnten: »Als im Frühjahr 1945 der Nationalsozialismus zusammenbrach, da entstand aus der Frage, was mit den Anhängern dieser Lehre geschehen sollte, das sogenannte Naziproblem. Schon damals wurde die Forderung erhoben, dieses Problem nur nach dem Grundsatz von Recht und Gerechtigkeit so rasch als möglich zu lösen. Dies entsprach den Prinzipien eines Rechtsstaates, den es aufzubauen galt. Es ist allgemein bekannt, daß sich das erste Nationalsozialistengesetz nicht bewährt hat und auch seine Novellierung im Jahre 1946 infolge Einflußnahme außerösterreichischer Stellen nicht den Erfordernissen entsprach. Die Folgen auf wirtschaftlichem und sozialem Gebiete haben wir nunmehr fast drei Jahre lang gesehen. Es ist auf die Dauer untragbar, daß es in einer Demokratie Bürger zweiten Ranges gibt. Mit Genugtuung haben wir nun Kenntnis erhalten, daß sich der Alliierte Rat in seiner Sitzung vom 27. Februar 1948 mit diesem Problem eingehend befaßt hat und einer totalen Amnestie der Minderbelasteten absolut freundlich gegenübersteht[17].«

Und der Berichterstatter des späteren Amnestiegesetzes begann seinen Bericht mit folgenden Worten: »Hohes Haus! Mit der in Verhandlung gestellten Vorlage eines Bundesverfassungsgesetzes über die vorzeitige Beendigung der im Nationalsozialistengesetz vorgesehenen Sühnefolgen soll der Rechtszustand wieder hergestellt werden, der durch den Gesetzesbeschluß vom 24. Juli 1947 beabsichtigt war[18].« Mit der Amnestie hatten die österreichische Regierung und der Nationalrat ihre ursprüngliche Absicht durchgesetzt. In ihrem Gesetzesvorschlag von 1946 war die Beendigung der Sühnefolgen für Minderbelastete mit dem 30. April 1948 vorgesehen. Der Alliierte Rat hatte diese Frist um zwei Jahre, bis 30. April 1950, verlängert. Mit dem Amnestiegesetz war der ursprüngliche, von den österreichischen Parteien festgelegte Endtermin bis auf wenige Wochen trotz aller Schwierigkeiten Wirklichkeit geworden.

Mit der Sitzung des Alliierten Rates vom 27. Februar 1948 schien der Damm gebrochen. Nun ging auf einmal alles recht schnell. Innerhalb eines Vierteljahres wurde das Jugendamnestiegesetz – dem jetzt allerdings keine große Bedeutung mehr zukam – vom Alliierten Rat genehmigt, es wurde die Minderbelastetenamnestie von der österreichischen Regierung vorgelegt, am 21. April vom Nationalrat beschlossen und am 28. Mai 1948 vom Alliierten Rat mit der erforderlichen Einstimmigkeit genehmigt[19].

Damit war der erste Teil der alliierten Aufforderung zur Beschleunigung der Entnazifizierung in Österreich durchgeführt. Bezüglich des zweiten Teiles, der Verschärfung der Maßnahmen gegen die Belasteten, schrieb der österreichische Bundeskanzler Figl am 19. April an den Alliierten Rat, »daß die von ihm geforderten Vorschläge der nichtamnestierten Nazi nicht nötig seien, da die österreichischen Behörden bei der Behandlung dieser Fälle zufriedenstellende Resultate verzeichneten[20]«. Der Sowjetvertreter stellte zwar fest, »daß die Bundesregierung der Erfüllung des zweiten Teiles des vom Alliierten Rat genehmigten Sowjetvorschlages, das heißt, der Beendigung der Entnazifizierung Österreichs durch Entfernung der Naziverbrecher von ihren Posten und ihre Bestrafung, ausweicht. Es ist unerläßlich notwendig, daß die Direktiven des Alliierten Rates auch in dieser Hinsicht unverzüglich befolgt werden[21]«. Die Russen blieben mit ihrer Meinung allein, stimmten aber dennoch der Minderbelastetenamnestie zu, nachdem die Belastetenfrage an das Direktorat für Rechtsfragen weitergeleitet worden war, wo sie in der Bürokratie des Alliierten Rates unterging.

Die Minderbelastetenamnestie hatte größte Auswirkungen. Mehr als 90 Prozent der registrierten Nationalsozialisten waren von ihr betroffen (die Jugendlichen inbegriffen). Für 487.067 Personen war die politische Säuberung beendet, für sie galten die im Verbotsgesetz und den anderen Sondergesetzen festgelegten Sühnefolgen nicht mehr. Sie sollten nun in staatsbürgerlicher wie in wirtschaftlicher Hinsicht den anderen Bundesbürgern gleichgestellt sein. Eine Rückwirkung war allerdings nicht vorgesehen; Sühnefolgen, die bis zur Amnestie durchgeführt waren – Wohnungen, Entlassungen, Sühnezahlungen usw. –, blieben weiter aufrecht.

Damit war die innenpolitische Befriedigung und Normalisierung in Österreich ein großes Stück vorwärtsgekommen. Was blieb, waren nur mehr etwa 43.000 Belastete, der eigentliche Kern der ehemaligen nationalsozialistischen Bewegung in Österreich, deren Zahl sich aber durch Präsidentenamnestie usw. ständig verringerte.

Die Entnazifizierung als Massenmaßnahme der politischen Säuberung war damit beendet. Die Sitzung des Nationalrates am 21. April 1948, in der das Amnestiegesetz behandelt wurde, war damit eine historische. Alle Parteien zogen Bilanz und arbeiteten ihren Standpunkt zum Nationalsozialismus und zur Entnazifizierung noch einmal heraus. Die Entnazifizierung und auch die politische Auseinandersetzung um die Entnazifizierung trat damit in ein neues Stadium. Sie hörte auf, ein brennendes Problem der österreichischen Wirtschaft und Gesellschaft zu sein, politisch aber blieb sie bis in die fünfziger Jahre ein heiß umkämpftes Thema. Fast hatte man den Eindruck: je weniger Personen von der Entnazifizierung noch direkt betroffen waren, desto heftiger und aufgebauschter wurde die politische Diskussion.

Zahl der von der Minderbelastetenamnestie 1948 betroffenen Personen (einschließlich Jugendliche)

Land	Männer	Frauen	Zusammen
Wien	75.761	33.013	108.774
Niederösterreich	57.906	16.201	74.107
Burgenland	11.728	2.285	14.013
Oberösterreich-Nord	7.600	2.738	10.338
Oberösterreich-Süd	49.988	19.267	65.255
Salzburg	19.549	9.118	28.667
Steiermark	60.730	26.215	86.945
Kärnten	26.773	12.407	39.180
Tirol	31.975	11.847	43.822
Vorarlberg	13.479	2.487	15.966
Summe	351.489	135.578	487.067

Zahl der registrierten jugendlichen Nationalsozialisten ab Jahrgang 1919, zum Zeitpunkt der Jugendamnestie – 22. April 1948 – höchstens 29 Jahre alt

	Zahl der registrierten Personen		davon Männer		davon Frauen	
Land	Belastet	Minderbelastet	Belastet	Minderbelastet	Belastet	Minderbelastet
Wien	304	4.737	276	2.016	28	2.721
Niederösterreich	377	5.942	361	2.970	16	2.972
Burgenland	98	2.217	92	1.236	6	981
Oberösterreich-Nord	22	968	19	405	3	563
Oberösterreich-Süd	237	7.074	219	3.458	18	3.616
Salzburg	107	2.013	97	973	10	1.040
Steiermark	350	8.414	313	3.950	37	4.464
Kärnten	159	3.635	144	1.988	15	1.647
Tirol	211	5.064	203	2.314	8	2.750
Vorarlberg	100	1.152	95	569	5	583
Summe	1.965	41.216	1.819	19.879	146	21.337

Quelle: *Österreichisches Jahrbuch 1948*, S. 142 und 147.

Betrachtet man aber die konkrete Vorgangsweise des Nationalrates beim weiteren Abbau der Entnazifizierung, so wird diese politische Erhitzung kaum deutlich, sondern man sieht eine konsequente Fortsetzung der Politik der österreichischen politischen Kräfte seit 1946.

Noch 1948 kam eine »Wahlschwindelamnestie« für falsche Angaben bei der Nationalratswahl 1945 in bezug auf das Verhältnis zur NSDAP[22]. Im Juli 1949 wurde eine »Streichungsamnestie« beschlossen, nach der die Verzeichnung von Minderbelasteten in den Registrierungslisten fallengelassen werden sollte. Bereits ab Anfang 1949 beschäftigten sich die österreichischen Parlamentarier mit einer »Belastetenamnestie«, die etwa 30.000 oder drei Viertel der Belasteten in Zukunft von den Sühnefolgen ausnehmen sollte. Im Dezember 1951 beschloß der Nationalrat eine »Spätheimkehreramnestie« für alle Personen, die erst nach dem 30. April 1949, also vier Jahre nach Kriegsende, aus der Gefangenenschaft zurückkehrten. Im ganzen betraf dies etwa 1116 Personen[23].

1952 kam es nochmals zu einem großen Vorstoß des Nationalrates mit einer neuerlichen »Belastetenamnestie« und einer »Vermögensverfallsamnestie«. Und als Schlußstrich, als Abschluß kam 1957 die »NS-Amnestie«, die eine endgültige Aufhebung aller Entnazifizierungsgesetze brachte.

Die einzelnen politischen Vorstöße auf dem Gebiet der Entnazifizierung erfuhren jedoch ein unterschiedliches Schicksal, geprägt von der Wahlproblematik zwischen den Parteien und dem Verhältnis zu den Alliierten. Bei der »Wahlschwindelamnestie« legte sich der österreichische Justizminister Gerö, unter dem lebhaften Beifall des Nationalrates, sogar mit den Alliierten an und stellte sich auf den Standpunkt, daß dieses Gesetz kein Verfassungsakt, sondern nur ein einfaches Bundesgesetz sei, das nicht der einstimmigen Genehmigung des Alliierten Rates bedürfe[24]. Die »Streichungsamnestie«, die an sich eine logische Folge der Minderbelastetenamnestie war, fand wiederum die einhellige Zustimmung des Alliierten Rates.

Eine ganz eigene Entwicklung nahm aber die »Belastetenamnestie« 1949. Sie wurde ursprünglich als weiterer Schritt auf dem Weg, der mit der Minderbelastetenamnestie beschritten worden war, gesehen, als weiterer Schritt der inneren Befriedigung, wie es der parlamentarische Berichterstatter Gorbach ausdrückte: »Die günstige innenpolitische Entwicklung hat die Richtigkeit des eingeschlagenen Weges bewiesen und die geradezu zwingende Forderung ergeben, weitere Schritte zur vorzeitigen Beendigung der im NS-Gesetz und im Verbotsgesetz 1947 vorgesehenen Straf- und Sühnemaßnahmen zu unternehmen. Daher erscheint jetzt die Zeit gekommen, ein Gesetz für bestimmte Gruppen Belasteter sowie nach dem Verbotsgesetz 1947 verurteilter Personen zu beschließen[25].« Die Strafen sollten erlassen werden bei dem, was man nun als »Formaldelikt« bezeichnete, »für solche Personen, die nur formell belastet erschienen, in der NSDAP und ihren Institutionen keinen höheren Rang bekleideten und durch keinerlei aus eigensüchtigen oder verächtlichen Motiven begangenen Straftaten belastet erscheinen[26]«.

Die Belastetenamnestie 1949 kam aber nicht einmal bis zum Alliierten Rat. Obwohl das Gesetz schon im April 1948 von Abgeordneten aller drei Parteien initiiert worden war und der Ministerrat noch im April 1949 mit den Stimmen der Mitglieder beider Regierungsparteien den Gesetzesvorschlag genehmigt hatte, lehnten ihn die Sozialisten und Kommunisten, als er im Juli 1949 im Nationalrat behandelt wurde, mit einem Male ab. Die Sozialisten vertraten nun den Standpunkt, daß es »gegen die Würde des österreichischen Parlaments, gegen das Verantwortlichkeitsgefühl und gegen die staatspolitische Klugheit« sei, ein Gesetz zu beschließen, von dem man wisse, daß es nicht genehmigt werden würde[27]: »Im Zusammenhang mit den Beratungen darüber ist im Frühjahr 1948 eine Entschließung angenommen worden, die die Bundesregierung aufgefordert hat, eine Novellierung des Verbotsgesetzes 1947 in jenen Paragraphen vorzubereiten, die besondere Härte enthalten und sich in der Praxis als abänderungsbedürftig erwiesen haben. Nach mehr als einem Jahr liegt nun eine diesbezügliche Regierungsvorlage vor. Die Vorlage hat deshalb so lang gedauert, weil sich die Regierung dessen bewußt war und auch heute noch bewußt ist, daß alle Abänderungen der seit Mai 1945 in der NS-Frage beschlossenen Verfassungsgesetze der Zustimmung der Alliierten bedürfen . . . Wir Sozialisten lehnen es nach den Erfahrungen, die wir mit dem seinerzeitigen Initiativvorschlag, betreffend das Verbotsgesetz 1945, gemacht haben, ab, nochmals ein Gesetz zu beschließen, das nur die Gefahr in sich schließt, daß über alliiertes Diktat wesentliche Verschärfungen hineingenommen werden müssen. Wenn unsere Souveränität schon beschränkt ist, dann wollen wenigstens wir als Abgeordnete uns nicht zu dem unwürdigen Schauspiel hergeben, daß wir innerhalb eines halben Jahres einmal so und einmal so beschließen müssen. In der gegenwärtigen Lage bleibt uns nichts anderes übrig, als zur Lösung solcher Fragen die Möglichkeit zu ergreifen, an das Gnadenrecht des Herrn Bundespräsidenten nach § 27 des NS-Gesetzes zu appellieren. Die sozialistische Fraktion ist daher nicht in der Lage, einer Vorlage die Zustimmung zu geben, über deren Beschlußfassung die österreichische Volksvertretung nicht selbständig entscheiden kann[28].« So stimmte nur noch die ÖVP für den

Vorschlag, und die Belastetenamnestie war im Nationalrat gefallen.

Aber damit war die Geschichte um die Belastetenamnestie 1949 noch nicht ganz zu Ende. Man fand letztlich doch einen Weg, eine »österreichische Lösung«, die von der Sozialistischen Partei im Parlament bereits angedeutet worden war. Am 12. September 1949 richtete der österreichische Justizminister ein Schreiben an alle Oberlandesgerichte und an alle Ober- und Bezirksstaatsanwälte, daß er beabsichtige, »um dem ausdrücklichen Wunsch aller anerkannten Parteien nach Herausnahme gewisser Gruppen belasteter Nationalsozialisten aus den Sühnefolgen zu entsprechen«, dem Bundespräsidenten Empfehlungen für eine Amnestie gewisser Einzelfälle vorzulegen. Unter Bezugnahme auf die gescheiterte Belastetenamnestie wollte der Minister folgende Fälle berücksichtigen:

a. ehemalige Mitglieder der SS, sofern sie nur im Behördendienst tätig waren, bis zum Dienstgrad eines Sturmbannführers (*captain*),

b. ehemalige Mitglieder der SA oder anderer ausgeschlossener Organisationen, ebenso die Inhaber des »Blutordens« oder ähnlicher Auszeichnungen,

c. Personen, die wegen Nichtregistrierung oder falscher Angaben belastet waren, vorausgesetzt, dies wurde später berichtigt.

Der Minister ermächtigte die Staatsanwälte und Gerichtshöfe, laufende Verfahren zu unterbrechen und bereits verhängte Urteile aufzuschieben, wenn die betreffenden Personen unter diese Kategorien fielen und für eine Amnestie berücksichtigt wurden. Es wurde geschätzt, daß etwa 2000 bis 3000 Personen unter diese Bestimmungen fallen könnten.

Das Rundschreiben des österreichischen Justizministers kam am 28. Oktober 1949 vor den Alliierten Rat, wo der französische und der sowjetische Vertreter ein sehr strenges, der amerikanische Hochkommissar ein etwas milderes, aber ebenfalls ablehnendes Schreiben an den österreichischen Bundeskanzler vorschlugen. Aber der britische Vertreter stellte sich auf den Standpunkt, daß der österreichische Justizminister innerhalb seiner Kompetenzen geblieben war, wie sie ihm durch die Entnazifizierungsgesetze zustanden. Er sah daher keinen Grund für ein Einschreiten und blockierte auch in den folgenden Sitzungen des Alliierten Rates eine Entscheidung, so daß die Sache im Januar 1950 wegen Uneinigkeit schließlich fallengelassen werden mußte[29]. Bis Dezember 1949 sollen etwa 400 Personen durch diese Aktion vom Bundespräsidenten amnestiert worden sein[30].

Das Jahr 1950 brachte dann für die Belasteten zwar keine großen Änderungen, aber das Auslaufen einer Reihe von Sühnebestimmungen, so das Aufführungsverbot für Künstler, Berufsverbote im Gast- und Schankgewerbe und im Lebensmittelhandel und ein Ende des Verbots des Hochschulstudiums. Vor allem aber stand ihnen nach dem 30. April 1950 wieder das aktive Wahlrecht und eine Mitgliedschaft bei einer politischen Partei zu. Durch eine Verordnung der Bundesregierung wurde schließlich auch das Erfordernis einer Zustimmung des Arbeitsamtes bei der Annahme untergeordneter Posten durch Belastete abgeschafft.

Über die Spätheimkehreramnestie ist wenig zu sagen. Sie wurde zwar am 17. Dezember 1951 vom Nationalrat beschlossen, erlangte aber nie die Genehmigung des Alliierten Rates. Am 18. Juli 1952 fand dann neuerlich, man könnte fast sagen, eine größere Aufführung im Parlament über den Abbau der Entnazifizierung statt. Es wurden eine Belastetenamnestie: »Bundesverfassungsgesetz über die vorzeitige Beendigung der im Nationalsozialistengesetz vorgesehenen Sühnefolgen, die Einstellung von Strafverfahren und die Nachsicht von Strafen für bestimmte Gruppen belasteter Personen« und eine Vermögensverfallsamnestie: »ein Bundesverfassungsgesetz, womit bestimmte Gruppen ehemaliger Nationalsozialisten in Ansehung der Strafe des Vermögensverfalls amnestiert werden«, beschlossen. Diese »Maßnahmen zur inneren Befriedigung und zur Wiederherstellung des demokratischen Grundsatzes der Gleichheit der Staatsbürger vor dem Gesetz[31]« fanden aber nicht die erforderliche Zustimmung des Alliierten Rates und traten daher auch nicht in Kraft.

Es bleibt aber die Frage, ob die österreichischen Parteien überhaupt damit gerechnet hatten. Denn die Chancen einer Annahme durch die Besatzungsmächte standen ja 1952 keineswegs besser als 1949, als die Sozialistische Partei aus Staatsraison die Belastetenamnestie hatte fallen lassen. Aber der politische Stellenwert der Entnazifizierung hatte sich verändert. Wesentlich war nicht mehr die Entnazifizierung selbst, sondern die Haltung der politischen Parteien zur Entnazifizierung aufgrund des relativ großen Wählerpotentials, das die Entnazifizierten mit ihren Familien darstellten, und auch aufgrund des Umstands, daß mit der Wahl 1949 sechzehn Abgeordnete des Verbandes der Unabhängigen (VdU) ins Parlament gekommen waren, dessen Agitation sich zu einem wesentlichen Teil auf die Problematik der Entnazifizierung stützte. In diesem Sinne waren die Gesetzesvorschläge 1952 sicherlich eine Aufführung, eine politische Vorstellung der Parteien, auf die noch näher einzugehen sein wird.

In der Entnazifizierung selbst war nicht mehr viel zu verändern, solange der Alliierte Rat in Österreich mitzubestimmen hatte. Es zeigte sich, daß der Abbau der Entnazifizierung noch weitaus schwieriger, mühseliger und langwieriger war als ihre Einführung und Durchsetzung.

Die Wende kam erst 1955 mit dem Staatsvertrag und dem Abzug der Besatzungstruppen. Mit der wiedergewonnenen Souveränität ging man auch daran, hinter dieses Kapitel österreichischer Nachkriegsgeschichte einen Schlußpunkt zu setzen. Am 14. März 1957, zwölf Jahre nach dem Zusammenbruch des Nationalsozialismus in Österreich, beschloß der Nationalrat die NS-Amnestie, mit der die Sondergesetze aufgehoben und die letzten noch offenen Teile des Naziproblems gelöst wurden. Die Entnazifizierung war damit beendet.

B. Entnazifizierung und Demokratie

Der Kopf der Seeschlange

Die Amnestie von 1948 bis 1957 und das Ende der Entnazifizierung bedeuteten die Aufhebung aller Verbots- und Sühnemaßnahmen. Damit war das Entnazifizierungsproblem in Österreich aber noch nicht ganz gelöst. Die ehemaligen Nationalsozialisten waren nun wirtschaftlich und politisch wieder gleichgestellte Staatsbürger. Ihre wirtschaftliche Wiederintegration war kein wesentliches Problem. Begünstigt durch den Wiederaufbau und besondere gesetzliche Regelungen, wurden in Staat und Wirtschaft die alten Benachteiligungen abgebaut und beiseite geschoben. Aber die »Ehemaligen« waren auch in das politische System Österreichs der Nachkriegszeit zu integrieren. Und hier ergab sich ein ganz spezielles Demokratieproblem der Entnazifizierung. Über die Wahlen hatten nun die politisch rehabilitierten ehemaligen Nationalsozialisten die Möglichkeit, ihrer Einstellung gegenüber der Entnazifizierung Ausdruck zu geben. Mit der Amnestie 1948 stand das Verhältnis der ehemaligen Nationalsozialisten zu den staatstragenden Parteien, das Verhältnis der Entnazifizierten zu den Entnazifizierern zur Diskussion. Welches Wahlverhalten würden sie zeigen? Würden sie den politischen Gruppen ihre Stimme geben, die die Entnazifizierung getragen und zu verantworten hatten? Das schien wohl nur dann möglich, wenn der einzelne Ehemalige die Richtigkeit und Unumgänglichkeit der Entnazifizierung einsah. Aber auch bei denen, die sich vom Nationalsozialismus abgewandt hatten, schien es fraglich, ob sie die wirtschaftliche Existenzgefährdung und soziale Diskriminierung nachträglich gutheißen würden.

Man war damit in Österreich an eine der Grenzen der Entnazifizierung gelangt: die notwendige Integration der ehemaligen Nationalsozialisten in ein demokratisches politisches System. Damit ist die prinzipielle Frage nach den Grenzen der politischen Säuberung in einer Demokratie angeschnitten, die Frage, ob nicht politische Säuberungen wie etwa die Entnazifizierung wirkungsvoll nur in totalitären Systemen durchgeführt werden können.

Die politischen Folgeprobleme der Entnazifizierung lagen daher vor allem in deren Umfang. Sie hatte sich auf mehr als eine halbe Million Menschen erstreckt. Rechnet man die Angehörigen und Familien mit, die stets auch die Auswirkungen der Entnazifizierung zu spüren bekamen, so betraf sie sicherlich weit mehr als eine Million Österreicher. Das Problem lag daher nicht beim »harten Kern« von etwa 40.000 bis 50.000 »schweren Nazi«, die als belastet eingestuft waren, sondern in der vollständigen, der Massenentnazifizierung, die jeden erfassen wollte, der irgendwie formal mit der NSDAP verbunden gewesen war. Nicht nur war eine solche politische Massensäuberung nicht vollständig durchführbar, sie verstärkte auch wesentlich die Problematik der Integrierung der »Ehemaligen« in eine demokratische österreichische Gesellschaft.

Dabei kann man davon ausgehen – und die politischen Parteien gingen auch davon aus –, daß die Mehrheit der ehemaligen Parteigänger mit der Niederlage des Nationalsozialismus bekehrt war. Der Nationalsozialismus hatte mit dem Ende des Krieges bei seinen ehemaligen Anhängern in Österreich weitgehend abgewirtschaftet. Die Entnazifizierung im Sinne eines Wechsels der politischen Eliten und der personellen Zerschlagung des nationalsozialistischen Systems, das ja bis zum bitteren Kriegsende erstaunlich gut funktioniert hatte, war wohl unumgänglich und eine der Grundlagen für einen Wiederaufbau der Demokratie in Österreich. Die zusätzliche politische Säuberung der bereits Bekehrten und vom Nationalsozialismus Enttäuschten – siehe etwa die Diskussion um die Mitläufer – war innenpolitisch und in bezug auf die alliierten Besatzungsmächte vielleicht auch notwendig, aber sie stellte die politischen Parteien vor große Probleme, als die »Ehemaligen« nach drei Jahren wirtschaftlicher und sozialer Diskriminierung politisch wieder mitbestimmen konnten.

487.000 Minderbelastete, die 1945 nicht hatten wählen dürfen, waren 1949 bei den Nationalratswahlen prinzipiell wieder zugelassen und wahlberechtigt[32]. Das waren 12 Prozent aller Stimmen oder 30 Prozent dessen, was die ÖVP, und 34 Prozent dessen, was die SPÖ 1945 an Stimmen erreicht hatte, und gar 2,8mal so viel wie der Stimmenanteil der Kommunisten. Diese Stimmen waren somit wahlentscheidend, die »balance of power« zwischen den beiden Großparteien konnte sich mit ihnen verschieben, sie konnten die absolute Mehrheit bringen oder brechen. Die ehemals Minderbelasteten konnten damit über die Regierung entscheiden und brachten die Koalition zwischen ÖVP und SPÖ ins Wanken.

Auf beiden Seiten hatte es schon während der Entnazifizierung warnende und mäßigende Stimme gegeben. So sagte der ÖVP-Abgeordnete Frisch zum NS-Gesetz: »Es wird nicht angehen und es wird nichts nützen, wenn die gesäuberten Bastionen im Wettlauf von den einzelnen politischen Parteien besetzt werden und gerade jetzt diese oder jene Partei auf den Zinnen dieses oder jenes Turmes ihre Parteifahne hissen will[33].«

Und der SPÖ-Abgeordnete Zechtl zur Jugendamnestie: »Das Problem der ehemaligen Nationalsozialisten darf unter keinen Umständen zu einem Problem der Wahltaktik und der Wahltechnik für einzelne Parteien degradiert werden ... Schließt dieses Werben um die ehemaligen Mitglieder der NSDAP nicht eine große Gefahr für die Werbenden in sich, und erweckt dieses Werben bei den Umworbenen nicht falsche Gefühle, die letzten Endes für uns alle, wo immer wir stehen mögen, zu einer ganz großen Gefahr werden könnte[34]?«

Aber aufgrund der großen Unbekannten, der Wahlhaltung der ehemaligen Nationalsozialisten, und der enormen Bedeutung, die diesem Wahlverhalten für eine Verschiebung des Kräftegleichgewichts zukommen konnte, mußte es zu einem harten Wahlkampf kommen, trotz eines Fairneßabkommens, das vorher abgeschlossen worden war, und trotz der Bedeutung, die beide großen Parteien der Koalition in dem noch immer besetzten Österreich beimaßen. Hölzl bezeichnete in seiner Untersuchung über den Wahlkampf 1949 das Werben um die Stimmen der »Ehemaligen« als »selbst aus heutiger Sicht noch etwas peinlich[35]«.

Aber dieses Werben war in einer demokratischen Wahl, von der der zukünftige politische Einfluß abhing, zwingend und unumgänglich. Und es war sicherlich undemokratisch, die Parteien, die beim Werben um die Stimmen der politisch rehabilitierten Entnazifizierten, denen 1948 von allen politischen Parteien und von allen Besatzungsmächten die vollen staatsbürgerlichen Rechte wieder zugestanden worden waren, als faschistisch zu bezeichnen oder von einem Aufleben des Nazismus und von Neonazismus in Österreich zu sprechen, wie der sowjetische Hochkommissar es mehrmals tat[36]. Anderseits hinterließen die emotionelle Propaganda und die Art der Wahl doch einen bitteren Nachgeschmack, wenn man sich die im wesentlichen staatspolitisch verantwortungsvolle Haltung der beiden Großparteien in der Entnazifizierung bis 1948 vor Augen hält.

Die Sozialisten warfen der ÖVP wegen des Werbens um die Stimmen der Nazi Verrat an der Demokratie und Unzuverlässigkeit vor. »Die ÖVP ist so versessen auf die Stimmen der Nazi, als wäre es schon das letzte Mittel, um den Niedergang dieser so vielbündigen wie vielspältigen Partei aufzuhalten; und sie läßt sich diesen Handel allerhand kosten. Ihr ganzes Bemühen ist darauf eingestellt, den Nazi goldene Brücken zu bauen, auf denen sie ihnen entgegenkommen können, um sie, mit ihrem ideologischen Gepäck mehr oder minder belastet, in ihr Lager zu führen[37].« Sie sprachen von der Gefahr, daß die ÖVP durch die Einbeziehung der Nazi ihr Gleichgewicht verlieren und sich nach rechts verlagern würde, daß sie Österreich nach rechts verkaufen wolle, und drohte, falls die Volkspartei in ihre faschistische Vergangenheit zurückfallen sollte, die Koalition zu verlassen. Von diesem Schritt nahm man aber dann doch Abstand, da man so wichtige Angelegenheiten wie die Vorbereitung der Wahl, Staatsvertrag und Sozialgesetze nicht der Gnade der ÖVP und das Regieren nicht den »Halbdemokraten der ÖVP« überlassen wollte[38].

Und die ÖVP warf den Sozialisten vor, sie wollten die Nazifrage nicht lösen, sondern aufrechterhalten, und seien nur deshalb so verärgert, weil die »Ehemaligen« das Vertrauen zu den linken Parteien verloren hätten, während die Volkspartei versuche, den ehemaligen Nationalsozialisten den demokratischen Weg zu ebnen. Wenn die Sozialisten einen totalen Wahlkampf wollten, so könnten sie ihn haben. Als Faksimile wurde von der ÖVP das umstrittene »Sibirienplakat« von 1945 wieder aufgelegt, und ein anderes Plakat zeigte die drei Sozialistenpfeile mit der Inschrift:

»1945 – alle Nazi nach Sibirien!
1947 – Wahlrecht für Minderbelastete!
1949 – Ihr lieben, lieben Nazi, wählt doch!«

Auf dem die Pfeile einrahmenden Fragezeichen stand die Lösung: »die SPÖ«. Ein anderes ÖVP-Plakat fragte: »Wer profitiert von den Belasteten?« und zeigte eine »huldvolle« ÖVP in Gestalt eines lächelnden Jünglings. Dieser sympathische junge Mann reicht dem armen »Belasteten« freundlich helfend die Hand. Zwei freche rote Rowdys – als Spezialität mit deutlich gekrümmter Nase als abschreckendem Rassenmerkmal – werfen roten Schmutz auf einen geplagten armen Nazi, obwohl ihm bereits ein Mühlstein um den Hals hängt. Darunter die Lehre: »Davor schützt dich nur die Österreichische Volkspartei.« Eine andere, nicht weniger sinnreich konstruierte Darstellung hält den beiden »roten« Parteien vor: »Sie reden vom ewigen Frieden . . . und wollen den ewigen Haß!« Und die hinterhältigen roten Burschen spritzen wieder rote Farbe auf einen Nazi, während ihm ein Jüngling, die liebe ÖVP, ein rot-weiß-rotes Brett über den Fluß schiebt[40].

Einen ersten Höhepunkt erlebte der Wahlkampf, als führende Mitglieder der ÖVP mit ehemaligen engagierten Nationalsozialisten in Oberweis bei Gmunden zu Gesprächen zusammentrafen. Nach den Erklärungen der Volkspartei hatten diese Gespräche nur informativen Charakter und verfolgten den Zweck, die Probleme der »Ehemaligen« besser kennenzulernen. Außerdem sollten sie eine Signalwirkung für das »nationale« Lager haben, um es »ehemaligen Mitgliedern der NSDAP zu erleichtern, bei der kommenden Wahl der ÖVP ihre Stimme zu geben[40]«. Die Volkspartei stellte sich auf den Standpunkt, daß es verfassungsgerecht sei, um die Stimmen der wieder wahlberechtigten ehemaligen Nazi zu werben, und stellte außerdem fest, die Gespräche hätten nur zwischen Einzelpersonen und nicht zwischen Organisationen stattgefunden. Nach Meinung der Sozialisten aber waren die Gespräche von Oberweis eine »Packelei« zwischen ÖVP und Nazi und ein Vorstoß des faschistischen Flügels der Volkspartei. Es war auch anscheinend zu mehr gekommen als nur zu informativen Gesprächen zwischen Einzelpersonen. »Fixe Absprachen wurden keine getroffen, wohl vor allem deshalb, weil der ÖVP der Preis zu hoch war. 25 Nationalratsmandate sollten von den Oberweisern zu besetzen sein, die sich noch dazu dem Klubzwang der Partei bei Abstimmungen im Nationalrat entziehen wollten. Für eine Nachfolge Renners als Bundespräsident wurde in Aussicht gestellt, daß der ÖVP-Kandidat auch den Nationalen genehm sein müßte. Justizminister Gerö sollte ersetzt werden und anderes mehr. Kein Zweifel: Die Durchführung dieses Programmes hätte die Koalition mit der SPÖ aufs schwerste belastet, wenn nicht überhaupt in Frage gestellt. Es hätte aber auch den Zerfall der ÖVP bedeuten können[41] . . .« Das Treffen von Oberweis, das anfangs geheimgehalten worden war, entwickelte sich zu einem regelrechten Skandal. Wenn es auch keine konkreten Auswirkungen hatte, so belastete es doch das Verhältnis der ÖVP zur SPÖ und auch zu den Alliierten[42].

Ein zweiter Höhepunkt, der durchaus mit Oberweis in Zusammenhang stand, war die Ablehnung der Belastetenamnestie durch die Sozialisten, obwohl diese ursprünglich von ihnen mitinitiiert worden war. Aber die Sozialisten stimmten gegen ihren Koalitionspartner nicht nur aus den schon angegebenen Gründen, sondern auch, »weil sie offensichtlich erkannten, daß sie von den zukünftigen Stimmen der wahlberechtigten Nazi weniger zu gewinnen hatten als die Volkspartei[43]«.

Aber das Ereignis, das der Wahl 1949 den Stempel aufdrückte, war das Ringen um die Zulassung einer vierten Partei[44]. Die Alliierten hatten 1945 nur drei Parteien in Österreich gestattet, wobei der ÖVP das Monopol im bürgerlichen Lager zukam. »Seit ihrem Bestehen war die Volkspartei Trägerin des Gedankens, alle rechts von der SPÖ stehenden Kräfte in einer Partei zusammenzufassen[45].« Und dort stand wohl auch ein Großteil der ehemaligen Nationalsozialisten. Die ÖVP vertrat einen »Einheitsgedanken« und lehnte die Gründung einer vierten Partei ab, nicht nur aus der Erfahrung der Zersplitterung des bürgerlichen Lagers in der Zwischenkriegszeit heraus, sondern auch, weil sie den Standpunkt vertrat, die Einbeziehung der ehemaligen Nationalsozialisten in die Volkspartei sei der Errichtung einer vierten, nur aus Nazi bestehenden Partei vorzuziehen. Auf diese Monopolstellung führte die Volkspartei auch ihren Wahlerfolg von 1945 zurück und sah sich am Beginn des Kalten Krieges und angesichts des kommunistischen Vormarsches in Osteuropa »als Bollwerk gegen eine volksdemokratische Entwicklung in Österreich[46]«. Sie wollte dieses Bollwerk nicht unterminiert sehen und ihre privilegierte Stellung halten und stand deshalb weiteren nichtsozialistischen Parteien mit Mißtrauen gegenüber. Anderseits, und das erkannte man auch in der ÖVP, war ein solches politisches Monopol vielleicht unmittelbar nach dem Krieg berechtigt gewesen, aber mit zunehmender Normalisierung des politischen Lebens in Österreich nicht mehr zu rechtfertigen. Es bestand ohne Zweifel auch eine gewisse Unzufriedenheit mit der politischen Konstellation der ersten Nachkriegsjahre. Bis 1949 sollen bereits an die fünfzig Parteien irgendwo gegründet worden sein, die zumeist über erste Ansätze nicht hinauskamen, und der Alliierte Rat hatte bereits etwa zwanzig Parteimeldungen abgelehnt[47]. Ein Bedarf nach einer neuen

Partei war also offensichtlich vorhanden.

Die Sozialisten waren in einer günstigeren Stellung, sie hatten nicht nur die besseren Argumente, sondern auch den Druck in Richtung einer zweiten bürgerlichen Partei für sich. Der sozialistische Innenminister Helmer hatte schon 1948 erklärt, er sei für die Zulassung einer beliebigen Anzahl von demokratischen Parteien[48]. Sicherlich erhofften sich die Sozialisten von der Gründung einer vierten Partei eine Schwächung der ÖVP und eine Aufspaltung des nichtsozialistischen Lagers, um nicht einem geschlossenen Bürgerblock gegenüberzustehen. Die Stimmen der ehemaligen Nationalsozialisten sollten nicht der Volkspartei zugute kommen, sondern zumindest zum Teil von einer neuen Partei aufgefangen werden und so die Sozialistische Partei sogar relativ stärken. Anderseits war nicht von der Hand zu weisen, daß in einem demokratischen System die Formierung neuer politischer Gruppen nicht ständig durch Privilegien verhindert und unterdrückt werden konnte.

»Es muß nach der österreichischen Verfassung jedem österreichischen Staatsbürger freistehen, es im Rahmen der Demokratie mit einer neuen Partei zu versuchen. Die Frage der vierten Partei in Österreich ist recht umstritten. Viele sind der Meinung, daß es ein unnatürlicher und ungesunder Zustand ist, daß es in Österreich – wieder auf Geheiß der Alliierten – nur eine einzige bürgerliche Partei gibt. Manche sind der Meinung, daß, wenn eine vierte Partei entstünde, sie bei kommenden Wahlen den Sozialisten nicht viel weniger mögliche Wählerstimmen wegnehmen könnte als der Volkspartei. Wir betrachten also die Frage ganz losgelöst von jedem taktischen Parteiinteresse. Wieder andere sind der Ansicht, daß jede vierte Partei, die in Österreich entsteht, unweigerlich zu einem Sammelbecken der Nazi werden müßte und dadurch gefährlich werden könnte. Wir sind trotzdem der Meinung, daß die österreichische Demokratie kein Recht und keinen Anlaß hat, das Entstehen einer neuen Partei zu verhindern oder zu verbieten. Nur: es muß wirklich eine neue Partei sein – keine Partei der neuen Nazi mit alten Belasteten an der Spitze, mit abgetakelten Landbündlern, die schon einmal zum Faschismus umgefallen sind, mit Wolfsberger Wölfen, die sich nur schlecht und schief einen Schafspelz umgehängt haben. Eine neue Partei: nicht eine der Schlechtgereinigten, an denen man noch Blut- und Schmutzflekken sieht, der Schlechtentlasteten, denen noch das faschistische Ungeziefer im Pelz sitzt. Mit neuen Parteien – mit der Schöpfung neuer Männer, mit dem Ausdruck neuer Ideen wollen wir gerne auf dem Boden der Demokratie streiten[49].«

Die SPÖ unterstützte daher aus wahltaktischen wie aus prinzipiellen Gründen die Zulassung einer vierten Partei, letztlich des Verbandes der Unabhängigen (VdU), der sich in Salzburg um Herbert Kraus und die Zeitschrift *Berichte und Information* gebildet hatte und dann bei den Nationalratswahlen 1949 auch tatsächlich sechzehn Sitze im österreichischen Parlament erlangen konnte.

Nationalratswahlen vom 25. 11. 1945 und vom 9. 10. 1949:

Partei	abgegebene Stimmen 1945	abgegebene Stimmen 1949	in % 1945	in % 1949	Mandatszahl 1945	Mandatszahl 1949
ÖVP	1,602.227	1,846.581	50	44	85	77
SPÖ	1,434.898	1,623.524	45	39	76	67
KPÖ	174.257	213.066	5	5	4	5
VdU		489.273		12		16
Summe	3,211.382	4,172.444				

Der VdU hatte etwa so viele Stimmen auf sich vereinigen können, wie ehemaligen Nationalsozialisten 1948 das Wahlrecht zugestanden worden war. Das führte zu der Ansicht, daß die vierte Partei »im großen und ganzen jene Stimmen auf sich vereinigen könne, die 1945 aufgrund des Ausschlusses der ehemaligen NSDAP-Mitglieder vom Wahlrecht nicht in die Waagschale gefallen waren[50]«.

Allerdings war der Wählerzuwachs 1949 nicht allein auf die ehemaligen Nationalsozialisten zurückzuführen. Nach Schätzungen bestand er zu 46 Prozent aus Amnestierten, zu 32 Prozent aus Heimkehrern von der Kriegsgefangenenschaft, zu 19 Prozent aus Eingebürgerten und zu 3 Prozent aus Jungwählern[51]. Auch war die Wahlbeteiligung 1945 94 Prozent, 1949 aber 97 Prozent. Von den zusätzlichen 961.062 Stimmen gewannen die ÖVP 25 Prozent, die SPÖ 20 Prozent, die Kommunisten 4 Prozent und der VdU 51 Prozent.

Die Zusammensetzung des VdU war viel zu heterogen, um nur ehemalige Nationalsozialisten anzusprechen. Der Sozialist Alfred Migsch bezeichnete ihn als »ein Konglomerat von Ressentiments, Widersprüchen und Abfällen«[52]. Der VdU versuchte, nicht nur ehemalige Nationalsozialisten, sondern auch die Unzufriedenen in den beiden Mehrheitsparteien anzusprechen. Sie argumentierten mit wirkungsvollerer Regierung, Einschränkung der Bürokratie, größerer wirtschaftlicher Freiheit und internationaler Unabhängigkeit Österreichs. Einer nicht näher begründeten Schätzung zufolge soll der VdU etwa die Hälfte der Stimmen der ehemaligen Nationalsozialisten erhalten haben, die andere Hälfte sei zu zwei Dritteln an die ÖVP und zu einem Drittel an die SPÖ gegangen[53]. Jedenfalls hatte die vierte Partei, bei aller Problematik ihrer Zusammensetzung, ihre Funktion erfüllt, die politisch Verunsicherten und Resignierten aus der politischen Isolierung herauszuführen. »Vom Standpunkt der Staatspolitik und der jungen österreichischen Demokratie aus war ihr die Aufgabe gestellt, die ehemaligen Nationalsozialisten, die 1945 von der Teilnahme an den Nationalratswahlen aus guten Gründen ausgeschlossen waren, sowie diejenigen, die sich aus Angst vor einem politischen Bekenntnis in das Unpolitischsein geflüchtet hatten, zu erfassen und durch die Teilnahme am politischen Leben aus der destruktiven Ressentimentsituation zu pflichtbewußten Bürgern der österreichischen Demokratie zu erziehen[54].«

Mit der Wahl 1949, dem Einzug der vierten Partei ins Parlament, dem ständig weitergehenden Abbau der Entnazifizierungsmaßnahmen und dem wachsenden Abstand vom Jahr 1945 gewannen in der politischen Auseinandersetzung diejenigen Richtungen und Argumente Übergewicht, die der Entnazifizierung ablehnend gegenüberstanden, und es begann ein Prozeß der Verdrängung der ursprünglichen Problematik der Entnazifizierung. In der öffentlichen Diskussion, soweit sie in Zeitungen stattfand, wurde die Entnazifizierung nach 1949 in den Hintergrund geschoben. Und wenn auch im Parlament immer noch voller Emotionen über die Entnazifizierung geredet wurde, und das war vor allem 1952 und 1957 bei den Amnestiegesetzen der Fall, so zeigte sich doch, wie sehr sich die Haltung zur Entnazifizierung geändert hatte.

Zwar gab es immer noch mäßigende und an die politische Verantwortung der ersten Nachkriegsjahre erinnernde Stimmen. So bezeichnete etwa der Abgeordnete Migsch noch 1952 den Nationalratsbeschluß vom Juli 1946 als unabwendbar: »Er war eine Abrechnung mit der Zeit, die hinter uns lag, mit der Zeit des Verrats und des Treubruchs, mit der Zeit, in der die Grundsätze der Menschlichkeit mit Füßen getreten wurden[55].« Und 1957, bei der Endabrechnung, bekannten sich im Prinzip noch beide großen Parteien zur ursprünglichen Notwendigkeit der Entnazifizierung: »Meine Partei, die Österreichische Volkspartei, hat an dieser Gesetzgebung mitgewirkt, und wir scheuen auch nicht die Verantwortung für diese Gesetzgebung. Wir sind uns bewußt, daß diese Gesetzgebung, mit den Augen der Jahre 1946 und 1947 gesehen, sicherlich anders zu beurteilen ist als am heutigen Tage, als im Jahre 1957[56].« Man gestand der NS-Gesetzgebung mildernde Umstände in Hinblick auf das erlebte Leid und Unrecht ab 1938 und den Druck der Alliierten nach 1945 zu. Und von der anderen Seite kam die Erklärung: »Die Sozialistische Partei distanziert sich nicht von den NS-Gesetzen 1947, und kein Abgeordneter kann das tun, denn diese Gesetze sind ja einstimmig in diesem Haus beschlossen worden. Es muß also doch auch gewichtige politische Gründe gegeben haben, wenn man 165 Abgeordnete zu einem einstimmigen Beschluß bringt. Diese politische Situation wurde eben richtig erkannt und auch richtig erläutert[57] . . .«

Aber solche Erklärungen gingen in der allgemeinen Kritik fast unter. Selbst Alfred Migsch, der in den Entnazifizierungsfragen stark engagiert war, bekannte sich nur noch zu dem Gesetzesvorschlag, wie er 1946 vom Nationalrat beschlossen worden war. Die endgültige Fassung von 1947 war für ihn nur mehr ein »Alliiertengesetz«, »eine schwere innenpolitische Hypothek, die unserem Land auferlegt worden ist. Das alte Gesetz vom Jahre 1947 hat die Herausbildung des inneren Friedens in unserem Lande verhindert. Es war genauso ein Störfaktor, wie er uns in der wirtschaftlichen Ausbeutung unseres Landes seit dieser Zeit entstanden ist, und hatte genau die gleiche Wirkung, die unser Land einer wirklichen gesunden Erholung entzieht[58].«

Das war aber noch milde ausgedrückt. Ansonsten wurde dieses »alliierte Zwangsgesetz«, mit dem der österreichische Nationalrat »von den Alliierten vergewaltigt« worden sei, als »dunkler Fleck in der Geschichte der österreichischen Justiz«, als »verfassungswidriges Verfassungsgesetz«, als »reines, nacktes Rachegesetz« und als »Unrechtsgesetz«, dem das »Stigma der Vergeltung« anhafte, bezeichnet[59]. Die Reihe von solchen Stellungnahmen aller Parteien ließe sich noch beliebig fortsetzen. Es waren auf einmal alles »anständige« und »hochanständige« Menschen, die von der Entnazifizierung betroffen worden waren, und die Anführung von Einzelfällen erfreute sich großer Beliebtheit.

Da war der Fall eines Menschen, der unter der Entnazifizierung zu leiden hatte, dabei hatte er »als Nationalsozialist nie jemand etwas zuleide getan und war bekannt als einer, der immer bereit war, zu helfen[60]«. Und da waren auch die Beispiele der Ortsgruppenleiter, vor allem in ländlichen Gemeinden: »Wie war es vielfach mit diesen Leuten? Als die Nationalsozialisten ins Land kamen, fürchtete man mit Recht, daß in einer solchen Gemeinde ein Außenstehender, ein Scharfmacher an die Spitze der Ortsgruppe gestellt werde. Da machten sich häufig der Pfarrer und der frühere Bürgermeister auf und suchten sich einen Mann, der zwar der neuen Richtung zugeneigt war, von dem sie aber ein gemäßigtes Verhalten erwarten konnten. Und der Mann übernahm dann die Sache, hielt von der Gemeinde viele Übel ab und hat vor allem sehr oft Befreiungen von den Einrückungsbefehlen erreicht, wenn es nur anging. Dieser Mann wurde nunmehr für sein nützliches Verhalten durch Vermögensverfall bestraft[61].«

Eine große Bedeutung erhielt nunmehr der Begriff »Formaldelikt«; als solches galt die »frühere Ausübung einer höheren Funktion in den nationalsozialistischen Organisationen, ohne daß die betreffende Person ein tatsächliches, mit Strafe bedrohtes Verbrechen begangen hat[62]«. Solche Delikte wurden letztlich nicht mehr als richtige Delikte angesehen. »Es war nach unserer Meinung auch nicht richtig, jemand durch das Nationalsozialistengesetz zu strafen, nur weil er, ohne sich gegen Recht und Gesetz vergangen zu haben, formal Mitglied einer einmal erlaubten Partei war. Das ist sicherlich Unrecht und findet Gott sei Dank in der österreichischen Rechtsprechung keine Parallele. Es war Unrecht, jemand seine Wohnung, seine Möbel, seinen Schrebergarten, seine Anstellung, sein ehrlich erworbenes Recht einfach wegzunehmen, ihn direkt aus der Gesellschaft auszustoßen, nur weil er ›auch dabei‹ war ... Auch staatspolitisch war die NS-Gesetzgebung nicht richtig, denn sie hat völlig zu Unrecht Hunderttausende Österreicher aus formalen Gründen zu Nationalsozialisten gemacht, die diese Menschen im Inneren niemals waren[63].«

Die Entnazifizierung erhielt einen neuen Stellenwert, eine neue politische Einschätzung. Man stand nicht mehr mittendrin, sondern war am Ende dieser Phase angelangt. Es ging nun darum, die Entnazifizierung in Österreich endlich abzuschließen. »Die Zwischenperiode vom Zusammenbruch der nationalsozialistischen Gewaltherrschaft bis zur Festigung der demokratischen Rechtsordnung und der erst durch den Staatsvertrag wieder frei, unabhängig und souverän gewordenen Republik Österreich[64]« war damit abgeschlossen. 1957 wurde endlich das erreicht, was Nationalratspräsident Gorbach schon 1946 zum Abschluß des NS-Gesetzes symbolträchtig ausdrücken wollte: »Der Seeschlange ist der Kopf abgeschlagen[65].«

C. Die historische Bedeutung der Entnazifizierung

Somit verbleiben noch zwei wesentliche Fragen: Inwieweit ist die Entnazifizierung in Österreich gelungen, und welche historische Bedeutung kann ihr nachträglich zugemessen werden? Über Gelingen und Mißlingen der Entnazifizierung wurde – vor allem in bezug auf Deutschland – schon viel argumentiert und nachgedacht, wobei zuletzt auch auf die Doppelnatur der Entnazifizierung hingewiesen wurde: gleichzeitig politische Säuberung und Rehabilitierung zu sein. Aber ebenso wie für Deutschland, oder vielleicht sogar noch stärker, muß die Entnazifizierung in Österreich nicht als einmalige Maßnahme, sondern als Prozeß angesehen werden, der in gewisser Form sogar bis heute weitergeht.

Das gilt schon deshalb, weil die Entnazifizierung in Österreich nicht von einer einzigen, autonomen politischen Instanz ausgegangen ist, sondern nur als das Ergebnis einer Auseinandersetzung zwischen den vier Alliierten und den drei österreichischen politischen Parteien verstanden werden kann. Mit der zeitlichen Entfernung vom Krieg, dem konkreten Stand der Durchführung und den Auswirkungen der Entnazifizierung, der Veränderung der innenpolitischen und der außenpolitischen Situation – vor allem der politischen Verhärtung zwischen den Alliierten und der Veränderungen beim Stand der Entnazifizierung in Deutschland – durchlief die österreichische Entnazifizierung verschiedene Stadien, die vielleicht nicht von allen gewollt, aber durchaus von Anfang an vorgezeichnet waren. Bei den politischen Entscheidungsinstanzen gewannen andere Gruppen und andere Argumente Gewicht, die aber alle bereits seit Beginn der Entnazifizierung vorhanden waren.

Die Maßnahmen von 1945/46 waren vorerst einmal ein Schlag auf den Tisch, die Erklärung, »tabula rasa« machen und mit aller Härte vorgehen zu wollen. Es war die Zeit der Massenentlassungen, der Absetzungen, des Vermögensentzugs, der Verhaftungen und Internierungen. Obwohl die Entnazifizierungsgesetze dieser Zeit später als unvollkommen und unzureichend bezeichnet wurden, war doch gerade in dieser ersten Periode der weitaus größte Teil der Sanktionen und Maßnahmen gesetzt worden. Diese Maßnahmen waren notwendig nach innen in bezug auf die Opfer des Faschismus und mit Rücksicht auf das Leid, das die Bevölkerung unter dem Nationalsozialismus zu tragen gehabt hatte. Österreich zur Zeit der Entnazifizierung war ein Land mit bombenbeschädigten Städten, in denen es wenig zu essen gab, und von vier Mächten besetzt; kaum eine Familie, von der nicht ein Mitglied gefallen war oder sich in Kriegsgefangenschaft befand. Anderseits mußte die österreichische Regierung auch ihre Entschlossenheit in der »Nazifrage« gegenüber den Alliierten demonstrieren, um die Souveränität im ganzen Land und in allen Belangen wiederzuerlangen. Und schließlich war es schon zur Wiedererrichtung eines demokratischen politischen Systems in der schwierigen und unüberblickbaren Situation der ersten Nachkriegszeit notwendig, einen Großteil der potentiell gefährlichen ehemaligen Nationalsozialisten vorerst aus wichtigen Positionen zu entfernen oder sie sogar festzuhalten.

Aber alle politischen Parteien – und das konnte im ersten Teil der Arbeit aufgezeigt werden – waren sich von Anfang an darüber einig, daß diese harten Maßnahmen, außer für einige wenige schwere Fälle, zeitlich begrenzt sein mußten und nur einen ersten Abschnitt der Entnazifizierung darstellen durften. Bereits 1946 beschloß daher der Nationalrat eine Novelle zum Verbotsgesetz, die auf den Abbau und auf eine Wiederintegrierung der Masse der ehemaligen Nationalsozialisten gerichtet war. Die spezielle politische Konstellation in Österreich 1946/47, vor allem die Vorgangsweise der Alliierten, die auch in Österreich ihre weltpolitische Auseinandersetzung auszutragen gedachten, warf die Entnazifizierung teilweise in ihr erstes, nun politisch bereits überholtes Stadium zurück und brachte die Verschärfung einzelner Maßnahmen, während in den deutschen Zonen bereits Erleichterungen vorbereitet und durchgeführt wurden.

Dennoch war auch die Entnazifizierung in Österreich in eine neue Phase getreten, nicht aus Zufall oder Mißerfolg, sondern aus einer dem Entnazifizierungsprozeß eigenen inneren Entwicklung. Nach der Bestrafung erfolgte nun die Milderung der Maßnahmen bis hin zur Amnestie. Diese Politik wurde auf österreichischer Seite bereits ab Juli 1946 ernsthaft betrieben, erreichte mit der Minderbelastetenamnestie ihren Höhepunkt und wurde dann bis 1957, bis zur NS-Amnestie, weiter verfolgt. Die unvollständige Durchführung der ursprünglich verkündeten Entnazifizierungsmaßnahmen war daher kein Scheitern oder Versagen, sondern lag im Wesen der Entnazifizierung. Nach einem gewissen zufriedenstellenden Ergebnis war ein Abbruch der Maßnahmen durch zeitliches Auslaufenlassen oder durch Amnestie von vornherein als Bestandteil der Entnazifizierung vorgesehen. Dabei ist in diesem

Zusammenhang nochmals auf die Grenzen der Entnazifizierung hinzuweisen: Rechtsstaatlichkeit, demokratische Regierungsform und wirtschaftlicher Wiederaufbau. Es waren daher keine »natürlichen Grenzen«, sondern die Grenzen lagen in der politischen Zielsetzung der Zweiten Republik. Für Westdeutschland sprach man zwar von einem »taktischen Mißbrauch des Rechtsstaatsgedankens gegen die Entnazifizierung[66]«, und auch in Österreich war man anfangs der Meinung, daß sich bei Entnazifizierungsgesetzen Rechtstheorie und Rechtsphilosophie nicht immer durchsetzen konnten. Aber man hatte sich doch, bis auf einige Ausnahmen wie etwa Dürmayers Staatspolizei, auf das Prinzip der Rechtsstaatlichkeit als Voraussetzung der Demokratie gestellt, versuchte schon die Entnazifizierung selbst so weit wie möglich nach rechtsstaatlichen Grundsätzen durchzuführen – obwohl ihre Wirkung und Durchschlagskraft dadurch zweifellos vermindert wurde – und betrieb den schrittweisen Abbau der Sondergesetze, die mit dem österreichischen Rechts- und Verfassungssystem nicht in Einklang zu bringen waren.

Die konkreteste Grenze der Entnazifizierung lag aber in dem Wunsch nach wirtschaftlichem Wiederaufbau. Natürlich wäre es möglich gewesen, etwa ein Sechstel der berufstätigen Bevölkerung aus dem Arbeitsprozeß auszugliedern oder sie nur mehr zu minderen Diensten heranzuziehen. Weltweit gibt es in der Geschichte des 20. Jahrhunderts einige Beispiele für ein solches Vorgehen. Aber Österreich hätte einen zusätzlichen wirtschaftlichen Rückschlag hinnehmen müssen, und der Wiederaufbau, ohnehin schon behindert durch die Abschneidung traditioneller Wirtschaftsbeziehungen, durch die Besatzungspolitik und durch Reparationsfragen wie die des »deutschen Eigentums«, wäre noch langsamer vor sich gegangen. Und das war nicht nur wegen der wirtschaftlichen, sondern auch wegen der politischen Stabilisierung Österreichs nicht erwünscht.

Die dritte Grenze der Entnazifizierung lag schließlich in der notwendigen politischen Wiederintegration der ehemaligen Nationalsozialisten in ein demokratisches System, im »Demokratieproblem der Entnazifizierung«, die diese Personengruppe nach 1948 von politisch Geächteten zu wahlpolitisch Umworbenen werden ließ.

Und schließlich war auch ein individuelles, psychologisches Moment nicht zu übersehen. Jeder Österreicher kannte einzelne Nazi, die nichts oder nicht allzuviel getan hatten, und wenn auch die ersten Maßnahmen der Ausnahmezeit 1945 verstanden wurden oder erwünscht waren, so wuchs mit der zunehmenden Normalisierung in Österreich auch die Tendenz, doch »endlich Ruh' zu geben«, wie überhaupt die Grundeinstellung des Vergessens und Wieder-von-vorne-Anfangens für das Verständnis der Zeit nach dem Zweiten Weltkrieg wesentlich ist.

Es lag daher im Wesen der Entnazifizierung, daß sie sich den politischen Konstellationen und der Änderung der wirtschaftlichen und sozialen Bedingungen entsprechend veränderte, daß sie Prozeßcharakter hatte: von der Härte zur Milderung, zur Amnestie und Wiederintegration, und man könnte auch hinzufügen, zu einer gewissen Tabuisierung und Verdrängung von den fünfziger Jahren an.

Die Entnazifizierungsmaßnahmen haben daher die Entnazifizierung nicht allein und nicht vollständig gebracht. Eine Entnazifizierung im Sinne einer Abwendung der Bevölkerung vom Nationalsozialismus war bis zum Kriegsende schon weitgehend erfolgt, nicht nur wegen der militärischen Niederlage, sondern auch wegen des gegen Ende des Krieges immer härter und brutaler werdenden Terrorregimes der Nationalsozialisten. Die aktiven Funktionärskader waren »nicht erst in der Entnazifizierung, sondern durch die Niederlage des Faschismus und damit durch die Selbstentwertung seiner an innerer Stabilität und äußerer Expansion orientierten Legitimierung in den Augen seiner Anhänger ausgeschaltet worden[67]«. Die Entnazifizierung brachte nur noch die formale Entmachtung des Nationalsozialismus auf allen politischen, wirtschaftlichen und kulturellen Ebenen und eine zeitweise wirtschaftliche und gesellschaftliche Schwächung der ehemaligen Nationalsozialisten, nicht nur, um ihnen einen »Denkzettel« zu verpassen, sondern auch, um demokratische Kräfte in der ersten und entscheidenden Phase des gesellschaftlichen Neuaufbaus zu begünstigen. Eine politische Umorientierungsmaßnahme im Sinne einer speziellen, auf die ehemaligen Nationalsozialisten ausgerichteten Umschulung war die Entnazifizierung aber nicht. Wer es mit dem Zusammenbruch des Dritten Reiches nicht gelernt hatte, der lernte es auch später nicht mehr.

In diesem Zusammenhang taucht auch das Problem des Neofaschismus auf, die Frage, inwieweit der Nationalsozialismus oder überhaupt der Faschismus als Ideologie in Österreich überlebt hat. Die Warnungen vor Rechtsextremismus, Faschismus und Nationalsozialismus reißen ja bis heute nicht ab[68]. Dabei macht es einem der Nationalsozialismus der posttotalitären Zeit besonders schwer oder auch leicht, denn er zählt nicht zu den einigermaßen abgeschlossenen Ideologien, die sich bereits im 18. und 19. Jahrhundert verfestigt hatten, sondern ist erst im 20. Jahrhundert entstanden und war im wesentlichen ein Konglomerat aus ideologischen Bestandteilen der verschiedensten Weltanschauungen, die alle schon vor dem Nationalsozialismus und zum Teil auch noch nachher vorhanden waren.

»Der Faschismus, eine bestimmte Form der totalitären Autokratie, ist wie jede politische Bewegung ein einmaliges geschichtliches Phänomen. Sein Aufbruch zu einer Massenbewegung setzte soziale, politische und soziologische Zustände und Verhältnisse voraus, wie sie sich am Ende des Ersten Weltkrieges entwickelt haben oder geschaffen worden sind. Es bedarf wohl keines Beweises, daß die Welt der zweiten Hälfte unseres Jahrhunderts grundlegend anders ist. Diejenigen, welche die Welt von heute voll von neofaschistischen und neonazistischen Gefahren wähnen, verwechseln die Residuen, die Wundnarben, die jede geschichtliche Epoche hinterläßt; und sie verwechseln ferner jene geistigen Ideologien, deren sich der Faschismus ganz oder teilweise bemächtigt hat, wie Antisemitismus, Antihumanismus, Verurteilung der Vernunft als ›Hure des Teufels‹, die politische Verunglimpfung der Erblehre im Rassismus, der Glaube an eine natürliche hierarchische Ordnung usw., mit dem Faschismus selbst. Diese Ideologien waren vor dem Faschismus da und haben das Gesicht aller konservativen Strömungen ganz oder zum Teil geformt, die in Opposition zu den Parolen der Französischen Revolution den politischen Liberalismus um die Jahrhundertwende zurückgedrängt haben. Sie sind auch heute in mannigfachen Theorien und Theoremen, Thesen und Doktrinen lebendig[69].«

Zu diesen Begriffen, die der Nationalsozialismus aufgebracht beziehungsweise mißbraucht hat, kann noch etwa hinzugefügt werden: Nationalismus und »Heimatgedanke«, Militarismus und Kameradschaft, Ausländerfeindlichkeit und Gruppensolidarität, Antiparlamentarismus usw., alles Einstellungen, die ohne weiteres auch heute noch teilweise feststellbar sind. Der Faschismus als Massenbewegung ist aber auch in Österreich tot, und man kann für Österreich vielleicht noch in erhöhtem Maße feststellen, was Niethammer über Westdeutschland sagte: »Die immer wieder verbissen unternommenen und immer wieder erneut gescheiterten Bemühungen mittlerer und höherer NS-Funktionäre, in der BRD die NS-Gefolgschaft zu rekonstruieren, zeigte nur ihren Mangel an historisch-politischer Einsicht. Sie sahen nicht, daß diese hauptsächlich aus den Mittelschichten rekrutierte Gefolgschaft den NS-Führern und ihrer Ideologie nicht ›in Treue fest‹ verbunden war, sondern ihnen ebenso reserviert auf Ruhe, Ordnung und persönlichen Erfolg bedacht gegenüberstanden wie nun in der BRD dem parlamentarischen Verfassungsstaat, nur daß sie, durch die Erfahrung des Dritten Reiches belehrt, unter gewandelten Bedingungen Pluralismus und Rechtsstaat als wirksamere Garanten ihrer Interessen erkannten denn faschistische Abenteuer[70].«

Damit verbleibt noch die Frage, ob die Entnazifizierung ansonsten einen Wechsel der Eliten gebracht hat. Und gerade hier muß die Entnazifizierung in ihrem historischen Zusammenhang gesehen werden. Die Entnazifizierung war nur der Abschluß, die gesetzmäßige Berichtigung und Sanktionierung wirtschaftlicher und gesellschaftlicher Veränderungen, die sich in Österreich seit 1938, zum Teil schon seit 1918 ereignet hatten. Für Westdeutschland versuchte man herauszuarbeiten, daß die politische Elite, im Sinne der NS-Spitzenfunktionäre, 1945 abgetreten und durch aktive Opponenten gegen den Nationalsozialismus, durch Rückgriffe auf Weimarer Parteipolitiker und durch »Unpolitische« des Dritten Reiches ersetzt worden ist. Bei der katholischen Kirche und dem größeren Teil der Hochschulen wurde eine ungebrochene, bei den Unternehmern eine unterbrochene Kontinuität festgestellt, und die Masse der Manager in Wirtschaft und Verwaltung seien ohnehin immer schon Mitläufer gewesen[71]. »Die Eliteuntersuchungen verifizieren nur auf der Hand liegende Vermutungen: nämlich, daß die Oberschicht in einem Lande – von der Auswechslung der politischen Prominenz und einzelner Führungskräfte auf anderen Gebieten abgesehen – dieselbe bleibt, solange weder von außen eine andere Oberschicht neu rekrutiert noch die Gesellschaftsstruktur von innen grundlegend verändert worden ist[72].«

In Österreich aber wurde nach dem Anschluß ans Deutsche Reich die Oberschicht zu einem wichtigen Teil von außen neu rekrutiert, und die Gesellschaftsstruktur hatte sich tatsächlich seit dem Ersten Weltkrieg von innen grundlegend verändert: angefangen 1918 mit dem Zerfall der Habsburger-Monarchie, verstärkt durch die Verarmung in der Weltwirtschaftskrise, die politischen Wirren und den Wirrwarr im Ständestaat und dann vor allem durch die Eingriffe des Nationalsozialismus, die man im wahrsten Sinn des Wortes »rücksichtslos« nennen muß. Es gibt da das harte Wort von der »Abräumfunktion des Nationalsozialismus« in Österreich und die etwas pointierte Feststellung, daß die Geschichte des heutigen Österreich eigentlich erst 1945 angefangen habe – nicht umsonst »Stunde Null« genannt –, daß Österreich damit fast ein geschichtsloses Land sei. Tatsächlich hatte der Nationalsozialismus die alte Elite Österreichs zu einem bedeutenden Teil vernichtet, vertrieben oder beiseite geschoben. Die Juden, mit ihrer hohen Bedeutung für das geistige Leben Österreichs, waren verschwunden, und auch andere führende Personen des kulturellen Bereiches waren emigriert und sind nach dem Krieg nicht mehr zurückgekehrt. Die politischen Bewegungen hatten einen Teil ihrer führenden Mitglieder verloren, und die politische Diskussion der Zwischenkriegszeit wurde nicht mehr mit der Intensität und nicht mehr mit denselben Argumenten wiederaufgenommen. Das galt für die christlichsoziale Seite ebenso wie für die sozialistische, von anderen, damals nicht unbedeutenden politischen Richtungen wie den Großdeutschen oder dem Landbund ganz zu schweigen.

Während aber Österreich nach dem Ersten Weltkrieg noch einmal eine geistige Hochblüte erlebte, war die wirtschaftliche Elite des Landes schon beim Zerfall der Habsburger-Monarchie und dann verstärkt in der Weltwirtschaftskrise in Bedrängnis gekommen. Aber mit dem »Anschluß« wurde sie zunehmend verdrängt, durch Hereinnahme reichsdeutscher Manager, durch Arisierung und die staatlichen und privatwirtschaftlichen Maßnahmen zur Durchdringung Österreichs, auch »Prussifizierung« genannt. Die Maßnahmen nach dem Krieg, wie Rückstellungen, Entfernung von Nazi aus führenden Positionen und Verstaatlichung, konnten nur sehr begrenzt die ehemaligen Verhältnisse wiederherstellen, sie waren vor allem ein Abschluß und schufen geregelte Verhältnisse.

Zwar gibt es für Österreich kaum detaillierte Untersuchungen über die Kontinuität oder Diskontinuität der Eliten von der Ersten zur Zweiten Republik; dennoch kann man die Feststellung wagen, daß die österreichische wirtschaftliche Führungsschicht sich sowohl von innen heraus als auch durch äußere Eingriffe bis 1945 wesentlich verändert hatte; das gleiche gilt wohl auch für den wissenschaftlichen und kulturellen Bereich, wo man 1945 die größte Verarmung feststellen mußte, und zu einem bedeutenden Teil auch für den politischen Bereich. In diesem Sinn kann man durchaus von einem »Modernisierungssprung« sprechen, ohne diesem Begriff eine positive oder negative Wertung geben zu wollen. Die alten Eliten waren 1945 verschwunden oder wesentlich geschwächt, ebenso die alten Gedanken, die geistigen Inhalte. Die Erste Republik war in bezug auf ihre Eliten und ihr Geistesleben der Monarchie weit mehr verwandt als der Zweiten Republik. Der

Anschluß mit seinen direkten Folgen verursachte daher einen Bruch in der österreichischen Geschichte. 1945 war Österreich sicher nicht mehr das, »was es einmal gewesen war«.

Der Zweite Weltkrieg und der Nationalsozialismus erzwangen in Österreich wirtschaftliche, soziale, politische und geistige Veränderungen, die zwar keine Revolution waren, in ihren Auswirkungen aber einer Revolution gleichkamen, revolutionären Charakter hatten.

Die Entnazifizierung war der Abschluß, die gesetzmäßige Berichtigung, Bereinigung und Sanktionierung dieser Veränderungen. Die Entnazifizierung ist daher in ihrer historischen Bedeutung mit der Bereinigung und Wiederherstellung geordneter Verhältnisse nach einer Revolution zu vergleichen. In diesem Sinne werden auch der Prozeßcharakter und der Ablauf der einzelnen Phasen der Entnazifizierung verständlicher: Härte – Milderung – Amnestie – Wiederintegration. Entnazifizierung in diesem Sinne war ein Akt der Vergangenheitsbewältigung, zumindest in Österreich. Indem die Entnazifizierung in diesem Land von den einheimischen politischen Kräften weitgehend mitbestimmt und mitgetragen und nicht allein von den Besatzungsmächten aufgezwungen wurde, war sie ein aktiver innerer Prozeß der Bewältigung der Vergangenheit und hat sicherlich weitgehend zur inneren Befriedigung Österreichs nach dem Zweiten Weltkrieg beigetragen.

ANMERKUNGEN

1 *Österreichisches Jahrbuch 1948,* S. 144; Statements dieser Art wurden ab Ende 1947 in Zeitungen und im Parlament häufig gemacht.
2 Zechtl, 78. Sitzg., 18. 2. 1948, S. 2183.
3 »Die Schwierigkeiten einer Änderung des NS-Gesetzes«, *Wiener Zeitung,* 21. 12. 1947.
4 Univ.-Prof. Paul Müller, »Amnestie für Jugendliche«, *Wiener Zeitung,* 6. 2. 1948.
5 Eibegger, 76. Sitzg., 18. 2. 1948, S. 2176.
6 m. r., »Sinn und Zweck wahrer innerer Befriedigung«, *Wiener Zeitung,* 11. 1. 1948.
7 Eibegger, 76. Sitzg., 18. 2. 1948, S. 2178.
8 Koref, »Jugendamnestie beschlossen«, *Wiener Zeitung,* 14. 2. 1948.
9 Fischer, 76. Sitzg., 18. 2. 1948, S. 2179.
10 Fischer, »Jugendamnestie beschlossen«, *Wiener Zeitung,* 14. 2. 1948.
11 US-Commissioner, März 1948, S. 13 f.
12 US-Commissioner, Februar 1948, S. 17.
13 US-Commissioner, Februar 1948, S. 17/18.
14 Amnesty for Less Implicated Nazis, ALCO, 60258-2/033.2, NA.
15 *Wiener Zeitung,* 13. 3. 1948.

16 US-Commissioner, März 1948, S. 14 f.
17 »Totale Amnestie der Minderbelasteten«, *Wiener Zeitung,* 4. 3. 1948.
18 Eibegger, 79. Sitzg., 21. 4. 1948, S. 2239.
19 Die Amnestiegesetze 1948 waren aber nur zum Teil wirkliche Amnestien. »Sowohl dieses Bundesgesetz als auch jenes, durch das die Sühnefolge für alle Minderbelasteten endet, stellten keine echten Amnestien dar, denn diese Gesetze enthielten wohl die Bestimmung, daß die im Verbotsgesetz 1947 und sonstigen Gesetzen enthaltenen Sühnefolgen mit dem Inkrafttreten dieses Bundesverfassungsgesetzes, also vorzeitig, beendet seien; es blieben jedoch weiterhin die Registrierungspflicht und die Auswirkungen der bisher eingetretenen Sühnefolgen aufrecht.« – *Österreichisches Jahrbuch 1948,* S. 140.
20 »Amnestiegesetz für Minderbelastete tritt in Kraft«, *Wiener Zeitung,* 29. 5. 1948.
21 A. a. O.
22 *Österreichisches Jahrbuch 1952,* S. 78.
23 Wegen »Wahlschwindels« bei der Wahl 1945 waren bis zum Mai 1947 5921 Fälle angezeigt worden, davon wurden bis zu diesem Zeitpunkt 3063 Fälle bereits erledigt, und zwar 17 Prozent durch Verurteilung (504), 12 Prozent durch Freispruch (359) und 56 Prozent durch Einstellung des Verfahrens (1708); Schreiben des Bundesministeriums für Inneres an den Vorsitzenden des Direktoriums für Innere Angelegenheiten der Alliierten Kommission für Österreich, Wien, 28. Mai 1947, 60230-1/21, NA.
24 *Wiener Zeitung,* 20. 1. 1949.
25 »Belastetenamnestie im Hauptausschuß«, *Wiener Zeitung,* 8. 6. 1949.
26 »Teilamnestie für belastete Nationalsozialisten«, *Wiener Zeitung,* 13. 4. 1949; mit dem Inkrafttreten dieses Gesetzes sollten unter anderem für folgende Personen die Sühnefolgen enden: »Personen, die Zellenleiter oder gleichgestellte politische Leiter waren, Angehörige der SS, die einen Dienstgrad bis einschließlich Unterscharführer innehatten, Angehörige der SA, des NSKK und des NSFK bis einschließlich Hauptsturmführer oder Gleichgestellte, Funktionäre sonstiger Gliederungen, Organisationen oder angeschlossene Verbände, die höchstens einen Posten bekleiden, der dem Ortsgruppenleiter der NSDAP beziehungsweise dem Hauptsturmführer im Rang gleich war usw.«
27 Tschadek, *Wiener Zeitung,* 14 .6. 1949.
28 Pittermann, »Belastetenamnestie im Hauptausschuß«, *Wiener Zeitung,* 8. 6. 1949.
29 US-Commissioner, *Report December 1949,* S. 13–15; März, S. 17; *Short Summary of the History of Austrian Denazification Legislation,* Legal Division, USACA, 1. Dez. 1949, 60236-1, NA.
30 Zwischen Dezember 1950 und Dezember 1952 erhielten durch den Bundespräsidenten 4638 Belastete eine Amnestie. Damit hatten bis Ende 1952 10.689 oder jeder vierte Belastete eine individuelle Amnestie erreichen können. *Österreichisches Jahrbuch 1952,* S. 84.
31 *Österreichisches Jahrbuch* 1952, S. 83. – Gleichzeitig wurde als einfaches Bundesgesetz das »Drei-Jahres-Gesetz« beschlossen, das eine Wiederanrechnung der Dienstzeit vom 30. April 1945 bis zum 6. Juni 1948 für die in dieser Zeit von der Entnazifizierung betroffenen öffentlich Bediensteten brachte.
32 Es dürften nicht alle wahlberechtigt gewesen sein. Manche hatten die Altersgrenze noch nicht erreicht, oder es lagen noch andere Wahlausschlußgründe vor. Um mindestens 450.000 amnestierte Wahlberechtigte dürfte es sich aber gehandelt haben.

33 Frisch, 28. Sitzg., 24. 7. 1946, S. 606.
34 Zechtl, 76. Sitzg., 18. 2. 1948, S. 2185.
35 Hölzl, *Propagandaschlachten,* S. 44.
36 *Alleged Resurgence of National Socialism in Austria, Presentation and Recommendation by the US-Element,* Dec., 9, 1949, 60236-1/39, NA.
37 K. H. S., »Das Werben um die Nazi«, *Arbeiter-Zeitung,* 26. 2. 1948.
38 »Hinaus aus der Koalition?«, *Arbeiter-Zeitung,* 21. 6. 1949.
39 Hölzl, *Propagandaschlachten,* S. 44/45.
40 Reichhold, *Geschichte der ÖVP,* S. 189.
41 Rauchensteiner, S. 266.
42 *Denazification,* USACA, 26236-2, NA.
43 *Denazification,* USACA, 26236.2, NA.
44 Siehe hiezu Rauchensteiner, S. 261 ff.; Werner Müller-Klingspor, *Die Neubegründung des freiheitlich-nationalen Lagers in Österreich von 1945 bis 1949;* Max E. Riedlsberger, *The Lingering Shadow of Nazism: The Austrian Independent Party Movement since 1945.*
45 Reichhold, *Geschichte der ÖVP,* S. 185.
46 A. a. O., S. 188.
47 *Wiener Zeitung,* 21. 6. 1949.
48 Rauchensteiner, S. 262.
49 O. P., »Neue Parteien und neue Nazi«, *Arbeiter-Zeitung,* 24. 9. 1948. In Wolfsberg befand sich das britische Internierungslager für Nationalsozialisten.
50 Reichhold, *Geschichte der ÖVP,* S. 193.
51 »Am 9. Oktober voraussichtlich 4,393.000 Wahlberechtigte«, *Wiener Zeitung,* 25. 8. 1948.
52 Alfred Migsch, »Parlament ohne Opposition«, in: Jacques Hannak, *Bestandsaufnahme Österreich 1945–1946,* S. 15.
53 *Short Summary of the History of Austrian Denazification Legislation,* USACA, Legal Division, 1. 12. 1949, 60236-1/39, NA.
54 Migsch, a. a. O.
55 Migsch, 97. Sitzg., 18. 7. 1952, S. 3885.
56 Polcar, 28. Sitzg., 14. 3. 1957, S. 1258.
57 Slavik, 28. Sitzg., 14. 3. 1957, S. 1267.
58 Migsch, 97. Sitzg., 18. 7. 1952, S. 3885.
59 Siehe die 97. Sitzg., 18. 7. 1952, und 28. Sitzg., 14. 3. 1957, des österreichischen Nationalrates.
60 Kopf, 97. Sitzg., 18. 7. 1952, S. 3888.
61 Gschnitzer, 97. Sitzg., 18. 7. 1952, S. 3894.
62 Eibegger, 28. Sitzg., 14. 3. 1957, S. 1242.
63 Polcar, 28. Sitzg., 14. 3. 1957, S. 1259 f.
64 Eibegger, 28. Sitzg., 14. 3. 1957, S. 1241.
65 Gorbach, 28. Sitzg., 24. 7. 1946, S. 611.
66 Niethammer, S. 664.
67 Niethammer, S. 666.
68 Siehe etwa: *Rechtsextremismus in Österreich nach 1945,* Hrsg. Dokumentationsarchiv des österreichischen Widerstands, Wien 1979.
69 Alfred Migsch, *Parlament ohne Opposition,* S. 11.
70 Niethammer, S. 666.
71 Lewis Edinger, *Leadership,* zitiert bei: Niethammer, S. 21 f.
72 Niethammer, S. 23.

Literaturverzeichnis

Archivbestände

National Archives Washington
USACA – Unites States Allied Commission for Austria
Public Record Office London
PRO – FO/371
Bundesarchiv Koblenz
43 II

Gedruckte Quellen

Abendroth, Wolfgang (Hrsg.), *Faschismus und Kapitalismus, Theorien über die sozialen Ursprünge und die Funktion des Faschismus,* Frankfurt 1967

Aichinger, Wilfried, *Sowjetische Österreichpolitik 1943–1945,* Wien 1977

Bader, William B, *Austria between East and West 1945–1955,* Stanford 1966

Benson, George, *American Military Government in Austria,* in: Carl J. Friedrich, *American Experiences in Military Government in World War II,* New York 1948

Béthouart, Marie Emile, *Die Schlacht um Österreich,* Wien 1967

Bluhm,William T., *Building an Austrian Nation, The Political Integration of a Western State,* New Haven 1973

Botz, Gerhard, *Die Eingliederung Österreichs in das Deutsche Reich. Planung und Verwirklichung des politisch-administrativen Anschlusses 1938–1940,* Wien 1976

ders., *Wien vom »Anschluß« zum Krieg. Nationalsozialistische Machtübernahme und politisch-soziale Umgestaltung am Beispiel der Stadt Wien 1938/39,* Wien 1978

ders., *Die österreichischen NSDAP-Mitglieder,* in: Reinhard Mann (Hrsg.), *Die Nationalsozialisten. Analysen faschistischer Bewegungen,* Stuttgart 1980

Braunthal, Julius, *The Tragedy of Austria,* London 1948

Brusatti/Gutkas/Weinzierl: *Österreich 1945–1970, 25 Jahre Zweite Republik,* Wien 1970

Buttinger, Josef, *Am Beispiel Österreichs,* Köln 1953

Carsten, Francis L., *Faschismus in Österreich. Von Schönerer zu Hitler,* München 1977

Csendes, Peter, *Der Übergang zur demokratischen Kommunalverwaltung,* in: *Wiener Geschichtsblätter,* Sonderheft *Wien 1945,* Wien 1975

Czeike, Felix, *April und Mai 1945 in Wien,* in: *Wiener Geschichtsblätter,* Sonderheft *Wien 1945,* Wien 1975

Diem, Hermann, *Kirche und Entnazifizierung,* Stuttgart 1946

Dikus, Walter, *Folgen der Entnazifizierung,* in: *Sociologica,* 1, 1953, Frankfurt

Feichtenberger, Franz Josef, *Die Länderkonferenzen 1945. Die Wiedererrichtung der Republik Österreich,* Diss., Wien 1965

Feiler, Margaret, *The Viennese Municipal Service 1933 to 1950: A Case Study in Bureaucratic Resiliency,* Diss., New York University, 1964

Fellner, Fritz, *Die außenpolitische und völkerrechtliche Situation Österreichs 1938, Österreichs Wiederherstellung als Kriegsziel der Alliierten,* in: *Die Zweite Republik,* Graz 1972

ders. *Österreich in der Nachkriegsplanung der Alliierten 1943–1945,* in: *Österreich und Europa, Festgabe für Hugo Hantsch zum 70. Geburtstag,* Graz 1965

Figl, Leopold, *Sinn, Weg und Ziel der Österreichischen Volkspartei,* Wien 1947

Fischer, Ernst, *Das Ende einer Illusion,* Wien 1973

Fischer, Heinz, *Das politische System Österreichs,* Wien 1974

Friedmann, W., *The Allied Military Government of Germany,* London 1947

Fürstenau, Justus, *Entnazifizierung, ein Kapitel der deutschen Nachkriegspolitik,* Berlin 1969

Gall, Franz, *Alma mater Rudolphina 1365–1965, Die Wiener Universität und ihre Studenten,* Wien 1965

Genschel, Helmut, *Die Verdrängung der Juden aus der Wirtschaft im Dritten Reich, Göttinger Bausteine zur Geschichtswissenschaft,* Bd. 38, Göttingen 1966

Grayson, C. I., *Austria's International Position 1938–1953,* Genf 1953

Griffith, William E., *Denazification in the United States Zone of Germany, The Annals,* 1950

Gruber, Karl, *Zwischen Befreiung und Freiheit,* Wien 1953

ders., *Ein politisches Leben. Österreichs Weg zwischen den Diktaturen,* Wien 1976

Hadsel, Winifred, *Austria Under Allied Occupation,* in: *Foreign Policy Reports,* New York 1948

Heller/Loebenstein/Werner, *Das Nationalsozialistengesetz,* Wien 1947

Heller/Rauscher/Baumann, *Wiedergutmachungsgesetz, Zweites und Drittes Rückstellungsgesetz,* Wien 1947

dies., *Verwaltergesetz,* Wien 1946

Hannak, Jaques, *Karl Renner und seine Zeit. Versuch einer Biographie,* Wien 1965

ders. (Hrsg.), *Bestandsaufnahme Österreich 1945–1963,* Wien 1963

Heydecker, Joe und Leeb, Johannes, *Der Nürnberger Prozeß,* Frankfurt o. J.

Hieß, Josef, *Wir kamen aus Glasenbach,* Wels 1957

Hiller, Friedrich, *Amerikanische Medien und Schulpolitik in Österreich 1945–1950,* Diss., Wien 1974
Hindinger, Gabriele, *Das Kriegsende und der Wiederaufbau demokratischer Verhältnisse in Oberösterreich im Jahre 1945,* Diss., Wien 1968
Holoubek, Josef, *Der schwierige Personalaufbau in der Wiener Polizei,* in: *20 Jahre Wiener Sicherheitswache,* Wien 1965
Hölzl, Norbert, *Propagandaschlachten. Die österreichischen Wahlkämpfe 1945–1971,* Wien 1974
Holzner, Johann, *Untersuchungen zur Überwindung des Nationalsozialismus in Österreich,* Diss., Innsbruck 1971
Käs, Ferdinand, *Wien im Schicksalsjahr 1945,* Wien 1965
Kausel, A., *Österreichs Wirtschaft 1918–1968,* Wien 1968
Klenner, Fritz, *Die österreichischen Gewerkschaften, Vergangenheit und Gegenwartsprobleme,* 2 Bd., Wien 1951 und 1953
Klingenstein, Grete, *Die internationale Diskussion zum Problem des Faschismus in Österreich,* in: *Bericht über den 10. Österreichischen Historikertag in Graz,* Graz 1969
Körner, Theodor, *Zwei Monate Aufbauarbeit in Wien,* in: *Sozialistische Hefte,* Wien 1945
Kraus, Herbert (Hrsg.), *Das Urteil von Nürnberg 1946,* München 1961
Kühnl, Reinhard, *Deutschland zwischen Faschismus und Demokratie,* München 1969
Lerner, Daniel, *The Nazi Elite,* Stanford 1951
Lingg, Anton, *Die Verwaltung der Nationalsozialistischen Deutschen Arbeiterpartei,* Nürnberg 1939
Löffler, Diethilde, *Das Kriegsende und der Wiederaufbau demokratischer Verhältnisse in Vorarlberg im Jahr 1945,* Diss., Wien 1972
Luger, Johann, *Parlament und Alliierte Besatzung 1945–1955,* Diss., Wien 1977
Luza, Radomir, *Österreich und die großdeutsche Idee der NS-Zeit,* Wien 1977
Massiczek, Albert (Hrsg.), *Die österreichische Nation. Zwischen zwei Nationalismen,* Wien 1967
Matis, Herbert, *Das Jahr 1945 – Die wirtschaftliche Ausgangssituation,* in: *Österreich in Geschichte und Literatur,* 19, 1975
Mikoletzky, Hans Leo, *Österreichische Zeitgeschichte vom Ende der Monarchie bis zum Abschluß des Staatsvertrages 1955,* Wien 1964
Mommsen, Hans, *Beamtentum im Dritten Reich,* Stuttgart 1966
Montgomery, John D., *Forced to be Free. The Artificial Revolution in Germany and Japan,* Chicago 1957
Moser, Jenny, *Die Judenverfolgung in Österreich 1938–1945,* Wien 1966
Müller-Klingspor, Werner, *Die Neubegründung des freiheitlich-nationalen Lagers in Österreich von 1945–1949,* Diss., Wien 1972
Müller-Meiningen, Ernst, *Die Parteigenossen,* München 1946
Niethammer, Lutz, *Entnazifizierung in Bayern,* Frankfurt 1972
Nolte, Ernst, *Theorien über den Faschismus,* Köln 1967

Plischke, Elmer, *Denazifying the Reich, Review of Politics, 9,* 1947
ders., *Denazification Law and Procedure,* in: *The American Journal of International Law,* 41, 1947
Pfeifer, Helfried, *Die Ostmark. Eingliederung und Neugestaltung, Historisch-systematische Gesetzessammlung nach dem Stand vom 16. April 1941,* Wien 1941
Rauchensteiner, Manfred, *Der Sonderfall. Die Besatzungszeit in Österreich 1945 bis 1955,* Wien 1979
Reichhold, Ludwig, *Geschichte der ÖVP,* Graz 1975
Renner, Karl, *Drei Monate Aufbauarbeit der Provisorischen Staatsregierung der Republik Österreich,* Wien 1945
ders., *Österreich von der Ersten zur Zweiten Republik,* Wien 1953
Riedlsberger, Max E., *The lingering Shadow if Nazism. The Austrian Independent Party Movement since 1949,* Boulder 1978
Salomon, Ernst von, *Der Fragebogen,* Hamburg 1951
Schärf, Adolf, *Österreichs Erneuerung,* 1945–1955, Wien 1955
ders., *April 1945 in Wien,* Wien 1948
ders., *Zwischen Demokratie und Volksdemokratie,* Wien 1960
Schausberger, Norbert, *Der Griff nach Österreich. Der Anschluß,* Wien 1978
Schubert, Karl, *Die Entjudung der ostmärkischen Wirtschaft und die Bemessung des Kaufpreises im Entjudungsverfahren,* Diss., Wien 1940
Schweizer, Arthur, *Die Nazifizierung des Mittelstandes,* Stuttgart 1970
Serant, Paul, *Die politischen Säuberungen in Westeuropa,* Oldenburg 1966
Stadler, Karl R., *Österreich 1945: Neue Dokumente zur Politik der Alliierten,* in: *Österreichische Zeitschrift für Außenpolitik, 9,* 1969
Stearman, *Die Sowjetunion und Österreich 1945–1955,* Wien 1962
Stiefel, Dieter: *Arbeitslosigkeit – Soziale, politische und wirtschaftliche Auswirkungen am Beispiel Österreichs 1918–1938,* Berlin 1979
Stockhorst, Erich, *Fünftausend Köpfe. Wer war was im Dritten Reich,* o. O., 1967
Stollwerk, Mauritius, *Die Ergebnisse der Registrierung der Nationalsozialisten in Wien,* in: *Amtsblatt der Stadt Wien 1946*
Stolper, Gustav, *Die deutsche Wirklichkeit,* Hamburg 1949
Stourzh, Gerald, *Die Regierung Renner, die Anfänge der Regierung Figl und die Alliierte Kommission für Österreich, September 1945 bis April 1946,* in: *Archiv für österreichische Geschichte,* 125, 1966
ders., *Kleine Geschichte des österreichischen Staatsvertrages,* Graz 1975
Stüber, Fritz, *Ich war Abgeordneter. Die Entstehung der freiheitlichen Opposition in Österreich,* Graz 1974
Turner, Henry A. jr., *Faschismus und Kapitalismus in Deutschland. Studien zum Verhältnis zwischen Nationalsozialismus und Wirtschaft,* Göttingen 1972
Veiter, Theodor, *Gesetz als Unrecht. Die österreichische Nationalsozialistengesetzgebung,* Wien 1949

Verosta, Stephan, *Die internationale Stellung Österreichs. Eine Sammlung von Erklärungen und Verträgen aus den Jahren 1938 bis 1947,* Wien 1947
Wagnleitner, Reinhold, *Großbritannien und die Wiedererrichtung der Republik Österreich,* Diss., Salzburg 1975
Wandruszka, Adam, *Österreichs politische Struktur. Die Entwicklung der Parteien und politischen Bewegungen,* in: Heinrich Benedikt (Hrsg.), *Geschichte der Republik Österreich,* Wien 1954
Erika Weinzierl und Kurt Skalnik (Hrsg.), *Die Zweite Republik,* Graz 1972
Wetz, Ulrike, *Geschichte der Wiener Polizeidirektion vom Jahre 1945 bis zum Jahre 1955,* Diss., Wien 1970
Dokumentationsarchiv des österreichischen Widerstands (Hrsg.), *Rechtsextremismus in Österreich nach 1945,* Wien 1979
Zink, Harald, *Military Government in Germany,* New York 1947
Zöllner, Erich, *Geschichte Österreichs von den Anfängen bis zur Gegenwart,* Wien 1966

Sonstige Quellen

Österreichische Jahrbücher 1945 bis 1952, Bundespressedienst, Wien
Rot-Weiß-Rot-Buch, Gerechtigkeit für Österreich! Darstellungen, Dokumente und Nachweise zur Vorgeschichte und Geschichte der Okkupation Österreichs (nach amtlichen Quellen), Wien 1946
Der Hochverratsprozeß gegen Dr. Guido Schmidt vor dem Wiener Volksgericht, veröffentlichte gerichtliche Protokolle, Wien 1947
Bundesministerium für Justiz, *Volksgerichtsbarkeit und Verfolgung nationalsozialistischer Gewaltverbrechen in Österreich 1945–1972,* Wien 1977
Stenographische Protokolle des Österreichischen Nationalrats
Military Government, *Report of the United States High Commissioner, U. S. Element Allied Commission for Austria,* Nr. 1–53, November 1945 bis März 1951
Gazette of the Allied Commission, Wien 1945–1955
Fourth Report from the Selected Committee on Estimates, Session 1945–1946, British Expenditures in Austria, London 1946
Minutes of Evidence taken before Sub-Committee F, Wien 7. September 1947
Arbeiter-Zeitung, Wien
Kleines Voklsblatt, Wien
Neues Österreich, Wien
Wiener Zeitung, Wien
Berichte und Informationen des österreichischen Forschungsinstituts für Wirtschaft und Politik, Salzburg

DER AUTOR

Dieter Stiefel, 1946 in Linz geboren. Nach Lehre und Arbeit als Kellner in Deutschland, der Schweiz und Frankreich. Matura in einer Abendmittelschule, ab 1968 Studium der Handelswissenschaften an der Hochschule für Welthandel (Doktorat 1974), anschließend Studium der Geschichte an der Universität Wien (Doktorat 1978). Seit 1973 Assistent am Institut für Wirtschafts- und Sozialgeschichte der Wirtschaftsuniversität Wien. Zahlreiche Veröffentlichungen zur Sozialpolitik. Firmen- und Wirtschaftsgeschichte, unter anderen: *Historische Absatzanalyse eines österreichischen Großunternehmens 1945–1972, dargestellt am Beispiel der Semperit-AG* (Wien 1972), *Soziale Sicherheit und soziale Lasten. Zur Interpedenz von Sozialpolitik und Wirtschaftslage in Österreich in der Zwischenkriegszeit* (Wien 1977). *Arbeitslosigkeit. Soziale, politische und wirtschaftliche Auswirkungen am Beispiel Österreichs 1918–1938* (Berlin 1979).